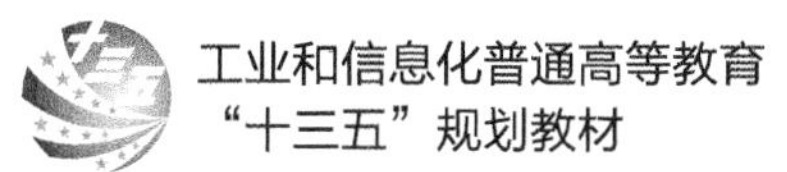

公共关系学
（第2版）

张耀珍 编著

Public Relations

人 民 邮 电 出 版 社
北 京

图书在版编目（CIP）数据

公共关系学 / 张耀珍编著. -- 2版. -- 北京 : 人民邮电出版社, 2018.4(2020.3重印)
21世纪高等学校经济管理类规划教材
ISBN 978-7-115-47682-1

Ⅰ. ①公… Ⅱ. ①张… Ⅲ. ①公共关系学—高等学校—教材 Ⅳ. ①C912.31

中国版本图书馆CIP数据核字(2018)第001067号

内 容 提 要

本书借鉴国内外公共关系的成熟理论和最新研究成果，融入"互联网+"时代的新思想和新举措，以公关主体、公众和传播这三个公共关系的构成要素为主线，深入浅出地阐述了公关的理论；在注重理论的逻辑性、结构的新颖严谨性的同时，也强调了与组织活动的密切联系，详细介绍了公关实务的可行性操作方法。本书内容丰富，选材合理。全书共14章，内容包括公共关系的产生与发展、公共关系的公众、公共关系的组织机构与从业人员、公共关系运作的一般程序、公共关系传播、公关交际修养、公关文书的写作、公共关系专题活动、公共关系礼仪、公共关系危机管理和营销公关等。

本书可作为高等院校营销管理类专业的教材，也适合企业各级管理干部与营销人员阅读。

◆ 编　　著　张耀珍
责任编辑　赵　月
责任印制　焦志炜

◆ 人民邮电出版社出版发行　　北京市丰台区成寿寺路11号
邮编　100164　　电子邮件　315@ptpress.com.cn
网址　http://www.ptpress.com.cn
固安县铭成印刷有限公司印刷

◆ 开本：787×1092　1/16
印张：17　　2018年4月第2版
字数：412千字　　2020年3月河北第4次印刷

定价：49.80元

读者服务热线：(010)81055256　印装质量热线：(010)81055316
反盗版热线：(010)81055315
广告经营许可证：京东工商广登字20170147号

第2版前言

本书第1版自2010年9月出版以来，受到了广大读者的欢迎，感谢读者朋友对本书的支持和厚爱。近年来，公共关系学的发展非常迅速，产生了很多新的学术观点，总结提炼出许多实际操作方法。为了跟上时代的步伐，及时反映时代的特征，我们对第1版进行了修订。第2版与第1版相比，主要有以下特点。

第一，章节框架和概念体系更加明晰。本书着眼于形象管理，以公关构成三要素——公关主体、公众和传播为全书的编写主线，并在此基础上展开理论阐述和实务演示。为了保持本书的系统性和完整性，使选用过本书的教师教得顺手，学生易于掌握，此次修订在最大程度上沿用了已有的结构。

第二，理论和实务内容更加新颖。在系统地介绍公共关系一般原理的基础上，注意介绍公关的最新理论知识，如网络公关的传播等，更侧重介绍新的社会背景下公共关系的实务操作，并增加了新近影响较大的公关案例。

第三，体例更加规范完整，并采用了新的形式。修订后，每章章首增加了引例；章末有案例，并附有思考题。

本书的再版工作得到了南京邮电大学管理学院的关注和指导。黄子月、吴思梦、李茜云、黄晨、石胜国、胡娜、赵欣琦、韩启星参与了案例的编排和整理工作，在此表示感谢。同时，也对所有为我们提供案例及内容素材的研究者和公关人员表示谢意和敬意。

本书虽然经过修订，但书中仍存在一些不足之处。我们将不断修订此书，祈望广大读者朋友能够提出批评意见并反馈给我们，以便再修订时加以完善。

张耀珍

2017年12月

第 1 版前言

公共关系学是一门新兴的综合性的社会科学，已被广泛应用于各个领域，用于指导各类组织的社会实践活动，并以其特有的价值和作用，受到人们的普遍关注。公共关系事业的蓬勃发展，呼唤着人才培养速度的加快及质量的提高。学习“公共关系学”课程，不仅能使学生理解公共关系在实际生活中的重要作用，了解本课程的特点，还能帮助学生全面掌握公共关系运作的原则与方法，能运用公共关系理论去发现问题、分析问题和解决问题，使学生具有一定的从事专职公关活动的实际能力。为了更好地实现培养公关人才的教育目标，加强学生实践能力的培养，我们编写了这本《公共关系学》。

本书除了比较系统、全面地介绍公共关系的一般原理外，还注意介绍公关的最新理论知识，更侧重于公共关系的实务操作。全书共 14 章，与一般教材不同的是，本书按公关构成三要素——公关主体、公众和传播为全书的编写主线，脉络清楚，内容较丰富；内容安排既考虑到介绍组织的公关形象塑造工作需掌握的相关知识，又考虑到介绍公关人员个人的公关形象塑造需掌握的内容；重点分析了公关工作的难点问题，如公关公众的特点、构成及其心理；加入了目前理论界和组织公关实践中较为关注的全员公关、营销公关和公关危机管理内容；并且在公关实务中的公关专题活动、公关语言运用、公关礼仪和公关文书方面都有较为详细的阐述；且在每章后附有案例与思考题，可为公关实际操作提供借鉴并促使学生深入思考。

本书的编写风格，非常适合经管类课程推广使用的“案例研讨式”“体验式”等教学法。案例分析和阅读资料贯穿全书，做到了“理论引入有铺垫、理论阐述有案例佐证、理论讲授和思考训练融为一体”，体现了“实践—理论—再实践”的认知学习规律。

本书注重理论的逻辑性，更强调实务的可操作性，力求选材合理、内容丰富、结构新颖严谨、叙述深入浅出。本书适合企业各级管理干部与营销人员阅读，也可作为高等院校营销管理类专业人员的学习参考用书。

本书是编写者多年公关教学与实践的感悟与总结。在编写过程中编者还广泛吸取并引用或参考了近年来国内外有关研究成果，摘用了相关案例和文献，在此对有关著作或文章的原作者表示最诚挚的谢意！朱林林先生对本书的写作工作给予了大力支持，在此表示诚挚的感谢！感谢张先荣、王晨婧为本书承担了整理资料等许多琐碎的工作！

由于编者水平有限，加之公共关系学科本身尚有待进一步发展和完善，许多理论和实践问题都有待进一步研究和探讨，书中难免存在疏漏和不妥之处，希望学生诸君和同仁不吝赐教，提出宝贵意见，以便在以后的修订中日臻完善。

张耀珍

目　　录

第一章　公共关系概述

贴心的秘书小姐

东京一家贸易公司有一位秘书小姐专门负责为客商购买车票。客商中有一位德国人是一家大公司的商务经理，经常请她购买来往于东京和大阪之间的火车票。不久，这位经理发现：每次去大阪时，座位总在右窗边，返回东京时座位总在左窗边。这位经理问秘书小姐这是什么缘故，她笑着回答："车去大阪时，富士山在您的右边；返回东京时，山又到了您的左边。我想，外国人都喜欢富士山的壮丽景色，所以我替您买了不同位置的车票。"德国人听了很受感动，他想："对这么微不足道的小事，这家公司的职员都能想得这么周到，那么，跟他们做生意还有什么不放心的呢？"于是，他决定把自己公司与这家公司的贸易额由原来的400万马克提高到1200万马克。

公共关系是一门非常实用的课程。严格来说，应该将公关理解为一种工具学科，不论哪行哪业都需要它，就像需要英语一样。大到一个国家，小到一个人，要树立良好的形象，就必须具备公关意识。那么，何谓公共关系？公共关系这一名词传入中国后，它在社会生活中的作用已被人们普遍承认。但是当一些人打着"公关"的旗号做着违反公关原则的事情时，人们对公共关系的内涵、特征等又感到困惑。为此，本章将对公共关系的基本理论问题进行较为系统的阐述。

第一节　公共关系的定义及其特征

"公共关系"简称"公关"，这一词语最早出现在 1807 年美国《韦氏新九版大学辞典》中，英文是 Public Relations，缩写为 PR。有人认为该词应译为"公众关系"，其实它与"公共关系"在译法上无本质的区别，但译为"公共关系"更容易被中国人准确理解，这是因为公共关系的"公众"不仅由人群构成，还包括政府、社区、媒介等机构。中国人认为这些机构是公共事业单位，译为"公共关系"更便于理解。此外，这种译法已成为世界范围内中文的主流译法，全国的公关协会中被法律认可的也是"公共关系"的协会，而且数十年来"公共关系"已被人们广泛接受和使用，成为一个约定俗成的概念。因此，我们仍沿用"公共关系"，简称"公关"。

关于公共关系的定义，国内外公关学者并没有一个公认的说法，可谓仁者见仁，智者见智，众说纷纭。下面我们列举国内外流行的几种公共关系的定义，透过不同含义所强调的方面，可以从不同角度看到公共关系的特质。

一、国外有代表性的公共关系定义的介绍

1. 美国公关协会所下的四则定义

其一，“公共关系是企业管理机构经过自我检讨与改进后，将其态度公诸社会，借以获得顾客、员工及社会的好感，以及了解这种经常不断的工作。”

其二，“首先，公共关系是一个人或一个组织为获取大众的信任与好感，借以迎合大众的兴趣而调整其政策与服务方针的一种经常不断的工作。其次，公共关系是将此种已调整的政策与服务方针加以说明，以获得大众了解与欢迎的一种工作。”

其三，“公共关系是一种技术，此种技术在于激发大众对于任何一个人或一个组织的了解而对之产生信任。”

其四，“公共关系是工商管理机构用以测验大众态度，检查本企业的政策与服务方针是否得到大众了解与欢迎的一种职能。”

2. 英国公关协会所下的定义

“公共关系指实施一种积极的、有计划的以及持久的努力，以建立及维护一个机构与其公众之间的相互了解。”

3. 国际公关协会所下的定义

“公共关系是分析趋势，预测结果，为组织领导提供决策咨询，执行既有利于组织又有利于公众的行动计划的艺术和科学。”

4. 大型辞书所下的定义

《韦伯斯 20 世纪新辞典》的定义：“公共关系是公司、组织或军事机构等通过宣传与一般公众建立的关系，向公众报告它的活动、政策等情况，企图建立有利的公众舆论的职能。”

《大英百科全书》的定义：“公共关系是旨在传递有关个人、公司、政府或其他组织的信息，并改善公众对其态度的种种政策或行动。”

5. 一些著名学者所下的定义

斯科特·卡特李普和阿伦·森特在其合著的《有效的公共关系》中下的定义：“公共关系是一种通过优良的品格和负责的行为来影响公众舆论的有计划的努力，它建立在双方满意的双向交流的基础上。”

莱克斯·哈罗博士在分析了 472 个公共关系定义后提出：“公共关系是一种特殊的管理功能。它在一个组织及其公众之间建立并保持双向的传播、谅解、接受与合作；它参与处理各种问题与矛盾；它帮助管理部门及时了解舆论并做出反应；它明确和强调管理部门为公众利益服务的责任；它帮助管理部门随时掌握并有效地利用变化的形势，帮助预测发展趋势，以发出早期警报；它以研究方法以及健全的、正当的传播技术为主要工具。”

弗兰克·杰弗金斯在他撰写的《公共关系学》一书中提出：“公共关系是一个组织为了达到与它的公众之间相互了解的确定目标，而有计划地采用一切向内向外的传播方式的总和。”

二、国内有代表性的公共关系定义的介绍

居延安所著《公共关系学》中的定义：“公共关系是一个社会组织用传播手段使自己与公众相互了解和相互适应的一种活动或职能。”

毛经权主编的《公共关系》中的定义：“公共关系是一个组织运用各种传播手段，在组织与社会公众之间建立相互了解和依赖的关系，并通过双向的信息交流，在社会公众中树立良好的形象和声誉，以取得理解、支持和合作，从而有利于促进组织本身目标的实现。”

方宏进所著《公共关系原理》认为，没有必要在众多的公共关系定义之外再重编一个定义，但提出了定义式的对公共关系四个方面的理解：“目的——争取公众的理解与支持；作用——发挥管理的职能；工作方式——有计划的主动行动；具体工作——对话与交流等双向沟通。”

熊源伟主编的《公共关系学》中的定义：“公共关系是社会组织为了塑造组织形象，通过传播、沟通手段来影响公众的科学与艺术。”

三、对各种公共关系定义的综合分析

以上所述公共关系的含义可总结归纳为五种类型。

1. 管理职能论

持这种观点的学者认为，公共关系是现代企业经营管理的重要职能。国际公共关系协会做过如下界定：公共关系是一种管理职能，具有连续性和计划性。

2. 传播沟通论

持这种观点的学者极为重视研究社会组织与公众之间的沟通行为与规律。他们认为，现代传播学是研究人类社会信息的一个学术范畴，而公共关系是指社会组织与公众之间的一种传播方式，公共关系的本质是交流。因此，公共关系学应是现代传播学的一个应用分支。

3. 社会关系论

持这种观点的学者认为，公共关系的主体是社会组织，客体是公众，其目的是协调两者间的关系，为组织建立一种良好的社会关系网络。因此，公共关系应是社会关系的表现形式之一。

4. 现象描述论

持这种观点的研究者往往倾向于公关实务，描述直观形象、浅显明了，紧紧抓住公共关系的某一功能或某种现象进行描述，具体而实在。

5. 表征综合论

这类定义将公共关系的各种特征综合起来进行表述。1978 年 8 月，在墨西哥城召开的世界公关协会上，代表们对公关的含义形成共识。公共关系的定义为：公共关系是一门艺术和社会科学，公共关系的实施是分析趋势，预测后果，向机构领导人提供意见，履行一连串有计划的行动，以服务于本机构和公众利益。

历史上，各种关于公共关系的定义繁多，上述五种具有一定的代表性和影响力，给我们提供了以下启示：其一，公共关系定义的多样性源于公共关系含义的多维性；其二，上述五种定义均侧重于公共关系的某一种特殊功能，有较大的片面性；其三，公共关系的定义尚待

进一步完善；最后，公共关系内涵的丰富性与外延的扩展性是客观存在的。

四、公共关系的定义和构成

（一）公共关系的定义

通过归纳总结以上定义，我们可以得出如下公共关系的定义：公共关系是社会组织为了塑造组织形象，运用传播手段与有关公众良好相处时所采取的一系列政策、行动和手段。

具体来说，公共关系，其概念包含以下三个方面的含义。

（1）公共关系活动的根本目的就是公众对于社会组织的总体评价，是社会组织的表现与特征在公众心目中的反映。

（2）社会组织通过传播手段影响公众。

（3）公共关系既是一门科学，又是一门艺术。

（二）公共关系的构成要素

公共关系由社会组织、公众和传播三个要素构成。

1. 社会组织

社会组织是指各种政治组织、经济组织、军事组织、文化团体及民间组织等具体机构，它们可以发起和从事公共关系活动，是实施公共关系的主体。

2. 公众

公众是指与公共关系主体面临着某种共同问题、共同利益的社会群体或个人。公众对社会组织的生存、发展具有实际的或潜在的利害关系。社会组织的公共关系活动，就是要与有关公众搞好关系，后者是公共关系活动的对象，是公共关系的客体。

3. 传播

传播指社会组织为了达到某个目标而运用现代化大众传播媒介与公众进行信息、思想和观念传递的过程。传播手段是沟通联络公共关系主客体之间的中介和桥梁。

社会组织、公众、传播这三个要素存在于同一个社会环境中，共同构成了公共关系，如图 1-1 所示。

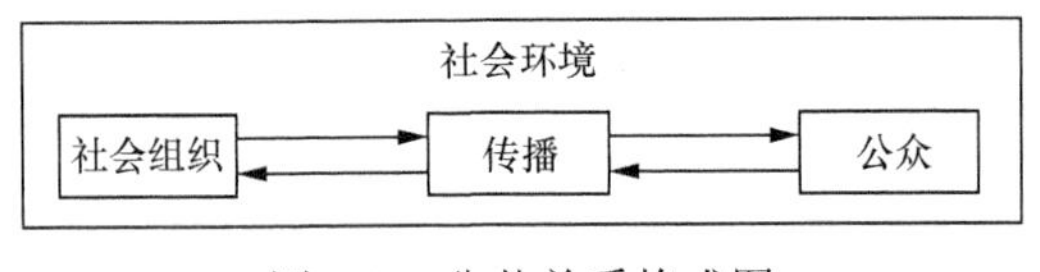

图 1-1　公共关系构成图

五、公共关系的基本特征

公共关系的特征是由其自身性质、主体目标和客体特征及工作方式决定的，可以概括为以下几个方面。

1. 以公众为对象

公共关系是社会组织与构成其生存环境的内外公众的关系，公众构成公共关系的客体一方；公众是公共关系的主要研究对象，一切工作均围绕公众展开。

2. 以美誉为目标

公共关系不是一种政治关系，也不是一种经济关系，其评价尺度不是政治立场，不是经济指标，而是美誉度。用通俗的话说就是关系好不好，客体愿不愿意与之交往。公共关系以追求较高的美誉度为工作目标。

3. 以互惠为原则

公共关系不是以血缘、地缘为基础，而是以一定的利益关系、业缘关系为基础的。社会组织要生存发展，必须得到公众的支持；而要想得到支持，就必须让公众得到利益。因此，要想持久地赢得公众支持，必须做到与公众互利互惠，最终达到双赢的目的。

4. 以长远为方针

组织凭借公共关系在公众中塑造良好的形象，绝非一日之功。树立形象的过程具有长期性，同时，形象一旦树立起来，又与形象的滞后性相关，不会轻易改变。因此，公共关系的长远性是与组织生存的长远性并行的。

5. 以真诚为信条

公共关系要追求长久的美誉度，就一定要以真诚为信条。互利互惠也只有依靠真诚才能做到。特别是在市场经济条件下，公众对真诚的期望越来越迫切。唯有真诚才能长久赢得公众的合作与社会美誉。

6. 以沟通为手段

公共关系的信息只有通过传播沟通才能实现其价值。形象在沟通中塑造，美誉在沟通中提高，合作在沟通中促成，目标在沟通中实现，无形资产在沟通中建立与积累。因此，公共关系目标与价值的实现离不开沟通。

以上六个方面综合地、系统地、多角度地构成了公共关系的基本特征。公关意识以此为基础，公关工作由此而展开，公关职能由此而设定。所以有人说，公共关系是根据公关的基本特征来看待公关事务并处理问题的。

第二节　公共关系与庸俗关系的区别

由于公共关系引进我国的时间不长，而且公共关系需要协调沟通，包括人际交往内容，所以人们对公共关系的含义理解得不够准确，以至于有人认为公共关系就是“拉关系”“走后门”的学问，这就把公共关系误解成了庸俗关系。庸俗关系就是平常所说的“拉关系”“走后门”等庸俗的社会现象，它是一种非正常的、不健康的、庸俗化的人际关系。它以损公肥私、侵占他人利益及危害社会利益为特征，是一种赤裸裸的私利关系。庸俗关系和公共关系有着本质的区别，表现在以下几个方面。

一、两者产生的社会基础不同

公共关系是商品经济高度发达、现代民主制度不断发展、信息手段十分先进的产物（详见第二章）。一个社会组织如果要塑造良好的形象，那么构建良好的公共关系是其赖以生存和发展的必要前提；庸俗关系则是生产力不发达、市场经济发育不完善、物质供应不充足的产物，它带有浓厚的血缘、地缘色彩。

二、两者的理论依据不同

公共关系以现代科学理论为指导，按照正确的目标、科学的方式、规范的组织形式、严格的工作程序和道德准则来进行；庸俗关系则建立在市侩经验的基础上，其方法是险恶的权术，奉行的是“人不为己，天诛地灭”的信条。

三、两者的对象不同

公共关系的对象是组织与社会公众之间、与国家之间、与其他企业之间、与社团之间公开的社会关系。庸俗关系的对象是各种私人关系。

四、两者所代表的利益不同

公共关系将组织利益和公众利益有机地结合在一起。公共关系所追求的是组织在公众心目中的良好形象，强调通过组织的政策、行动来赢得公众的理解和支持。任何一个组织，只有在组织利益和公众利益相互协调、互利互惠的前提下才能得到发展，因此，组织利益和公众利益是一致的。而庸俗关系背离广大公众的利益，所追求的是小团体特别是个人的私利，甚至为了一时的既得利益，不惜损人利己、损公肥私，危害社会和公众的利益。

五、两者的手段不同

公共关系活动以事实为基础，利用大众传播媒介，通过双向信息交流，协调组织与公众的关系，以取得公众对组织的了解和支持，因此公共关系人员光明正大地采用公开的、合法的、符合社会道德准则的手段来塑造组织的良好形象，实现组织与公众的共同利益。而庸俗关系为逃避公众舆论的谴责和法律的制裁，总是采取隐蔽的、不正当、不合法的手段进行私下交易，通过投机钻营以达到不可告人的目的，如徇私舞弊等，因此被形象地称为“走后门”。

六、两者产生的效果不同

公共关系是通过有计划的一系列活动，使社会组织在与社会整体利益一致的前提下不断发展，其结果是组织、社会、国家和公众都受惠，为社会创造一种以诚相见、讲求信誉、提高声望的良好风气，有利于形成和谐、友善、正常、健康的人际关系，有利于提高社会文明程度，促进社会的发展。庸俗关系则是将人际交往商品化，使人们变得唯利是图、目光短浅，社会充满市侩气，个人中饱私囊，而国家和公众的利益却遭到损害。

第三节　研究学习公共关系学的意义和方法

一、研究学习公共关系学的意义

学习公共关系学的现实意义可以从以下六个方面来认识。

1. 学习公共关系是对外开放的需要

对外开放需要加强我国与外部世界的双向沟通，尤其是在当今全球经济一体化的大背景下，一方面要了解世界，另一方面要向世界传播自己；对外开放使形象管理的问题日益突出，需要树立公关意识和加强公关管理；对外开放需要按国际惯例办事，特别是我国加入世界贸易组织后，学习和运用公共关系有利于完善和规范组织的行为。

2. 学习公共关系是体制改革的需要

体制改革促进了横向联系的发展，使组织的社会关系日益复杂，给组织的关系状态（社会关系和舆论）及行为方式带来了新的变化，因此需要应用公共关系加强组织的社会沟通和社会协调。

3. 学习公共关系是市场经济发展的需要

市场经济带来了大范围的分工协作关系和激烈的市场竞争关系，人与人之间、社会组织与社会组织之间、社会组织与个人之间的社会联系日益广泛、复杂化，需要我们转变传统的、狭隘落后的“关系”观念。企业组织需要运用公共关系来拓展合作关系，加强竞争能力，树立组织及其产品的知名度、美誉度，促进经济效益和社会效益的提高。学习公共关系学，可以增强人们在现代社会生活中所需要的诸如变革、开放、互补、适应和协调等观念。如果能有效地运用公共关系，我们就可以拓展合作关系，加强竞争能力。公共关系学在阐述社会组织与公众之间的关系时，反对对立的观念，摒弃零和博弈，强调互补与双赢、多赢的观念。对于一个主体与社会的适应或调适问题，公共关系学构建了一些基本观念和技巧，它们有利于人们适应社会、协调各种关系。因此，学习公共关系是市场经济发展的需要。

4. 学习公共关系是现代信息社会的需要

现代信息传播技术和沟通方式的发展，促进了社会交往观念和交往行为的变化。特别是大众传播的发展使公众舆论的作用日益增强，从而使组织形象管理的问题日益突出，需要运用公关手段来了解舆论，引导舆论，改善组织的生存和发展环境。

5. 学习公共关系是社会稳定的需要

我国市场经济的发展需要安定团结的政治局面，因此需要加强社会的公共关系工作，增强政府和公众之间的双向沟通，增强领导者和被领导者之间的了解、理解、信任与合作，形成和谐的社会气氛。

6. 学习公共关系是提高个人素质的需要

从某种意义上说，公共关系学教育是一种终生教育，对于提高人的素质具有重要意义，对于大学生尤为重要。大学生在接受大学教育之后，便进入职业社会。职业社会要求从业者必须具备较高的素质，而且能够随着时代与形势的发展变化，与时俱进地提高自身素质。掌握公共关系学的理论与方法，对于今后服务社会、发展自身、实现自我价值都是必备的知识和技能。公共关系学对于人的心理健康、精神气质和应对、处理社会关系技能方面素质的提高具有特别重要的作用，使人们能够认识事物的复杂性，形成包容、宽容和从容应对复杂情况的健康心理。提高个人的形象素质，可赢得他人的好感并感染他人、影响他人，这也有利于社会组织形象的塑造及传播。

二、研究学习公共关系学的方法

本课程有较强的实用性和可操作性。学习研究公共关系学，必须牢固树立“公众导向”的现代公共关系观念，把握其“公众导向”的基本内涵，从公众利益的角度出发去分析、研究公共关系的基本问题，一切公共关系活动均以“让公众满意”为出发点和归宿，期望在公众心目中树立组织的良好形象，以求得公众的支持，保证公共关系活动的目标得以实现。在本课程的学习过程中，必须坚持理论联系实际的原则，学会运用自己所学的知识为所服务的社会组织提出更好的发展思路，帮助组织开展好各项公共关系活动，为组织的发展树立良好的社会形象。具体来说，我们可从以下几个方面入手以增强学习效果。

1. 牢固树立“公众导向”的现代公共关系观念

研究学习公共关系学，就要把握公共关系“公众导向”的基本内涵，从公众利益的角度出发去分析、研究公共关系的基本问题。一切公共关系活动均以“让公众满意”为出发点和归宿，以保证公共关系的活动达到在公众心目中树立组织良好形象并求得公众的支持和发展的目标。

2. 掌握公共关系学的基本理论和方法

研究学习公共关系学，就要完整理解“公共关系学”的学科体系、知识结构和分析问题与解决问题的方法。公共关系学的学科体系是在其相关学科的基础上发展起来的独立而完整的、具有系统性的学科，其学科体系包括公共关系理论、实务、方法与案例。其理论主要有公共关系的基本含义，公共关系的历史与现状、主体、客体，公共关系活动的程序、方法、手段和技巧等。我们要全面掌握公共关系的理论和方法，并能对公关实务与技巧进行研讨，把抽象的内容具体化、实用化，以在理论学习的基础上具备实际应用的潜能。

3. 学习公共关系理论与加强社会实践相结合

公共关系学有自己独立的学科体系，有自己的操作技术与方法，它只有与公共关系的应用结合起来，才能显示出其理论价值，并发挥出巨大能量。而公共关系在社会实践中得以应用，又为公共关系理论的丰富、发展、深化和完善提供了更新、更好、更全面的素材，并对公共关系理论的正确、实用与否进行检验，从而体现了“公共关系学”的实用性和可操作性。学习公共关系学的最终目的是要能够正确处理生活中遇到的公共关系问题，为达到此目的，除了认真阅读和理解教材中关于开展公共关系活动的一般理论知识以外，还要多阅读一些公关案例，从中掌握开展公关活动的技巧。理论知识的学习要注意密切联系实际，要在实践中努力培养现代公共关系意识，完善自身的公共关系素质，提高实际公共关系能力，将所学的理论知识和操作技能运用到工作实践和社会实践中去。

本章案例

案例 200 美元的“报酬”

20世纪60年代末，中国台湾一位商人到美国去参加一个商品展销会，带去了一批新式算盘进行推销。尽管他在展销会的会场上租用了一个很大的柜台，但由于美国人不知道算盘为何物，使得他的算盘无人问津。一个偶然的机会，这位商人遇到了哥伦比亚电视公司的一位节目主持人。这个人对算盘产生了浓厚的兴趣，他邀请台湾商人带着算盘到他主持的节目中去和计算机进行比赛，结果算盘获得了胜利。这一下使许多美国人大为惊叹，于是要求购买算盘的订单纷至沓来，使这位台湾商人研制的新式算盘在美国获得了众多的客户。正当这位台湾商人欣喜若狂，准备答谢哥伦比亚电视公司的时候，那位哥伦比亚电视公司的节目主持人找上门来。他手里拿着200美元，对这位台湾商人说："这两百美元是你在电视台进行比赛的表演费。"这位台湾商人感到很惊讶，他忙向节目主持人表示："你已经帮我做了广告，我不能收这笔表演费。"节目主持人回答道："如果是做广告，您给我2000美元也不够，但这不是广告。"

这位哥伦比亚电视公司的节目主持人对台湾商人所说的一番话，实际上道出了商业广告宣传与公共关系传播的一个十分重要的区别，那就是，商业广告是一种付钱的宣传，而公共关系则是一种无须付钱的宣传。

思考题

1. 如何理解公共关系的内涵？
2. 公共关系的基本特征是什么？研究、确定公共关系的基本特征有什么价值？
3. 公共关系学的研究对象是什么？
4. 公共关系与庸俗关系有何区别？
5. 为什么要学习公共关系学？
6. 怎样学习公共关系学？
7. 运用公共关系理论，分析评价"好酒不怕巷子深"和"王婆卖瓜，自卖自夸"的现象。

第二章　公共关系的产生与发展

子产不毁乡校

春秋时期，郑国人常在乡校里来往，议论执政的人。然明对子产说："把乡校关闭了，您看怎么样?"子产说："为什么关闭？人们早晚劳动之余到这里交游，来议论执政的好还是不好。他们认为好的，我就去实行；他们厌恶的，我就改正。他们是我们的老师啊!为什么关闭它呢？我听说诚心为善以便减少怨恨，没有听说施用权势（指使用惩罚手段）来堵住怨恨的。难道还不赶快停止毁掉乡校的念头？这样做就如同防川：大的决口所造成的灾害，伤人一定很多，我没法挽救；不如开个小口来疏导它，对人们的议论，不如听到后把它当作治病的苦口良药。"然明说："我从今以后相信您的确能把国家治理好。我原来的想法实在愚蠢。如果真的照这样做下去，那郑国确实要依靠您，岂能只靠我们几个做官的呢?"此后，弱小的郑国在子产和然明的治理下，出现了政通人和的气象。

子产把乡校作为获取群众议论政事的反馈场所，而且注意根据来自公众的意见调整自己的政策和行为。子产在执政时重视听取百姓的议论，还把刑书铸在鼎上公布于世，努力疏通统治者与被统治者之间的关系，颇得百姓的爱戴，从而使郑国强盛起来。从这个事例中可见，我国悠久的历史文化中蕴藏着丰富的公共关系思想和活动。

公共关系作为一种客观存在的社会关系和社会现象有着悠久的历史。本章将追溯公共关系的源流，介绍其发展的历史过程。

第一节　产生公共关系的社会条件

公共关系产生于20世纪的西方，这是与当时的政治、经济、文化和技术等方面的社会条件相联系的。也就是说，公共关系是当时的政治、经济、文化与技术等条件综合作用下的必然产物。

一、商品经济的繁荣是公共关系产生的经济基础

自然经济条件下也曾出现过一些相当规模的商品集散地，彼此间的贸易也十分活跃和频繁。开始是物物交换，后来逐渐演化为简单的商品交换。但是这些实践活动都是盲目的、自发

的，只能看成是公共关系的某些意识的萌芽。因为自然经济是一种自给自足、万事不求人的封闭性经济，自然经济本质上并不需要人与人之间进行广泛的相互沟通与联系，再加上当时落后的交通工具和信息传播手段的限制，人们没有也不可能发生广泛而深刻的社会联系和交往。

商品经济的高度发展改变了传统的生产方式和交往方式，使新型的社会交往方式形成了。发达的商品经济是建立在广泛的社会分工基础上的，它在整个社会形成一个极其活跃开放的关系网络，分工从地区走向全国、走向世界。世界上许多知名品牌，不是独家生产完成的。分工带来生产的社会化，使得各企业、工厂之间的联系密切。因此，各企业不得不运用公共关系来加强联系，增进了解，建立良好的协作关系。商品经济的发展为公共关系的产生和发展提供了充分的社会基础和良好的经济条件，使现代公共关系不仅有了发展的可能，而且成为社会发展的必然。

二、民主政治制度的出现是公共关系产生的政治前提

社会政治生活的民主化是公共关系赖以产生和发展的社会政治条件。通过传播媒介来促进沟通及对话交流，西方社会从封建制度向当代民主制度过渡，民主政治制度的出现为公共关系的产生和发展创造了又一个重要条件。

三、大众传播技术的发展是公共关系得以发展的物质条件

科学技术是人类战胜自然、改造自然的武器，是推动社会生产力发展的重要力量。科技的每一次发展都是人类文明史上的飞跃。科学技术已经深深地影响着我们的日常生活，在经济社会发展中扮演着不可或缺的角色。尤其是进入 21 世纪以来，科学技术，尤其是计算机网络技术、电子信息技术的飞速发展，在一定程度上也改变了我们的生活方式，“地球村”的出现为人们进行大规模交流提供了可能性，并为公共关系的产生提供了必要的技术和方法。公共关系产生的科学技术条件主要是大众传播与现代通信手段的发展，这为公共关系的产生提供了物质手段。

四、文化心理由“理性”转向“人性”是公共关系产生的思想条件

20 世纪初，美国的 F·W·泰罗创立了科学管理理论。泰罗的思想及其制度，是理性主义的典型代表，其核心是通过“时间和动作分析”强调对一切活动的计量定额，“人是机器”是这一时期最典型的代表性口号。科学管理理论没有把企业管理的两种对象——人和物加以区分，仅把工人看成是会说话的机器，忽视了企业成员之间的交往及个人的感情、态度等社会因素。在对人的激励上，泰罗过于强调人的经济性，把工人视为纯粹的“经济人”，把经济手段视为调动工人积极性的唯一手段。20 世纪 20 年代，哈佛大学教授梅耶在著名的“霍桑实验”中提出的“人群关系理论”“行为科学”，使社会生活、社会交往更趋开明化、开放化。

在管理的一切要素中，人是最活跃、最积极的能动主体，管理的根本任务在于调动人的积极性与创造性，最大限度地挖掘人的潜能。管理的要义在得人，得人之道在得人心。管理者愈来愈清楚地认识到——组织管理以人为本。人性管理是基于“以人为本”的理念，充分考虑不同环境下人的基本要求、性格取向的管理理论和方法。人性管理的目的是塑造具备职业素养，能发扬职业精神的各种人才。人们的经营管理思想和观念的深刻转变，为公共关系的产生奠定了思想基础。尊重人性、尊重个人尊严、开放的文化是公共关系得以滋生成长的

土壤。

正是由于商品经济的高度发达、民主政治制度的出现、大众传播技术的日趋普及与提高和20世纪初人性文化的兴起等诸方面因素的滋生与促成，公共关系这门崭新的学科才得以脱颖而出，以令人耳目一新的面貌自立于世界学科之林。

第二节 公共关系的起源和发展

公共关系作为一种职业和一门学科，最早产生于美国，但公共关系作为客观的社会现象，作为人类一种朴素的思想意识观念，作为人类不自觉的社会活动，却早已问世了。

一、古代时期——公共关系思想的萌芽

在漫长的古代社会，人们从事着各种各样的活动，如种地、打猎、纺织等，这些都是通过技术传授而得以延续下来的。据说，考古学家曾在伊拉克发现了远在公元前1800年的一份农业公告，它的内容是告诉农民如何种地、如何灌溉、如何对付田鼠、怎样收获等，它有点像现代社会某些农业组织公共关系部的宣传资料。

在古希腊，社会对于沟通方法非常重视，有些深谙沟通学问的一流演说家常常被推为首领。希腊人认为，较强的修辞能力是参与政治过程的基本条件之一，因为政治家与公众之间的桥梁是靠修辞来联系的。古希腊哲学家亚里士多德的经典著作《修辞学》，被西方公共关系学界认为是最早问世的公共关系学的理论书籍。古罗马儒略·恺撒的纪实著作《高卢战记》曾被西方公关专家称为"第一流的公共关系著作"。

我国研究公共关系的学者认为，早在周代，我国就有了类似于公共关系的观念与活动。西周时期，有人针对周厉王施暴政而带来的怨声载道、民怨沸腾的情况，提出了"防民之口，甚于防川"的观点，认为社会舆论的好坏直接关系到政权的稳固与否，强调应重视民众、传播信息和调整施政措施。这种观点与现代公共关系中重视信息反馈的观念是一致的。我国古代有大量的类似于公共关系的实践活动。在我国古代的政治活动、外交活动和军事活动中，亦有许多类似于公共关系活动的成功范例。古代的游说活动，如商代盘庚迁都之前进行的动员、演讲；战国时期苏秦、张仪的游说活动；秦末刘邦攻入咸阳后与老百姓的约法三章；明代的郑和下西洋等。古代帝王对民意的重视、古代商业经济领域的诚信原则"和"以及古代军事领域的"知彼知己，百战不殆"等，都是古代公共关系活动的例证。

公共关系萌芽于古代社会，萌芽的基础是对民众形象的认识，具体表现在三个方面：组织对公众力量的认识、组织对自身形象价值的认识和组织对传播作用的认识。

一是对公众力量的认识。这种认识最初是从政治领域开始的。对公众力量的认识，是公共关系学的最早萌芽。没有对公众力量的认识，就没有公共关系学。

二是对自身形象价值的认识。认识到公众力量之后，接着就是怎样提高自己在公众中的形象，以取得公众的支持。这个过程是对自身形象价值的认识。

三是对传播作用的认识。关于怎样才能在公众中提高自己形象的问题，人们在实践中认识到，形象是通过传播而起作用的。在古代，主要是通过人与人之间的语言和文字的传播进

行的。

这些活动仅仅是“类似”公共关系，或准公共关系而已。在这一历史时期，人们是在不自觉地从事着各种具有公共关系性质的活动，而且这些活动一般都局限在很小的范围内。

二、公共关系产生的三个阶段

真正意义上的公共关系，产生于商品经济高度发展的资本主义时期，最早出现在19世纪的美国。公共关系的产生也经历了三个阶段，即美化宣传、丑化宣传和深刻反思阶段，也有人把这三个阶段称为宣传、反思、革新阶段。

（一）美化宣传阶段

美化宣传阶段是以世界上第一份廉价、大众化的报纸——美国“便士报”的产生而开始的。不过，当时的商品宣传带有太多的虚假成分，因此被历史学家戏称为“美化宣传”或“公众受愚弄时期”。

19 世纪 30 年代，美国报界掀起了一场“便士报”运动，即报纸以低廉的价格和通俗的内容去争取大量的读者，使报纸完成了大众化、通俗化的飞跃。从此，价格低廉、以大众为阅读对象的报刊大量出版印行。由于这种报纸售价低，一般劳动大众都买得起，因此报纸发行量大增，随即广告费也迅速上涨。有些公司和其他组织为了省下广告费，便雇佣专门的人员来制造煽动性新闻，制造关于自己的神话，以此来扩大影响。报纸为了迎合读者的阅读心理，也乐于发表此类内容。这样两相配合，就出现了美国历史上有名的“报刊宣传活动”。这为那些总想宣传自己、为自己制造神话的公司和组织提供了便利条件。各公司、组织所雇佣的报刊宣传员的任务，主要是编造离奇的故事以引起公众的好奇和对自己的注意。当时最有代表性的就是巴纳姆，这个时期也被称为“巴纳姆时期”。巴纳姆是美国知名的游艺节目演出经理人，他曾制造过一个关于女奴海斯在一百年前曾养育过美国第一任总统乔治·华盛顿的“神话”。这一“新闻”引起了美国社会的轰动。巴纳姆又乘势使用不同笔名向报纸寄去“读者来信”，人为地引起一场讨论。有的来信说，巴纳姆的所谓“海斯的故事”是个骗局；有的来信说，巴纳姆发现了海斯是一大功劳。巴纳姆说，只要报纸上没有把他的名字拼错，随便怎么说他都无妨。海斯死后，对她的尸体解剖表明，海斯只不过 80 岁左右，并非巴纳姆所说的161 岁。对此，巴纳姆厚颜无耻地表示“深感震惊”，还说他本人也受了骗。其实作为这场骗局的策划者，他是大大获利了。他达到了自己真正的目的：每周可从那些希望一睹海斯风采的美国人那里获得 1500 美元的门票收入。巴纳姆的信条是“凡宣传皆好事”。为了使自己和公司扬名，置公众利益于不顾，任意编造谎言和“神话”，利用新闻媒介“愚弄公众”，这是该时期的显著特点。

（二）丑化宣传阶段

实业界和广告业无原则的美化宣传愚弄了公众，导致公众对宣传的不信任，尤其是对广告的不信任。当时，这种把新闻媒介视为异己，或利用新闻媒介“愚弄公众”的现象，引起了新闻媒介的不满，报纸杂志率先刊载揭露实业界那些“强盗大王”的丑闻。于是，一些作家和记者发起了一场揭露广告的虚假和阴暗面的运动。据统计，1903 ~ 1912 年间，几乎每天都有揭丑的文章刊登在报纸上，同时还有社论和漫画。这种情况一直持续了将近 10 年，形成了美国近代史上著名的“清垃圾运动”（又称为“扒粪运动”“揭丑运动”）。揭丑文章沉重打击了当时新兴的广告业和利用广告做宣传的企业，迫使其进行反思，从而把公共关系带到一个新的时期——深刻反思阶段。

（三）深刻反思阶段

在这个阶段，企业家们认识到，必须纠正过去的观念，对公众讲真话，这样才能使组织真正在公众中树立良好的形象。这个运动开始于 20 世纪初，是由被誉为“公共关系之父”的美国人艾维·李发起的。

1. 艾维·李时期——现代公共关系职业化的开始

艾维·李出生在佐治亚州的一个牧师家庭，毕业于普林斯顿大学，早年受雇于《纽约时报》。他在美国无烟煤业罢工期间发表过一篇非常有名的文章《共同原则宣言》。在这篇文章中，他阐明了公关思想：“公众必须被告知”“说真话”。这就奠定了诚实传播的公关职业道德基础，第一次把公众放在平等的位置上。艾维·李于 1903 年成立了世界上第一家具有公关公司性质的公司——宣传顾问事务所，以收费的方式为客户提供许多有效的传播沟通服务，它标志着公共关系职业的诞生，艾维·李因而成为开创公共关系职业的先驱者。艾维·李的著名实践性案例是“洛克菲勒财团”的成功转型。洛克菲勒财团因在科罗拉多错误对待罢工工人的做法而声名狼藉，被称为“强盗大王”，他们向艾维·李提出改变此形象以及平息工人罢工怒潮的要求。艾维·李提出措施的基本思想是“讲真话”，他反复向客户灌输以下信条：凡是有益于公众的事业，最终必将有益于企业和组织。他呼吁企业不要唯利是图，应实现企业人性化，倡导公关应进入企业的最高管理层。

艾维·李为科学公共关系的建立和发展奠定了强有力的基础，被称为“公共关系之父”。但艾维·李公共关系工作的不足之处在于：只凭经验和直觉，缺少科学理论指导。所以，有人说他的公共关系只是艺术，没有科学。

2. 爱德华·伯纳斯时期——现代公共关系学科化的开始

使公共关系学科化的旗手是爱德华·伯纳斯。爱德华·伯纳斯 1891 年出生于维也纳，刚满一岁时移居美国。他在第一次世界大战期间开始实践公共关系，为著名演员、总统、大公司和政府等提供咨询。爱德华·伯纳斯于 1923 年发表了公共关系学第一部里程碑式的著作——《舆论之凝聚》；同年在纽约大学讲授公共关系课程，第一次多角度使用“公共关系”一词，其公共关系思想的重要组成部分是“投公众之所好”。此后他写了大量的理论著作，把公共关系从新闻传播领域中剥离出来，并对公共关系理论进行了系统研究，是一位使公共关系由活动、社会现象变成一门学科的杰出人物。

继伯纳斯之后，经过众多学者的努力，公共关系成为一门充满时代特征、具有强大实用性的新兴学科，并以其崭新的身姿崛起于学科之林。

三、公共关系的发展

现代公共关系是适应市场经济条件下商务活动和人际交往等的需要而产生的。它一经产生即以其独特的魅力跨洋越海，首先进入英语系国家。1926 年，英国成立了官方公共关系机构“皇家营销部”。在 20 世纪 30 年代经济危机期间，该部全力支持英国政府“买英国货”的号召，开展了全方位的公共关系活动，取得了惊人的成功，从而使英国人开始对公共关系的作用刮目相看。

从20世纪30年代的经济大危机到第二次世界大战（简称“二战”），公共关系日益为公众所了解、信服及重视，并获得了长足的进步与发展。1939～1945年，《公共关系季刊》《公共关系杂志》《公共关系新闻》等专业性杂志在美国相继出版。1935年，美国公立学校公共关系学会成立。1937年，雷克斯·哈罗博士在斯坦福大学开设公共关系课程。1947年，波士顿大学创办了第一所公共关系学院，培养公共关系学士及硕士。1937年，据美国《商业周刊》发表的第一篇公共关系职业报告统计，当时全美有公关专业人员5000人，公关公司250家，全美比较大的公司中，大多设有公共关系部。战争期间，美国政府对公共关系给予了充分重视。在这方面，美国总统富兰克林·罗斯福著名的“炉边对话”，就是运用公共关系的一个成功范例。他在炉边温馨的家庭氛围中对大政方针娓娓道来，打动了公众的心。在罗斯福的倡导下，政府成立了“战争信息办公室”，征用了一批公关技术专家，运用公共关系来宣传、解释美军出国远征的意义，号召人民支持政府和军队，唤起公众的爱国热情，以鼓舞士兵的斗志。与此同时，美国的商界、劳工界也开始大量征聘公关人员，这些公关业务人员为美国战时经济的发展做了大量富有成果的工作。

“二战”结束后，公共关系进入了一个全面发展的时期。公共关系活动日益成为一种世界现象。1946年，法国出现公共关系机构，同年，荷兰也出现了公共关系事务所。之后，欧洲的非英语国家，乃至亚、非、拉美地区都出现了相应的公共关系机构。1948年，美国公共关系协会成立，制定了“公共关系人员职业守则”，从而使公关活动纳入了制度化、规范化的轨道。1955年，国际公共关系学会在伦敦成立。从此，公共关系作为一门世界性的行业而独立存在。

20世纪50年代以后，公共关系的面貌发生了巨大的变化。其理论研究与实践方式进入了成熟发展的重要时期。公共关系开始步入科学化、规范化、制度化的发展道路。这一时期，对公共关系理论和实践做出重要贡献的代表人物是卡特利普、塞特和詹夫金斯。

卡特利普和塞特是美国著名的公关专家，其代表作是《公共关系咨询》和《有效公共关系》。后者是卡特利普和塞特于1952年出版的权威性的公共关系专著，它被誉为“公共关系的圣经”。他们提出“公共关系四步法”（参见第七章），论述了“双向对称”的公共关系模式，并提出了公共关系实践的系统化研究方法。传统的公共关系理论认为，在公共关系实践中，公共关系只是作为“一项具体工作”，这类工作只注重将有关组织的信息扩散到组织的环境之中。这种观点忽略了将有关环境的信息传递给组织，实质上是把公共关系系统看成一个“封闭系统”。这种一厢情愿式的单向传递模式在特定的历史条件下可能会收到一定的效果，但缺少公众参与的“一头热”模式的弊端则会日渐显露出来。而现代公共关系理论要求以“开放系统”的思想去分析公共关系问题，以“双向对称”的理论模式去规划公共关系工作，即组织与其公众关系的维持与改变是建立在输出—反馈—调整的互动模式基础之上的。开放系统的“双向对称”公共关系模式，一方面要把组织的行为和信息传递给公众，另一方面又要把公众的想法和信息传递给组织，从而使组织和公众形成一种互动的和谐状态。根据“双向对称”模式，组织必须区分那些对组织影响较大的公众，通过调查研究及开展适当的公关活动，协调与这部分公众的关系。“双向对称”论的提出适应了当代社会进步与发展的需要，因而一经提出便为人们所接受，成为现代公共关系的重要标志。

詹夫金斯的主要成就是对广告学和市场营销、管理学方面的研究。这位英国著名的公共关系教育家，在英国创办了最早的公共关系学校，主要讲授公共关系、广告、市场营销等课程，一生写作公关著作十多部，其中产生重要影响的有《广告学》《现代市场学》《公共关系与成功的企业管理》等。这些著作丰富、发展了公共关系学理论。

纵观处在发展时期的公共关系，其特征主要有两个：一是公共关系的理论研究与实践的结合日益紧密，理论体系形成并日臻完善；二是公共关系走向世界，公共关系活动已成为一种全球现象。

历史进入20世纪80年代以后，由于新技术革命的不断深入发展，社会信息化、产业自动化程度提高，人与环境的依存程度进一步加深，这一切促使现代公共关系朝着理论系统化、科学化，技术手段现代化，公关活动国际化的方向发展，最具代表性的是“公共关系营销”（也称“营销公共关系”）和“网络公共关系”的兴起。1986年，科特勒提出了“大营销”概念，首次把“市场营销组合”4P（产品、价格、促销和销售渠道）发展为6P（产品、价格、促销、销售渠道、政治和公共关系）。1995年，美国市场营销专家帕托拉在《市场营销》一书中强调，“公共关系结合其他促销组合可以树立品牌知名度，建立有利于品牌的公众态度以及鼓励消费者购买”。公共关系与营销的融合是两大学科发展的必然，从此公共关系有了产业依托，营销进入了“大营销”时代。道格·纽瑟姆教授在《这就是公关》一书中对21世纪的公共关系做出新的界定：21世纪的公共关系实际上是全球背景下的运作。尽管世界各国在社会、经济和政治环境方面仍千差万别，但随着21世纪公关实践和研究的内涵与外延的创造性扩展，社会与业界的认可和接纳，公共关系实践万变仍不离其宗旨，即为企业、为公众的最根本利益制定决策和提供信息。

20世纪末21世纪初，随着互联网的广泛运用，人类在沟通传播领域经历了一场革命，网络公共关系应运而生。米德伯格是第一代网络公共关系专家中的典型代表。他认为，现代商业活动，包括公共关系的本质已经因为互联网的出现而发生了根本性变化。米德伯格在2001年出版了《成功的公共关系》一书。他认为，“从本质上看，公共关系因互联网发展而催生了五个沟通趋势，即快速、途径、交互作用的新规则、品牌的重新界定以及作为沟通的商业伙伴”。他断言，新的公共关系人员的群体已经出现，他们是混合了传统的公共关系与网上沟通所创造出来的对客户具有前瞻性的、一体化的商业活动——“电子沟通者”。网络公共关系虽诞生较晚，但近年飞涨的需求量表明，网络公共关系毫不逊色。许多大企业已配备专职人员作为网络媒体的代表，专门处理、协调网络媒体传播。深入快捷、成本低廉的网络公关帮助不少企业渡过形象危机，重塑企业信誉。网络公关也蕴藏着巨大的商机，进入互联网时代，正所谓“无企业，不公关”。凡此种种，公共关系在当代正可谓方兴未艾、任重而道远。

第三节　公共关系在中国的传播和发展

一、公共关系在中国发展的历程

中华人民共和国成立以前，我国并没有系统介绍公关的理论，正式进行公关活动的组织也很少，但已有不少企业十分有效地运用公关实务的例子：坐落在当时东亚最繁华的工商城市上海的一些公司，如华成烟草公司、信谊药厂等，利用广告、新闻报道等方式吸引传播界和社会大众的注意，以提高企业的知名度，并安排专门的人员负责处理对外关系的协调和联系工作。但这些活动只是公共关系的具体活动，它们还没有经过系统理论的指导，也没有形成规模，企业更没有长期地、有计划地开展公关活动的打算。1978 年党的十一届三中全会召开以后，为适应市场经济发展的需要，公共关系很快在中国这片广袤古老的土地上生根、发芽、壮大起来。

纵观中国的公关发展史可以发现，公共关系作为一种新的经营管理理论和方法传入中国后，呈现出由南向北、由东向西、由服务行业向工业企业、由外资企业向国有企业、由企业组织向政府组织逐步发展的格局，而且发展过程也呈现出明显的阶段性。

1. 拿来主义时期（20 世纪 80 年代初 ~ 1986 年）

公共关系是在 20 世纪 60 年代传到中国香港和台湾地区的，并于 20 世纪 80 年代传到内地。中国公关的兴起与发展经历了一个拿来主义时期。1980 年，我国在深圳、珠海、汕头和厦门试办经济特区。不久之后，公关部挂牌公关从业人员出现，深圳的一些“三资”企业设立了公共关系部。1982 年，广州白天鹅宾馆设立了公共关系部。1982 年，深圳竹园宾馆成立公共关系部，开展以招徕顾客为目标的、扩大影响的服务性公共关系活动。1983 年 9 月，广州的中国大酒店设立了公共关系部。后来，广东电视台以宾馆、酒楼的公共关系活动为题材，拍摄了中国第一部反映公共关系理论与实践的电视连续剧《公关小姐》。我国第一家国有企业的公共关系部——广州白云山制药厂公共关系部也于 1984 年 9 月诞生。与此同时，1986 年，我国民间第一个公共关系组织——广州地区公共关系俱乐部成立。

此时，国际著名公关公司抢先登陆中国市场。美国新闻机构曾报道说这是一块肥沃的公关市场，这对世界上的大型公关公司来说，无疑是一个振奋人心的好消息。当时的世界第二大公关公司希尔·诺顿公关公司，于 1984 年率先在北京设立了办事处。同年，美国的伟达公关公司挺进中国市场。1985 年 8 月，当时世界上最大的公共关系公司博雅（成立于 1930 年，掌门人曾任美国公众咨询委员会副主席）与新华社下属的中国新闻发展公司联手成立了中国第一家公共关系公司——中国环球公共关系公司。1985 年出现了另一家合资公关公司——中法公关公司（Ihterasia）。截至 1990 年年初，在中国有影响且有 定规模的外资（含合资）公关公司基本上就只有这两三家。然而，它们带来的新思路、新的国际操作规范都催发了我国本土公关公司的出现和成长。叶茂康的报告文学《环球专业公关之路》道出了中国公关的风风雨雨，也让我们看到了公关业灿烂的未来。

2. 自主发展时期（1986 ~ 1993 年）

在这个时期，从外国引进的公共关系经过中国本土的消化吸收，已有了良好的发展势头，这种发展形势有效地促进了公关事业的职业化及公关研究的学科化。这个发展时期有以下几个特点。

（1）行业协会辈出，职业网络出现

1986 年 1 月，中国内地的公共关系民间团体——广东地区公共关系俱乐部成立。1986 年 12 月，省（市）级的公共关系协会——上海市公共关系协会正式成立。1987 年 6 月 22 日，中国公共关系协会在北京成立，这标志着公共关系在我国得到了正式确认和接受，公共关系事业的发展进入了一个崭新的发展时期。紧接着，深圳、北京、浙江、天津、南京、武汉、陕西和四川等地先后成立了省市一级的公共关系协会、学会、研究会和俱乐部等社团组织。1991 年 4 月 26 日，中国国际公关协会在北京成立，标志着我国的公共关系事业已开始走向规范化、专业化、一体化。

（2）公关出版物丰硕，学术成果推广快

我国第一部公共关系学专著，是中国社科院新闻研究所公关课题组编著的《公共关系学概论》，于 1986 年 11 月由科学普及出版社出版。这是我国内地最早的一部全面而系统地论述公共关系理论和实践的专著。1993 年 8 月，我国当时最有代表性的一部公关巨著，550 万字的《中国公共关系大辞典》问世。在传媒方面，1988 年 1 月 31 日由浙江省公共关系协会主办的《公共关系报》在杭州创刊，这是我国内地最早问世的一份公共关系专业报纸。1989 年 1 月 25 日，陕西省公共关系协会和中国公共关系专业委员会联合主办的《公共关系》杂志在西安面世。同年，《公共关系导报》在青岛创刊。1993 年，《公关世界》在石家庄创刊。据《中国公共关系大辞典》显示，到 1992 年，专业性的公关报已发展到 29 种之多。专业性的公关传播媒介的发展，极大地推动了公关的普及和公关向纵深处发展。

（3）公关培训活跃，教育层次多样化

公关教育培养了大批公关人才。自 20 世纪 80 年代中期开始，公共关系的培训异常活跃。这个阶段，公共关系的教育培训开始初具规模，规范化、系统化的职业教育和学历教育逐步形成。

20 世纪 60 年代，广州、北京的一些专家和学者开始将公共关系作为一门新兴的学科介绍到国内。1985 年，深圳大学传播系创办了第一个公共关系专业（专科），公关开始步入高等学府的讲坛。1987 年，国家教委正式批准把公共关系课纳入教学计划，把公共关系列入行政管理、工业经济、企业管理、旅游经济、市场营销、广告学、新闻学等专业的必修课。全国大约有 300 多所大学开设了公共关系课程，复旦大学、中山大学、兰州大学、杭州大学等均是较早引入公共关系这门学科专业的高校。1994 年，经国家教委批准，中山大学创办了我国第一个公共关系本科专业，同时在行政管理专业的硕士点招收公共关系研究方向的研究生。这不仅填补了我国公关专业本科和硕士研究生学历教育的空白，也形成了我国高校多层次、多形式的公共关系教学与培养的体系。

（4）公共关系科学研究和实践运作渐有成效

1986 年 3 月，在广州和北京，“公共关系与现代化”“公共关系和新闻工作”研讨会分别召开。1987 年 7 月，在杭州召开了由复旦大学、中山大学、兰州大学和杭州大学发起的全国高校公共关系理论研讨会。1988 年 5 月，在北京召开了由中国环球公共关系公司和博雅公共关系公司联合主办的首届国际公共关系专业研讨会。1989 年 12 月，在深圳召开了第一届全国高校公共关系教学研讨会。

这一时期的公共关系工作虽然发展到了一定的规模，取得了不少成绩，但由于对外来的东西照抄照搬，有着“拿来主义”的种种弊端；活动的层次还比较低，还有少数人将公共关系庸俗化，引起社会上一部分人对公共关系的误解。

3. 迈入成熟发展时期（1993 年至今）

（1）公关职能部门渗透到各行各业

随着社会主义市场经济的建立，公共关系在各行各业得到了广泛的认同，公共关系的作用也越来越受到重视。作为社会科学的一个分支，公共关系有着普遍的意义，而由此派生出的各个组织的公共关系又有其特殊性。各行各业不同性质的组织运用信息传播手段，努力与公众建立相互了解和信赖的关系，树立良好的企业形象和信誉，以促进组织总目标的实现。“公共关系服务市场经济”是 20 世纪 90 年代就被业界提出来的口号，及至 21 世纪方大显身手。公共关系所具有的管理职能，如扩大影响、提高知名度、树立和发展组织的良好形象、协调组织的内外关系等，发挥着越来越重要的作用。

（2）职业公关公司发展成熟

环球公关公司是很典型的一家职业公关公司。据中国国际公关协会 1996 年对部分中资公关公司的调查，中资公关公司的规模大多以中小型为主，其中小型公关公司员工在 10 人以下，中型公关公司在 20 人左右。环球公关公司是拥有百名员工的公关公司，它已属于大型公关公司；在全国范围内，此类公司的数量仍不多。中资公关公司的专业程度逐步提高，服务对象既有外国客户，又有本国客户，但大多局限于本国客户。服务行业涉及吃、穿、住、行等，可以说样样皆有，但并非纯粹公关业务的运作；很多公关公司通过多年的市场磨炼及发展，服务开始系统化、立体化，往往代理客户整体形象的定位、策划、传播实施，在公关、广告、CI、营销等领域全面开花。许多中资公司由于规模小，机制相对灵活，经营成本也低，同时熟悉国情和市场的特点，比外资公司占优势，因而在市场上富有竞争力。

20 世纪 80 年代，现代公共关系正式在中国内地登陆，中国的专业公关代理公司之后得到快速发展。一开始基本上是国际公司独霸天下，本土公关无论是客户还是专业公司都是一片空白；十年之后情况发生剧变，本土专业公司迅速崛起。伴随中国经济的发展，经过多年发展的本土公司，有的已经在数量、规模和收入上超过了国际公司，形成了国际公司和本土公司相抗衡的局面。但本土公司在发展中产生的问题也不少，其中战略缺失是主要问题：很少有企业认真思考长远发展战略的问题、思考长期的核心竞争力建设问题，更多的是以利润最大化为唯一目标。

（3）公共关系的实践运作逐步繁荣

关于中国公共关系的实践运作繁荣的情况，表现在以下几个方面。一是中国的公共关系协会发挥了积极作用。1993 年 4 月，中国国际公共关系协会在第 1 届理事会第 3 次会议上提出了“开拓、建立和发展中国公关市场”的战略构想；同年 7 月 15 日，时任会长的柴泽民在《公共关系报》（浙江）头版发表了题为《中国公共关系市场——一个值得研究的新课题》的文章，激起了有关中国公共关系市场的热烈讨论。1993 年 10 月和 1994 年 9 月，《公共关系报》分别推出“中国公共关系市场笔谈”和“公关实务界人士眼中的中国公共关系市场”两个专版；1994 年 11 月，《中国名牌》杂志推出“机遇、策略与发展——中国公共关系市场特别报道”，《中国经营报》推出“中国公关业——一个生机勃勃、尚待规范的大市场”专版。这些舆论宣传对我国公关服务市场的形成和发展产生了重要影响。1996 年创立的“中国国际公共关系大会”每两年举办一次。该大会从战略高度探讨中国公共关系市场和业务的发展，形成了一批学术成果和行业成果，而大会期间举办的“中国最佳公共关系案例大赛颁奖典礼”则吸引了业界人士的广泛关注。另据中国国际公关协会 1999 年第 1 期《通讯》所发布的公关调查显示，那时全国就有 100 多家公关协会或学会。这些学会在 20 世纪 80 年代中期积极发展会员，进行公共关系基本知识的培训与传播，为推进公关事业的普及、促进公关职业的规范化、完善公关学科化做出了贡献。进入 21 世纪以后，中国公关行业与海外同行之间的交流、合作已日益频繁和平常。行业协会、大学、公关公司都组织或参与了大量交流活动，仅华中科技大学就举办了多届“公关与广告国际学术论坛”。二是中国公共关系协会主办的“最佳公共关系案例大赛”的定期举办。这个大赛始于 1993 年，是中国公共关系领域最具权威的品牌赛事，每两年举办一届。大赛征集参赛案例，评选出金奖案例、银奖案例，作品涉及企业、政府、非营利机构的各类公共关系实务，而且每一届的获奖案例均汇集成册，由复旦大学出版社出版，此活动推动了我国公关实务技术的发展。2016 年 6 月 23 日，第 12 届最佳公共关系案例大赛颁奖典礼如期举办。三是行业调查。“中国公共关系行业调查”始于 1997 年，它是目前国内最客观、科学的行业调查活动，于每年年初进行。调查采用问卷调查和访谈调查相结合的方式，主要针对北京、上海、广州三地市场进行抽样调查和分析，这些关于行业发展的基本数据对指导行业健康稳步地发展发挥了非常积极的作用。而 2001 年开始发布的“CIPRA－TOP10 排行榜”则成为业内公司发展的风向标。四是行业工作会议。1998 年 12 月，首次“中国公共关系业工作会议”在北京召开，该会议由各公关公司的主要负责人参加，会议发布上一年度行业调查报告，分析当前市场状况，预测未来行业发展，并就中国公关业发展中的问题进行讨论。此后，该工作会议每年 2 月或 3 月举办。四是中国公关节。2003 年，中国国际公关协会宣布，将每年的 12 月 20 日定为“中国公关节”，并举办相应的纪念庆祝活动，内容涉及公共关系知识传播、年度十大公关事件评选和庆祝晚会。该活动向社会传播了公共关系的职业价值，产生了较好的社会影响力和行业凝聚力。

（4）外资公关公司纷纷抢滩中国市场

自 1984 年美国的伟达公关公司和 1985 年博雅公关公司挺进中国市场后，有相当一段时间外资公关公司在中国的市场开拓情况并不好，基本只能维持 2～3 家的正常运营。从 1992 年开始，由于中国公关市场生机初显，一大批外资公关公司纷纷进入，如美国爱德曼、奥美、福莱、罗德、凯旋行驱、万博宣伟等。这些公关公司大多与中资公司建立联营关系，或在一些发达地区设立办事机构或业务点。这极大地推进了中国公关市场的形成和发展，尤其对中国公关市场的专业化、职业化、国际化产生了积极影响。

（5）公关职业得到确认

值得一提的是，公关从业人员的职业身份终于得到正式确认。国家劳动和社会保障部于 1997 年为公关职业定下了“公关员”的职业名称，并正式将其列入了《中国职业大典》，这标志着国家已正式承认公共关系这一职业。1997 年 11 月 15 日成立了中国公共关系职业审定委员会，标志着我国的公共关系开始真正走上职业化和行业化的道路。2000 年，国家劳动和社会保障部又将公关员职业列为必须持专业资格证书上岗的职业，即凡是要从事公共关系职业的人员都必须首先获得国家公关员职业资格证书。从此，公关员及其资格认证成为我国职业资格证书制度实施中的组成部分。公共关系人员简称公关员，是指“专门从事组织机构公共信息传播、关系协调与形象管理事务的调查、咨询、策划和实施的人员”。公关员分为高、中、初级，可分别在企事业单位担任经理助理、公关部主任、公关员，同时也是从事市场营销、人力资源、办公室等工作的最佳人员。在社会各界的推动下，公关事业的实体结构已遍及全国。2002 年，公关从业人员已突破 10 万人大关。

二、中国未来公共关系的发展与瞻望

中国的公共关系从无到有，从 1985 年新华社下属的中国新闻发展公司和美国博雅公关公司合资成立中国第一家公关公司到今天，中国公关行业得到了飞速发展，公关的价值得到了市场承认。随着中国经济的持续发展，中国公共关系服务市场继续保持着良好的增长势头，新媒体的出现激发了更多公关服务产品的涌现；国际公司收购步伐的加快以及本土大中型公司与国际接轨的加快将会促进新的市场格局的形成，特别是中国申奥、申博的成功，为中国公共关系的发展带来了又一次春天。可以说公关已成为今日中国经济链条中不可或缺的动力环节，更是明日中国经济新干线上最不容忽视的加速器。公关行业的超快速发展说明市场的需求已经领先，这无疑为公关的未来发展创造了更加宽松的环境。展望未来，公关的发展将呈现以下态势。

（一）公关市场趋向国际化

1. 更多的国际公关公司挺进中国市场

美国等国的跨国公关公司在中国加入世贸组织后，纷纷来到中国经营。2004 年中国国际公关协会的调查显示：在华外资公关公司已超过 50 家，世界排名前 20 的公关公司中已有一半公司进入中国市场。随着中国市场的进一步开放，将有更多的国际公关公司进入中国市场，特别是大量的中小型国际公关公司将涌入中国。

2. 中资公关公司将不断发展壮大，业务趋向国际化

深谙本土经营之道的国内大公关公司，最能了解并运用中国文化，更容易与当地的客户进行价值共识基础上的沟通。它们凭借家门口的成本优势，借鉴外来公关公司成熟的运营模式和新鲜的公关理念，很快就发展壮大起来。目前，中资公关公司的外资客户比例已大大提高。据 2004 年度的行业调查报告显示，本土公关公司的外企客户的比重达到 58%，像世界著名的跨国公司微软、康柏、惠普、诺基亚和摩托罗拉的许多公关业务，已由中资公关公司经办。

更具标志性意义的事件是，本土最大的公关公司蓝色光标在 2013 年 4 月宣布认购英国 Huntsworth 公关公司 19.8%的股份，成为后者的单一最大股东并拥有一个董事席位。蓝色光标收购这家成立于 1974 年的著名公关集团有两个目的：一是拓展全球传播资源网络，二是找一个老牌公司“当教练”，为进一步开拓国际市场打下牢固的基础。

3. 公关市场资源整合趋势明显

继奥美公关收购西岸之后，2003 年嘉利公关成功并购了业内著名的博能公关，开创了本地公司收购之先例；蓝色光标分拆出蓝色印象和蓝色动力；PFT 传播集团整合内部资源，福莱灵克和帕格索斯结为战略联盟，国际公司和本土公司以及本土公司之间的合作力度加大，特别是中外公关公司合作的倾向更加明显，合资公关公司将会增加，旨在开拓国内及中资客户在海外的业务。公关公司的国际化和国内公关业务的国际化将推动中国公关市场的国际化，最终使公关市场不断成熟壮大。

（二）公关实务趋向专业化、职业化

1. 专业服务层次进一步提升

公关公司将从日常公关简单项目的执行，发展到向高层次整合策划、顾问咨询和品牌管理方面逐步转变；公关公司的业务操作规范更加国际化、标准化，服务水准将纳入国际统一的标准体系中。专业服务技术的研发和新型服务手段的使用，将逐步改变目前国际公关占据

高端市场、本土公司只能占据中低端市场的格局。2004年度的公关行业调查说明，2003年排名前10位的本土公司的年营业收入大幅增加1183万元，主要得益于战略咨询及危机公关方面业务的大量增加。从目前情况看，作为中国本土规模最大的专业公关代理公司之一，上海蓝色光标在上海、广州、成都、西安等地设有分支机构，员工总数超过150人；上海蓝色光标的客户已经覆盖IT、电信、金融、汽车、家电、快速消费品等商业企业及政府机构和院校、媒体、协会、基金会等非政府组织。其成功运作的案例有2001年北京申奥政府公关、新联想的企业形象推广等，在微软的产品发布、迪士尼中文网站开通等公关活动的背后也闪现着蓝色光标的身影。由此可以预见，不远的将来，本土公关与国际公关的服务水平将趋于同质化，整个公关业的专业化服务水平将得到大幅度的提升。

2. 专门化的公关公司层出不穷

针对不同行业组织的专门化公关公司将层出不穷，如金融公关公司、通信公关公司和旅游公关公司等。这种专门化的公关服务公司将给组织带来更为全面到位的服务。人们就像离不开法律顾问一样离不开公关公司，由此而生的公关咨询业将成为新世纪公关业的新的增长点。咨询业表现出来的强劲的智力劳动的价值将得到充分尊重。

3. 持证上岗的职业化趋势明显

随着社会的发展，公共关系职业活动的领域将会越来越大，对公关从业人员的要求也势必越来越高，进入公关行业的门槛也将逐步提高。

为保证公关行业的规范发展，劳动和社会保障部于2000年12月3日举行了全国首次公关员国家职业资格全国统一鉴定。2002年11月24日，举行了第4次考试，0.9万人报名参加了考试。2016年5月，人力资源和社会保障部职业技能鉴定中心进行了统一鉴定的职业等级公关员考试。在全国范围内推广的公关员资格考试将不断普及和规范。随着公关职业的认定、公关资格考试的规范化，中国公关职业迈入了持证上岗职业化的新时代。

（三）公关手段数字化

随着互联网多媒体时代的到来，网络传播已经成为一种主流媒体，它支持着公关传播的开展。电子邮件、组织形象介绍的网址、主页、网上新闻发布、网上展览、网上市场调查和网上新品推广等，使得公关传播的平等性、双向性和反馈性得到更大程度的提升，信息传播双方已成为真正意义上的交流伙伴，实现了更深层次的互动。伴随着高科技的发展，以及互联网、新媒体的迅速发展，公共关系不只是单向的传播，还有更多的对话和互动，传播方式的革命还将继续。未来的公关手段将是更加数字化的手段，人们会在新媒体时代实现真正意义上的人际互动。

（四）网络公关的规制将加强

2008年中国国际公共关系协会（CIPRA）对中国公关服务行业各公司的抽样调查结果显示，网络公关首次成为公关行业内各类服务模式中收益增长比例和收益增长趋势的双料冠军，业务产值占整个公关服务市场的6.3%，年度服务毛收入超过10亿元人民币，仅次于传播顾问、媒体执行、活动管理等传统公关服务，成为无可争议的“最佳新秀”。作为网络时代的新生事物，网络公关在抢占优势助力企业品牌建设的同时，也出现了鱼龙混杂的局面，一些损害网络公关服务声誉的现象也随之出现。在这种背景下，中国国际公共关系协会继向所有网络公关从业者及公司发出“绿色网络公关”倡议之后，还于2010年3月16日在北京发布了《网络公关服务规范》（指导意见），这是我国针对网络公关业务的首份行业标准文件。它向外界传递的信号是，网络公关行业对目前的繁荣和问题有清醒的认识，并正努力自律。市场的磨炼让网络公关逐渐被厂商认可，企业市场部门针对网络公关的预算正在逐年增加。在经历了探索、发展和井喷阶段之后，网络公关进入优胜劣汰阶段。净化市场是网络公关建立品牌的首要任务，品牌效应终会显现。

（五）公关逐步进入组织管理的战略层面

随着全球一体化经济的蓬勃发展，组织的传播活动将日益多元化。一方面，组织的形象竞争呈白热化状态，公共关系作为一种重要的传播战略和传播手段，将为组织塑造一种“全球形象”，因而被纳入组织的战略管理层面，其战略地位日益加强；另一方面，全人类面临的一些全球性问题，如环保、人口膨胀、战争与和平以及人权与主权等问题的存在和解决，亦非一个国家和一个民族所能承受的，它必须通过国际间的沟通对话，通过全球性、跨文化的传播沟通去形成共识；在此基础上制定国际化的标准，靠全人类通力合作来加以解决。而公共关系在解决这样的问题的过程中是最有发言权、最能取得成效的方法之一。公共关系在未来发展中的战略地位将越来越明显。

（六）公关教育规模将不断扩大

世界经济全球化和新经济的兴起，给人类的生活、学习和生产带来前所未有的机遇和挑战，同样，公关业面临的新问题是市场迫切需要大量的公关人才，特别是复合型的公关人才。面对市场的需求，以市场为导向办学的高等学校将加大公关人才的培养力度，并不断强化复合型人才的培养。此外，社会化的公关教育与培训将迅速发展。在公关行业发展的推动下，在规范化的高等教育的导引下，全社会的普及型和提高型的公关教育与培训，将有规模、有系统地交叉运行，各行各业会更重视全员公共关系的教育，同时各种协会与组织主持的专门化培训会因社会专门化公关服务细分市场的形成而更趋成熟。公关教育目前基本上形成了立体多维的学历和非学历交叉并存的局面。从低级到高级，公关教育的具体种类有：①业余培训；②函授教育；③普通全日制教育；④大学全日制本科教育。最高层次的教育是公共关系专业方向的博士研究生的培养。2013年12月12日，经教育部批准，国内首个二级学科公共关系博士点落户华中科技大学新闻与信息传播学院，标志着我国公共关系教育事业上了一个新的台阶，也为我国日后培养高层次公关人才指明了方向。

（七）公关人才市场逐渐形成

随着中国公关市场的成熟，公共关系教育的规模化、规范化，公共关系市场的国际化，公共关系人才的竞争将更加激烈。一方面，公共关系作为一种智力产业，专业化智力劳动的价值将得到前所未有的尊重；另一方面，由于市场经济体制的发展，各类组织均已改变了以往那种大而全的组织管理架构，并接受了资源稀缺的生产新观念，这势必促使组织在开展公共关系活动的时候考虑吸纳最优秀的公共关系人才加盟，让组织有限的传播资源取得最大的效益，同时，公共关系市场的发展与不断成熟，会激活公共关系的人才市场。目前公关人才的争夺战已经打响，一些国际公关公司凭借自己的品牌效应和优厚待遇，从中资公司挖走了许多在某个领域具备特定资源和经验的公关人才，这样的竞争将推动中国公共关系的人才市场的早日形成。

（八）公关领域进一步拓宽

公关从企业公关、政府公关发展到各行各业。高科技公关、时尚公关、环境公关、艺术公关、体育公关、财经公关及奢侈品牌公关等公关手段和技巧更为丰富多彩，从一般的新闻发布、媒介宣传及市场推广的营销公关，到政府关系协调、超大型活动策划。上海、广州等城市纷纷邀请国际公关公司竞标，广阔的城市公关市场不断得到拓展，新的公关领域不断涌现。

本章案例

案例一　在黑暗中体会光明——第一个公关思想家伯纳斯的创意

在伯纳斯一生无数的公关实践中，最为人称道的就是他发起组织的“灯光佳节”活动。

1929年10月21日晚，在爱迪生家乡的威肯斯庄园里，明亮的电灯光把漂亮的葡萄架照耀得分外美丽。这里正在举行庆祝爱迪生发明灯泡15周年的“灯光佳节”庆祝活动。

在人群中，人们注意到，当时的美国总统赫伯特·胡佛、“汽车大王”亨利·福特及其他一些政界人物、社会名流都在其中。

这项活动就是伯纳斯精心策划的。爱迪生作为美国伟大的发明家，被视为美国独立精神和科学创造精神的代表，纪念他的活动当然是大家都很愿意参与的事情。

晚上9时30分，庆祝活动达到了高潮。所有的灯光一下子全都熄灭了，露天中的人们在漆黑的夜空下看到的是微弱黯淡的星光。为了纪念爱迪生，全世界的许多公用事业公司都在这一刻同时切断了自己的全部电源，为时1分钟。在这1分钟里，淹没在黑暗中的人们真切地感受到伟大的发明家爱迪生带给人们的福祉。

“灯光佳节”纪念活动举办得如此成功，以至于美国邮政总局专门为此发行了一枚2美分的纪念邮票。这个节目被人们盛赞为“和平时期里美国所举行的最盛大的宣传活动”。1984年，电视台的节目主持人就公共关系的起源问题采访伯纳斯时说：“您使托马斯·爱迪生、亨利·福特、赫伯特·胡佛及众多的美国人做了许多您让他们做的事，您使全世界在同一时刻灯光齐暗。这无疑是一种极为强大的力量。”

伯纳斯接过话头说：“我从来不把它看成是一种力量。我只不过把人们引导到他们希望去的地方罢了。”

从上例中可以看出，伯纳斯在公关实践方面有着突出的表现。1985年，93岁高龄的伯纳斯仍在进行公关咨询、写作、会见来宾。伯纳斯在公关研究方面的贡献也是卓越的，他花费了毕生的精力研究公共关系理论，不断探讨公共关系之真谛所在。他撰写的公共关系书籍达16部之多，并通过开设公共关系课程培养了一大批公关实践人才，故而，人们把他称为“现代公共关系之父”。1990年，美国《生活》杂志把他列为影响20世纪社会进程的100个重要人物之一，盛赞他“构想并设计了现代公关事业”。

案例二　杜邦的“门户开放”

19世纪末，伴随着“揭丑运动”，许多企业开始修建开放透明的“玻璃屋”，以增强企业的透明度，增进与新闻界和社会公众的联系。杜邦化学工业公司是其中的佼佼者。

杜邦公司是一家从事炸药生产事务的化学公司。那时化学工业刚起步不久，工艺技术尚不是很先进，公司难免发生一些爆炸事故。起初公司当局采取保密政策，一律不准记者采访，结果大道不传小道传，社会公众对此猜测很多，议论纷纷。久而久之，杜邦公司在社会公众心目中留下了一个可怕的形象，对杜邦公司的市场扩展和企业发展造成极为不利的影响，杜邦为此深感苦恼。后来，他的一位报界挚友建议他实行“门户开放”政策。杜邦采纳了他的建议，并聘请这位朋友出任公司新闻部部长。此后，公司在宣传方面改弦更张，坚持向公众公开公司事故的真相，同时精心设计出一个口号并广泛宣传：“化学工业能使你生活得更美好!”杜邦公司还重金聘请专家学者在公众场所演讲，并积极赞助社会公益事业、组织员工在街头义务服务。这些做法一举改变了其原来的可怕形象。

门户开放是与公众沟通，增强企业的透明度，避免不必要的猜测。从上例可见，以诚待人、改正自己不足的同时，让社会公众真正了解自己，在企业形象塑造方面是多么有必要。

思考题

1. 结合公共关系产生和发展的社会历史条件，说明在古代社会为什么只有准公共关系。
2. 公共关系在美国的兴起和发展大致经历了哪几个阶段？
3. 艾维·李和伯纳斯对于公共关系学的主要贡献分别是什么？
4. 结合实际情况分析艾维·李“说真话”的公共关系思想。
5. 中国公共关系在发展过程中呈现出哪些趋势？
6. 你认为当今的中国公关界还存在哪些问题？对此你有什么意见和建议？

第三章　公共关系的职能

电视剧《何以笙箫默》的传播宣传效果显著

电视剧《何以笙箫默》改编自顾漫的同名小说，由上海剧酷文化传播有限公司出品，刘俊杰执导，顾漫、墨宝非宝编剧，钟汉良、唐嫣领衔主演。该剧主要讲述何以琛和赵默笙年少时的一段爱恋，牵出一生纠缠的爱情故事。

该剧于2015年1月10日在江苏卫视和东方卫视首播，各大主流视频网站同步更新，创造了单日网络播放量3.5亿的最高纪录，“何以体”以及相关剧照和海报也被广泛效仿。

《何以笙箫默》这部电视剧之所以引起如此轰动，从公关角度分析有以下几个原因。其一，这部电视剧由小说改编，而电视剧由原著作者顾漫亲自担任编剧，剧情充分尊重原著，得到了广大书迷的支持。其二，重视采集公关信息，选取群众较喜欢且拥有广大粉丝群基础的明星作为男女主角。在电视剧开拍前，片方做过相应调查，找出了网友心中最符合原著男女主角形象的影视明星，并邀请他们来担任电视剧的男女主角，这符合了观众心中的期待，也引起了轰动效应。其三，发挥公关职能，借助传播宣传造势，让这部剧未播先火。这部剧在开播前，微博上已经兴起了对这部剧的广泛讨论。有关方面充分运用新媒体传播速度快、覆盖范围广的特点，让观众接触到相关信息，引起了他们的兴趣。

公共关系的职能指公共关系对社会组织及对个人、对整个社会所担负的基本职责和所发挥的功能。公共关系的职能非常广泛、复杂，从理论研究上看，国内外看法不一；从实践上看，国内外公共关系职能部门的职责也有很大的差别。本章主要介绍公共关系以下四个方面的职能：采集信息、监测环境；咨询建议、参与决策；协调沟通、调节应变；传播宣传、塑造形象。

第一节　采集信息，监测环境

美国管理学家西蒙说：“管理就是决策，而决策的前提正是信息。”公共关系首先要发挥采集信息、监测环境的作用，即作为组织的预警系统，通过各种方法的调查研究，采集信息、监视环境、反馈舆论、预测趋势、评估效果，以帮助组织对复杂多变的公众环境保持高度的敏感性，维持组织与整个社会环境之间的动态平衡。

具体而言，采集信息是公关工作的必要前提。在信息社会中，信息已成为公认的巨大资源。公共关系是信息产业，不采集信息，公共关系就成了无米之炊。因此，无论是内部公关还是外部公关，任何策划都应从采集信息开始，这样才能做到知彼知己、百战不殆。采集信息的职能，要求公关人员具备信息意识，注意随时采集有关组织的信息。所谓监测环境，是指观察和预测影响组织目标实现的公众情况和各种社会环境的情况，使组织对环境的发展变化保持清醒的头脑、敏锐的感觉和灵敏的反应，从而保证科学地塑造组织形象，实现组织目标。

一、信息的来源

制约和影响组织生存和发展的公众包括内部公众和外部公众。因此，公共关系工作所需要的信息就包括内源信息和外源信息两个部分。

（一）内源信息

内源信息主要指来自组织内部各方面的信息和动态。一个组织的发展首先受到其内部公众对象的制约和影响，包括组织各部门的管理人员、技术人员、全体职员。他们处在组织日常运转的第一线。对组织内部的人、财、事、物的状况和动态的了解与评价，是重要的内源信息。

（二）外源信息

外源信息指组织所处的外部环境的信息动态。与组织有关的外部公众对象非常广泛、复杂，公共关系需要建立广泛的社会信息网络，密切注视外部公众的各种信息和动态，既要关注已经发生联系的公众对象的信息，也要预测可能发生关系的潜在公众对象的动向；既要重视具有直接利害关系的公众对象，也不能忽略那些只有间接关系的公众对象。应收集诸如合作者的看法、投资者的意向、竞争者的动态、政府当局的看法、新闻界的评价和意见领袖的观点等。公共关系需要大量汇集外部公众的信息资料。

二、公众信息的内容

公共关系作为组织的信息中心，所收集的信息不仅包括与组织专门业务直接相关的业务信息，而且包括社会的政治、经济、文化、科技、军事、民情等全方位的社会信息资料。

（一）与组织形象有关的信息

公共关系首先要注意与本组织的形象评价有关的各种信息。这些信息涉及公众对组织的政策、产品、行为、人员等方面的印象、看法、意见和态度。

1. 产品形象信息

产品形象是组织形象的客观基础，只有产品被接受、受欢迎，企业存在的价值才能得到社会的认可。公众对产品的意见和评价是多方面的，如质量、性能、功能、价格、款式、包装、售后服务等。

2. 组织形象信息

组织的整体形象，还反映在公众对组织其他要素的评价方面。如公众对于组织机构的评价，公众对组织管理水平的评价（主要评价如经营方针是否正确、组织的发展目标是否合理、市场预测是否准确、用人是否得当）、公众对组织人员素质的评价、公众对组织服务素质的评价。组织机构需要根据这些评价来调整和完善自身。

（二）组织环境中的各种社会信息

组织公共关系收集信息的目的是监测环境的变化，以便提高组织的应变能力。因此，组织环境中的各种社会信息是组织公共关系收集信息的一个极其重要的方面。它具体包括目标公众变化的信息和社会环境的动态信息两个内容。由于组织所处的公众环境是开放式的，因此组织目标公众的数量、构成乃至分布的范围都是不断变化的。只有充分了解这一变化，并相应调整组织公关活动的目标、方针、政策和手段，以适应这种变化，组织公关活动的效果才能稳定和不断提高。组织身处社会大环境之中，社会政治、经济与文化诸方面的任一变化对组织而言都有直接或间接的有利影响或不利作用。充分了解这方面的变化，组织既可以抓住机会，又可以及时规避风险。

三、公共关系信息采集的管理

对于信息的采集，应当通过多种渠道及运用各种传播媒介，以保证信息的全面性；同时对信息的处理要经过去粗取精、去伪存真、由此及彼、由表及里的筛选和分析，以确保信息的质量。

第二节　咨询建议，参与决策

公共关系的咨询建议与采集信息是密切相连的。获取信息是咨询建议的前提，没有足够的信息，一切咨询和建议只能是空谈；而采集的信息只有向组织提供咨询和建议，并参与到决策中去，才能充分发挥其功能，实现其价值。咨询建议和参与决策是公共关系最有价值的职能，因此公共关系也称为“咨询业”“智业”。1978 年在墨西哥召开的世界公共关系大会上提出的公共关系定义，就着重强调了公共关系咨询建议、参与决策的职能。

一、咨询建议

（一）咨询建议的含义

公共关系的咨询建议就是指组织的公关人员向决策层和各管理部门提供公共关系方面的意见和建议，使决策更加科学化、系统化，并照顾到社会公众的利益。

（二）咨询建议的主要内容

（1）对本组织的内部方针、政策和行动提供咨询意见，发挥公共关系对组织的导向作用，参与决策，制定出合乎组织发展的目标。

（2）对本组织的公共关系战略、经营销售战略和广告宣传战略、CIS（Corporate Identity System，企业的识别系统）战略、组织文化战略提供咨询意见，使原来分由几个部门负责的工作发展成一个系统，并制定出科学的实施方案供决策者参考。

（3）对组织生存环境的有关发展变化进行预测和咨询，使组织决策者拥有一套乃至几套可供选择的方案，以适应这些变化。

（三）咨询建议的形式

1. 成立咨询服务部

咨询服务部是组织的智囊团，其主要任务是向组织提供各种咨询建议，为领导科学决策发挥参谋作用。如广东对外经济贸易总公司曾对广州人民造纸厂引进一套造纸设备一事进行咨询，通过认真比较，分析国际行情价格，使这一项目为国家节约外汇 100 万美元。

2. 帮助组织选择决策方案和活动的时机

公关的咨询作用表现为运用公关手段，为决策者评价、选择和实施有关的决策方案。特别应关注决策方案在经济效益和社会效益方面的统一和协调，敦促决策者重视决策行为的社会影响和社会效果。同时，调动公关手段，广泛征询各类公众对象的意见，促进决策过程的民主化和科学化。

组织要提高知名度，就必须多参加和举办各种各样的公关活动，如举办记者招待会、商品展销会、博览会、策划新闻稿件等。公关人员可根据自己的实践经验，为组织选择恰当的时间、地点和方式参与这些活动。通过活动，组织可广结良缘，提高声誉。

二、参与决策

公关人员不仅要向组织提出一般性的咨询建议，而且要尽可能参与决策，为领导决策提供必要的信息建议，直接影响决策过程，这才是公关咨询建议的最高形式。公关人员要努力开展工作，在决策之前要广泛征询内外公众的意见，获取全面信息，以供决策者参考，使决策方案具有较强的社会适应性和应变弹性，并争取在决策方案中较完整地反映出公关人员的工作思想及其成果，从而引起领导层的重视，为公关人员更多地参与决策活动提供机会。

值得强调的是：公共关系在组织的运营过程中之所以能起到决策和参谋等作用，是由组织公共关系活动所处的特定地位决定的。组织内其他部门主要是从技术、经济、业务、人力资源等方面对组织决策提供可行性意见，而组织的公共关系对组织决策的影响与作用，是从社会公众、组织形象和传播沟通的角度，为组织的决策者提供咨询服务，因而公关人员的信息建议不同于组织内其他部门提出的建议，具有特殊的价值。

第三节　协调沟通，调节应变

组织的运营要面对错综复杂的社会、经济与人际关系。因此，建立一种有效的协调沟通机制是组织公关的一项最基本的职能。它能起到减少矛盾、调解冲突、疏通渠道、发展关系等诸多作用。协调沟通，调节应变的目的是实现内求团结、外求和谐的良好生存状态。

一、协调的含义

公共关系中的协调是在沟通的基础上，经过调整，达到组织与公众互惠互利、和谐发展的目的。协调的重要作用在于保持组织管理系统的整体平衡，使各个局部能步调一致，以利于发挥总体优势，确保计划的落实和目标的实现。协调关系分为广义协调和狭义协调。广义协调不仅包括组织内部的协调，而且包括组织对外的协调，如组织与政府、社区、消费者等的协调活动。狭义协调主要是指组织内部的协调，如组织内部上下级之间的协调，组织内部同一层级中的各部门、各单位之间的关系协调。

社会进入市场经济以后，许多过去用武力、由行政手段调节的关系，现在需要按经济规律来调节。组织作为一个开放系统，面对各类公众及其各自的利益要求，必须本着真诚互惠的原则来协调沟通，为组织创造一个良好的内外部环境。

二、协调的内容

协调既是目的又是手段，具有两重性。作为目的指的是一种关系良好的状态；作为手段指的是一种调整性质的工作，通过协调使关系达到良好状态。公共关系能够发挥平衡协调关系职能的领域主要有以下三个。

1. 协调组织内部领导与员工之间的利益与关系

组织内部领导与员工关系的好坏，直接关系到员工积极性、主动性、创造性的发挥和领导者职责的实现，也关系到组织全体员工能否形成良好的团结奋斗精神和产生有效的协调作用。因此，组织的公关部门和人员要努力协调好领导与员工的关系。具体来说，一方面公关人员要运用科学的方法，经常向员工宣传本组织的方针、政策，传达领导层的经营战略，并尽可能对组织的方针、政策、战略意图做出充分的解释和说明，使员工了解、理解并自觉执行。另一方面，公关人员还要不断地从员工中收集对组织的意见和看法，及时将这些情况转达给领导，以改进和促进组织的工作，使领导与员工的关系和谐发展。

2. 协调组织内各部门、各环节之间的利益与关系

由于各有分工，组织内部的部门有时会缺乏全局观念，各自为政，从而产生一些矛盾，给组织带来不必要的麻烦和损失。部门之间的协调工作，虽然主要应当由领导去做，但公共关系部门也要积极配合，通过沟通协调，加强部门之间的联系及了解，使之相互支持，相互信任，相互谅解，协同努力，提高组织绩效，实现组织目标。

3. 协调组织与外部公众之间的利益与关系

任何一个组织，在其发展过程中会由于各种原因而与外部公众发生矛盾和冲突。一旦出现这些现象，公关部门就要及时了解情况，进行协调，妥善处理各种矛盾和冲突。否则，组织的发展就会受到影响。组织外部的协调沟通，通常又分为三种情况。

（1）当双方关系和谐时，沟通的重点应是通过不断传播组织业绩以保持和强化公众的良好印象。

（2）当双方关系不和谐时，要认识到造成关系不和谐的原因通常有两种，一是自身有错，二是公众误解。此时，应是首先解剖自身，反省责任，客观分析关系状况，并指出改进意见和措施。

（3）当双方关系不明时，应善意地表达信息，消除对方的紧张及戒备心理。

三、协调的方法

1. 反馈调节法

反馈调节法即根据信息的反馈来适当调整组织的行动，以协调关系。在反馈调节过程中，

公关人员要把组织的政策、计划情况以及其他信息告知内外公众，同时还要把执行情况以及内外公众的看法及时反馈给组织的决策层，以填补漏洞或进一步修正计划。

2. 自律法

组织与公众之间有时因关系处理不当而引起种种矛盾，如组织内部的干群矛盾、部门之间的矛盾，组织外部的社区矛盾、与消费者的矛盾、与政府有关部门的矛盾等。这时，组织要善于自律，实行自我检查、自我监督，严于律己，发现问题要主动纠正。

3. 感情疏通法

人是有感情的，组织与公众之间也有情感关系。如果双方感情好，任何事情都好办；感情不和，就会造成阻力。因此，公关人员要重视心理情感的协调，善于运用感情疏通法拉近公众与组织的心理距离。例如，美国著名的推销汽车的能手乔·吉拉德成功的一个重要原因，就是他与顾客之间建立起一种“唇齿相依”的特殊关系。他说：“当顾客把车开回来要求给予修理或提供服务时，我尽一切努力为他们争取到最好的东西，这时，你必须像一位医生，顾客的车出了毛病，你应该替他感到心痛。”吉拉德还向从他手里买车的顾客每月赠寄一张大小不同、格式精美的明信片。小小明信片紧紧系着吉拉德与顾客的心，使他与顾客保持着密切的关系。周到的服务、情感的协调，是建立组织与公众良好关系的好办法。

4. 信息分享法

信息分享法即通过建立和完善组织内部的各种传播沟通渠道和协调机制，促进组织内部的信息交流，上情下达，下情上传，横向联络，分享信息，使全体成员在思想上认同和行为上一致，提高组织的向心力、凝聚力。如某厂在厂门口宣传栏办了一个《每日新闻》专栏，早上 8 点半之前贴出，除了厂休日和节假日之外从不中断，职工每天上班一进厂，先花上几分钟看看这份《每日新闻》，就能及时了解全厂主要的动态和信息，既有最新的决策和意见、重要的人事变动、生产经营的最新动态，也有关于干部职工福利的消息和文化娱乐消息，还有各部门、各车间的情况通报以及本厂职工的批评建议等。大家感到这个新闻墙报比开大会更有用，比看报纸更解渴，一天不看就感到有缺憾。由于职工们的喜爱和信任，大家都积极地为编辑部提供信息，大大加强了组织内部的沟通和横向联系，理顺了人际关系，有效地将全体职工凝聚在一起。可见，内部关系的协调有赖于良好的内部信息沟通，信息的分享度越高，关系就越和谐。

5. 协商法

协商法就是通过协商的方式来避免或减轻组织与员工之间、组织与组织之间的矛盾和冲突，以及由此造成的损失。这也是常用的一种协调方法。

第四节　传播宣传，塑造形象

公共关系在组织经营管理中有着传播推广的职能，能够提高组织及其产品、人员的知名度和美誉度，为组织创造良好的社会舆论，树立良好的社会形象。

一、传播宣传

公共关系应该成为组织的喉舌，将本组织的信息真实、准确、及时、有效地传送给特定的公众对象，为组织“推销形象”创造良好的舆论气氛。

传播宣传的目的，一是为了建立舆论。一个组织良好的舆论包括知名度和美誉度两方面，这“两度”是要通过公关活动去争取和创造的。如当公众还不认识某个新成立的企业或新问世的产品时，公关部门就要负责为其创造声势和建立信誉，以提高知名度和扩大美誉度，给公众留下良好的印象。二是为了引导舆论。当公众的评价处于十字路口时，或毁誉参半时，或组织遇到风险时，公关需要发挥“观念向导”的作用，引导公众的舆论向有利于组织的方面发展，因势利导地把握舆论宣传的主动权。

做好传播宣传工作要充分利用新闻媒介的力量。要进行新闻宣传，将本单位有新闻价值的事件和动态写成新闻稿投寄给新闻媒介，或者请新闻记者到本单位采访，举行新闻发布会或记者招待会。这样做的目的，是希望新闻媒介替组织做“免费”的宣传，因为借助了新闻媒介的影响力和威望度，其效果和影响是广告所无法比拟的。然而在多数情况下，这种机会不会主动送上门来，要靠组织自己去争取。长城饭店 1983 年正式开张营业之后，面临着如何把长城饭店介绍给世界、招徕顾客的问题。1984 年 4 月 26 日到 5 月 1 日，时任美国总统的里根将访问中国。长城饭店获知消息后，立即着手了解里根访华的日程安排和随行人员。当得知随行来访的有一个 500 多人的新闻代表团，其中包括美国的三大电视广播公司和各通讯社及著名的报刊之后，长城饭店决定抓住这次机会，举办一次大规模的公关活动。为了使人们能记住长城饭店这一名字，饭店总经理提出，如果各电视广播公司只要在播映时说上一句“我是在北京长城饭店向观众播报”，一切费用都可以优惠。富有经济头脑的美国各电视广播公司接受了这个条件，暂时当起了代言人，做起了免费的广告，把长城饭店的名字传向世界。随后，长城饭店又把目标对准了高规格的里根总统的答谢宴会。获得承办权之后，饭店经理立即邀请中外各大新闻机构到饭店租用场地，实况转播美国总统的答谢宴会，并表示：如果转播时提到长城饭店，收费可以优惠。答谢宴会举行当日，中美首脑、外国驻华使节、中外记者云集长城饭店。电视上在出现长城饭店宴会厅豪华的场面时，各国电视台记者和美国三大电视广播公司的节目主持人异口同声地说：“现在我们是在中国北京的长城饭店转播里根总统访华的最后一项活动——答谢宴会……”在频频的举杯中，长城饭店一次又一次地展现在世界各地民众的面前。此后，各国访问者、旅游者、经商者慕名而至，有 38 个国家的首脑率代表团访问中国时，都在长城饭店举行了答谢宴会，以显示自己像里根总统一样对这次访华非常重视。长城饭店从此名声大振，而承办里根总统答谢宴也成为公关史上一个成功的案例。

二、塑造形象

公共关系能帮助组织建立并维护与社会公众之间的交流、理解与合作的关系。在市场经济条件下，组织之间的竞争不仅表现为商品质量竞争、技术竞争、价格竞争方面，而且扩展到组织声誉和形象的竞争方面。组织能否生存和发展，不仅取决于组织的产品是否适应市场需要，而且取决于能否得到社会公众的理解和支持。组织的声誉和形象是组织的无形财富，是组织竞争的重要手段。随着我国社会主义市场经济体系的建立和完善，树立良好的组织形象，建立良好的组织声誉，运用公共关系理论为组织经营管理服务，将会收到越来越大的经济效益和社会效益。

曾经有人说，如果可口可乐遍及世界各地的工厂，在一夜之间被大火烧光的话，那么第二天世界各大媒体的头一条新闻就是：各国银行巨头争先恐后向它贷款，因为这个红色背景上的白色字母标记，已经得到了世界的接纳。通过长期有效的公共关系工作，可口可乐为自己树立了“世界第一饮料品牌”的形象，人们绝不会让这样的形象消失。这说明，良好的组织形象，对企业来说是一笔重要的无形资产，它能够为该企业的产品或服务创造出一种消费信心，从而提高企业的竞争能力，得到消费者的信任和光顾。塑造组织形象应坚持以下几个原则。

1. 特色性原则

各企业都有自己特定的发展目标和特定的公众对象，因此要根据本企业的特点，制定和规划富有新意、与众不同的组织形象。

2. 长期性原则

组织形象的树立是一个长期的战略任务，要经过持久的努力，同时由于企业自身和社会环境都处于不断变化之中，要适应变化，不断完善、充实、更新组织形象。

3. 整体性原则

在许多企业中，树立形象工作由各部门分散进行，这可能会出现各自为政、相互矛盾的局面。因此，要坚持整体性原则，制定统一的公共关系政策。

4. 符号化原则

这是指通过设计简洁、鲜明、生动的组织和产品标记使组织和产品形象易于传播，便于记忆；设计好组织名称与商标名称的符号标记，是组织形象塑造获得成功的先决条件。

本章案例

案例一　洋河赞助 G20 峰会

2016年9月5日，二十国集团（G20）领导人峰会在杭州落下帷幕。这是为世界经济把脉开方、规划长远的盛会，体现了中国的担当和智慧。在G20峰会期间，洋河梦之蓝的表现可圈可点。

背景

中国为了这次G20峰会可谓是费尽心思，国家领导人在多个外交场合都提到G20峰会，并在G20峰会前对杭州采取严格的安保措施。

前期准备

洋河能作为G20峰会的国宴酒，最重要的原因是人和，也就是理念上的高度一致。

首先，洋河梦之蓝一直以来倡导中国梦，这可能是本届峰会组委会钟情于洋河的一个重要原因。

其次，其展现了中国绵柔的外交智慧。中国崇尚儒道思想，遵循和平共处原则，不惹事、不怕事，刚中带柔。洋河梦之蓝的绵柔，需要慢慢品味，正如我们期待世界深刻了解中国一样，中国文化的深层内涵需要细品才能感受其绵柔的情怀。

最后，时尚的大国交往礼仪。茅台作为外交酒，代表了中国传统的黄土文明，中国正在以一种现代、开放、自信的心态参与国际竞争和合作。新时代需要时尚、现代的白酒符号，此次洋河梦之蓝是作为新国酒的代表迎接四海宾客。

具体方案

1. 内容为王，先胜而后战

G20峰会开幕前，洋河就以一系列“朋友来了有好酒”的内容，充分展示出中国的好客情怀；G20峰会开幕式当天，推出“海天梦想 中国主场”的核心主题，既契合中国作为G20峰会东道主的身份，又能彰显出洋河的品牌形象；随后，在各国领导人聚在一起举杯畅谈全球经济时，洋河又快速推出了“再聚首情谊浓如酒”，为严肃活泼的G20峰会增色。

三波主题内容“一波未平，一波又起”，而且在时间上控制得精准，不断强化受众对于洋河和G20峰会之间的关联认知，几波传播下来，对公众的吸引力大大增强。

所谓“先胜而后战”，正是有了强有力的内容支持，洋河此次G20营销才能够达到事半功倍的效果。有了内容，再以平台为延展，这是促成洋河这次G20营销成功的两大关键因素。

2. 户外广告大范围覆盖

早在G20峰会开幕之前，洋河就提前在户外铺天盖地地投放了广告，地铁灯箱、高速广告牌、商场外墙LED显示屏……无处不在的户外广告，在碎片化市场中迅速覆盖大规模受众。

3. 客户端+朋友圈全方位转发

经过一轮户外广告营造氛围，G20营销正式打响！从9月2日G20峰会开始前两天，到9月6日峰会正式结束的短短五天时间内，洋河按照上述三大主题锁定移动端的社交阵地微信朋友圈和新闻客户端，开启了一波接一波的攻坚战。在今日头条、凤凰新闻、人民日报、网易新闻等新闻客户端和朋友圈全方位投放广告，不少人在打开客户端看新闻的时候就很容易看到。

除了客户端和朋友圈之外，洋河还同步上线“朋友来了有好酒”微博话题，突出洋河品牌信息。话题竟然获得新浪微博官方重点位置推荐，这样一来，话题阅读量突破1565.1万次也就不难了。“海天梦想　中国主场”的话题上榜，将洋河成为G20峰会官方指定用酒的四大必然理由，推送到大众面前。

4. 新闻平台强势公关宣传

作为大众化媒体营销的补充和拓展，洋河同样没有放弃新闻平台这一重要阵地，G20峰会期间，洋河首次尝试今日头条的自媒体头条号，发布专栏两次，收获突破10万次的阅读；撰写新闻稿件四篇，发布在百余家网站上，针对洋河通过G20峰会成为新国宴用酒，多角度、多层面地诠释洋河品牌内涵，通过与用户深入沟通，进行强势公关。

5. 收到国家G20峰会组委会写给“梦之蓝”的感谢信

国家G20峰会组委会写道：贵公司的产品（服务）入选本次峰会，直接为峰会成功举办做出了贡献。在参与过程中，贵公司展示出了风采、展示出了能力、展示出了特色，更展现出企业实业报国的理想、回报社会的情怀、积极有为的担当。

从上例中可见，在G20峰会的大背景下，洋河通过三大主题内容积极寻找双方的契合之处；通过字里行间透露的民族情怀，与G20峰会自然而然地建立起品牌的文化关联。从户外到线上，从新闻客户端到朋友圈纷纷转发，洋河梦之蓝通过一系列宣传举措，代表了一种既富有经典内涵又具有时尚气质的中国形象，同时也塑造了自己作为中国高端白酒的新锐品牌形象。

案例二　上海申博办申请 2010 年世界博览会

项目背景

由于当今社会国际商品交换的扩大和科学技术与经济发展之间的紧密联系，世界博览会这一国际经济、科技、文化的奥林匹克盛会显得举足轻重。中国正以她前所未有的发展速度，以及在世界政治、经济、国际事务中的影响和作用令世人瞩目，举办一届成功的世界博览会显得极其重要。申办及举办世界博览会，不仅反映出一个国家的建设成就和综合国力，更显示出主办国成功迈向下一世纪的决心和信心。

项目调查

作为中国最大的经济中心城市，拥有1300多万户籍人口的上海，2002年人均国内生产总值超过4900美元，综合经济实力达到中等收入国家水平。经过20多年不懈努力，上海的市政基础设施建设、旧区改造、产业结构调整都取得了重大进展，城市综合素质大大提高。特别是经过'99财富全球论坛、2001年亚太经合组织会议的洗礼，上海举办大型国际活动的能力得到进一步增强。上海正在向国际经济、金融、贸易和航运中心迈进。如果中国申博成功，对长江三角洲影响巨大。上海周边城市将迎来一个扩大对外开放，活跃人流、物流、信息流，带动相关产业发展的历史性机遇。世博会从申办到举办，整个过程长达10年，上海市初步估计要投资30亿美元用于世博会园区建设。因为每1美元的会展投资，将拉动5到10美元的城市相关产业投资，这对江浙两省无疑是一个极好的机遇。江浙两省作为经济大省、建筑大省，为上海发展出力，接受上海辐射，这是江苏、浙江的区位优势。目前，上海进行的上万个建筑工程中，有无数的江苏人、浙江人在竭诚奉献。2010年上海世博会，预计有7000万参观者，其中30％至35％将继续在华东地区游览。这意味着上海周边100千米以苏州、周庄为代表的江南水乡，150千米至200千米的无锡、杭州，300千米内的南京、扬州、镇江，以至中国最为富庶的整个华东6省1市的旅游业的发展，都将被上海世博会直接带动。

在民众支持度的调查中，申博办委托上海城市经济调查队对全国50个城市的民意调查显示：89.4%的人认为中国有必要申办2010年世博会，94.4%的人拥护中国申办2010年世博会，92.6%的人认为中国有能力申办2010年世博会，78.6%的人相信中国申办2010年世博会会成功。一次广泛的网上调查也证明，92.3%的人支持上海举办2010年世博会。

项目策划

公关目标：

· 塑造上海国际大都市形象，展现上海魅力。

· 最终夺取2010世博会主办权。

充分发挥上海的五大优势是申博取得成功的保障，所以贯穿整个公关策划的就是突出优势、体现个性、展示魅力。

五大优势：

第一，参观人数多。如果2010年世博会在上海举行，超过7000万人次的参观者将创世博会历史纪录。2010年上海世博会将成为各国人民的盛大集会；

第二，上海为世博会选定了合适的主题，“城市，让生活更美好”的主题能得到各国广泛关注；

第三，选址符合世博会的宗旨，做好了合理的选址场馆规划。世博会场址选在黄浦江滨水区，规划控制面积54000平方千米，世博园区面积规划40000平方千米，通过场馆建设，促使旧城改造，并在举办后，使该地区今后成为经济、科技和文化的交流中心；

第四，上海积累的经济实力完全有条件举办世博会；

第五，社会稳定，秩序良好。上海举办世博会得到了民众的极大支持。据调查结果显示，上海世博会的民众支持率在90%以上。

围绕这五大优势，系列公关一一展开，让世界认同“上海是最好的选择”。

项目执行

活动宣传：

2001年9月前以发放宣传册为铺垫，之后展开了大规模全方位的宣传。

· 世博会知识网络电视竞赛

· 举行申办2010年上海世博会新闻通气会

· 世博主题文艺演出

·“万人支持申博网上签名”活动

·“上海市民骑车申博万里行”

· 2010名上海市民代表宣誓

·“长江三角洲申博之旅”

· 征求申办徽标、口号、招贴画

· 通过宣传征集徽标165个，海报470幅，口号6140条。最终决定入围徽标1个，入围海报10幅，入围口号10条，入选口号“中国如有一份幸运、世界将添一片异彩”

· 进入社区的“世博会向我们走来——世博知识巡回展”

· 派遣37个组团出国访问了87个BIE成员国，其中包括9个非建交国家

· 境外媒体宣传。世界各大主流媒体都对上海申博表示热切关注，分别以专题、专刊专版的形式给予追踪报道。英国《泰晤士报》、天空电视新闻频道以及星空传媒新闻频道，都表示了对上海申办世博会的支持

· 成立支持中国申博“企业后援团”

活动主体：

（1）2001年6月6日，国际展览局第129次成员国代表会议在巴黎举行。上海市政府代表在会上进行了中国申博首次陈述，确定申博主题以及选址。

申博市民代表袁鸣现身说法，谈上海发展为人类提供实现价值的环境，以情动人，形式新颖生动。

（2）2001年11月30日，国际展览局举行第130次成员国代表大会，时任上海市市长的徐匡迪做了申办陈述。

瑞士罗氏制药有限公司总经理以一名外资商人的角度谈自身在上海的投资回报，证实了中国政府的承诺是绝对可以信任的。

（3）2002年3月10日至16日，中国作为申办国之一，第一个接受了国际展览局代表团的考察，通过一系列的陈述报告、实地考察，与各界人士交流沟通，国际展览局充分了解到上海的优势、能力、举办条件和各项准备工作。

（4）2002年7月2日，国际展览局举行第131次成员国代表大会，时任国务委员吴仪、外

交部部长唐家璇、中国贸促会会长俞晓松等做了申博陈述。

唐家璇部长代表中国政府承诺我国将投入1亿美元支援发展中国家和地区前来参展。对参展国建立永久性展馆，中国政府还将给予建馆资金25%的补贴。此外设立用于大会各项评奖的奖励基金。

（5）2002年12月3日，国际展览局举行第132次大会，时任国务院副总理的李岚清、国务委员吴仪等进行最后一次陈述，再次肯定了中国政府对于承办2010年世博会的信心与态度。会上以一部充满上海市民热切期盼的实地拍摄申博纪录片充分展示了上海的无限魅力。

当日国际展览局成员国对2010年世博会主办国进行投票表决，中国获得2010年世博会的主办权。

项目评估

活动影响：

· 韩国YTN电视台在新闻报道中高度评价中国申博成功，认为这显示了中国经济发展的实力，提高了中国在国际社会上的威望和地位。

· 香港贸发局认为上海世博会将为香港带来商机。

· 西班牙《世界报》把上海定为2002年世界最知名城市，其中成功申办2010世博会作为其中关键一条。

· 法国《世界报》派发评论认为中国拿到2010年世博会主办权是众望所归。

· 国际展览局官员评论：今天世界诞生了一个伟大的希望。

综上所述，基于北京申奥的成功经验，此次上海申博活动开展得相当不错，整个申博过程中，政府牵头的国际公关为上海赢得了不少加分。

首先，在国际展览局成员国会议上的4次陈述形式有重大突破，这给成员国代表以耳目一新的感受。

其次，1亿美元援助基金的提出也是史无前例的，充分表示了中国政府的诚意以及表达了上海努力办好国际性世博会的意愿。

最重要的是，公关活动以上海的五大优势展开，扬长避短，展示了上海开放、包容的鲜明个性，最终吸引了世界的目光。

（本案例获第6届中国最佳公共关系案例大赛杰出公关大奖）

（资料来源：中国国际公共关系协会）

思考题

1. 公共关系的基本职能有哪些？
2. 为什么说公共关系部门是组织的参谋部？
3. 为什么说公共关系部门是组织情报部、信息部？
4. 公共关系应收集的主要信息有哪些？
5. 公共关系在塑造组织形象方面有哪些基本原则？在实践中应如何贯彻？

第四章　公共关系的公众

《最强大脑》巧借外部公众的影响力拉高收视率

《最强大脑》是江苏卫视推出的国内首档大型科学类真人秀电视节目，它源自德国节目《Super Brain》。节目集结国内最优秀的脑力高手，以科学的方式分析判断，还有脑神经专家的参与。《最强大脑》第一季于2014年1月3日首播，很多观众意犹未尽，非常期待《最强大脑》推出第二季。作为国内首档大型科学真人秀节目，《最强大脑》第一季创下2.74%的高收视率和10.42%的高收视份额，成为2014年度综艺节目收视冠军。从公共关系的角度剖析，《最强大脑》受到观众热捧的原因，一是充分发挥名人公众的作用，《最强大脑》每期邀请最红明星来担任嘉宾，紧紧结合当下热点，并通过热点创造话题，利用嘉宾制造话题，引起轰动。二是借力媒介公众。《最强大脑》由江苏卫视和PPTV联合播出，凭借互联网特有的互动模式和宣传效应，精准定位收视群体，吸引观众的目光。

公共关系也称公众关系，因为公共关系的工作对象就是公众。任何组织的生存和发展，都离不开公众的支持和信任。如引例所述，社会组织协调各种公众关系以赢得良好的社会舆论的实践，正是公关工作的重要内容。因而要做好公共关系工作，就必须对公众做充分的了解和研究。

第一节　公众概述

公共关系活动自始至终离不开公众。了解公众、认识公众和掌握公众，是开展各项公众关系工作，建立良好的公众关系，树立良好的组织形象的前提。公众（Public）是公共关系学中的一个基本概念。正确理解这个概念及其特征，了解其他有关公众的相关知识，对于把握公共关系的真谛至关重要。

一、公众的含义和特点

（一）公众及其相关概念

公众指与特定的公关主体相互联系及相互作用的个人、群体或组织的总和，是公共关系工作对象的总称。公众可以是个人，也可以是一个群体，但不是任何社会群体都是组织的公众，公众只是指面临某个共同问题而形成的，有着某种共同利益而与组织发生联系的特定群体，这个特定群体是与特定组织产生互动效应的对象，对组织有着重要的影响。

在日常生活中，公众与人民、群众等概念容易相混淆，应注意它们之间的区别。公众的相关概念如下。

1. 人民（People）

人民作为一个政治及社会历史范畴，量的方面泛指居民中的大多数，质的方面指一切推动社会历史前进的人们，其中包括劳动群众，也包括具有剥削性但又促进社会历史发展的其他阶级、阶层或集团。

2. 群众（Mass）

群众与人民相比，其内涵大、外延小，就是说，本质含义很大程度上是一致的。从范围上看，群众包含于人民之中，其内涵更具体、稳定。人民是个流动概念，在不同的历史时期有不同的内容，但其主体和稳定的部分始终是从事物质资料和精神资料生产的劳动者，这部分人就是群众。

3. 人群（Crowd）

人群作为社会学用语，在量上指居民中的某一部分；在质上，人群是个松散的结构，不一定需要合群的整体意识和相互联结的牢固纽带，凡是人聚在一起均可称之为“群”。

4. 受众（Audience）

受众是传播学的概念，在新闻学、广告学中通用，其含义与公众很接近。从广告的角度讲，受众一词的含义是信息的接收者。因此，受众是消极的和被动的。从公共关系角度看，公众是积极的、主动的。为解决语义上的差异，公关界趋向于把受众分为“积极受众”和“消极受众”，公众是积极受众。

（二）公众的特点

公众这一概念有其特殊性，我们可以从以下几方面来认识。

1. 整体性

公众面临着共同的问题，具有某种内在的联系和共同的意识，为着“共同的利益”而行动。

2. 相关性

公众因面临某个共同问题而聚集，这种问题对该组织的目标和发展具有实际或潜在的影响力、制约力，甚至决定组织的成败；而该组织的决策和行为对公众所面临的问题的解决也具有影响力，它制约着公众利益的实现、需求的满足、问题的解决，从而使组织与公众之间产生相关性和互动性。

3. 主次性

各类公众对组织的影响程度不同，不同性质和类型的组织，其公关工作的目标、重点和具体对象均不同。

4. 层次性

公众是复杂多样的，公众的存在形式也不是单一的，而是由许许多多的个人、群体、团体和组织所构成的。即使是同一类公众，也可以有不同的存在形式。

5. 动态性

组织具体的公众对象并非一成不变，其成员的性质、结构与数量有多变性，组织与公众的关系也是处于不断发展变化之中。

二、公众分类的目的

公众分类是公共关系理论的重要内容之一，其方法论意义是很明显的：没有区别就没有政策，从而也就没有方法。从公关实践操作的角度看，公众对象的构成是非常复杂的，公共关系政策的制定和公共关系方法、技巧的运用，都有赖于对不同的公众的区分。只有从不同的层次、不同的角度、不同的标准，对公众做不同的分析，才能使公关工作在科学的公众分析基础上进行下去。具体来说，组织公众分类的目的如下。

第一，确定公众与组织相关性的大小，以及公众与组织关系的深度和广度，以便科学地制订公关计划。

第二，了解特殊公众的特殊要求和共同利益，有的放矢地制定公关对策。

第三，明确公众的分类，针对公众的不同类型和状态，有重点地开展公关活动。

第四，熟悉公众的特征，在公关策划时，提出有效的对策，以防工作出现被动局面。

第五，掌握公众的态度以改变原有的计划。

三、公众分类的方法

不同的组织有不同的公众，同一类组织有不同的公众。对公众进行较为准确的分类和判断，既是公关人员业务能力的体现，也是公关工作取得预期效果的重要保证。具体而言，从不同的层次、不同的角度、不同的标准，可以对公众做以下分类。

（一）不同的组织有不同的公众

1. 互益性组织

如各种党派团体、职业团体、群众社团组织、宗教组织等。这类组织重视组织内部成员的利益和共同目标，所以要重视内部成员对组织本身的凝聚力和归属感，重视组织系统内部的沟通。

2. 营利性组织

如工商企业、金融机构、旅游服务业等以营利为目的的组织。这类组织以其所有者、经营者的利益为目标，首先要与其所有者（如投资者）以及对其经营成败存在决定性意义的顾客等建立良好关系。

3. 服务性组织

如公益学校、医院、社会福利工作机构等非营利组织。这类组织的存在以其特定的服务对象的需要为目标，又必须与其资助者、协助者保持稳定的关系。

4. 公益性组织

如政府部门、公共安全机关、消防队等。这类组织以国家及社会公众的整体利益为目标，其公众对象是社会各界。

（二）同一类型的组织有不同的公众

1. 内部公众和外部公众

内部公众是由组织的成员组成的，承担着代表组织的角色；外部公众存在于组织之外，他们尽管不直接构成组织的一部分，但他们与组织有密切的联系。

2. 目标公众和非目标公众

目标公众，又称优先公众，一般指要求从特定组织得到某些利益、获得某些信息的个人、群体或组织，其对该组织和目标的发展具有一定的影响力和制约力。非目标公众指与组织无关，其观点、态度和行为不受组织的影响，也不对组织产生作用的公众群体。

3. 组织的具体目标公众对象

最早对公众进行较为具体分类的是美国的杰瑞·A.亨特瑞克斯（Jerry A. Hendrix），他为组织界定了以下重要公众：媒介、雇员、社区、政府、投资者、消费者和特殊公众。

（三）同一类型的公众又有不同标准的分类

不同的组织有不同的公众，同一类型的组织有不同的公众，而同一类型的公众又可以根据不同的标准做出不同的区分。

1. 根据组织公关活动的内外对象分类，组织的公众可划分为内部公众和外部公众两类

内部公众即组织内部的成员群体，如管理人员、技术人员、销售人员、辅助人员以及股东公众等。

外部公众即组织的外部沟通对象群体，如消费者、协作者、竞争者、记者、名流、政府官员、社区居民等。

2. 按公众的组织结构，公众可以区分为个体公众和组织公众两类

个体公众指以个体的形式和组织发生联系的公众。个体公众是形式上分散、以个人作为意见、态度和行为的表达者，以个体形式与公关主体发生联系的公众对象。如竞选过程中面对的选民、酒店或商场中的散客等。

组织公众指以组织的形式与组织发生联系的公众。组织公众是以一定的组织或团体形式出现，以组织团体作为意见、态度和行为的表达者，并与公关主体相互交往的公众对象集团。如竞选过程中面对的各种助选团体，工商企业面对的集团消费者、订购者等。

另外，根据组织权力的性质，组织公众又可分为一般社团型公众和公共权力型公众。一般社团型公众指组织机构，如企业、学校、新闻单位、社团组织等。公共权力型公众主要指政府及各类行政管理机关，如公安、税务、市政等部门，也包括上级主管部门。

3. 根据关系的重要程度分类，可区分为首要公众和次要公众两类

首要公众指关系到组织生死存亡、决定组织成败的那部分公众对象。

次要公众指对组织的生死存亡有影响但不起决定作用的公众。次要公众也不应完全被放弃，在保证首要公众的前提下也应兼顾，因为次要公众也可能转化为首要公众。

4. 根据关系的稳定程度分类，可区分为临时公众、周期公众和稳定公众三类

临时公众是因为某一临时的因素、偶发事件或特别活动而形成的公众对象，周期公众是

指按一定规律和周期出现的公众对象，稳定公众即具有稳定结构和稳定关系的公众对象。

划分临时公众、周期公众和稳定公众，是制定公共关系临时对策、周期性政策和稳定策略的依据。

5. 根据公众对组织的态度分类，可以划分为顺意公众、逆意公众和边缘公众三类

顺意公众指那些对组织的政策、行为和产品持赞成意向和支持态度的公众对象。

逆意公众指对组织的政策、行为或产品持否定意向和反对态度的公众对象。

边缘公众则是指对组织持中间态度、观点和意向不明朗的公众对象。

6. 根据组织的价值取向，可以划分为受欢迎的公众、不受欢迎的公众和被追求的公众三类

受欢迎的公众即完全迎合组织的需要并主动对组织表示兴趣和沟通意向的公众对象。

不受欢迎的公众指违背组织的利益和意愿，对组织构成潜在的或现实威胁的公众。

被追求的公众，特指那些对本组织公众关系工作有特别意义，但与本组织无直接利害关系，须本组织竭力去接近和争取的组织或个人，如新闻媒体、社会名流。

7. 根据公众发展过程的不同阶段，可以将公众划分为非公众、潜在公众、知晓公众、行动公众四类

非公众是公共关系学中的特殊概念，指与组织无关，其观点、态度和行为不受组织的影响，也不对组织产生作用的公众群体。

潜在公众即由于潜在公共关系问题而形成的潜伏公众、隐患公众、隐蔽公众或未来公众。

知晓公众即已经知晓自己的处境，明确意识到自己面临的问题与特定组织有关，迫切需要进一步了解与该问题有关的所有信息，并开始向组织提出有关的权益要求的公众群体。

行动公众即已采取实际行动，对组织构成压力，并迫使组织采取相应行动的公众群体。

8. 按照公众对组织的关心程度标准分类，可将公众划分为一般公众、留意公众和需要被告知的公众

一般公众指那些对本组织的境况不十分关心，对组织目前也无直接影响的公众。

留意公众指那些对本组织的境况和动向十分关注，对组织的发展亦有一定影响，同时组织也必须对他们予以关注的公众。

需要被告知的公众指那些对组织的某项活动有重要影响，但他们又不十分关注本组织，需要本组织主动去对他们做工作的公众。

第二节 处理各类公众关系的原则与规范

最早对公众进行较为具体分类的杰瑞 · A. 亨特瑞克斯（Jerry A. Hendrix）认为：任何特定公众，不管他们属于什么类型，都可能成为公共关系工作的中心对象。这些被筛选出来的公众被称为“目标公众”或“优先公众”。每个组织都有特定的目标公众对象，组织的性质、类型不同，具体的目标公众对象也不完全相同。比如政府的目标公众对象、企业的目标公众对象、学校的目标公众对象，相互之间会有很大的差异。我们主要以公共关系应用较为普遍的企业为例，对主要的公众进行分析，主要包括员工公众、顾客公众、媒介公众、政府公众、

社区公众，以及股东公众、名流公众和国际公众等。

一、员工公众

（一）员工公众定义

员工公众包括企业内部全体职员、工人、管理干部。员工关系不同于一般的人事关系和劳动关系，其最主要的责任是要实现组织管理者与员工之间双方的良好沟通，促使组织的决策及行为能充分体现组织与员工双方的共同利益，能同时反映双方的愿望和要求，同时说服员工将个体利益目标追求寓于组织整体利益目标之中，达成双方的相互信任与合作关系。

员工关系既是内部公关的对象，又是外部公关的主体，是与组织自身相关性最强的一类公众关系。

（二）建立良好员工关系的意义

员工是组织直接面对的、最接近的公众，是形成组织力量的主体，是组织创一流产品或服务的主力军，是塑造和传播组织形象的积极因素。建立良好的员工关系，可以培养组织成员的认同感和归属感，形成向心力和凝聚力。其意义主要表现在以下两个方面。

1. 组织需要通过员工的认可和支持来增加内聚力

一个组织如果其形象得不到自己成员的认可，就很难赢得社会的认可；一个组织如果其目标得不到自己成员的配合与支持，就很难赢得社会的支持。因此，组织的内部公共关系工作首先要增强内聚力，使员工组合成一个有机的整体。要争取员工的理解和支持，就要将员工视作传播沟通的首要对象，尊重员工分享信息的优先权，使员工在信息分享中与组织融为一体，在组织内部形成信任与和谐的气氛。

海底捞董事长张勇认为:“当员工把心放在工作上的时候,他就会替你去揣摩顾客的心思。支持海底捞发展的根本，从来不是钱，而是员工。”所以海底捞只关注两点：顾客满意度和员工满意度。海底捞明文规定：员工宿舍必须是配有空调和电视的楼房，不能是地下室，距离门店的路程步行不能超过 20 分钟，因为太远会影响到员工休息。中国餐饮行业员工的平均流失率为 28.6%，而海底捞员工的流失率则能控制在 10% 以内。

在 2016 年“顺丰快递小哥被打”事件发生后，顺丰总裁王卫在朋友圈声称：“我王卫向所有朋友声明，如果我这事不追究到底，我不再配做顺丰总裁！”。顺丰集团随后公开发表声明称：“对于责任，我们不会因愤怒而抛弃客观公允；对于尊严，我们也不会因理解而放弃追回!希望一线小哥恪尽职守的同时也要保护好自己，你们的安危牵动着每一个顺丰人的心。”这些企业都为职员营造“家”的感觉，以实际行动加强了企业内部公共关系，加大了企业内部员工的凝聚力。

2. 组织需要通过员工的公关工作增强外张力

一个组织的对外影响力有赖于全体成员的努力和配合。因为每个组织成员都是组织与外部公众接触的触角，都处在对外公共关系的第一线，组织的整体形象必须通过他们在各自工作岗位上的良好表现具体体现出来。在对外交往中，每一位组织成员都是非常重要的公共关系行为主体。组织主体性的发挥有赖于他们对组织的认同感和归属感、向心力和凝聚力。一个组织如果希望员工能够时时处处自觉地维护组织的形象，就应该时时处处尊重自己的员工，将员工作为重要的公共关系对象，努力培养他们对组织的认同感、归属感，不断增强员工对组织的向心力和凝聚力。有公共关系学者认为，公共关系活动如得不到员工的信任和了解，便不能获得真正的成功。

（三）对员工心理的认知

员工心理认知属于公众群体心理的认知，我们可通过考察组织内部凝聚力来认识内部公众心理。组织内部公众是组织生存和发展的主要力量，了解内部公众心理是公共关系活动的主要内容之一。了解组织内部公众心理，除了通过对个体心理的了解，把握每一个人的心理状态和特征，还要把握组织内部整体心理的状态和特征，而这又主要是指把握成员的群体凝聚力水平。凝聚力主要是指组织内部的相互吸引力，包括上下级之间的信任度、亲和度，同级之间关系的融洽度、亲密度等。一般来说，一个组织内部凝聚力的高低和这个组织的状况有很大关系，凝聚力的高低也是组织实现良性运转的标志。组织内部成员之间关系融洽、意见一致、相互合作，就标志着这个组织的凝聚力高，这个组织也就越稳定；反之，组织成员之间关系紧张、意见分歧、离心离德，则标志着这个组织或企业凝聚力低，组织涣散。凝聚力越高，组织越稳定，效率也就越高；反之，凝聚力越低，组织越涣散，工作效率就越低。

（四）如何处理好员工关系

1. 了解员工对组织的期望和要求

员工对组织的期望和要求，以及这些期望和要求的实现满足程度，决定了员工对组织的态度和表现。所以，了解员工对组织的期望和要求，是建立良好员工关系的先决条件。

美国一项调查表明：只要工作合适，员工并不在乎多做额外的工作；员工们要求工作具有挑战性，能运用创造力，并能激发他们的潜力；足够复杂多样的工作能够发展新的技能并提供进步和团结的机会；员工们在工作中需要友情，他们乐于在良好的合作关系中工作并互相帮助，分享快乐和痛苦，并能了解怎样才能把工作做得更好。导致员工不满意的三个最主要的原因是：报酬不够、工作单调和人情冷漠。由此可见，员工对组织的期望和要求是多方面的，满足员工的需要，提高他们的积极性，发挥他们的潜能与创造力，是组织内部公共关系发展的关键。

2. 建立有效的沟通机制

美国“民意调查公司”的一项调查表明，只有1%的员工认为公司的事与己无关，而99%的员工都渴望知道公司的最新动态，希望了解公司的内情。因此，建立有效的沟通机制，把组织的信息及时告知员工，增强组织的透明度，是建立良好员工关系的重要途径。沟通的内容主要有以下几个方面。

（1）向员工介绍组织的管理和决策情况，如组织的目标、规模、经济效益、财务收支状况、市场占有率、高层动向、投资方向、新的重大决策等，让员工全面了解组织，争取员工的支持。

（2）向员工介绍组织的竞争对手，增强员工的紧迫感和危机意识。

（3）向员工介绍组织的发展历史、取得的成果、技术创新、组织荣誉、模范人物等，增强组织对员工的吸引力，激发员工的自信心和自豪感。

（4）介绍员工动态，如工作经验交流、文体活动、工作职位变动、业绩表彰等，增强员工之间的了解，拉近员工与组织的心理距离。

与员工沟通的途径是：通过管理人员、意见领袖与员工沟通，通过会议形式进行沟通，通过组织内部出版物进行沟通以及建立合理化建议制度。

其中，建立合理化建议制度是自主管理的一项内容，在企业经营中有重要意义，如海尔公司在组织内部公共关系的实践中，不仅坚持严格管理，还倡导员工自主管理，尤其重视提出合理化建议。海尔公司的女工高云燕是总装车间的一名普通操作工，她看到放置部件的工作台影响操作时的观察，影响了加工的质量和效率，便琢磨利用折射原理，在钻眼机前放面镜子，一试，效果绝佳。公司立即支持其立起一面一平方米的镜子，还为镜子命名为“云燕镜子”。这一举措不但激励了高云燕，还激励了全体员工主人翁的创造精神。集团总裁张瑞敏说：“我们追求的是全员自主管理，追求一种自觉状态。”

3. 尊重及公平对待员工

企业在制定员工奖酬制度时要尊重及公平对待员工。例如，通过建立正式的奖酬制度来确保员工受到奖励。如果奖酬制度能够适当地执行，那么员工就会感觉自己受到了公平的对待，从而提高工作的积极性。企业应当精心设计报酬形式，因为任何形式的报酬或奖励都应当对员工有吸引力。只有这样，才能增加员工的满意度，更好地激励员工。许多企业还建立了员工帮助计划来帮助员工及其家属解决职业心理健康问题以缓解员工的压力，促进员工关系朝着积极的方向发展。

随着经济的不断发展，员工关系的管理也在不断地探索更新。对于企业来说，为了提高企业的效益，使企业得到更好更快的发展，建立良好员工关系所付出的一切努力都是值得的。

二、顾客公众

（一）顾客公众定义

顾客公众也称服务对象公众，是指企业的具体服务对象，如商场中的顾客，宾馆中的住客，酒店中的就餐者及火车、轮船、飞机上的乘客等，他们是各类企业主体服务对象的总和。顾客公众是组织最重要，也是数量最大的外部公众。

（二）建立良好顾客关系的目的和意义

美国公共关系专家加瑞特说：“无论大小企业都必须永远按照下述信念来计划自己的方向，这个信念就是企业要为消费者服务，要为满足人民的需要生产，这是企业唯一正确的方向。”因此，组织要想获得生存和发展，首先就要建立良好的顾客关系。失去了消费者，便没有了组织生存的基础；反之，了解消费者需求，把握消费者需求脉搏，社会组织就拥有了一个生存空间。建立良好的顾客关系的目的，是促使消费者形成对组织及其产品的良好印象和评价，提高组织及其产品的知名度和美誉度，增加对市场的影响力和吸引力，为实现组织和消费者公众的共同利益服务。建立良好顾客关系的重要意义主要表现在三个方面。

1. 良好的顾客关系能够为企业带来直接利益

对于企业来说，消费者就是市场，有了消费者就有了市场，满足了消费者的需求，企业的经济效益就能够实现。得人心者得市场，良好的顾客关系是企业经营的生命线，可以给组织带来直接的经济利益。

2. 建立良好的顾客关系能够帮助企业树立正确的经营思想

“利润第一”还是“消费者第一”，这是两种根本对立的经营观念。企业要实现自己的目标，最根本的任务就是使其产品和提供的服务得到消费者的认可和接受。企业认真做好消费者的公共关系工作，就是要树立“消费者就是朋友”的思想，不仅要满足消费者物质消费的需求，还要满足消费者信息知晓的需求、情感的需求、选择的需求、表达和参与等方面的需求，从而达到经济效益和社会效益的统一。

3. 良好的顾客关系能够形成稳定的消费者公众

认真做好消费者公关工作能够培养具有现代消费意识、自觉维护消费者权利的消费者公众，能为现代社会营造一个健康、良好、稳定的消费公众环境。企业要扮演起消费者的教育、引导和组织的角色，与消费者一起设计生活、美化生活，从而形成和谐的顾客关系。

（三）对顾客公众心理的认知

营利组织所指向的直接对象是顾客公众。由于顾客公众是组织直接指向的对象，因而如何使他们满意，并赢得他们的支持，就成为组织活动的一项重要内容。如何正确处理好组织与其“顾客公众”，也就是“购买公众”之间的关系，这就需要对顾客公众的心理有所了解。顾客公众的心理基于顾客公众的权利意识。一般而言，顾客公众有三种权利：一是知晓一切的权利。顾客公众在选择自己购买的物品时，应当知道物品的用途、质量、使用和保养方法、维修方式、产品的牌号、厂址、价格等，在购买服务时也有知道服务地点、方式、质量、费用等的权利。对于顾客公众的这种权利，组织应予以重视，并尽可能地给予满足。二是选择的权利。这就是说，对于买什么、不买什么、什么时候买、什么地方买，消费者公众应有绝对的选择权。组织或企业应尽可能给消费者公众更多的选择机会和条件，以获得他们的支持。三是要求公平的权利。由于组织或企业与消费者公众之间是交换关系，这种关系就应遵循等价交换的原则。消费者公众一旦发现交换中有不公平的现象存在（如以次充好）时，就有要求退换赔款的权利，而组织或企业就应当尊重消费者公众的这一权利。了解以上顾客公众的权利，便于认知顾客公众的心理。

（四）如何处理好与顾客的关系

随着竞争的加剧，以及顾客消费的理性化和个性化的加强，企业之间必然会从争夺“市场份额”转为争夺“客户份额”。企业会更加关注顾客的终身价值，关注顾客关系资产的价值。企业的长期发展需要有相对持久的竞争优势，而核心产品形成的竞争优势越来越小且难以持久，因此，围绕顾客需求培养出来的无形资产——顾客关系便成为企业打造竞争优势的重要战略资源。正确而有效地管理顾客关系，可从以下几方面入手。

1. 明确顾客权利，满足顾客诉求

如上面“对顾客公众心理的认知”内容所说，顾客公众有三种权利，如知晓一切的权利等。组织或企业应当尊重顾客公众的这一权利，并给予顾客以上基本权利。

2. 为顾客提供优质的产品和服务

产品和服务是组织满足顾客需求的载体，服务又是产品价值的延伸。社会组织建立良好顾客关系的根本途径就是为顾客提供优质的产品和服务。“蓝色巨人”IBM 的经典格言是“IBM

意味着服务"，这概括了 IBM 的理念精华，成为 IBM 企业文化的核心，并自始至终，一以贯之。凭借"尊重个人、给予顾客最好的服务和追求优异工作表现"的原则和信念，IBM 构成了特有的企业文化，成就了计算机帝国的伟业。

资生堂通过对化妆品市场的调查和研究，发现一般消费者不仅需要化妆品公司提供高质量的产品，还需要其提供高水平的美容咨询，尽管咨询并非化妆品公司的责任，但资生堂还是提出了创建咨询店的构想。资生堂强调其旗下各专卖店的销售人员必须有较强的咨询能力，能把化妆品店变成美容咨询室，为入店的顾客提供各种咨询服务。每年资生堂都定期举行美容咨询的研讨会，以传播美容资讯，这样做可以为女性顾客创造出一种能完全独立自主挑选商品的购物气氛。创建服务品牌是参与市场竞争的重要手段，也是企业的一笔可观的无形资产。不仅要注重服务的消费功能，还要重视让客户在享受服务的过程中去体味品牌赋予的深层次的文化内涵与思想气息，从而给客户带来精神上的愉悦。创造品牌服务差异化，使它成为创新服务方式和提升服务质量的重要手段，以超越客户期待，赢得客户忠诚。

3. 妥善处理顾客问题

组织在提供产品和服务的过程中，经常会遇到顾客的质疑、抱怨，甚至是辱骂和投诉。这种情况下，组织既不能无动于衷，听之任之，也不能激发矛盾，站在顾客的对立面。而应该恪守"顾客永远是对的"这一顾客关系最高准则，迅速做出反应，给予妥善解决，争取顾客谅解。"顾客至上""顾客是上帝"，公关人员必须牢固地树立这个观念。

4. 加强与顾客的沟通

除日常工作业务交往外，加强与顾客沟通，主要有以下方式。

（1）口头或书面联系。其包括面对面的答复及电话答询，建立顾客热线，寄发公共关系手册、新产品介绍等。

（2）内部刊物。组织通过编发定期或不定期的刊物，向顾客介绍组织发展情况，发布新产品，使顾客对组织有较为深入的了解。

（3）公共关系广告。通过加强组织形象宣传，吸引公众注意力，发展顾客群体。

（4）开展顾客联谊活动。如进行组织社区服务、赞助公益事业等，回馈社会，回报顾客。

三、媒介公众

（一）媒介公众定义

媒介公众又称新闻界公众，是指新闻传播机构（包括报社、杂志社、广播电台、电视台及各种网站）以及新闻界人士（包括记者、编辑等）。媒介关系也叫作新闻界关系，是指组织与新闻传播机构以及新闻界人士等的关系。这种关系是双重关系：其一，媒介公众本身也是社会组织的目标公众。新闻媒介受众巨大，传播迅速，客观真实，影响力强，在传播信息方面具有其他组织无法比拟的优势，是组织与公众实现广泛、有效沟通的必经渠道，是组织竭力追求的公众；其二，大众传播是社会组织与其他公众信息沟通的"中介"环节，记者、编辑、专栏作家、节目主持人等新闻从业者对新闻和社会舆论具有很大的操控性，被称为"无冕之王"。保持与媒体的良好关系是公共关系的重要内容。

（二）建立良好媒介关系的目的和意义

新闻界公众是公共关系工作对象中最敏感、最重要的一部分。在信息化社会，人们对任何组织及产品的了解，已不再停留在亲眼所见的直接接触阶段，更多的是通过传媒宣传对组织及产品“留下印象”。因此，建立良好的媒介关系的目的，就是争取新闻传播媒介对组织的了解、理解和支持，以便形成对本组织生存与发展有利的舆论气氛，并通过新闻媒介实现与大众的广泛沟通，密切组织与社会公众之间的联系。

新闻界公众是告知组织新闻信息的主渠道，新闻界公众是社会信息流通过程中的“把关人”。良好的媒介关系可以形成有利的舆论环境，建立良好的媒介关系是运用大众传播手段的前提，如果没有好的媒介关系就无法有效地进行大众传播。因而与媒介公众处好关系对组织的意义重大。

（三）对媒介公众心理的认知

任何一个组织要提高其知名度，都离不开媒介公众的作用，媒介公众的主要传播手段之一是新闻媒介传播。新闻媒介公众有敏感、果断、及时、有效传播的特点。同时，由于其要考虑政治影响、舆论导向、公众兴趣、可靠程度等问题，又具有谨慎、挑剔、注意新闻性等特点，就使得组织不能仅仅依靠新闻媒介公众，还要注意人际传播媒介公众。

（四）如何处理好与媒介公众的关系

社会组织需借助新闻媒介向公众传递信息，扩大组织的知名度，营造一个有利于组织的舆论环境。在与媒介机构交往的过程中，一定要平等相待、以诚相待、以礼相待、相互配合，要讲究工作方法和工作技巧。

1. 重新审视媒体，正确看待媒体

企业和媒体冲突的部分原因在于，双方都站在自己的立场来看待对方。媒体都具有很强的社会责任感，认为自己有责任将最真实、最全面的信息以最快的速度发布给公众，而有的企业不愿将负面信息外露，因此双方可能会发生某些冲突。因此企业应首先了解媒体的观点，正确看待媒体。其实，在现代法治社会，媒体在对社会进行监督方面起到了必不可少的作用。记者的监督怀疑权利难免会与一些企业和社会组织的某些利益发生冲突，我们应该通过赋予记者和媒体合理的怀疑权来协调这中间的冲突。同时，适度的媒体怀疑也可以使企业及时听到对自己的反对声音，有利于把危机及时消除。

2. 主动向新闻媒体提供新闻素材

要善于发现组织内部具有新闻价值的事件，向新闻媒体提供传播材料。社会组织要熟悉各类新闻媒体的特点及受众情况，帮助收集并提供新闻素材，主要有：组织的机构、经营方针、运作模式、生产技术、人事安排的重大变革；组织的开业庆典、纪念活动、公益活动；组织的新成果、先进人物、先进事迹；与社会知名人士的交往等。

3. 善于进行新闻策划

要善于进行新闻策划，放大新闻效应。新闻策划又称为“制造新闻”，它是以组织内部发生的真实事件为基础，有计划地推动或挖掘事件的新闻价值，引起公众和新闻媒介的注意，

获得新闻效应。新闻策划不是无中生有，凭空捏造，欺骗公众，而是通过对真实事件新闻价值的挖掘、放大和升华，推动事件的顺利发展（参见第十四章第三节）。

4. 加强与媒介公众的沟通与联系

企业应重点关注与媒体的沟通。要经常与电视台、广播电台、报社、杂志社等媒介联合举办各种活动，提高组织在新闻报道中出现的频率。对于“沟通”的理解，应主要把握以下几点。

首先，媒体沟通并不仅仅是企业发生危机时才表现出的一次新闻发布会、一次道歉或者一个登报说明等这些简单的方式。沟通被誉为公共关系解码的关键词，它包括了一个企业通过新闻媒体传播给目标受众的每个信息。其次，媒体沟通管理蕴含在企业整个运营过程之中，包括企业日常与新闻媒体关系的培养；危机公关时与新闻媒体进行交流；利用媒体的舆论导向作用去解决问题，重塑企业形象等。最后，媒体沟通管理对于企业而言，与企业的任何一个部门的管理，诸如研发、生产、销售、技术等分支或部门一样，都很重要。

5. 建立合理的媒体管理制度

在对外交往时，企业内部应首先建立一套媒体管理制度，以便在面对各种状况时有章可循。首先，企业应成立专门的媒体管理部门，把媒体关系列为日常工作内容，对其进行细水长流式的培养与维护，并由总经理主管该部门，以提高其执行效率。其次，企业可以仿效政府部门设置专门的新闻发言人，由新闻发言人专门负责接受媒体的采访并发布新闻，这样做可以使企业保持对外信息的一致性，而且固定的公关人员也意味着企业的稳定和关系的稳固，可以增强媒体对企业的信任感。最后，企业要真诚对待媒体，热情接待媒体的采访，一视同仁地对待前来采访的记者，安排专人陪同记者采访，随时了解采访需求，及时满足其合理的要求。只有真诚地对待媒体，才能换来媒体的信任，为双方的友好合作打下基础。

四、政府公众

（一）政府公众定义

政府公众是指政府各行政机构及其官员和工作人员，具体可分为两大类：一是纵向政府公众，如上级主管部门；二是横向政府公众，它们是工商、人事、财政、税务、市政、治安、法院、海关、卫检、环保等部门。政府关系是指社会组织与政府及各职能机构、政府官员和工作人员之间的关系，即组织与政府沟通的具体对象。政府是国家权力的执行者，是对社会进行统一、有序管理的权力机构。任何社会组织都必须无条件遵守政府的法律与法规，服从政府以及各职能部门的管理。但在政府与社会组织之间这种管辖与被管辖关系之中，还存在着一种被管理者与管理者、公共关系主体与客体的关系，还存在着互相了解、互相沟通的关系。

（二）建立良好政府关系的目的和意义

政府公众是所有传播沟通对象中最具社会权威性的对象。社会组织必须与政府各职能部门建立及保持良好的沟通，这是组织生存与发展的重要保障和条件。建立良好的政府关系的目的就是争取政府对组织的了解、信任与支持，为组织的生存和发展争取良好的政策环境、法律环境、行政支持和社会政治支持。其重要意义主要表现在以下几个方面。

1. 政府的认可和支持最具权威性和影响力

政府掌握着制定政策、执行法律、管理社会的权利职能，具有强大的宏观调控力量，代表着公众的意志来协调各种社会关系。一个组织的政策、行为和产品如果能够得到政府官方的认可和支持，无疑将对社会各个方面产生重大影响，甚至使组织的各种渠道畅通无阻。因此，组织应该把握一切有利时机，扩大组织在政府部门中的信誉和影响，使政府了解本组织或企业对社会、国家的贡献和成就。

2. 建立良好的政府关系能够为组织赢得好的发展环境

建立良好的政府关系能够为组织形成有利的政策、法律和社会管理环境。政府的政策、法律和管理条例是一个组织决策和活动的依据和基本规范，组织的一切行为都必须保持在政策法令许可的范围之内。通过良好的政府关系，组织能够及时了解到有关政策的变动，能够较方便地争取到政策性的优惠和支持，使之对组织的发展有利。因此，组织应该主动建立和加强自己与政府有关部门之间的双向沟通。

（三）对政府公众心理的认知

任何一个组织不论属于什么性质，都不免要与政府公众发生关系，因而它们也要了解政府公众的心理。了解政府公众的心理，可从以下几个方面入手。一是执行政策的灵活性和原则性。政府公众具有对政策的监督、解释、执行等职能。在执行时，有的原则性较强，比较死板；有的灵活性较强，活动余地较大。前者执行政策、法规机械，不考虑特殊情况，也难以通融；后者则注重情面，善解人意，但也容易犯错误。所以，组织对与自己发生具体关系的这两类不同的政府公众，应采取不同的对策，遇到前者应尽量循规蹈矩，遇到后者则可灵活多变。二是在工作作风方面有果断性和细腻性的区别。政府公众在工作作风上，有的果断利索，办事效率高，但有时难免草率；有的细腻耐心，办事认真，反复研究，但难免拖拉。遇到前者时，要尽可能果断迅速地处理问题；遇到后者时，则应尽可能细致、认真，以免出现漏洞，引起合作的不快。三是在工作态度上有消极和积极之分。政府公众在工作态度上，有的积极、主动，不仅热情接待各种来访之人，还积极深入基层，了解情况，寻找问题。遇到这类公众，组织的问题往往会立刻得到解决，便于开展工作。有的政府公众则是缺乏主动性，满足于各类机关性事务，遇事推诿，更不愿上门征求意见及了解情况，组织和这类政府公众很难愉快合作。

（四）如何处理好与政府公众的关系

社会组织要寻求政府公众的理解与支持，就必须充分认识到公众利益对于组织利益、社会责任对于组织责任的重要性。组织既要有报效国家之心，又要在行为上、决策过程中充分体现出来，做一个社会公益事业的热心倡导者和积极拥护者，以此作为对政府工作的一种支持，以行动赢得政府公众的高度认同与厚爱。搞好同政府的关系，关键在于妥善处理好国家利益同组织自身局部利益的关系，应努力做好以下工作。

1. 依法经营

依法经营，这是企业参与市场竞争的基本法则。企业作为一个独立的经济实体，从它的注册成立到发展壮大，第一，必须具备从事生产加工的各种许可证，生产设备和生产环境涉及职工安全时，必须经过有关部门鉴定后才能使用；第二，企业生产的产品必须严格按照规定的程序加工，经过政府职能部门的鉴定后才能在市场上销售；第三，企业在纳税、投资、职工权益等方面也必须按照国家的有关法律严格执行；第四，当企业对政府的干预有意见时，要通过法律赋予的诉讼权起诉政府，用法律来解决争端。

2. 发挥企业的优势作用，做好协助工作

政府作为社会管理的主体，确实可以影响企业的行为，但这不是政府关系的全部内容。要想处理好政府关系，政府还必须重视企业对政府的影响。就实力超群的企业而言，它们一般都拥有先进的管理运作经验，拥有大量的优秀人才，拥有雄厚的资金实力，拥有多元的投资渠道，拥有广阔的国内外市场。这样的企业就像优质催化剂，一旦同政府结合，就能产生剧烈的化学反应，地方政府大量待转化的社会资源能够很快被企业雄厚的实力所“催化”，迅速转化为社会经济效益。企业还应发挥自身优势，在政府工作遇到困难时，主动援之以手，为政府排忧解难。要积极配合和积极参与社区和地方的建设事业，树立全局观念，力求为社会多做贡献；积极参加政府组织的各种公益活动，尤其在生态环境保护与建设问题方面，要做模范社会公民。

3. 加强与政府的双向沟通

企业要积极主动做好与政府公众，尤其是主管职能部门的联系与沟通。假如政府关系处理得不恰当，彼此关系不和谐，企业就会浪费大量时间、人力等资源，削弱市场竞争力。企业在政府关系的处理方面应该采取积极态度，主动和政府对话，摆正姿态，双方发生摩擦时，企业要和政府部门多沟通。一些大型企业不能因为自己实力雄厚、贡献大等，就对政府的行为不重视或者不配合。毕竟政府是社会事务的管理者，要尊重政府，积极主动地和政府沟通，这样才有建立和谐政企关系的基础，企业才会在这种和谐关系中享受到更大的优惠和发展空间。例如，邀请政府官员参加企业的重大活动，主动提供信息，重视和加强企业的宣传报道工作等。

4. 适当承担一定的社会责任

要适当承担一定的社会责任，树立良好的企业形象。企业开展社会责任意识教育活动的同时，应该将这种社会责任意识转化为实际行动。如国有大型企业汉江集团就在员工权益、扶贫、救助捐款、城市市政建设等方面做了很多工作。它采取积极主动的姿态，选择全市人民普遍关心、对全市发展影响较大的市政建设项目予以力所能及的赞助，并通过隆重的仪式和新闻媒体，让全市人民都知道，增强市民对汉江集团的情感认同。另外，汉江集团所在的丹江口市属于国家级贫困县，居民人均收入水平比较低，很多学生因为交不起学费而退学。汉江集团在企业内开展帮扶活动，帮助贫困学生，对于考取大学的贫困学生，给予适当奖励，集团公司还鼓励员工捐款支持丹江口的公益事业。

五、社区公众

（一）社区公众定义

社区指以地缘为纽带，联结和聚集一定数量社会成员的地域。社区公众是指组织所在地的公众，包括当地的政府机构、地方团体及左邻右舍的居民百姓等。社区关系也称区域关系、地方关系、睦邻关系。它是指与某个社会组织主体地域上相邻、利益上相关的一种公众关系。

（二）建立良好社区关系的目的和意义

建立良好的社区关系是为了争取社区公众对组织的了解、理解和支持，为组织创造一个稳固的生存环境；同时体现组织对社区的责任和义务，通过社区关系扩大组织在本区域的影响。其重要意义主要表现在以下方面。

1. 社区关系直接影响着组织的生存环境

社区如同组织扎根的土壤，没有良好的社区关系，组织就会失去立足之地。社区公众是由特定的活动空间所确定的，区域性、空间性很强。地方性组织或企业的活动直接受社区的制约，社区关系直接影响着组织或企业其他各方面的关系，如员工家属关系、本地顾客关系、地方政府关系和媒介关系等。跨区域性经营的组织或企业也不能脱离特定的社区，甚至要善于同各种不同背景的社区公众打交道，以争取社区提供各种地方性的服务和支持，使组织能够在各种完全不同的社区环境下获得生存和发展。因此，组织需要将社区关系作为自身发展的一个重要组成部分来认真对待。

2. 社区关系直接影响着组织的公众形象

社区公众包括当地社会政治、经济、文化、教育等各个方面的公众，类型繁多，涉及面较广，对组织存在着各种不同的感受、要求和评价。由于处在同一社区，对组织的某一种评价和看法就容易相互传播，形成区域性的影响，从而形成关于组织的某种公众形象。因此，组织的社区关系好坏，直接影响着组织的社会公众形象。一个组织如果没有良好的社区关系，就很难在社会上获得良好的名声。

社区公众与组织之间有着千丝万缕的联系。社区居民可能成为组织的员工或组织的最稳定的顾客；社区的其他社团可以成为组织的良好合作伙伴；而社区所在地的政府，则是组织的“父母官”。能否与社区公众建立良好的关系，关系到组织和组织员工能否拥有一个安静、和谐的生产、生活环境。此外，社区公众是组织劳动力的主要来源，是组织最可靠的后勤保障系统，社区文化影响组织的文化。因此，组织要主动承担必要的社会责任和义务，像爱护自己的家园一样爱护社区，在社区的物质文明和精神文明建设中发挥中坚作用，为社区造福，为社区公众多做贡献。

（三）对社区公众心理的认知

社区是人们生存和生活的主要环境和场所，因而，社区公众的一般心理主要表现为：要求生活配套设施完备，服务质量高、有亲切感，生活方便、自由、舒心，能享受与社区外相同的生活水准和条件等。尽管组织要满足社区公众的所有要求是极其困难的，但组织要力所能及地为社区公众着想，以获得社区公众的支持，因为做到这一点对扩大组织的影响、树立良好的组织形象是十分必要的。只有满足了社区公众的愿望和要求，才能建立“睦邻友好”关系，才能建立有利于组织生存与发展的社区环境。

（四）如何处理好与社区公众的关系

一个组织与社区保持良好的关系，通常应当使该组织的经营管理活动及其员工活动与当地其他组织的活动相融合，得到其他组织和社区公众的认同和支持，是一个组织最想实现的社区关系的目标。要建立良好的社区关系，最好是实现组织自身的社区化。

所谓社区化，是组织通过接受、吸收社区文化，并以自己的行为反作用于社区的行为规范和准则，从而使自己的行为逐渐为社区公众所承认和接纳，成为社区公众的一员，并通过进一步沟通，达到与社区公众相互同化，融为一体。实际上，许多组织成功建立和维护良好社区关系的过程，就是组织逐渐社区化的过程。

1. 树立为社区做贡献的理念

组织不仅承担着为社会创造经济效益的使命，也担负着为社会创造社会效益和环境效益的使命。组织应从社会的整体利益和长远利益出发，维护社区的利益。

2. 加强与社区的双向沟通

组织应该与社区多多了解、沟通，对组织而言，应了解社区的文化背景，了解社区对组织的定位，有针对性地开展社区公关活动。只有双向沟通，双方相互了解，才有可能创造一个良好的关系。

3. 加强环保意识

社区的环境如何，直接关系到社区公众的生活和健康。环境问题已成为社区公众最关心的问题之一。组织要想建立与社区之间的良好关系，就应该注重环保。不仅要做到不污染环境，而且应引导及帮助社区公众美化社区的环境，营造一个美好的生活、生产空间，增强社区的吸引力。这样，不仅可以增强社区环境对组织内部员工的吸引力，也可以帮助组织赢得社区公众的好感。

4. 加强公关活动

组织应多多地、力所能及地支持社区开展各项公益活动，如赞助一些文体活动等。这些公关活动可以促进组织与社区的沟通交流，拉近组织与社区的距离，为组织在社区公众心目中良好形象的树立做好工作。组织可以根据社区的不同特点，开展符合社区文化特点的社区艺术文体活动，如年轻人较多，就可以多开展一些体育活动，如赞助足球赛、篮球赛等。

5. 向社区提供众多福利设施

组织的各种服务设施和娱乐场所，如果以适当的形式向社会公众开放，就会受到所在社区公众的欢迎，同时适当安排社区公众参观本组织，使他们对本组织有更深的了解，有助于与社区公众维持长期的和谐关系，得到社区公众的理解和支持。除了向社区进行门户开放的“开门日”外，组织还可以采取其他一些方法，如向社区各界印发介绍组织情况的文字资料和图片资料，通过新闻机构刊发新闻稿和广告，举办展览会、记者招待会或进行公关演讲，让社区公众了解组织，以及邀请各类社区公众参加组织的各种活动等。

6. 实施社区公众优先原则

一个组织在特定社区中生存发展，需要社区公众的支持和协助。那么，组织在提供就业机会和社会福利方面，理应实施社区公众优先原则，即在同等的竞争条件下，优先录用本社区的公众为本公司员工；在为社会大众提供各种服务设施和服务项目时，优先提供给社区公众。实施社区公众优先原则，体现出组织对本社区公众知恩图报的心理，让社区公众了解组织对社区公众的理解和支持是不会忘记的，社区公众也必然会以更大的热情对组织的厚爱予以回报。

7. 坚持互惠互利原则

组织在与社区交往中必须做到能满足对方利益，虽然组织一般看重经济利益，而社区更在乎社会效益，但坚持互惠互利的原则，必然能换得两者在平等利益地位上的互助，各自得到相应的实惠，达到双赢目的。

六、其他公众

（一）股东公众

1. 股东公众定义

股东公众是企业的投资者，或者说是组织的财政支持者，为组织的发展提供额外的经济支持。从公关的角度分析，股东公众主要包括董事会、董事局、广大股东、金融舆论专家等。从本质上说，股东关系属于内部关系。但从形式上看，由于存在公众多的、分散的股东，它又似外部关系。实际上，这是一种分散于外部的内部关系。针对股份制企业来说，股东们是一群具有“老板意识”的外行，但他们又是企业财富和权力的源头。

2. 建立良好股东关系的意义

股东关系也是一个关乎企业生存发展的基本关系，是一个必须直接面对和正确处理的问题。良好的股东关系，可保障企业和谐，为企业的可持续发展提供良好的内部环境和条件。

3. 如何处理好同股东公众的关系

股东是股份公司的出资人或叫投资人。股东出资的目的是为了盈利，这是铁律。搞好股东关系需要做的是：维护股东的正当权益，满足股东的心理需求，争取股东对组织决策的参与支持。是否盈利，盈利多少，不仅是股东和投资者的期望，也是广大经营管理者和员工劳动价值和利益的最终体现，也是衡量绩效的标杆之一。盈利水平高、能力强，这个机构就可能争取到更多的资源，员工才可能获得更多的报酬。亏损的机构将危及生存的权利，员工将失去就业的机会。个人利益平均主义的分配方式将彻底地退出历史舞台。因此，任何机构、任何员工尤其是股改后企业的员工都应具有强烈的股东意识，应牢固树立股东回报的观念。

（二）名流公众

1. 名流公众定义

名流公众是指那些对公众舆论和社会生活具有较大影响的社会名人，如工商界、金融界首脑人物，科学界、教育界、学术界的权威人士，文化、艺术、影视、体育等方面的明星，新闻出版界的名记者、名编辑等。名流公众的特点是：这类关系对象的数量有限，但质量优异，能在舆论传播中迅速“聚集”，影响力很强，但具有不稳定性。

2. 建立良好名流关系的目的和意义

建立良好的名流关系的目的，是借助名流的知名度扩大组织的公共关系网络，扩大组织的公众影响力，丰富充实组织的社会形象。其意义和作用包括以下几个方面。

（1）借助社会名流的知识和专长

与社会名流建立良好关系，能充分利用他们的见识、专长为组织的经营管理提供有益的意见咨询。社会名流往往见多识广，或是某一方面的权威，组织的管理人士能够在与他们的交往过程中获得广泛的社会信息或宝贵的专业信息，无形中使企业增添了一笔知识财富、信息财富。

（2）借助社会名流的关系网络

与社会名流建立良好关系，能通过他们良好的社会关系网络为企业广结善缘。有些社会名流虽然不可能为本组织直接提供所需的专业信息或管理咨询，但由于他们与社会各界有广泛的联系，或对某一方面的关系有特别重大的影响力，组织就能够通过他们与有关公众对象疏通关系，扩大社会交往范围。

（3）借助社会名流的社会声望

与社会名流建立良好关系，能借助他们较高的社会声望，提高本组织的知名度。由于社会名流有较高的社会地位，或具有某方面的权威性，或由于他们对社会的特殊贡献、突出成就等，而具有较高的知名度。此外，一般公众存在“崇尚英雄”“崇拜明星”的社会心理。通过社会名流去影响公众和舆论，往往能取得事半功倍的效果。组织与社会名流建立良好关系，就将本组织的名字与社会名流的名望联系在一起，利用公众崇拜名流的心理，提高了本组织在公众心目中的位置。

（三）国际公众

1. 国际公众定义

国际公众指一个组织的产品、人员及其活动进入国际范围，对别国的公众产生影响，并需要了解和适应对象国的公众环境的时候，该组织所面对的不同国家、地区和公众对象，包括别国的政府、媒介、消费者等。国际公众对象具有与本组织完全不同的社会和文化背景，因此传播沟通活动具有显著的跨文化特征。

2. 建立良好国际公众关系的目的和意义

搞好国际公众关系的目的是争取国际公众和舆论的了解、理解与支持，为本组织及其政策、活动、产品和人员塑造良好的国际形象，创造良好的国际声誉。建立良好国际公众关系的目的和意义如下。

（1）发展国际公共关系，为对外开放服务

我国实行对外开放政策，企业发展外向型经济，参与国际经济大循环，极其需要发展国际公共关系。一方面，需要通过公共关系方法及时、准确地了解国际市场动向，了解有关国家的政治、经济、文化、社会等方面的信息，了解国外的投资者、合作者和客户等；另一方面，需要运用国际公共关系手段，向国外的公众、舆论和市场传播自己的信息，树立自己的形象，介绍自己的产品和服务，提高自己的国际知名度和国际信誉。即使不出国门的企业，在对外开放的条件下，也要运用国际公共关系，为来华投资、经商或合作的外商以及来华旅游参观的外国客人提供信息服务，做好接待工作等。

在文化、艺术、科学、教育、医疗、体育等方面的国际交流中，组织也需要接触许多国际公众对象。良好的国际公共关系有利于促进这些方面的交流与合作，有利于树立中国在世界上的良好形象。

（2）运用跨文化传播手段，促进组织形象的国际化

参与国际性活动的组织需要建立国际化的形象，即能够适应别国公众、获得各国人民接受和欢迎的形象。这就需要注意研究和适应别国公众的社会和文化差异，调整公关的政策和方法。国际公共关系是一种跨文化传播，与国内公共关系有很大不同。在信息的传播和对外交往方面，组织不仅要懂得运用外国的语言文字，还要了解对象国的历史文化、风俗习惯、公众心理，了解国际贸易规则，以及对外交往的国际惯例，使传播的信息尽量符合对象国公众的习惯。

如果要使国际公共关系成功运作，组织就必须善于运用国际新闻传播和广告传播手段。不仅要运用我国的对外传播工具，更要了解对象国及国际上知名的新闻媒介和广告业，与国外的新闻机构和广告业建立联系，懂得如何为他们提供新闻资料和广告资料。国际公关界早已进入中国，我们的企业及各类组织应抓住机遇，运用国际公共关系帮助自己走向世界。

本章案例

案例一　IBM公司的“金环庆典”活动

美国IBM公司每年都要举行一次隆重的大型庆功会，对那些在一年中做出过突出贡献的销售人员进行表彰。这种活动常常是在风光旖旎的地方，如百慕大或马霍卡岛等地进行。这个对做出了突出贡献的员工所进行的表彰，被称作“金环庆典”。在庆典中，IBM公司的最高层管理人员始终在场，并由其主持盛大、庄重的颁奖礼，然后放映由公司自己制作的影片，影片展现那些做出了突出贡献的销售人员的工作情况、家庭生活，乃至兴趣爱好。在被邀请参加庆典的人中，不仅有股东代表、工人代表、社会名流，还有那些做出了突出贡献的销售人员的家属和亲友。整个庆典活动，自始至终都被录制成电视（或电影）片，然后被拿到IBM公司的每一个单位去放映。

IBM公司每年一度的“金环庆典”活动，一方面是为了表彰有功人员，另一方面也是同企业职工联络感情，增进友情的一种手段。在这种庆典活动中，公司的主管同那些常年忙碌，难得一见的销售人员聚集在一起，彼此毫无拘束地谈天说地，在交流中，无形地加深了心灵的沟通。尤其是公司主管表示关心的语言，常常能使那些在第一线工作的销售人员“受宠若惊”。正是在这个过程中，销售人员更增强了对企业的“亲密感”和责任感。

IBM公司的“金环庆典”活动属于企业内部的公共关系活动，它对企业公共关系的发展有着重要的现实意义。

第一，它可以增强企业内部的凝聚力与向心力，创造出特有的企业文化氛围。“庆典”活动让对企业有功的人员亲身感受到企业高层主管对他们工作、学习、家庭及个人发展的关心，感受到企业大家庭的温暖。这是一种企业文化氛围，是企业发展的基石。它可以使公司内部成员更多地联络感情，增进友情，协调企业内部的人际关系。

第二，它可以使员工家庭和睦。为企业做出突出贡献的销售人员的家属、亲友也被企业邀请参加庆典活动，这会使这些受表彰者的家属更多地了解自己的亲人在工作中的表现，使其在以后的工作中更多地支持亲人们的工作，使之多一份理解与关爱，从而保证这些家庭的和谐气氛。

案例二 “印刷侍者”的成功之道

日本的印刷业很发达，群雄并立，经营有术。如果把该行业群体比作森林，那么，大企业就是一株株根深蒂固的苍松巨柏。然而在这些大企业旁，仍然生存着一个小小的印刷所——“印刷侍者”。就像它的店名一样，“印刷侍者”很小，就像巨人足下的小小“侍者”，那些苍松巨柏夹缝中的一棵小白杨。但它却充满生气，不仅站稳了脚跟，而且得以发展壮大。

“印刷侍者”成功的秘诀在哪里呢？形象地说，就在它的“店名”。面对顾客，它真的把自己当作“侍者”，处处为顾客着想，诚心为顾客服务，这一切都具体体现在它的经营原则中：它提出“印刷业也是零售业”的口号，强调礼貌待客。既然把企业看作是“零售店”，职员还不应该像营业员那样热情周到地接待顾客吗？

它强调“来者不拒”，顾客进了门，绝不让他们带着失望走。印多印少，大活小件，一律接受，像个人名片、请柬、贺年片、贺年信、舞会招待券这样的零星小生意也做，而且做就做好。对于小活、零活，他们提出“少量快速”“立等可取”。比如百张以下的印刷品，如果顾客急需，往往一杯热茶未尽，成品已经到手，只此一点，就深受顾客好评。因此生意兴隆，顾客不绝于门。

为了方便顾客，顺应现代办公潮流，他们想了不少招数。如不惜工本购买了文书编辑机、微型计算机、电子传真机等办公自动化三大法宝，提高了为小企业、小商店和市民服务的效率，同时兼带传授使用方法，招来了更多主顾。

“印刷侍者”经营很有成效，1980～1984 年，营业额由3.5亿日元上升为6.5亿日元；利润相应由500万日元增至2500万日元，就是说，在5年的时间内，它的营业额增加了将近1倍，利润却增加了4倍。综上所述，它的经营之道是凭借店小的特色，见缝插针，安于在大企业脚下拾遗补阙，而最根本的成功诀窍则在于尊重顾客，尊重企业经营对象——人。它使任何一位顾客登门之后，对服务无可指责。如此热情到家，服务到家，怎么能不兴旺发达呢？

深谙此道的不仅是“印刷侍者”，在日本还有两个小公司——T公司、S公司，也是在大公司、集团系统的夹缝中发展起来的，而且欣欣向荣，蜚声日本内外。它们成功的原因，从其董事长的一席话中可探知一二：“我们是小厂，不做大事，做小事，做人家大公司需要而又没有精力好好做的小事，而且做就做到水平，叫用户满意。”这一席话很耐人寻味，前一部分可谓是小公司、小企业的经营战略；后面的话，“做就做出水平，叫用户满意”，是其兴旺发达的根本。小企业在强手如林的夹缝中求生存，求发展，确实是很不容易的。但是企业小，也有小的优势，关键就是在安于做小事，顾客的需要是多种多样的，有的看起来很小，实际上，如果能尽力满足他们的这种需要，就不是小事了。一个小企业如果使顾客感到离不开它，信任它，它也就能站住脚，并逐步发展壮大起来。

案例三 摩拜单车的政府公关

背景资料

摩拜单车成立于2015年，是全球智能共享单车行业的领导者。2016年4月，摩拜单车在上海正式推出。不久，摩拜单车已覆盖北上广深以及新加坡等50大海内外城市和地区，车辆总共超过300万辆，日均订单超过2000万，累计骑行次数6亿次，是共享单车行业的龙头企业。共享单车的发展给市民短途出行带来了便利，但同时带来的乱停乱放等相关问题也加重了政府部门城市管理的成本和负担。乱停乱放已成为管理中的重要问题，侵占盲道、人行道甚至机动车停车位的现象屡见不鲜。摩拜单车充分利用政府公关，与政府共同解决出行问题。

公关策略

1. 积极回应政府的相关措施

北京市交通委4月22日出台了《北京市鼓励规范发展共享自行车的指导意见（试行）（征求意见稿）》（下称《指导意见》）。

作为国内第一家共享单车企业，摩拜单车及时向外界回应了自己的看法，完全赞同《指导意见》中有关共享单车“企业投放车辆应符合国家、行业标准并安装卫星定位装置”“及时退出不符合质量标准的车辆”的规定。另外，摩拜单车还呼吁相关政府部门强制要求行业内所有企业立即召回、全部销毁不具备卫星定位功能的共享单车，保障用户骑行安全，尤其保障12岁以下儿童安全。此外，在押金监管方面，摩拜单车称自己是行业内最早一家实现押金安全监管的企业，100%确保全体用户押金安全。对于单车的管理问题，摩拜单车助力政企共建智慧城市，多举措破解停车难题，共同努力实践“骑行改变城市”的城市理想。

在摩拜进入广州市场的最初30天，其就跟广州海珠区政府签了战略合作协议，一起建立政府和企业之间合作的模式，鼓励文明骑车出行行为。4月19日，摩拜单车与深圳市福田区政府达成战略合作暨启动福田智慧城区建设协议，并通过大数据选址分析，筛选出了深圳福田天安数码城等首批热点停放区，在大数据应用、智能城市等多方面加强合作，实现政企共赢。在上海，当地政府希望能根据摩拜运营大数据和“魔方”平台所整合分析的人流热力图，合理规划更多智能推荐停车点选址，用科技创新推进共享单车精细化管理，引导文明骑行，规范停车。在济南，当地政府希望能借助摩拜单车的大数据平台，助力城市规划设计，帮助解决居民出行的最后一公里难题。摩拜单车对此均积极回应。

2. 利用技术优势

摩拜单车利用自有的技术基础和优势，4月19日宣布，将有上百个“摩拜智能推荐停车点”在北京、天津、上海、广州、深圳、济南、银川、临汾八个城市率先落地。利用亚米级定位，实时掌握停车区域内单车的数量、状态、位置及各区间的流量情况等信息，为车辆投放、调度和运维提供智能指引。智能推荐停车点的落地将大大缓解乱停乱放现象，提高车辆周转效率，科学解决潮汐效应带来的供给不平衡，以满足庞大的用户需求。此举一经推出，再次获得了来自上海、深圳、济南等各地政府的关注与支持。

共享单车扩张到一定的数量，其规模化运营，就需要硬件、固件、软件、设计、大数据、云平台的紧密配合。远程升级固件、基于大数据进行高效运营就成了必需。摩拜单车是行业内唯一一家具有全球最大物联网系统、大数据人工智能平台的企业，已经与北京市城市规划设计研究院、清华大学中国新型城镇化研究院等多家单位围绕出行大数据建立战略合作关系，为改善城市微循环、优化城市交通规划等持续做出贡献。同时，摩拜单车还联合全球顶尖智库和科研院所，成立国内首个城市出行开放研究院，共同推动智慧城市、低碳城市和健康城市建设。4月12日，摩拜单车联合国内十一家部委直属的研究机构、领先的科研院所和NGO（Non-Governmental Organization，非政府组织），共同发起成立全球首个城市出行开放研究院。

在清华大学中国新型城镇化研究院的指导下，北京清华同衡设计研究院联合摩拜单车还发布了全国首部《共享单车与城市发展白皮书》，首次全面展现共享单车通过交通模式创新、促进城市健康可持续发展的初步成果。此外，摩拜单车与北京城市规划设计研究院已签署合作协议，摩拜大数据将支持“十三五”期间北京步行与自行车道的规划，协助停车道、停车点位的规划、选取，支持北京3200千米自行车道建设。

2017年1月13日，摩拜单车创始人兼总裁胡玮炜受邀参加政府工作报告起草座谈会，当面向国家领导人建言献策。

政府作为所有传播对象中最具社会权威性的对象，任何组织都必须与政府保持良好沟通。摩拜单车作为新兴单车行业的重要一员，与政府协作发展，让生态更加良性对其格外重要。摩拜单车主动配合政府，通过采取一系列措施与政府达成合作，共同造福市民、造福社会，增进了政府对企业的了解和好感。

案例四 “三高”为中国申奥放歌

2001年6月23日晚，昔日皇家禁苑中乐声翩翩，弦歌阵阵。世界著名三大男高音歌唱家在紫禁城午门广场联袂演出，在“6.23国际奥林匹克日”掀起北京申奥活动的高潮。数万热情的中外观众观赏了这场精彩的演出。

当晚三位“歌剧之王”身着黑色燕尾服，站在紫禁城古老红墙之间的舞台上，神采奕奕，他们演唱了近三十首脍炙人口的歌剧选段或歌曲。从卡雷拉斯的《我知道这个花园》，到多明戈的《星光灿烂》，到帕瓦罗蒂的《今夜无人入睡》，他们洪亮且有穿透力的歌声，赢得了在场三万名观众的热烈掌声。音乐会电视直播可覆盖全球110多个国家和地区的33亿观众。

在本案例中，世界三大男高音歌唱家在世界上拥有较高的名声和地位，是典型的名流公众。这类公众对传播的作用很大，影响力很强。组织通过社会名流去影响公众和舆论，往往具有事半功倍的效果。

思考题

1. 如何正确地理解“公众”这个概念？
2. 联系实际思考各种不同的公众分类方法的作用和意义。
3. 建立良好的员工关系对塑造组织整体形象有什么作用？
4. 公共关系学所讲的顾客关系与市场销售关系相比较有何不同？
5. 如何理解新闻媒介关系是传播性质最强的一种关系？
6. 为什么说建立良好的政府关系是组织生存与发展的重要保障和条件？
7. 联系实际列举本组织的目标公众，并运用2~3种公众分类方法进行分析。

第五章　公关公众的心理分析

梅兰芳巧用广告

20世纪30年代，梅兰芳先生初到上海，虽然他唱功绝顶，但要在大上海一下子出名也难。

那时，报纸为了生存，需要广告收入来维持。可那时候的广告，要么吹得过分，要么说某某产品有什么特别疗效，介绍演出也是说什么盖世绝顶，这样的广告在报纸上比比皆是。为了宣传梅兰芳，当时梅兰芳所在的戏班子就想在报纸上打广告，但是这个广告怎么刊登，才能引起人们的注意呢？

经过一番筹划，他们决定在报纸上只印上三个字——梅兰芳，别的什么都不说，广告就这样登出去了。第一天就开始有人议论："这梅兰芳是谁呀？"第二天的报纸上还是不小的版面印着三个大字——梅兰芳。这下子议论的人就更多了。连登了几天之后，上海市街头巷尾都在议论："您知道梅兰芳吗？"由于这个特殊的广告特别引人注目，梅兰芳这个名字很快就传遍了当时的上海。

就这样，梅兰芳的名声越来越响。连登了一周之后，一天，报纸上登出了一个详细的广告："梅兰芳——京剧名旦，今晚在上海某某戏院登台献艺。欢迎观看。" 这广告一出，戏票立即卖了个精光。大家都想去听听梅兰芳唱得究竟怎么样。从此，梅先生一唱走红。

在与公众的沟通中，企业如果能巧妙地利用心理分析与沟通，就容易吸引消费者的注意，使其获得情感共鸣，在促进产品的营销推广方面收到较好的效果。

第一节　公关公众的心理概述

公众心理，也指公众心理现象，与公关行为和公关活动相关，主要包括公众心理倾向、公众心理特征。了解它们便于主体在公共关系活动中了解公众、认识公众，以取得公关活动的成功。公关界无数实例无不证明"公关战"即"心理战"。

一、公关公众的心理定义

心理，是感觉、知觉、记忆、思维、情感、意志及气质、能力、性格等心理现象的总称，是支配、调节人的行为的内部机制。公共关系活动中，公众的心理活动是非常复杂的，它以不同的形式能动地反映客观世界的事物及其关系。所谓公共关系公众心理，是指在公共关系情境中，公众受组织行为的影响和大众影响方式的作用所形成的心理现象和心理变化规律。

二、公关公众的心理倾向

在公关活动中，公众不是被动的客体，而是具有主观能动性的。公众以其自身的兴趣、需要、价值取向、自我意识及决策风格反作用于公共关系主体，从而构成二者之间的互动和相互调适。这被称为公关公众的心理倾向。它包括以下几个部分。

1. 公众需要倾向

公众需要是指公众生理和心理上的匮乏状态，即感到缺少些什么，从而想获得它们的状态。美国人本主义心理学家马斯洛（Abraham Harold Maslow，1908—1970）于 1943 年在《人类激励理论》论文中提出需求层次理论，亦称“基本需求层次理论”，它是行为科学的理论之一，将人类需要按由低级到高级的顺序分成五个层次或五种基本类型：生理需要、安全需要、情感和归属的需要、尊重的需要、自我实现的需要。根据此理论，研究公共关系如何满足公众的需要，主要从以下三方面做工作：一是了解和设法满足公众不同层次的需要；二是根据需要的层次原理，当组织不能满足公众的低层次需要的时候，可考虑从高层次来引导或弥补；三是具有高层次需要的公众，也还具有低层次需要，不可忽视其低层次需要。

2. 公众的动机

动机这一概念是由伍德沃斯（R. S. Woodworth）于 1918 年率先引入心理学的。他把动机视为决定行为的内在动力。一般认为，动机是引起个体活动，维持已引起的活动，并促使活动朝向某一目标进行的内在作用。人们从事任何活动都由一定动机所引起。引起动机有内外两类条件，内在条件是需要，外在条件是诱因。需要经唤醒会产生驱动力，驱动有机体去追求需要的满足。例如，血液中水分的缺乏会使人（或动物）产生对水的需要，从而使驱动力处于唤醒状态，促使有机体从事喝水这一行为以获得满足。由此可见，需要可以直接引起动机，从而使人们朝着特定目标行动。动机既可能源于内在的需要，也可以源于外在的刺激，或源于需要与外在刺激的共同作用。

组织从公关的角度审视公众的动机问题，以此为基础，对于其运用公众的动机来引导公关活动有帮助。

3. 公众的兴趣倾向

兴趣是指积极探索某种事物的认识倾向。当一个人经常主动地观察某种事物时，我们就说他对这一事物产生了兴趣。所以说，兴趣不是天生的，它是在社会实践活动中产生和发展起来的。

需要是兴趣产生和发展的基础。由于人们的需要是多种多样的，因此，兴趣的内容也十分广泛。但是，由一般生理性需要所引发的兴趣是暂时的，需要得到满足，兴趣就会消失或转化。而建立在高层次需要基础上的兴趣，是较为长远和持久的。一般随认识的不断加深，兴趣会更加强烈和浓厚。在公关活动中，公众的兴趣发挥着重要的作用。组织只有充分地重视、利用和引导公众的兴趣，才能使公关活动取得实际的成效。具体表现在以下几个方面。

（1）公众的兴趣对公关目标发挥导向作用

公关的目标是公关主体的目标，它是由公关主体制定的。但是在公关目标的制定过程中，公众的兴趣通过自发地对公关主体的影响，间接地对公关目标的制定产生影响，从而发挥事实上的导向作用。任何公关的具体目标只有在迎合公众兴趣的前提下才具有实际的价值，否则只是一纸空文。

（2）公众的兴趣对公关过程发挥能动作用

公关过程是主客体双向交流的过程，主体发挥主动作用，客体发挥能动作用。客体的能动作用中包括公众兴趣的作用。主体发出的信息和提出的要求，要在公众的兴趣面前受检验。符合公众兴趣的信息和要求能够推动公关的发展，而不符合公众兴趣的信息和要求则不能推动公关的发展。

（3）公众的兴趣对公关主体发挥启迪和诱导作用

公众的兴趣是最有用的信息之一，对公关主体发挥启迪作用。公众的兴趣为开展公关活动提供机会和条件，对公关主体发挥诱导作用。对公关主体来说，有关公众兴趣的信息是一种重要的资源，只有积极地利用这种资源，才能使公关活动取得实际效果。

4. 公众的价值取向

价值取向，指的是在一定价值评价体系的推动下，行为、活动指向主要价值目标的行为类型。由于价值评价体系的结构不同，价值取向类型也不同。行为学家格雷夫斯曾把不同人的价值取向分为七种类型。

第一级是反应型。他们的价值取向顺从于生理反应，实际上没有自己的价值评价，形同婴儿。这种类型极其少见。

第二级是依赖型。他们的价值取向服从于传统习惯、多数人的意志和权力，个体的自主能动性很小，缺乏主见、容易受骗。

第三级是自私型。他们的价值取向是冷酷的个人主义，一切从个人的利益出发，不惜以他人的利益和公共的利益为代价，难以合作共事。

第四级是固执型。他们的价值取向具有恒常性，不受或很少受周围的人影响，反过来又以自己的价值取向要求别人，思想比较僵化。

第五级是权术型。他们的价值取向以权力、地位为目的，手段比较隐蔽，善于玩弄权术，踩着别人的肩膀爬升。

第六级是社交型。他们的价值取向以取悦、讨好别人为特征，缺乏恒常性而具灵活性，易受暗示；往往被固执型和权术型的人所鄙视。

第七级是现实型。他们的价值取向一般比较理智，既不伤害别人，又有独立的见解，善于在现实环境中发挥自己的主体能动作用。

了解公众价值取向的作用是，对公关主体来说，有关公众兴趣的信息是一种重要的资源，只有积极地利用这种资源，才能使公关活动取得实际效果。

三、公关公众的心理特征

公关公众的心理指与公关行为和公关活动相关的心理，它具有以下几个特征。

1. 心理需求的广泛性

公关公众心理需求的广泛性是由公关对象的广泛性所决定的。由于公关对象的广泛性，公众的心理需求是因人因时因地而异的，也具有广泛性。

2. 利益追求的共同性

公关主体和客体之间存在着许多矛盾,其中主体和客体之间的利益矛盾居于根本的地位。主客体双方都有维护自身利益的自然要求，因而公关活动从根本上讲是一种利益性活动，公众的心理都是以追求利益为出发点的。

3. 信息暗示的易接受性

暗示是人或环境以非常自然的方式向个体发出某种意向性的信息，个体无意中接受了这种信息，从而做出相应反应的一种心理现象。公众容易受到各种信息的暗示从而产生不同的心理。

4. 行为模仿的普遍性

人类有一种天然的愿望，那就是尽可能地与周围的人保持一致。这在社会心理学家阿希的“群体压力”实验中得到了清晰的体现。在群体压力的作用下，人们有时甚至得出与自身判断相左的认识与行为。公众具有从众心理，容易模仿他人的行为。在公关活动中，如能巧妙借助群体压力的话，那将比自己站出来声嘶力竭地叫喊，效果要好得多。

第二节　公关公众的心理类型

在公共关系中划分公众，是为了更好地分析公众，对各类不同心理的公众施加影响，做到有的放矢、疏而不漏地影响公众的观念，改变公众的态度，从而使组织获得更多公众的支持。某种程度上，公共关系活动使得人与人在交往过程中建立心理上的联系。因此，掌握有关的公众心理活动规律是有效地从事公共关系工作的基础。

公众不同行为的产生是由公众的不同心理所致。公共关系的公众一般都是由许多个体所组成的，而任何个体又都处于某种正式或者非正式群体之中，并在其中担任着各种不同的角色：如某产品消费群中的某个个体，其角色可能是男/女；老年/中年/青年或少年；可能从事某种职业；具有某种文化层次等。也就是说，一个个体不仅仅是个体公众，也可以是角色公众、群体公众。因此，公众心理也就相应地包括个体心理、角色心理和群体心理。

个体心理、角色心理、群体心理，这三类公众心理相互独立、相互影响。个体心理具有稳定性和独立性，是角色心理和群体心理的基础。公众的角色心理是同类公众共同的心理，它具有可变换性和可伸缩性。而相对于个体心理，公众的从众或时尚等群体心理则显示着人类的普遍性这一特色，具有凝聚性和排他性。

一、影响公众行为的个体心理

影响公众行为的个体心理因素有许多，一般地讲，包括以下六个方面：知觉、价值观、态度、需要、性格和气质、兴趣和能力。

（一）知觉和公众行为

知觉是人脑对直接作用于它的客观事物的整体反映。知觉分为视觉、听觉、嗅觉、味觉、触觉五种感觉。心理学告诉我们，通常我们感觉到的世界，不一定是现实的、千真万确的客观世界，它往往带有人们的主观看法，因此，对于同一件事情，不同的人由于知识水平不同、阅历不同，就会产生不同的知觉。“一千个观众的心中有一千个哈姆雷特”，描述的就是这一现象。同样，在一个纷繁复杂的社会，人们是按照各自不同的知觉取舍信息的。虽然客观的社会现象呈现在每个人面前都是一样的，但是不同的知觉主体汲取的信息不同，就会产生不同的社会知觉，从而导致不同的个体心理和行为。如一个想买数码相机的人，在生活中就会关注数码科技的发展，关注数码相机的品牌、价格、质量等信息。

所谓社会知觉，是指人们对社会环境中有关个人和团体特征的知觉。从公共关系的角度来看，要想建立良好的公众关系，必须先具有正确的社会知觉。社会知觉主要包括人际知觉和自我知觉。人际知觉就是对人与人之间关系的认识，有着明显的感情参与因素。通过观察人的表情、动作、语言等完成对他人的认识并形成相关的态度。一般来说，人们越是彼此接近，交往频繁，相互有较多的相似之处，就越容易产生好感、同情和友谊。自我知觉则是指一个人通过对自己行为的观察而对自己心理状态的认识。一般自我知觉不一定正确。“认识自己”有一定难度，但又十分必要。通常我们可以通过别人对自己的态度来了解自己。

在现实社会生活中，人们往往容易受各种偏见的影响而形成歪曲的社会知觉，做出与客观事实不一致的判断。在心理学中，这种现象称之为心理定式。这种心理定式有积极的作用，但也有消极的作用，在公共关系活动中，处理好这种心理定式，具有重要意义。常见的心理定式有首次效应、晕轮效应、经验效应和移情效应。

1. 首次效应

第一次进入一家商场，或第一次购买某厂家的产品等都会给公众留下较为深刻的印象，成为一种心理定式而影响他今后的行为。这种现象称为首次效应。首次效应一旦形成，会妨碍人们正确、全面地认识事物。第一印象不仅来自于直接的接触，而且也可能来自于传播媒介的间接介绍。了解首次效应的作用对于公共关系活动具有重要的实际意义。一方面，公共关系人员在观察公众时应尽量避免受首次效应的影响，对公众失去正确的认识和判断；另一方面，公共关系人员应巧妙地利用这种心理定式在公众的心目中树立起公关主体的社会形象。

2. 晕轮效应

晕轮效应指的是从对象的某种特征推及对象的总体特征，从而产生美化或丑化对象的印象。例如，在选购礼品时，精美的包装、偏高的价位使人产生晕轮效应，让人想象包装里的东西与外面的一样精美，和偏高的价格一致，这就带有强烈的主观色彩。晕轮效应既是无意识的，又是固执的。所以，近年来随着市场的发展，一些企业、商场纷纷装修门面，讲究包装，以期利用晕轮效应来扩大自己的影响，提高产品的销售额。公关人员主动利用晕轮效应来进行实事求是的宣传，是无可厚非的，但是如果利用公众的晕轮效应进行坑蒙拐骗，就是应该反对和制止的。

3. 经验效应

经验效应指的是公众个体凭借以往的经验进行认识、判断和决策。经验是财富，也是包袱，经验越丰富，人也越老练，为人处事往往得心应手；但是如果不顾时间和地点地照搬、套用经验，有时也会出洋相。特别是在现代社会中，科技发展日新月异，封闭状态日益被打破，人们的思想观念在不断更新，靠老经验行事再也行不通。在公共关系领域中，经验效应最为典型的表现是怀疑。有些企业和商家花了大量的人力、物力和财力开展公共关系活动，但是公众的反应却很冷淡，达不到预期的效果，原因往往在于事前没有做好消除公众疑虑的工作。例如，商家的微笑服务赢得了一部分公众的好感，但是有些公众对笑脸“斩客”已产生了根深蒂固的戒备心理，这样的活动对他们起不了作用。由此可见，忽视公众的经验效应，光凭良好的愿望达不到公共关系的目的。

4. 移情效应

心理学中把那种对特定对象的情感迁移到与该对象有关的人或事物上的现象称为“移情效应”。如对一切爱打扮的女子抱有成见的人，即使从未见过某人，但听说其爱打扮，就会对其品行妄加评论，这是不自觉地把自己的嫌恶情感迁移到了某个具体的人身上。在公共关系工作中，社会组织自觉地利用“移情效应”的心理规律进行公关活动的例子举不胜举，请明星做代言人就是最典型的例子。让公众将对某明星的喜爱迁移到对某个物品或者社会组织身上，借以提高该物品或社会组织的知名度和美誉度，这是公关活动中常用的手段。

心理定式与公共关系活动密切相关，社会组织若能有意识地加以利用，可以更好地加强与公众之间的沟通和了解，促使公众对社会组织产生信任，树立社会组织的良好形象。

（二）价值观与公众行为

这里所说的价值观是指一个人对周围事物的是非、好坏、善恶和重要性的评价。人们对各种事物，如对自由、幸福、荣辱、和平等，在头脑里都有好坏、轻重、主次的评价，这些决定了人的态度及采取的行为。在相同的客观条件下，不同的人，由于有不同的价值观，就会产生不同的行为。由价值观产生的人们的追求或向往，直接决定着人们行为的取向。这种追求和向往的努力程度取决于以下因素：一是个人的成就感、事业心；二是过去成功或失败的经历；三是周围环境、生活条件的影响；四是对目标的接近程度。

美国的行为学家格雷夫斯曾把不同人的价值取向分为七种类型：反应型、依赖型、自私型、固执型、权术型、社交型和现实型。我们也可以从价值体系和价值取向类型的联系上进行分析，做另一种划分，即划分为六种类型：功名型、安稳型、享乐型、储蓄型、事业型和模糊型。不同价值类型的人做出的行为反应是截然不同的，如“享乐型”会热衷于个人的享乐，对衣食住行比较讲究，而“储蓄型”恰恰相反，他们把金钱视为生命，克制着消费的欲求。

在公共关系的实际活动中，价值观是影响人们动机和行为的一个主要因素，不同的国家和民族，因为社会制度、民族传统、社会风气、风俗习惯等的不同，社会价值观往往也不同，而价值观不同，往往会使人们的行为产生很大的差别。因此，只有了解了人们的价值观，才能解释他们的行为，并以此作为开展公关工作的依据。

对于社会组织来说，其活动宗旨要体现合理而有意义的价值观；对于公共关系从业人员来说，在处理与公众的关系时，要善于识别不同价值取向的公众，争取达到更好的公关效果。做公关工作时要注意协调组织自身的价值取向和公众的价值取向之间的距离和关系。

（三）态度与公众行为

态度是指个人对某个对象所持的认识、评价及其倾向性。态度是引起和指引人的行为的重要因素，对人的行为具有内在的影响力，甚至决定了一个人的生活方式。

公共关系的目标是社会组织通过开展各项活动，影响公众的态度，制造有利于自己的公众舆论，以树立组织的良好形象。而态度对公众行为的影响，表现在以下两个方面：一方面，态度影响着公众的选择和判断，人的态度一旦形成，就会对特定事物持有一种或强或弱的固定看法。这种“定型”的看法往往会影响其对人对事的感知与判断。另一方面，态度潜在地决定了公众会按照某种方式来行动。如果一个人喜欢他的朋友，就会使他产生接近这个朋友的行为。例如，公众对“海尔电器”持积极肯定的态度时，可能是因为其肯定海尔的产品质量，或肯定海尔优质的售后服务，也可能是因为认同海尔的企业理念。只要公众形成了某一态度，就可能产生接受或购买的行为。

从公共关系角度看，公关人员一方面要努力引导公众态度向有利于组织的方向发展，另一方面要设法改变公众的敌对态度，化干戈为玉帛。但是态度是具有隐藏性的，一家商场，对它满意和不满意的公众都会光顾，因此，公关人员要善于通过自己的观察去推测公众的心理，要能够透过现象看本质，了解公众真实的想法，推断出公众真实的态度，找到公众真实的行为动机，从而制定出正确影响公众的措施和手段。

（四）需要与公众行为

需要是指人在缺少某种东西或受到某种刺激时，产生的一种主观状态。人不断地追求某一事物是出于需要；人在感到压抑和难受时寻求解脱是一种需要；而人在受到强烈刺激时做出的反应也是出于一种需要。

人在衣食住行等基本的生存需要得到满足的前提下，会不断产生新的、更高层次的需要，这样的需要推动人的行为产生，推动人的发展。需要是人的主动性和积极性的原动力。一般来说，需要越迫切，行为越积极；行为越积极，产生的需要越多，速度越快，层次越高。这是人的一种寻求自我发展的心理倾向。人们常说：“人心不足，得陇望蜀”“水往低处流，人往高处走”，指的正是这种心理倾向。不同的人有不同的需要，由于各人的经历不同、所受的教育不同、经济地位不同、社会地位不同，因而，各人的需要也不尽相同。在公共关系活动中，公关人员分析公众的需要，了解不同公众的不同需要，可以为顺利开展公共关系活动创造条件。例如，一个社会组织在处理与员工的关系时，既要满足员工物质层面的需要，又要满足员工自我发展的精神需要，这样才能最大限度地发挥员工的积极性。

（五）性格、气质与公众行为

性格、气质与公众行为的关系极为密切，对一个人性格、气质的了解，不仅可以说明他现在的行为，而且也能预测他未来的行为。

性格是一个人较稳定的对现实的态度和与之相应的习惯化的行为方式，是一个人的全部品质和特点的总和。一个组织的公共关系人员对待公众，特别是对待内部公众，不能仅仅满足于了解他们的性格，应该积极创造条件，让他们的性格向着积极、健康的方向发展，努力在组织内部营造一个良好的有利于其成长的公关环境。

心理学认为，气质是人的典型、稳定的心理特征。不同的气质本身没有优劣之分，但是由于不同的工作要求，就有了不同气质的人适应不同工作的问题，同时也出现了为适应工作而改变自己某种气质的问题。在公共关系工作中，对不同气质的人运用的方式、方法要因人而异。如对于忧郁型的人就要多加关怀和照顾；对胆汁型和多血质型的人，由于他们承受挫折的忍耐力强，则可以进行比较严厉的批评等。总之，组织要了解和把握公众的气质类型，发现和识别其气质方面的特点，注意利用公众气质特征的积极方面，控制其消极方面。

（六）兴趣、能力与公众行为

人们在工作、学习、生活等社会活动中，对一些事物印象特别深刻，这些事物带来的是愉快的感觉和深入研究的愿望，于是形成一种定向反射，每当这类事物重新出现的时候，人们便又出现愉快的感觉，并把注意力集中到这类对象上，这就是兴趣。兴趣指导人们的行动。当人们对某件事物产生兴趣之后，总会通过行动表现出来。兴趣是和人的情感相联系着，并与人的需要、年龄、职业、社会条件及实践活动等因素有关。因此，一个人的兴趣并非一成不变的，随着某些因素的发展变化，兴趣也会发生变化。兴趣与人们的认识水平和社会生活分不开。这就为社会组织实施有针对性的公关活动，引发特定公众的兴趣从而加深对组织的认识带来了可能。在公共关系活动的策划和实施过程中，公关人员要善于观察各种公众，掌握其兴趣、爱好与需要、年龄、职业的关系，以及兴趣对各种公众的影响作用。

能力是完成一定活动的本领，存在于人的具体活动中。人们在各项活动中所表现出来的能力是多方面的，有观察力、记忆力、想象力、感受力和鉴赏力等。人与人之间能力上的差异导致了人有不同意识、不同评价、不同决断以及不同的行为模式。从公共关系的角度来讲，社会组织针对公众能力的差异，可以采取灵活多样的公关手段。例如，上海一家鞋厂针对一些动手能力和创新能力强的年轻人，推出了可以自由组合的鞋子，将鞋面、鞋底、鞋帮彻底分开，款式和颜色各异，市场销售时，消费者可以根据自己的审美观来自行组合并购买。将穿鞋子和搭积木联系起来，很符合年轻消费者的心理，鞋厂的创新行为在社会上引起了轰动，扩大了知名度。

影响公众行为的心理因素很多，知觉、价值观、态度、需要、性格和气质、兴趣和能力是其中的主要方面。在公共关系活动实施过程中，公关人员要依据公众所表现出的细微表情和动作，来揣摩公众的心理倾向，进行有效的预测、判断，制定和实施公关对策。

二、影响公众行为的角色心理

公众的角色心理揭示了公众与社会的关系，人在社会化的过程中，形成的角色心理决定着这个人的行为模式，所以研究公众的角色心理有利于我们更深刻地认识和把握公众。

公众在社会中所担当的角色很多，可能在家庭里是父母角色，在工作单位就是职工角色，在商店购物就是顾客角色，在看电影时就是观众角色，诸如此类，无法一一概述。公众的角色是复合的，但是无论充当哪一种角色，都有年龄、性别、职业和文化方面的基本心理特征，每一个成年人至少具备这四种基本的心理特征。在公共关系活动中，公共关系从业人员说话、办事若要让公众感到满意，就不能不注意把握公众的角色心理。而社会组织在开展具体的公共关系活动时，也必须依据公众的角色心理，设计、实施符合某一类公众心理的活动。当组织把某一类型的角色如女性或老人作为活动的对象时，公关人员就要把握女性或老人的主要心理特征；而当组织把某种复合角色如中年知识分子或男性青年工人作为活动的对象时，就必须把握这两类公众的综合性心理特征。

例如，2016 年 11 月 7 日，王老吉通过对当时年轻都市白领群体生活习惯与审美情趣的研读，结合 188 年传承的历史底蕴与文化基因，在杭州启动新品品鉴会上发布“双 11 不上火计划”。它利用无糖、低糖新品上市后积攒的人气、口碑和关注，通过电商平台“双 11”优惠活动以及线下品鉴会和创意互联网营销活动，引爆王老吉“双 11”狂欢季。在微博平台上，它以“熬夜剁手、快递爆仓、网速太渣、余额不足”四个不同的场景，以夸张的画风构建了四张充满视觉冲击的海报，备受网友好评。它通过趣味性、互动性、参与性十足的社会化媒体传播与目标消费者建立深度情怀认同感，在活动期间，吸引了很多年轻人积极参与其中。从公司活动的效果来看，可以说，它吸引年轻消费群体注意力的目的达到了。

三、影响公众行为的群体心理

群体心理是公众在工作和生活中逐渐形成的、与其他群体成员相似的、带有普遍性的心理特征。公众的群体心理特征决定了公众一致行为的产生，所以社会组织有必要科学地分析和研究群体心理对公众的影响，以指导公共关系工作的运行。研究群体心理可从有组织的群体心理和无组织的群体心理两个方面着手。

（一）影响公众行为的有组织群体心理

在有一定行动目标和组织的群体里，公众易形成认同、归属意识和排外的意识。在这些意识的影响下，公众较容易产生从众心理和逆反心理。

1. 从众心理

从众心理是指在社会团体的压力下，个人不愿意因为与众不同而感到孤立，从而放弃自己的意见，采取与大多数人一致的行为，以获得安全感、归属感和认同感。

造成从众心理的团体压力一般有两方面原因：一是团体内部的意见比较一致，具有足够的同一性、凝聚力和吸引力；二是个体的素质和能力较低，缺乏自信和独立性，过于依赖他人，或者顾虑较多，对团体有较强的依赖性和归属感。这些原因都会在公共关系工作中有不同的体现。一方面，社会组织在处理内部公众关系时，不断加强及健全管理体制，竭力形成一种团体压力，促使内部公众产生从众心理，服从组织的管理，增强组织的团体精神，形成组织的内聚力，达到“内求团结”的理想状态。另一方面，公众缺乏个性，行为随大流，毫无目的性，显得十分盲目。例如，组团出外旅游，看到其他的游客在买纪念品或其他物品，自己不管是否需要，也跟着购买。由于社会组织的外部公众表现出的从众心理及行为较零散，不固定，没有规律，所以难以对其进行系统分析研究。公关人员应更多地去研究如何培养和利用从众心理去增强组织的凝聚力和吸引力，创造“人和”的组织气氛，为社会组织的发展创造条件。

2. 逆反心理

逆反心理是指人们为了维护自尊，而对对方的要求采取相反的态度和言行的一种心理状态。逆反心理相对于从众心理，是一种背离群体心理而产生的个体心理。在现实生活中，由于逆反心理所引起的社会现象俯拾皆是，公共关系从业人员在工作中会经常碰到这样的情况。

逆反心理是有意识地脱离习惯的思维轨道，而向相反的思维方向探索。这种逆反心理可能是因抵触心而起，如公众对某些组织的监督、控制体系产生抵触感，或不再从心里认同某组织，产生厌恶感；也可能是因好奇心而生，有些公众虽置身于群体，但富于幻想，渴望变化，追求新奇，敢于藐视传统，于是在一定的条件下，不再保持与群体的一致性，产生逆反行为；也可能出于好胜心，把自己做得到而他人无法做到的行为看作一种荣誉，从而做出惊世骇俗的逆反行为。

了解和掌握公众的逆反心理，对于一个组织的公共关系有很重要的意义。公共关系是要与各类公众处理好关系，引导各类公众向有利于组织的生存和发展的方向进行，防止并纠正公众的不利于组织的行为和行为趋势。因而，任何一个组织都应分析并掌握公众的逆反心理。

（二）影响公众行为的无组织群体心理

无组织的群体心理最典型的表现形式有时尚、舆论与流言、骚乱。因为无论是时尚还是流言或骚乱，都会在短时期内互相“感染”，而过一段时期不经“治疗”又会自然“痊愈”，像是流行感冒一样。所以，有的学者也将这一类心理现象称为“流行心理”。下面我们分别展开论述。

1. 时尚与公众行为

在现实生活中，我们常常会发现一种现象：一段时期内，社会上相当多的公众对某个特定的观念、行为、语言或生活方式等产生崇拜心理并进行追求，并且公众相互之间还互相模仿，连锁“感染”。我们把这种现象称之为时尚。

时尚作为一种社会心理现象，对公众行为的影响是很大的，因而公共关系人员必须认真对待这个问题，并根据时尚的特点及其形成的原因，因势利导，更好地顺应公众的心理需要，有的放矢地开展公关活动，以实现社会组织本身发展的目标。为此，作为公共关系人员，必须做到：一方面，社会组织要根据时尚迅速性的特点，有意识地对社会组织的形象进行集中性的公关宣传，使社会组织的形象能在较短时间内“风靡”起来，尽快地在社会公众中创造社会组织的良好声誉。另一方面，根据时尚的下行性特点，社会组织在一定时期内，如果设计出符合人们潜在需要的“时尚”产品，并首先在政治、经济、文化较为发达的地区，或较有地位、较有影响的社会公众中进行“试点”，往往会使一般社会公众群起仿效，使时尚产品一时间备受追捧，成为风尚，这就是通常所说的引导消费。

2. 舆论、流言与公众行为

舆论是社会公众的意见和看法，是社会上大多数人的共同观念。社会舆论一旦形成，就会成为一种群众性的意见，在社会上产生很大的影响。

舆论的指向和民心的向背对社会组织的公共关系都有着十分重要的意义。林肯说过：“得到民意的支持，任何事情都不会失败；得不到它的支持，任何事情都不能成功。” 舆论像根主导线，连着组织和社会，伸入社会生活的各个领域和各个角落。政治的、经济的、文化的变动，无不通过这根主导线导入组织，公关人员正是通过这条主线去触摸公众的脉搏，把握社会的节奏。社会组织与公众交流的内容只有融入社会舆论的潮流中，才能真正获得公众的理解和信任。从这个意义上讲，所谓公共关系活动的实质内容就是制造良好的社会舆论，形成良好的舆论环境、舆论氛围。

因此，对于一个社会组织来讲，首先要尊重舆论，其次要倾听舆论，再次要顺应舆论，最后要劝导舆论。公共关系从业人员要及时引导公众的舆论，通过宣传、解释、劝导，帮助公众做出抉择，与社会组织采取合作的态度。当然达到这个效果的前提是尊重客观事实，社会组织应该站在公众的立场，反映广大公众的意愿，只有这样，才能树立起社会组织真正的良好形象。

流言与舆论相似，但是流言更多的是指在公众中流传的、不确切的、带有煽动性的消息。如果流言传向军队群体的话会动摇军心，在经济领域内流言会引起抢购和倒闭，在政治领域中的流言可以引起政治风暴，所以流言具有极大的破坏力，是社会的不安定因素。

在公共关系活动中，社会组织经常会遭受“流言”带来的“伤害”。面对这种情况，社会组织应采取的方法应是拿出事实依据，通过传播媒体向公众澄清事实。

3. 骚乱与公众行为

骚乱是在某一种特定场合或局部范围发生的，扰乱和冲击社会正常秩序的群体行为，是一种暂时的无政府状态。如在体育场、车站、影院和学生宿舍等人群集中的地方，因为一些自然原因或偶然事件引起人群的激烈互动，造成了公物被破坏、交通阻塞、人员伤亡等混乱的现象，这种现象就是骚乱。

骚乱一般没有预谋，是突发的群体行动，骚乱中的人群之间言行和感情是发泄性的，并且互相模仿和感染，他们带着“法不责众”的自我欺骗的心理，或起哄，或狂呼，或跺脚，或推挤，或进行破坏活动，毫无理智。当激情发泄完，心理恢复平静之后，骚乱也就戛然而止。

社会组织有时也会受到骚乱带来的不利影响。面对这种情况，社会组织应采取的方法是沉着冷静，要认识到防止及平息骚乱，不仅是政府的责任，也是社会组织的责任。特别是有时候现实中可能存在着一些不合理、不公正的现象，公众内心积存着一定的躁动能量，公关主体如果无视这一社会现实，可能引发骚乱，或者成为公众发泄心理负能量的替罪羊。

第三节　公关公众心理沟通的障碍及突破

一个组织要具有良好的社会形象，除了要让人知其名，更重要的是要让人美其名。一个组织美誉度的获得，做好公众的心理沟通工作是一个重要环节。有的组织美誉度低，并不是由于其产品或服务质量低，而是由于组织与公众之间存在着沟通障碍，致使公众对组织产生误解而形成对组织的不良印象。因此，组织公关工作人员要善于运用心理沟通方法，消除沟通障碍，化解矛盾，争取公众对组织的支持与合作。公关公众的心理沟通就是要通过广泛的公关活动，并通过恰当的沟通方式、技巧，疏通、排除组织与公众之间的沟通障碍，化解组织与公众之间的误解、矛盾，从而达到加强与公众的关系，提高组织美誉度的目的。

一、公关公众心理沟通的定义

从一般意义上讲，公关公众心理沟通就是公关人员凭借一定渠道（亦称媒介或通道），将信息发送给既定对象即公众，并寻求反馈以达到相互理解的过程。在社会交往中，人们借助共同的符号系统如语言、文字、图像、记号及手势彼此传递或交换知识、意见、感情、愿望、观点和兴趣等行为，这就是沟通。沟通在我们的生活中是至关重要的。

二、公关公众心理沟通的基本要素

公关公众心理沟通是一个互动的过程，沟通过程是由各种要素组成的一个信息的流动过程。发信者、接收者、信息、渠道、反馈和环境是沟通的六大要素，共同构成了整个沟通过程。

（一）发信者

发信者即公关人员，是信息的发送者，是沟通过程的主要要素之一。发信者的主要任务是信息的收集、加工、传递和对反馈的反应。

（二）接收者

接收者是发信者的信息传递对象即公众。他在接收传递的信息的同时，也将新的信息注入其中，并且反馈给发信者。所以，在沟通这个互动的过程中，发信者与接收者在同一时间既发送又接收。接收者的主要任务是接收发信者的思想和情感，并及时地把自己的思想和情感反馈给对方。

（三）信息

信息就是发信者即公关人员所发送的内容，是由发信者要与接收者分享的思想和情感组成的。

所有的公关心理沟通信息都是由语言和非语言两种符号组成的，思想和情感只有在表现为符号时才得以传递。语言中每一个词都是表示某一种特定事物或思想的语言符号，语言符号也是非常复杂的，通常指用来进行口头和书面沟通之用的词语。非语言符号是我们不用词语进行沟通的方式，如面部表情、手势、姿势、语调和外表等。人们给非语言符号赋予特定的含义，如打哈欠意味厌烦或疲倦；皱眉表明疑虑；不看着别人的眼睛可能是隐瞒着什么东西等。

（四）渠道

渠道是信息经过的路线，是发信者即公关人员把信息发出和接收者即公众接收和反馈的手段。在面对面的沟通中，主要是利用声音和视觉，我们相互听和看，如我们熟悉的大众媒介中的收音机、电视机、报纸、杂志等渠道。还有其他渠道，如利用非语言符号，握手（接触）、着装（视觉）、尊敬的语气（声音）。渠道的主要任务是保证沟通的双方信息传递所经过的线路畅通。

（五）反馈

反馈是接收者即公众接收发信者所发出的信息，通过消化吸收后，将产生的反应传达给发信者即公关人员。例如，听到一个笑话，你付之一笑，这就是反馈。在沟通中反馈是非常重要的一环，因为反馈能让沟通参与者了解思想和感情是否按他们的计划方式来分享。在沟通中参与的人数越少，反馈的机会越多；参与的人数越多，反馈的机会就越少。

（六）环境

环境是沟通产生的地方。公关公众的心理沟通总是在特定的环境中进行的。环境对沟通产生重大影响。

三、公关公众心理沟通的类型

根据不同的划分标准，可以把公关公众的心理沟通分为不同的类型。公关公众心理沟通通常可按沟通方式分为口头沟通和书面沟通。口头沟通最常见的形式是听话、说话、交谈和演讲；书面沟通则包括阅读和写作等一切传递、接收书面文字或符号的手段。

（一）口头沟通

沟通中的绝大部分信息是通过口头传递的。口头信息沟通方式灵活多样，它既可以是两人间的娓娓深谈，也可以是群体中的雄辩舌战；既可以是正式的磋商，又可以是非正式的聊天；既可以是有备而来，又可以是即兴发挥。

口头信息沟通是所有公关公众心理沟通形式中最直接的方式。它的优点是快速传递和即时反馈。在这种方式下，信息可以在最短时间内被传送，并在最短时间内得到对方回复。如果公众对信息有疑问，可以迅速地反馈过来，这样公关人员可以及时检查其中不够明确的地方，并补充说明，做出有效的改进。

但是，口头沟通也存在缺陷。信息在传送过程中存在着失真的可能性。每个人都以自己的偏好吸收信息，以自己的方式诠释信息，这样公众最终在自己脑中重建的信息与最初的含义很可能存在偏差。而且，这种沟通方式并不是总能省时。口头沟通最常见的形式如下。

1. 听话

听话就是在沟通过程中如何有效接收公关人员以口头方式传递的信息。

2. 说话

说话和听话是沟通技巧的重要组成部分，两者相辅相成。说话是公关人员把信息传递给公众并让其理解的过程。

3. 交谈

交谈是听和说的综合，是指谈话双方（不限于只是两人）以面对面为主要方式进行信息交流的过程，是双向交流的互动过程。

4. 演讲

演讲是公关人员面对公众就某一问题以口头语言为主要形式，身体语言等非语言因素为辅助形式，系统地阐述自己的观点和主张的真实性社会活动。

（二）书面沟通

书面记录具有长期保存、有形展示、法律保护等优点。把东西写下来，可以促使公关人员对自己要表达的东西进行更加认真的思考。因此，书面沟通显得更加严密，逻辑性强，条理清晰。书面语言在正式发表之前能够反复修改，减少了情绪、他人观点等因素对信息传达的影响，使公关人员所欲表达的信息能够被充分、完整地表达出来。而且，书面沟通给公众留有相当大的思考余地，可以让其充分理解这些信息。

当然，书面沟通也有自己的缺陷，相对于口头沟通而言，书面沟通耗费时间较长。同等时间的交流，口头比书面所传达的信息要多得多。据统计，花费一小时写出的东西只需一刻钟就可以说完。书面沟通的另一个缺点是，不能及时地提供信息反馈。口头沟通由于是面对面的交流，公众对其听到的东西可以及时提出自己的看法。而书面沟通缺乏这种内在的反馈机制，其结果是无法确保所发出的信息能否被收到，也无法确保对方是否正确理解了发出的信息。公关人员往往需要花费长时间来了解信息是否已被接收并被准确地理解。

四、公关公众心理沟通的障碍

（一）公关公众心理沟通障碍定义

公关公众心理沟通障碍，是指在公关活动中导致信息在传递过程中出现产生噪声、传递失真或沟通停止的原因或因素。公关公众心理沟通障碍来自于环境、发送者和接收者三个方面。对公关公众心理沟通障碍的认识有助于提高公关人员的沟通水平。

（二）公关公众心理障碍的类型

公关公众心理障碍的类型共有发送者、接收者和信息传递过程中的环境障碍三类，其形成的原因各不相同。

1. 发送者的障碍

（1）目的不明，导致信息内容的不确定

若公关人员对自己将要传递的信息内容、交流的目的缺乏真正的理解，即不清楚自己到底要向公众说些什么、怎么去说，也不知道公众想听些什么，那么，信息沟通的第一步便碰到了无法逾越的障碍。因此，公关人员在信息交流之前必须有一个明确的目的和清楚的概念，即“我要通过什么通道、向公众传递什么信息、达到什么目的”。

（2）表达模糊，导致信息传递错误

无论是口头演讲或书面报告，都要表达清楚，使公众一目了然，心领神会。若公关人员口齿不清、语无伦次、闪烁其词，或词不达意、文理不通、字迹模糊，都会产生噪声并造成传递失真，使公众无法了解对方所要传递的真实信息。

（3）选择失误，导致信息被误解的可能性增大

对传送信息的时机把握不准，缺乏审时度势的能力，会大大降低信息交流的价值；信息沟通通道选择失误，则会使信息传递受阻，或延误传递的时机；若沟通对象选择错误，无疑会造成不是“对牛弹琴”，就是自讨没趣的局面，直接影响信息交流的效果。

（4）形式不当，导致信息失效

当公关人员使用语言即文字或口语和非语言（如手势、表情、体姿等）表达同样的信息时，一定要相互协调，否则会使人“丈二和尚摸不着头脑”。

2. 接收者的障碍

（1）过度加工，导致信息的模糊或失真

公众在信息交流过程中，有时会按照自己的主观意愿，对信息进行“过滤”和“添加”。现实生活中许多沟通失败的主要原因是公众对信息做了过多的加工。

（2）知觉偏差，导致对信息理解的偏差

公众的个人特征，诸如个性特点、认知水平、价值标准、权力地位、社会阶层、文化修养、智商情商等，将直接影响到对被知觉对象即公关人员的正确认识。有的公众在信息交流

或沟通中，总习惯于以自己为准则，对不利于自己的信息，要么视而不见，要么熟视无睹，甚至颠倒黑白，以达到防御的目的。

（3）心理障碍，导致信息的阻隔或中断

由于公众在沟通或信息交流过程中曾经受到过伤害，或者有过不良的情感体验，形成“一朝被蛇咬，十年怕井绳”的心理定式，对公关人员心存疑惑，怀有敌意，或由于内心恐惧，忐忑不安，就会拒绝接收所传递的信息甚至抵制参与信息交流。

（4）思想观点差异，导致对信息的误解

由于公众在认知水平、价值标准和思维方式上存在着差异，往往会出现公关人员用心良苦而仅仅换来“对牛弹琴”的局面，或者造成思想隔阂或误解，引发冲突，导致信息交流的中断以及人际关系的破裂。

3. 信息传递过程中的环境障碍

（1）时空距离的干扰

时间和空间因素以及在同一时间或空间条件下其他事件、信息的作用，是影响公共关系传播效果的环境因素。研究表明，由于受生命周期和生物节律的影响，在不同的时间和空间条件下，人们的心理状态具有明显的差异，对信息的敏感程度和注意力的强弱也有变化。在相对整洁、安静的环境里，在一天的早晨，人们精力旺盛，大多会有一种好心情，并对接收的信息产生比较深刻的印象和记忆。相反，在混乱、嘈杂的环境和临近傍晚身体疲惫时，人们的心理往往比较紧张，容易产生排斥心理。而且在同一时空条件下，各种大大小小的干扰，像噪声、光线等因素，经常会打断沟通过程。此外，如果各种不同的信息纷至沓来，也会使人们不知所措，很难将注意力集中于某一类信息上。由于这些干扰无所不在，人们很容易忽略这类的障碍。要强调的是，任何挡在公关人员和公众之间的事物都是公关公众心理沟通的障碍，就算它不会完全阻隔信息的传递，也会扭曲信息的内容。

（2）物质条件限制

没有公关公众心理沟通所需要的物质条件，相应的沟通形式就无法实现。例如，公关人员的处理经验、公关人员的人数、公关的经费资产、系统平台的稳定性因素等都会影响公关活动的顺利开展。这些因素也使公关信息难以迅速及时地传递到公众，造成与公众心理沟通的环境障碍。

（3）沟通渠道的不合理选择

例如，用口头的方式布置一个意义重大、内容庞杂的促销计划，将使实际效果大打折扣。公关交流沟通渠道主要包含报纸杂志、电视广告、热线电话、社交网站、微博互动、微信“摇一摇”等，在沟通过程中，使用恰当的沟通渠道将为组织以后的发展奠定扎实的基础。“条条大道通罗马”，说的正是达成目标的多种途径的意思。面对不同的公众，或面临不同的情形，应该采取不同的沟通通路，这样方能事半功倍，否则可能造成严重的后果。

五、公关公众心理沟通障碍的突破

在公关公众的心理沟通中，要克服沟通障碍，首先是树立正确的沟通理念，这就是：无论我是否同意你的观点，我都将尊重你，给予你说出它的权利，并且以你的观点去理解它，同时将我的观点更有效地与你交换。其次是运用有效的沟通技巧，掌握沟通艺术，这样才能达到最佳的沟通效果。针对上述三种障碍，具体要求公关人员做到以下几点。

1. 发送者障碍的突破

如果要克服这类障碍，要求公关做到以下几项。

（1）了解公众

在沟通之前必须做好准备，尽量了解公众。公众对沟通的主题已经知道了多少？公众的背景如何？有过哪些经验？在传达信息之前，要先探知公众对主题了解多少，公众在沟通过程中的质疑减少了，会让公关人员沟通得更顺利。

（2）选择恰当的传递渠道和方式

沟通的本意应该是双向交流，要做到双向交流，就应该使用对方听得懂的语言。根据公众的不同，公关人员应调整表达的难度、风格和语气以适应公众的需要。以自己惯用的方式、语气发言也许可以给公众留下深刻印象，但是这种行为充其量只是单向表达自我，绝非双向交流。

（3）传递完整的信息

作为传达信息的一方，有责任知道自己正在说什么。如果在说话或写报告时留下一些空白，没有把信息完完全全呈现出来，公众很可能会迅速以自己的假设、成见、理解把空白填满。如果一开始传送出去的信息不完整，公众当然不可能接收到完整的信息。

（4）考虑公众的观点和立场

有效的沟通者必须具有“同理心”，能够感同身受，换位思考，站在公众的立场，以公众的观点和视野来考虑问题。若有的公众拒绝接受公关人员的观点与意见的话，那么公关人员必须耐心、持续地做工作来改变公众的想法，甚至可以反思：我自己的观点是否正确?

（5）充分利用反馈机制

进行沟通时，要避免出现“只传递而没有反馈”的状况。一个完整的沟通过程，一定要包括公众对信息做出反应这一环节，只有确认公众接收并理解了你所发送的信息，沟通才算完整与完成。要检验沟通是否达到目标，只有通过获得公众的反馈才能确定，如提问、聆听、观察、感受等方式。

2. 接收者障碍的突破

如果要克服这类障碍，要求公众做到以下几点。

（1）保持客观公正的态度倾听和接收信息

作为信息的接收者，要分清信息中哪些是客观事实，哪些是个人观点，及时有针对性地反馈相应信息，以保证沟通正常进行。

（2）专心聆听

应当等到对方把完整的信息说完之后再做评估，不要因为自我的观念和认知、理解的不同和局限，过早地加以判断，以免影响沟通的顺利进行。也就是说，在别人说话的时候，听者要发挥集中注意力的能力，应当专心聆听，就像是在重复对方的思考过程一样，而不需要急着反驳他的论点，因为这并不是一场辩论。

（3）重视发送者的沟通信息

在沟通中，当接收者对沟通主题不感兴趣时，他应当问自己：“我如何利用这些信息？”然后强迫自己全神贯注地沟通下去。其实不论接收者对主题的兴趣程度如何，接收者面对的讨论或阅读的资料或许可以使他获得一些对自己有用的信息；即便他只是在专心听对方说话，也可以取悦对方。这样将使接收者成为一个受人欢迎的公众。

（4）及时反馈接收信息

作为一个接收信息的人，如果不明确地表示自己是否听懂了，也就没有尽到应尽的责任。当然，有时候自以为了解了，而事实上却不然。如许多听别人说话的人，即使不懂也会不断地点头称是，该问问题的时候又错失良机。这样的行为有时会引起麻烦。如果不懂装懂，以不完整的信息去完成别人交付的工作，就不会取得成功。

3. 信息传递过程中环境障碍的突破

（1）避免时空因素影响公共关系传播效果

在公共关系活动中，公关人员应注意到公众对信息的需求、敏感程度和接受效果在不同环境因素的作用下有很大的差异。公关人员要努力创造有利于信息传播的时空条件，科学地掌握向目标公众传播信息的最佳时间和时机。同时，在活动安排上应尽量避开重大节日、事件或邻近组织的公共关系活动，以免因不同信息过于集中而使公众目不暇接，分散注意力，影响传播的效果。

（2）打破物质条件的限制

某些物质条件的限制，例如，要提前准备好公关的经费资产，保证经费的充足以保障公关活动的正常进行，在遇到紧急情况或者组织危机时可以随时提出使用。系统平台的稳定性也要时刻防范，组织内部要注意在这方面的投资，要招收经验丰富的系统平台的管理员团队来进行系统维护，否则一旦造成损失，将是巨大的。

（3）慎重选择沟通渠道

随意选择沟通渠道，势必造成信息沟通的障碍，应当根据实际情况和公关工作的具体要求来选择。沟通渠道可以选择多渠道，但是相应的支持费用也会增加，所以要以某一种渠道为主进行公关宣传，兼顾报纸杂志、热线电话等渠道。每种沟通渠道都有优缺点，应扬长避短，充分发挥其积极作用和渠道的整体效应，以提高组织的知名度和美誉度。

第四节　认识及影响公众心理的方法和技巧

有效认识公众的心理是组织成功实施公共关系计划或公共关系策划的重要前提和基础。熟练掌握认识及影响公众心理的方法，是公共关系人员应该具备的专业技能。

一、认识公众心理的方法和技巧

认识公众心理常用的方法大致有观察法、实验法、心理换位法、参与实践法和调查研究法等。

（一）观察法

观察法是指在自然条件下有目的、有计划地对所要了解的对象做仔细的观察，从而获得初步认识，为进一步研究提供直观、生动和具体的第一手资料的一种方法。观察法是人类认识事物最古老且运用最多的一种方法。

（二）实验法

实验法是有目的地严格控制或创设一定条件，引发某种心理现象，以供研究者进行研究的方法。

（三）心理换位法

心理换位法就是通过“设身处地”的角色换位来了解、分析公众内心心理活动的方法，即在研究时把自己放在一定的背景、环境中去体验自己的心情。尔后据此加以分析，由此来推断被研究对象的处境和心情。运用心理换位法认知公众的心理，就是要打破思维的定式，站在公众的角度上思考问题，通过充当公众的角色来体会公众的心态与思想，从而选取有针对性的最佳方案来处理问题，增加相互间的理解与沟通，防止误解和不良情绪的产生。

心理换位法的实施，要求公共关系人员有高度的职业感和责任心。因为只有主观上想要做好本职工作，才可能做到真正依照公众的心理去感受问题和体验问题，并在认识过程中不断调整思考问题的方式、方法，以充分认识、了解各类公众的不同需求，为组织的决策提供依据。心理换位法有助于融洽组织与公众之间的关系。

（四）参与实践法

参与实践法是指调查人员直接进入某一需要调查的对象环境，充当该种环境下的角色，从而细致且全面地体验、了解和分析调查对象情况的方法。

参与实践有助于帮助调查人员更加详细地了解所需调查的对象，“身临其境”地感受被调查对象的情况，了解和分析某种工作的心理因素及工作所需的各种心理品质和行为模式。这常常会带来惊人的发现，如得出与传统认识相悖的结论或是找到出人意料的解决办法等。

（五）调查研究法

调查研究法即通过一定的形式和各种途径，直接或间接地收集有关信息，比较充分地掌握有关客观实际的材料，并在此基础上进行深入的分析综合，从而获得对客观事物的某些规律性认识，用以指导各种实践活动的一种方法。调查研究一般可划分为调查阶段和研究阶段。调查阶段，主要是广泛收集各种有关的事实材料的阶段；研究阶段，主要是对调查阶段获取的大量素材进行科学的分析和综合的阶段，以便获得某些规律性的认识，把握客观事物的本质。调查阶段和研究阶段密不可分，相辅相成，是一个统一的活动过程。调查阶段是研究阶段的前提和基础，研究阶段是调查阶段的继续和升华。在实际工作中，两个阶段紧密地交织在一起，不能把两个阶段截然分开，因为调查过程中往往需要初步的研究，而在研究过程中又往往需要继续进行调查。只调查不研究，只能使掌握的客观材料失去应有的价值；只强调研究而未经过周密的调查就下结论，势必犯主观主义的错误。

二、影响公众心理的方法和技巧

正确认识公众心理是为了影响公众心理，归纳起来，影响公众心理的方法有以下几种。

（一）劝导

劝导是鼓励引导、规劝开导。它是主动影响公众心理的最主要、最直接的方式。用劝导这种方式影响公众心理的方法称为劝导方法。劝导方法主要有流泻式、冲击式、浸润式和逆行式四种。这四种方法都各有其长处和短处，所以应当在运用中注意扬长避短。

1. 流泻式劝导

流泻式劝导是一种以告知为主要形式的，没有严格的对象范围，没有特别的针对性，没有精确效果预测的普及性劝导方法。

2. 冲击式劝导

冲击式劝导是一种以说服为主要形式的专门性的劝导方法。和流泻式劝导相比，它具有对象明确、意图明确、针对性强、冲击力大的特点。它就像灭火器或冲洗船舱用的高压水龙头一样，以集中火力或者水力“灭火去污”，用于解决专门性的问题。

3. 浸润式劝导

浸润式劝导是以周围舆论影响公众的劝导方法。它的特点是行为缓和而持久，不易形成表面的对抗，在潜移默化中对公众的心理产生影响。它就像浸润某种固态的液体一样，虽然不会马上改变固体物的形状和性质，但总会对固体物产生或多或少的作用。

浸润式劝导公众心理的影响是“从”和“同”的影响。从，就是从众；同，就是同化。人是社会的人，人具有合群的倾向，因而浸润式劝导具有一定的效用。

4. 逆行式劝导

逆行式劝导是少数人对多数人或下级对上级进行劝导的方法，是与浸润式劝导相对应的一种劝导方法。浸润式劝导是对被浸润的对象施加影响，而逆行式劝导，则是被浸润的对象对周围的浸润者施加影响。逆行式劝导的形式和作用就像潮流中的逆流一样，虽然力量相对弱小，但有时也可以改变潮流行进的方向和路线。

（二）心理暗示

心理暗示是指人接受外界或他人的愿望、观念、情绪、判断、态度影响的心理特点，是人们日常生活中，最常见的心理现象。它是人或环境以非常自然的方式向个体发出信息，个体无意中接受这种信息，从而做出相应的反应的一种心理现象。心理学家巴甫洛夫认为：暗示是人类最简单、最典型的条件反射。从心理机制上讲，它是一种被主观意愿肯定的假设，不一定有根据，但由于主观上已肯定了它的存在，心理上便竭力趋向于这项内容。我们在生活中无时不在接受着外界的暗示。例如，电视广告对购物心理的暗示作用。在无意识中，广告信息会进入人们的潜意识。这些信息反复重播，在人的潜意识中积累下来。当人们购物时，人的意识就受到潜意识中这些广告信息的影响，它们会左右你的购买倾向。

每个人都会受到暗示。受暗示性是人的心理特性，它是人在漫长的进化过程中，形成的一种无意识的自我保护能力，当人处于陌生、危险的境地时，人会根据以往形成的经验，捕捉环境中的蛛丝马迹，来迅速做出判断。这种捕捉的过程，也是受暗示的过程。因此，人的受暗示性的高低不能以好坏来判断，它是人的一种本能。

人们为了追求成功和逃避痛苦，会不自觉地使用各种暗示的方法，如困难临头时，人们会相互安慰：“快过去了，快过去了。”从而减少忍耐的痛苦。人们在追求成功时，会设想目标实现时非常美好、激动人心的情景。这个美景就对人构成一种暗示，它为人们提供动力，提高挫折耐受能力，使人们保持积极向上的精神状态。

1. 暗示的种类

暗示可以分为他人暗示和自我暗示两类。他人暗示，是指个体与他人交往中产生的一种心理现象，是指别人使自己的情绪和意志发生作用。如古代魏国曹操的部队在行军路上，由于天气炎热，士兵都口干舌燥，曹操见此情景，大声对士兵说："前面有梅林。"士兵一听精神大振，并且立刻嘴里产生唾液。这是曹操巧妙地运用了"望梅止渴"的暗示，来鼓舞士气。自我暗示是指自己接受某种观念，对自己的心理施加某种影响，使情绪与意志发生作用。例如，很多人早晨在上班前或出去办事前会照照镜子、整整衣服、理理头发。有的人从镜子里看到自己脸色不太好看，并且觉得上眼睑浮肿，恰巧昨晚睡眠又不好，这时马上有不快的感觉，顿时怀疑自己是否得了肾病，继而觉得自己全身无力、腰痛，于是觉得自己不能上班了，甚至要到医院就医。这就是对健康不利的消极自我暗示作用。而有的人则不是这样。当在镜子里看到自己脸色不好，由于睡眠不好而精神有些不振，眼圈发黑时，马上用理智控制自己的紧张情绪，并且暗示自己：到户外活动活动，做做操，练练太极拳，呼吸一下新鲜空气就会好的。于是精神振作起来，高高兴兴去工作了。这种积极的自我暗示，有利于身心健康。

2. 暗示中要注意的问题

暗示的作用可以是积极的也可以是消极的。积极的暗示可帮助被暗示者稳定情绪、树立自信心及战胜困难和挫折的勇气，消极的暗示却会对被暗示者造成不良的影响，因此，公关人员应该注意有意识地给公众以积极的心理暗示，而避免消极的心理暗示。同时应该注意引导公众变消极的自我暗示为积极的自我暗示，例如，在组织公关活动时，如果需要调整别人的心态，就要引导他从"我一点没底，我恐怕要搞砸"转变为"别人行，我也行"。

在他人暗示中，暗示的效果很大程度上取决于暗示者在被暗示者心目中的威信。这就要求暗示的实施者应具有较高的威望，要具有令人信服的人格力量。

暗示越含蓄，效果越好。因此在公关传播中要尽量不用命令的方式去提出要求。若能用含蓄巧妙的方法去引导，就会获得更好的效果。

（三）榜样影响

所谓榜样影响，是指组织在开展公共关系活动中，通过活生生的典型人物和事件来积极影响公众心理，争取公众与组织的良好合作，从而达到公关目标。榜样有其具体形象的特色，易于让公众接受和仿效，能够增强组织对公众的感召力和正面激励作用。

榜样影响的公众心理基础是模仿。在一些情景中，个体想要以某种方式行动，但感到内心有些束缚，阻止个体这样做。接着，他看到群体中有人以他想要做的方式行动了，于是他便跟着以这种方式行动。观察学习和模仿行动减少了阻止个体以某种方式行动的内心限制，解除了约束。模仿就是个体自觉或不自觉地仿照榜样的行为。模仿也是一种基本的人际影响方式。在社会生活中，从衣、食、住、行，到社会风俗、习惯、礼仪，个体从小到大都普遍存在着模仿现象。亚里士多德早就指出，模仿是人的一种本能。近代心理学家麦孤独认为，人类有一种天然的冲动去模仿其他人的行为。

模仿具有以下几个特点：模仿是在没有外界控制的条件下，模仿者主动地有意识或无意识地仿照他人的行为；模仿带有个体的倾向性和目的性；模仿一般只能模仿外显行为，很难触及内心世界。

1. 榜样影响的类型

人模仿的对象就是榜样，榜样的力量是无穷的。要针对公众的模仿心理，有针对性地树立榜样。以下几种榜样最能影响公众去模仿。

（1）权威榜样

人都有依从、崇拜权威的心理，权威一般是指在某一方面具有特殊才能或权力、地位的人。权威一般可分为领导权威、技术权威、明星权威等类型。领导权威通过其地位、权力以及特有的气质、风度影响公众；技术权威通过其丰富的工作经验、熟练的技能影响公众；明星权威通过其服饰、发型以及良好的形象影响公众。这些权威榜样的一言一行，容易被人们模仿。

（2）与公众自身具有相似性的榜样

公众都有模仿那些在某些方面与自己相似的榜样的倾向。因为相似性使人觉得模仿具有现实可行性，这样人们也就乐意去模仿。如果榜样太高大，相距太遥远，相差太悬殊，就使人觉得无从模仿。如在组织内部，就应在与员工工作、生活紧密联系的群体中树立榜样，这样既可以消除员工的畏惧感，促进员工之间的心理相容，同时又可以激发员工赶超榜样的积极性，从而提高群体或组织的工作效率。又如在组织外部，要善于在普通公众（消费者）中树立榜样，这样能拉近公众与榜样之间的距离，从而通过榜样争取公众对组织的支持、认同。

（3）具有支配力的榜样

社会心理学家的实验与无数生活实例表明，有支配力的人往往容易成为公众模仿的榜样，支配有两种类型，即权威支配和情感支配。具有权威支配能力的人如前面所讲的领导者、技术人员、明星等。在权威支配之外，公众往往会对具有情感支配力的人产生好感。这是由于具有情感支配力的榜样更容易得到公众的情感反馈、认同，有助于心理相容。

（4）行为结果常常被模仿的榜样

公众常常是依据榜样的行为结果是得到奖励还是惩罚来决定自己是否应该模仿。公众常常是模仿其他人曾得到奖励或称颂的行为而形成自己的行为。因此，组织应经常有意识地对良好的榜样进行表扬，特别是在组织内部更应该如此，要创造出一种良好的行为氛围，这对加强组织内部的团结具有重要意义。同时，组织对广大外部公众中的榜样行为也要大加称颂、渲染，这样就能有效影响公众行为，促进公众对组织的好感和信任。

在实际生活中，可影响公众模仿的榜样既有积极的，也有消极的。正确的模仿能获得良好行为，所谓跟好人学好人。而不适当的模仿则会获得不适当的行为，如“东施效颦”“邯郸学步”给他人留下笑柄。因此，组织要积极宣传正面的榜样，反对反面的榜样。

2. 榜样影响与组织公共关系

榜样影响在公关实践中有着极为广泛的应用。我们必须在充分了解榜样影响的心理特点、规律及其作用的基础上，将其运用于公关实践。

首先，利用榜样影响，实现组织规范的不断自我更新，组织可通过模仿、发现，制定新的组织规范，并利用模仿的整合作用使之在组织内实行。一个组织或群体的自我改造与自我完善，意味着群体规范的更新，即以新的更适应时代需要的价值观念与行为方式取代旧的、过时了的价值观念与行为方式，而这就需要模仿。从发现新的行为规范来说，必须有模仿。善于模仿别人新的、好的东西，是使自己获得发展和进步的重要条件。一种新的群体规范在组织内的实行，也有赖于模仿的整合作用。新的规范总是首先在一部分人中形成，最后才成为大家普遍遵循的群体规范。当组织每实现一次规范的更新，它就朝着自我更新、自我完善的道路前进了一大步。于是，它对公众施加社会影响的潜在能力也就极大地增加了。

其次，利用榜样影响，塑造组织良好的形象。当组织的产品和服务良好，但外部形象不佳，不知怎么办时，就可以模仿别人树立良好组织形象的经验。

最后，利用榜样影响，可以充分调动公众的积极性，同时可以有效地整合公众的态度、行为，从而促进组织与公众的关系。公众是千差万别、多种多样的，不同的公众有其自身的心理特点、兴趣爱好及行为方式。所以组织要善于针对不同类型公众的特点，积极树立榜样，通过榜样的带头示范作用来影响公众，努力发扬其积极因素，克服其消极因素，以达到“内求团结，外求发展”的目的。

本章案例

案例一 小华盛顿栈的读心术

也许你永远也不知道，小华盛顿栈（The Inn at Little Washington）总是费尽心思地去猜透连顾客自己都未能在意的细小心情。

小华盛顿栈非常有名，著名的美食评论杂志《Zagat》曾把它评为全美第一。它的主厨欧康诺为了让顾客有一个毕生难忘的用餐经验，发展出一套独特的管理方法，叫作心情分数（Measure of Mood）。具体说，小华盛顿栈的服务人员，在每一桌客人坐定准备点菜后，必须观察各桌的气氛，打一个1～10分的心情分数。这个分数会随着菜单一起输入计算机，显示在餐厅中的每一个工作站的屏幕上。小华盛顿栈的目标是让客人离开时的心情分数不低于9分。如果这一桌的气氛本来就热络，那么服务人员也就不需要有特别的作为。但是如果某一桌客人的心情分数，看起来只有3～4分，那么整个管理团队就得同心协力来扭转这个局面。

这些努力常常是细微事件。例如，当先生对迷人的女服务生太过殷勤时，往往会引起太太的不悦，领班会适时地把女服务生换掉。而如果顾客对两道菜难以决定，厨房会把没点的另一道做一小份，让顾客尝一下味道。在与顾客互动中，服务人员重新检视心情分数，输入新的计分。如果还是只有5分，可能要加送一道菜；如果提升到7分，可能加送一道甜点就够了；如果一直到了最后仍然无法辨别出顾客的情绪分数是否升到了9分，主厨欧康诺就会使用最后一招：邀请顾客参观厨房，说明大概的工作流程和他对厨艺的一些看法。往往此时，很少再有顾客会有低于9分的心情分数了。

为了提升心情分数，整个服务团队都必须随时准备“危机总动员”。

由本案例可见，小华盛顿栈极其重视对顾客消费心理的判断，他们并不是等到顾客离开时才要求顾客填写意见表，而是由服务人员利用专业的判断，去“创造”美好的顾客体验；他们不是去“衡量”顾客的体验，而是由服务人员依照敏锐的观察把各种危机防患于未然，这样自然大大提高了顾客的心情分数。未雨绸缪的准备，更能洞悉顾客心理，更能提升自身的竞争力，为自己赢得更佳的评价和良好信誉。

资料选自刘顺仁《决胜在看不见的地方》

案例二　小燕子的信

日本奈良市郊区有一家旅馆，外在环境优美，招待客人热情，很能吸引顾客。美中不足的是，每到春季，许多燕子争相光临，在屋檐下营巢安家，排泄的鸟粪弄脏了玻璃窗和走廊，服务小姐来不及擦净，这使得客人有些不快。旅馆主人爱鸟，不忍心把燕子赶走，但又难以把燕巢及时、彻底清除，很是苦恼。

一天，旅馆经理忽然想到一条妙计，他提笔写了一封信。

女士们、先生们：

我们是刚从南方赶到这里来过春天的小燕子，没有征得主人的同意，就在这里安了家，还要生儿育女。我们的小宝贝年幼无知，我们的习惯也不好，常常弄脏您的玻璃和走廊，致使您不愉快，我们很过意不去，请女士们、先生们多多原谅！

还有一事恳求女士们和先生们，请您千万不要埋怨服务员小姐，她们是经常打扫的，只是她们常常来不及擦净。这完全是我们的过错。请您稍等一会儿，她们就来了。

您的朋友　小燕子

这显然是以小燕子的名义写的一封向旅客们解释道歉的信。旅馆经理把它张贴到显眼的地方。客人们看了这封公开信，都给逗乐了，不仅不再提意见，而且还对这家旅馆更感亲切，并留下了美好的印象。为了看望体贴、温柔、可人的小燕子，他们以后可能还会再来投宿。

这是一则致歉公关广告，借用燕子的口吻，方法新颖别致，也体现了真诚的创意原则。

公关就是“好事要出门，坏事要讲清”。在这个案例中，燕子的排泄物弄脏了旅馆的玻璃和走廊，旅馆如果不和顾客进行很好的沟通，不让顾客知晓旅馆正在竭力处理这件事情，造成顾客对旅馆的误解，就难免影响到双方的关系。而旅馆经理的这则公关广告起到了很好的沟通作用，从燕子的角度陈述事实。出于对动物的爱怜，顾客不仅不会认为这是“虚假广告”，反倒会更容易谅解旅馆的苦衷，促成双方的有效沟通。

思考题

1. 简述公共关系公众心理及其特征。

2. 影响公众行为的个体心理特征是什么？试述研究公众的个体心理特征对做好公共关系工作的意义。

3. 你认为对公关公众心理沟通障碍的认识有助于提高公关人员的沟通水平吗？试举例说明。

4. 简述心理定式在公共关系工作中的作用。

5. 影响认知公众心理的因素有哪些？你认为应如何克服？

6. 试述影响公众心理的方法并分析其利弊。

第六章　公共关系的组织机构与从业人员

偷走班克斯

澳大利亚Art Series酒店集团拥有三家艺术主题酒店，每家都是受某个澳大利亚当代艺术家的启发而设计的。2011年，他们对梦想着当艺术品大盗的人们发出了无比诱人的挑战：酒店悬挂着传奇街头艺术家、“艺术界恐怖分子”班克斯的作品，只要谁能够在严密的摄像监控和工作人员眼皮底下将名画成功偷走，即可将“赃品”据为己有。

在“偷走班克斯”活动中，供人盗窃的宝贝是价值高达15000澳元的《没有球赛》名画。不过，你得先找到它才行——它被轮流安放于三家Art Series酒店中。

尽管这幅名画最后被偷走了，活动却令澳大利亚Art Series酒店声名大噪。“偷走班克斯”公关策划斩获了两项艾菲金奖和一项当年的戛纳公关金奖。

（资料来源：尼古拉斯·福瑞斯特《澳大利亚酒店请你去偷名画》，《青年参考》2012年2月22日。）

从事公关实务活动的人可以是公关从业人员，也可以是社会组织中的非公关专业人员，但一般来说，前者的职业水准和活动能力要明显高于后者。此引例中的公关策划活动就是澳大利亚 Art Series 酒店专职的公关人员策划和安排落实的，充分体现了公关策划的艺术性。企业要提高公关水平，使公关关系职业化，迫切需要培养大量的公共关系专业人员。本章将介绍公共关系组织机构、公共关系专业人员的作用及其培养。

第一节　公共关系的组织机构

一、公共关系组织机构的概念

公共关系的组织机构就是专门执行公关任务、实现公关功能的行为主体，是公共关系工作的专业职能机构。

二、公共关系组织机构的分类

一般而言，公共关系的组织机构分为两大类：一类是组织内部的公共关系部；另一类是公共关系公司。

（一）公共关系部

1. 公共关系部的概念及其组织类型

公共关系部是组织内设的公共关系职能部门，又被叫作公共事务部、公共信息部、社会关系部等。公共关系部的组织机构没有固定的模式，但有各种各样的类型。

（1）按工作方式分类

从工作方式来观察，公共关系部的组织类型可以分为公共关系对象型、公共关系手段型和公共关系复合型三种类型。

（2）按领导方式分类

从领导方式来看，或从组织管理角度考虑，或从公共关系部在组织中的地位来考虑，公共关系部的设置可分为以下四种类型，即总经理直接负责型、总经理间接负责型、部门所属型和公共关系委员会。

（3）按公共关系部机构的规模分类

从公共关系部机构的规模考察，公共关系部的设置可分为小、中、大三种类型。

2. 公共关系部的地位和职能

公共关系部是组织为贯彻公共关系思想，聘任专业公共关系工作人员组成的用以开展公共关系活动的专门机构。由于它的工作关系到组织的信誉和形象，关系到组织上下、内外的信息交流，关系到组织战略目标的社会整体效益，因而它在组织中占有重要的地位。

（1）公共关系部的地位

① 公共关系部是组织的信息情报部。

公共关系首要的职能就是采集信息。公共关系部通过广泛的社会联系和通畅的信息网络系统不仅可以了解组织内部公众对组织的意见和建议；而且还可以了解组织外部公众对本组织方针、政策、行为的反应；了解社会政治、经济、文化的发展现状及其变化。公共关系部不仅负责收集、储存同组织相关的各种信息，而且还负责组织对外信息的发布，公共关系部真可谓是组织的“耳目”，是组织的信息情报部。

② 公共关系部是组织的决策参谋部。

公共关系部在组织中不是一般的管理部门，而是组织的“智囊团”“思想库”。公共关系部不是一线指挥和最后决策部门，而是在采集、整理、分析信息的基础上，提供可供选择的方案，协助决策层进行决策。公共关系部是站在独立于组织目标和价值的立场上，综合评价各职能部门的管理活动已经或可能引起的社会效果，维持组织与外部环境的动态平衡。如果说总工程师是组织的技术参谋，总经济师和总会计师是经济参谋，那么，公关人员就是组织的社会决策参谋。

③ 公共关系部是组织的宣传外交部。

组织为获得公众的了解、理解和信任，取得他们的支持与合作，需要不断宣传组织的政策，解释组织的行为，提高透明度。而公共关系便通过各种宣传活动，求得公众的理解和支持，教育引导公众理解组织的决策。随着组织与外界交往日益密切，对外联络和应酬交际的任务越来越重，同时，与外部的各种摩擦和纠纷也随之增多，这时公共关系部担负着接待各种来访、来信、投诉的职责，同时通过组织不同类型的公关活动树立组织形象，维护组织的信誉。

（2）公共关系部的职能

从理论上说，公共关系部作为组织不可或缺的重要机构之一，所发挥的乃是一种管理职能，即对这一组织的形象和声誉实施战略管理。组织公共关系部所行使的职能，主要有以下七个方面。

① 积极组织和开展有关调查工作，监测舆论环境，分析各种信息，为组织发展战略和相关工作计划的制定提供依据。

② 对组织形象的定位、设计等事关组织形象整体建设方面的问题进行统筹考虑，并向决策层提出切实可行的建议方案。

③ 作为组织的新闻发言人，或是新闻发言人的支持部门，深入把握组织情况，及时向社会公众提供组织的各种信息。

④ 制订整体传播计划，通过策划和实施各种新闻发布活动或公共关系专题活动，有效地传播组织或品牌的良好形象。

⑤ 积极、主动地与那些与组织运营有关的社会公众进行沟通，并协调和拓展这些关系，为组织发展营造一个良好环境。

⑥ 协助组织决策层建立科学、务实的危机管理机制，并负责日常危机信息的收集以及危机预警（防范）方面的工作。

⑦ 具体应对并妥善处理组织随时有可能面临的各种突发性的危机事件，切实维护组织或品牌的社会声誉和良好形象。

上述七个方面，构成了公共关系部的独特管理职能，使公共关系部既与组织的长远发展目标紧密联系在一起，又与组织的其他管理部门明确地区分开来。自然，公共关系部应该也可以支持组织其他部门的工作，但在职能定位上，仍然有着它自身的质的规定性，绝非其他部门所能囊括或替代。否则，公共关系部就失去了它存在的价值。

3. 公共关系部的特点

（1）专业性

专业性指公共关系部作为组织内从事公共关系工作的机构，不能成为“杂货店”，也不是临时班子，必须保证其队伍的专业化和工作内容的专业化。

（2）协同性

协同性指在实现公共关系计划所确定的目标时，组织不能只靠公共关系部单枪匹马，孤军作战，还应依靠组织中各部门的相互配合及全体成员的共同努力。

（3）自主性

自主性指公共关系部在组织中要有独立的地位，有一定的权限范围，可以自主地开展各项工作。

（4）服务性

公共关系部是一种具有服务性质的，较高层次的间接管理部门，但它不是直接的管理者，也不是领导者和生产者。

4. 公共关系部的设置原则

组建公共关系部是组织内部管理体制和机构的重要内容。组织不能把它视为追求时尚的

"花架子"，而应根据公共关系理论、社会环境、组织自身的具体情况及需要统筹考虑。一般来说，一个组织要设置公共关系部应遵循以下原则。

（1）正规化原则

组织的公共关系部是代表组织来进行工作的。它的每一项工作都关系到组织的形象和生产、经营业务的进展，所以，必须从组织上和工作内容上保证它的正规性。这就要求必须以公共关系意识强、受过一定训练、具有开拓进取精神的公共关系专职人员为核心，组成一个统一的、完整的、高效的工作班子，在工作内容上，公共关系机构必须集中力量去做与实现组织公共关系目标有关的事情。一支专业化的公关人员队伍、一套正规科学的工作流程是公关关系部得以充分发挥作用的基础。

（2）针对性原则

所谓针对性原则，就是要求组织在设置公共关系部时，要根据组织工作的性质和面对的社会公众类型来设置。在我国企业中既有从事商品生产的工厂，又有从事服务性工作的旅店和商店等。企业的工作性质不同，面临的社会公众也不同。如工厂要考虑产品的用户；商店要考虑广大顾客，这就决定了各企业公关工作的目标、内容和方法也有所差异。因此，企业在设置公共关系部时，要根据企业自身的性质，根据企业特定的公众对象来进行，而不能一味地照搬和仿效他人的做法，否则将影响公共关系工作的效果。

（3）权威性原则

所谓权威性原则，就是要求组织在设置公共关系部时，把它放在一个重要的位置，要使它具有一定的权威性。不仅要认识到公共关系部与企业的生产计划部门、经营部门、财务部门、人事部门同等重要，而且还应使企业公共关系部的领导处于企业最高决策层的地位，至少应有直接向决策层汇报、提建议以及参与决策层讨论的权力。在企业内部，它要有代表最高决策层发表意见、做出决定的权威；在企业外部，它要有代表企业发布信息、处理业务的权力。只有这样，它才能真正实现工作的高效率。

（4）协调性原则

所谓协调性原则，就是要求组织在设置公共关系部时，要立足于公共关系工作的协调性、系统性。首先，在设置公共关系部时，要使它与组织内部的各个部门相互协调，并能起到协调各部门关系的作用。一个组织的公共关系目标的实现不只是公共关系部的事情，它还要依靠组织各部门的相互配合，共同努力。在相互配合的过程中，公共关系部与其他部门一起构成了组织管理的一个大系统，而公共关系部则是其中十分重要的并起着组织、沟通、协调乃至维系这个大系统作用的一个子系统。其次，公共关系部内部的层次结构和工作人员也应相互协调，以发挥它自身的整体效应。公共关系人员的分工一定要明确，每个人都应有"主攻目标"，同时还要注意子系统中的各个"要素"之间的互相配合、协同作战。最后，要发挥公共关系部对组织和社会各界的协调作用。既要建立一条稳定的信息传播和信息反馈的通道，更要建立一条收集信息和处理信息的"流水线"。只有公共关系部内部到组织内部，再到组织外部均做到协调一致，才能说这个机构的设置是成功的。

5. 设置公共关系部的利与弊

在组织内部建立公共关系部，对于开展公共关系工作有以下好处：①熟悉组织情况；②能提供及时的公共关系服务；③有利于保持公共关系工作的连续性和稳定性；④有利于节约经费。

公共关系部设置不当也会有副作用，主要表现有：①职责不明，负担过重；②看问题有时不够客观，即所谓“当事者迷”；③总费用可能比聘请公共关系公司多；④有可能成为组织的一种负担。

（二）公共关系公司

1. 公共关系公司的概念及其组织类型

公共关系公司，简称公关公司，又被称作公共关系咨询公司、公共关系顾问公司、公共关系事务所、公共关系服务公司等，它是由各具专长的公共关系专家组成，是独立于社会组织之外开展公共关系服务的专职机构。公共关系咨询公司有它存在的客观必然性和优势。有资料显示：形象好的企业组织，其发展过程大多数与公共关系公司对他们的支持有着一定的联系，有些甚至是直接受益。

按规模大小划分，有中小型公共关系公司和大型公共关系公司。按业务范围划分，有单一型公共关系公司和综合型公共关系公司。从不同的角度，我们还可以把公共关系公司分成其他种类，此处不再多述。

2. 公共关系公司的职能

公共关系公司的基本职能，一是为委托者（或客户）提供公共关系的全部或单项服务；二是对委托者的公共关系工作进行指导、监督，提出建议以及帮助或代替实施；三是帮助委托者实现与社会公众之间的双向信息交流。

3. 聘请公共关系公司的利与弊

聘请公共关系公司，对于开展公共关系有以下好处：①职业水平比较高；②看问题比较客观；③社会关系广泛；④信息比较灵通；⑤机动性强；⑥建议容易为人们所重视；⑦节约经费。

聘请公共关系公司的优势是显而易见的，成功的例子数不胜数。例如，在阿根廷首都布宜诺斯艾利斯，有一位叫比德的房地产开发商找到当地一家公关公司，希望公关公司为其房地产项目做宣传推广。比德在布宜诺斯艾利斯东边一个新的开发区开发了几个楼盘及几条商业街。由于该开发区属于新区，市政配套不完善，公共交通不便，加之人流不足，这些楼盘与商业街的销售情况非常不理想，比德就想借助公关公司的力量，提高这个新区的知名度。

公关公司在进行仔细调研之后发现，一般的公关手法虽然可以提高此区域的知名度，但是对于比德公司的销售而言，并无实质效果——这个区域存在明显的硬伤，那就是交通不便。当然，他们也可以运用寻常的推广手法，做做表面功夫，然后收取发展商一大笔代理费——反正销售成果如何是房地产开发商自己的事情。然而，高度的责任感让这家公关公司放弃了这种想法。

平心而论，比德公司这些房地产项目的地理位置还是非常不错的，几个楼盘都临近布宜诺斯艾利斯美丽的拉普拉塔河，并与该市中人口密集，也是观光客最多的区域隔河相望。如果能将比德公司的项目与河对面这个繁华区域相连，势必就能解决目前面临的所有问题——公关公司的项目小组经过多次的脑力激荡，一个大胆的创新想法出台了：在比德公司所在的区域与隔岸的繁华区域之间，建造一座桥。这不仅是引导交通的一座普通的桥，而是可以成为布宜诺斯艾利斯标志性建筑的桥。

作为南美著名的城市，布宜诺斯艾利斯虽然是观光客常到之处，但是令人遗憾的是，这座城市一直以来就缺乏一个可以真正代表城市形象的建筑。公关公司在向比德公司提出的建桥建议之中，详细地述明此举的重大意义：不仅可以促进比德公司的项目销售，也会令布宜诺斯艾利斯的建筑历史从此走进一个新的时代，结束没有地标的困境。

公关公司的建议不仅得到比德公司的认同，也得到政府的大力支持。从建桥的消息发布开始那一刻，公关公司的新闻公关工作同时紧密展开：在这些新闻宣传中，比德公司从一个濒临倒闭危机的公司被塑造成了一个有强大实力、高度责任感的大公司。未等大桥正式落成，比德公司的房产项目早已销售一空而且售价一涨再涨——消费者从各方面新闻报道、宣传中看出大桥建成之后所带来的巨大潜在价值。

聘请公关公司进行公关策划有优势，但是聘请公关公司，对于开展公共关系也有其不利的方面：①不太熟悉客户情况；②工作缺乏连续性，持久性差；③远离客户。因此，聘请公关公司开展公关活动时，组织要积极参与，通过组织自身的努力，弥补以上不足。

第二节　公共关系的从业人员

一、公共关系从业人员的概念

公共关系从业人员，是对从事公共关系工作人员的普遍而又常见的称呼，它指的是以从事公共关系理论研究、教学活动和实践工作为职业的人员，简称公关人员。公共关系工作是一项复杂的、高级的劳动，并不是任何人都可以胜任的。公关人员应具备较好的心理素质，有良好的知识结构和实用的能力技巧，并要具备很好的职业道德，这样才能成为一个合格的公关人员。

二、公共关系从业人员的素质

现代社会对公关人员提出了新的要求。在此社会背景下，公关人员应当具备与之相应的素质，否则，就可能被淘汰。公共关系从业人员的素质是指从事公共关系工作的职业人员的气质、性格、兴趣、风度、学识和技能方面的综合品质。我们认为：公共关系从业人员的素质，是其本人个性特征的总和，是一种综合性能力的概括。具体来说，它包括以下几个方面的内容。

（1）气质。这是指人的相对稳定的个性特点，表现在人的情感、认识、语言和行动中比较稳定的动力方面的心理特征。

（2）性格。这是一种表现在人的态度和行为方面的较稳定的心理特征，是个性的重要组成部分，与人的气质密切相关。优秀的公共关系从业人员在性格上应具备以下特征：开朗、有耐心、宽容；沉着冷静、勇敢顽强；富有幽默感。

（3）品德。这是指人的品质与道德。具体地讲，公共关系从业人员的品德应该包括以下几个方面的内容：实事求是、公正无私、勤奋努力、乐于助人、光明磊落。

（4）智慧。公共关系工作的复杂多变性，决定了公共关系从业人员应有相当高的智慧。

（5）知识。丰富的知识无疑是做好公共关系工作的必要保证。

（6）能力。能力是知识与经验的集合。公共关系从业人员应具备的能力包括以下几个方面：组织能力、表达能力、宣传推广能力、社交能力、创新能力、应变能力、自我调节的控制能力。

具体来说，公共关系从业人员应具备以下素质。

（一）过硬的心理素质

心理素质直接影响着公关人员的思维和行为。过硬的心理素质是公关人员正常开展工作的前提。缺乏良好的心理素质，只会导致公关活动的失败。过硬的心理素质应该包括以下几个方面。

1. 追求卓越，渴望成功

公关工作不可能是一帆风顺的，这就要求公关人员在受挫折时能百折不挠，要求他们有“不达目的不罢休”的韧劲。

2. 易于投入，热情工作

一个合格的公关人员，必须具有强烈的责任心和主动的公关意识，“行动即公关”。一方面强调言行的自控，它代表所在企业的文化和形象，影响公众对企业的态度、印象和评价。另一方面，要时刻有职业的自觉敏感，把握每一个可以公关的时机和对象，这是公关生活中不可或缺的内容，是把握公关实质的表现。成功的公关活动常常是长期作用的结果。要实现公关目的，就需要有一种持久的激情，能够面对可能出现的挫折，有百折不挠的精神和耐力。同时，面对不断推陈出新的产品、信息，公关人员要做到保持热情和持续创新。

富有热情也是公关人员必备的素质。公关工作是一种需要工作人员付出大量的智力和体力劳动的艰辛工作，没有热情，就很难做好这项工作。公关人员需要凭借热情去与各种人员打交道，结交各方面的朋友，以便更好地开展工作。同时兴趣广泛、富有想象力和创造力是公关人员释放热情的前提，所以，优秀的公关人员还要不断地培养自己的想象力和创造力并激发自己的工作兴趣。

3. 自信

自信，这是对公关人员职业心理的最基本的要求。一个人有了自信，才会产生自信力，进而激发出极大的勇气和毅力，最终创造出奇迹。

公关工作不是一种简单的操作，公关人员虽然能在一定程度上预测到工作效果，但还是需要冒一定的风险，这就需要自信。当然这种自信是建立在周密的调查研究、全面了解情况的基础之上的，并非是盲目的自信。当一个企业遇到危机时，缺乏自信的公关人员，通常会显得手足无措、一片慌乱，即使有很好的转机，这样的公关人员也难以把握。而充满自信的公关人员，面对这种情况，则会以稳健的姿态，凭借智慧，依靠耐心和毅力，通过艰辛的努力，使企业转危为安。

自信心的培养需要一个过程。首先，要求公关人员在各种社交场合始终保持良好心态，要做到平易近人，平等待人；要做到胜不骄，败不馁。其次，在各种社交场合，公关人员应有意识地锻炼自己的社交能力，良好的社交能力是每一个公关人员必须具备的本领。良好的社交能力主要表现在公关人员在与人交往时所表现出来的沟通协调的技巧和艺术。比如说，如何处理好与上级、同事、下级的关系；如何语言准确、得体地向别人传达信息等。最后，增强自信心，还要消除胆怯心理，要表现出自信而又谦恭、热情而又稳重的精神风貌。

4. 开放乐观

优秀的公关人员首先应该有热情、开放、外向等良好的心理素质。唯其如此，才能做好人际沟通和交流。其次应该具有乐观、坚强的心理素质，唯其如此，才能应对各种复杂环境与情况。

我们说的开放是开朗而充满活力，指的是开放的心态和相容的心理。一方面，因为公关人员的工作是面向社会的开放型的工作，他们在工作中要了解社会，认识社会，社会也要通过公关人员了解他们及他们的组织，即公关人员与社会要不断地进行信息交流。因此，公关人员的开放心理有利于他们不断接受新事物、新知识、新观念，从而使公共关系工作更具有创造性。另一方面，公关人员要善于宽容体谅他人，能善于用幽默的语言调节气氛，缓解矛盾，消除隔阂，要善于接纳和宽容不同性格、不同风格的人，与他们建立良好的关系。

（二）理性的思想作风

思想作风决定了一个人的精神状态和工作态度。在公关活动中，公关人员必须具备理性的思想作风，只有这样，工作才能有很好的效果。

1. 良好的职业道德

良好的职业道德是做好一个公关人员的基本条件。国际化社会尤其强调职业道德的重要性。良好的职业道德是彼此沟通的前提，大家正是依据一定的职业道德来认识彼此，并进而进行相互的交流和合作。如果没有良好的职业道德做保证，就不可能有彼此真诚的、愉快的合作，甚至会互相防范和仇视。

2. 敬业精神

每一样工作都是艰苦的劳动，都需要付出，公关行业更不例外。公关人员要有爱岗敬业的精神，要兢兢业业地开展工作，要时刻准备着为公关活动效果牺牲自己的利益。

3. 自觉的合作观念

大部分公关活动是集体行为，这就需要同事之间的精诚合作。只有彼此协作，集思广益，共同努力，才能最大程度地发挥出个人的潜力，体现出整体的合力和实力，才能众志成城，完成重大的任务。

4. 勇敢的担当精神

国际化社会必然带来许多新问题，公关人员决不能避重就轻，更不能知难而退，自我放弃，必须敢于迎接新挑战，大胆探索开拓。也只有敢于面对问题，才能在风浪当中屹立不倒；努力克服困难，经受考验，解决问题，才能提高自己的水平，成为佼佼者。对于问题，应该认真分析，积极总结经验和教训，为以后的工作提供参考。如果出了问题，对于自己的责任，不能逃避，不能推诿，要主动承担。

（三）合理的知识结构

知识结构是一个人开展活动的工具，每个人都是依托自己的知识结构开展活动的。现代社会对公关人员的知识结构有以下要求。

1. 娴熟的专业知识

专业知识包括公关专业理论和公关技术的应用理论。公关专业理论包括公关的原理、公关的历史、公关的规划、社会责任感和职业道德、公关的组织机构和管理机构、公关的传播理论、媒介理论和社会舆论理论的研究。公关技术的应用包括公关的实务、技巧和方法，公关实务和案例分析，运用传播媒介及制作各种宣传材料，进行公众调查等。公关人员对专业知识应有相当的掌握程度。

2. 广博的一般知识

一般知识指与公共关系专业理论和应用技术相应的社会科学、人文科学、自然科学及外语等。与公共关系学关系最为密切并作为其基础知识的学科有传播学、新闻学、社会学、社会心理学、管理学、经济学等。公共关系人员的知识要达到广博的程度。

3. 广泛的兴趣爱好

公关人员面对的公关情况千变万化，因此，他们需要迅速了解一些新知识。兴趣爱好是学习的翅膀。兴趣爱好广泛的公关人员遇到新问题时就能很快掌握一定的新知识，迅速处理问题、解决问题。

（四）较强的能力素质

1. 较强的文字和口头表达能力

公关人员的工作离不开口头语言表达，如公关人员要在展览会上介绍企业概况，与消费公众接触时阐述自己的观点等。同时公关工作也离不开书面文字的表达，需要公关人员编写宣传材料、策划活动等，所以公关人员必须有相当强的文字功夫。

2. 较强的思维能力

公关人员要有成熟的思维方式，因为公关状态复杂多变，所以要求公关人员有较高的智慧，遇事冷静思考，有严密的逻辑思维能力和综合分析问题的能力，有丰富的想象力和创造思维能力，使组织在激烈的竞争中立于不败之地。

3. 良好的学习能力

学习能力是领悟能力的一种表现，也是公关人员所必须具备的能力。知识是形成能力、提高素质的基础。公共关系活动是一种复杂的社会活动。一般来说，越复杂的社会活动越需要科学知识的指导。从公共关系的实现过程来看，其信息采集、活动策划、意见整理、效果评估等各个方面都涉及诸多的学科知识，对于专业公关人员来说，这些学科知识只是一种辅助型的知识，但却是缺一不可的，故可谓不求精而求其多。公共关系是一个交叉、边缘性学科，其理论和方法有许多都来自于相关学科，而且在实践中还要借助更多的学科知识和技术手段，去解决各种错综复杂的公关问题。只有广泛地学习、吸收和掌握多方面的知识和本领，公关人员才能很好地适应新情况、解决新问题。

4. 较强的策划创新能力

公关人员的工作就是开展各种公关活动，而每种公关活动都需要精心的策划和认真的组织，所以公关人员要具有高超的组织能力。公关活动的策划和咨询工作充满着智慧，公关人员要根据环境变化的不同形势以及企业的要求，设计出新颖独到、令人耳目一新的公关活动，从而引起公众对企业及其产品的关注。这就需要公关人员具有较强的策划创新能力。

当公关人员发现或预见到企业的公共关系问题，为了解决这些问题或防患于未然，就需要其在创新意识的引导下，充分发挥自己的想象力和创造力来进行公共关系活动的全面策划和设计。公关人员要善于收集信息，在平淡之处找出奇特的东西，能够在危机公关中找出机会，要能够制造“公关新闻”。公关人员不仅要在公关活动中具有策划创新的能力，而且这种能力对公关人员的日常工作也具有同样的影响作用。因此，作为公关人员，要在日常工作中自觉地培养自己的策划创新意识，这样才会使公关工作富有新奇感和挑战性。

5. 信息采集处理能力与知识管理能力

“衡量公关人员的最根本标准是善于发现问题和解决问题。”一个合格的公关人员要具备较强的分析策划能力和相应的工作经验。它要求公关人员面对各种信息，表现出察微知著的职业敏感性和由表及里、透过现象看本质的专业分析能力，能以较快的速度和较高的准确性，从中找出影响组织公众关系的各种问题及原因。

6. 善于与他人交往的能力

公关人员的社交能力是指其进行人际交往，广泛联络公众的能力。公关人员肩负着为本组织建立一个良好的工作环境，加强与社会公众的交往，树立组织形象的重任。这就需要其克服与人交往的各种心理障碍，扩大与社会各阶层往来的范围，提高交往的效率。为了实现这些目的，公关人员应当发现自己的优势，充满自信地、大胆地融入公众，用人际交往的技巧和方法与公众轻松自如地交往，为组织广结良缘，广交朋友，在组织与公众之间架设沟通的“桥梁”，形成“人和”的氛围和环境，尽可能地在公众面前为自己和自己的组织树立良好的形象。为此，它需要公关人员正确认识公众，把握交往的原则和技巧，了解公众的行为特点，学会与各种类型和特点的公众友好相处。

7. 自控、自制和处理危机的应变能力

公关人员在公关工作中要和社会上的各种各样的人打交道，常常需要面对各种难题、矛盾和困境，公关活动中经常会出现一些突发事件和事先难以预料到的问题，这就需要公关人员有自我控制和应变的能力，能根据实际情况，灵活从容地解决问题。

8. 正确掌握政策、理论的能力

公共关系的一个重要工作是进行信息处理，公关人员要想在杂乱无章的信息中理出头绪来，非得有较高的政策水平不可。可以说，公关人员的理论政策水平直接决定着其工作实务的质量。有人认为，公关人员只需能说会道、能写会编，只要用口与手来掌握公共关系技术就可以了，其实更重要的是用脑，是思想政策水平。公关人员的思想政策水平具体包括三个方面：一是要掌握国家的有关方针政策，并使自己的工作不与之相违背；二是熟练运用自己组织内部的有关方针政策，并使自己的工作能为实现组织目标而服务；三是能适当地利用其他社会组织的有关政策和方针，使自己的工作尽可能顺利地进行。也许要求每一个公关人员都有较高的思想政策水平并非十分的必要，也不现实，但是如果公关人员思想糊涂，缺乏理论认识，不懂政策，就无法把握公共关系时机，更无法做好社会组织决策层的参谋，他的工作充其量只能成为公共关系实务的一种辅助性工作。

我们对公关人员所提出的要求是针对一个组织机构公关人员的整体，而非个体。因为任何一个公共关系从业人员都不可能像我们所要求的那样完美无缺，整体最优是一个组织开展公共关系工作的必然要求。

（五）一定的经验阅历

经验阅历是尽快适应工作的财富，无论是直接的经验阅历，还是间接的经验阅历，都有利于开展工作。现代社会中的公关人员，应具有以下四个方面的经验阅历。

1. 一定的专业经验

专业公关公司特别看重这点，尤其对于有某些专业领域（如企业管理、新闻、金融、IT、法律和医学等）工作经验的人才比较青睐。

2. 较多的公关工作经历

只有在工作中才能获取可贵的经验。此外，相同的工作阅历便于人们尽快进入角色。

3. 良好的社会关系

公关人员的活动主要是与人交往，在交往过程中建立人际关系，以人际关系为纽带开展下一步的公关活动。所以，良好的社会关系是顺利开展工作的保障。

4. 透彻的国情认识

如何正确地理解和应用我国悠久的历史、文化以及形成的理念，如何正确地理解和把握我国消费者以及他们的消费心理和消费趋向，对每一个公关公司和公关人员来说，都是必定会面临的巨大挑战。特别是那些服务于国内单位的人员，不对国情有一定的了解，就难以有针对性地在不同区域、信仰、文化、年龄等各种人群中开展工作。同时，随着中国市场经济的繁荣，外国相关组织在中国开展的业务必将增多，如果不能提供合乎国人口味的服务，就不会得到国人的认可，就是失败的公关。

三、公共关系从业人员的角色

公共关系工作需要一大批人去做，这些人由于其工作性质、范围、职能的不同，在公共关系工作中充当着不同的角色，承担不同的义务，享受不同的权利。公共关系从业人员的角色大体上可以分为四种类型：专家型、领导型、技术型和事务型。

专家型角色是研究和解决公共关系理论与实践问题的权威，他们有渊博的知识、丰富的经验，有较高的理论水平与宣传推广能力，他们是公共关系队伍中的中坚力量和精英分子。专家型角色主要包括以下人员：公共关系顾问、公共关系学者和教育家。领导型角色是指在各公共关系组织或相关单位中担任领导职务者，包括经理、部长、主任，兼职领导、社会活动家等。技术型角色是公共关系部门从事专项技术的业务工作人员，主要包括：一般的记者、编辑、摄影师、广告人员、设计师及其他技术人员，他们以各自的技术专长进入公共关系角色。事务型角色是组织中从事一般日常公共关系工作的人员，他们是最普通，也是最基层的公共关系人员，这些人员包括秘书、办事员、服务员、招待员、翻译、助理、导游、消费引导员等。

四、公共关系从业人员的公关意识

公关意识是公关素质的核心。因为只有具备了公关意识，良好的知识结构和基本能力才可能转化为重要的公关素质。那么，什么是公关意识呢？公关意识是由公关原理和公关原则转化而成的公关人员内在的习惯和行为规范。也就是说，具有公关意识的公关人员，无论是在日常事务性公关工作中，还是在大型公关活动中，都不需要靠某种压力或模仿，而是凭自身主观能动性的充分发挥，就能够自觉地使自己的行为体现出公关原理和公关原则。由此可见，公关意识一经产生，便会成为一种制约人们行为的无形力量。公关意识是一种综合性的职业意识，它大致由以下几个方面的内容构成。

1. 塑造形象的意识

塑造形象的意识是公关意识的核心。在现代社会中，组织的形象对组织的生存与发展直接产生作用，是组织最重要的无形资产和无价之宝。因此，公共关系主体必须十分重视塑造组织的良好形象。而且，每个成员要十分珍惜组织的良好形象。因为个体形象在公共关系中往往被看作是整体形象的代表，所以，在实际工作中，人们对组织的评价往往与对组织代表人的评价交织在一起。因此，公关主体塑造组织的良好形象时，就要十分注意塑造个体的良好形象，并注重形象的维护。

2. 服务公众的意识

公共关系也就是公众关系。缺乏对公众地位作用的认识，就是缺乏对公共关系的认识。组织和公众的关系是相互依存的关系，社会组织与主体必须着眼于公众，才谈得上组织形象的塑造，才谈得上组织的生存和发展。具有公众意识，才会有很强的广结良缘的愿望，有同现实公众保持和发展良好关系的连续行为；具有公众意识，才能把公众视为组织生存和发展的生命线。具有服务公众意识的组织，能时时刻刻为公众利益着想，满足公众各方面的合理需求。一个企业在市场竞争的大潮中，赢得公众才能赢得市场，才能立于不败之地。

3. 沟通交流的意识

沟通交流实际上也可以说是一种信息意识。组织为了塑造自身形象，更好地为公众服务，以实现其目标，就必须构架一个信息交流的网络来掌握环境的变化，就必须妥善沟通和协调各方面的关系，包括企业内部领导成员之间、上下级之间、各职能部门之间，以及组织外部各有关组织、团体、个人之间的关系，要使沟通意识贯穿到组织的思想政治、生产经营、业务管理、生活后勤等工作中去。只有这样，才能激发组织内部职工参与管理决策的积极性，促进组织内部的团结，增强凝聚力，优化组织外部环境，广交朋友，争取较多支持和帮助，保障组织的生存与发展。

4. 真诚互惠的意识

公共关系不是以血缘关系和地缘关系为基础的，而是以一定的利益关系为基础的。公共关系要以公众利益为出发点，同时也要争取自身的利益。公关部门应寻找组织与公众利益、社会利益相一致的交叉点，作为沟通、协调关系的着力点。如在企业生产经营中，努力提高产品质量就是这个着力点。因为产品质量的提高，既符合公众利益，也有利于打开产品的市场，使企业获得较好的经济效益。公共关系的全部活动体现了诚实守信、公平交易的互惠互利精神。互惠互利是市场经济条件下的社会良好行为意识。公共关系塑造企业形象本身也不排斥利己的目的，但重要的是建立在真诚、透明和互惠互利的基础之上。互利是自利的前提，只有认识到公共关系主客体的利益关系是各有所得、互惠互利的，组织才能在沟通交往中争取主动，与公众建立、发展良好的合作关系。

5. 立足长远的意识

塑造组织形象不是立竿见影的事，必须经过长期不懈的努力。因此，组织必须把树立并维护良好形象看作是百年大计，并使每个组织成员具有长远意识。必须明确意识到，组织的良好形象要靠平时一点一滴的积累，而且形象的积累，终究将会成为组织的无形资产，其对组织的作用是不可估量的。

6. 创新审美的意识

塑造良好形象是一个创新审美的过程。组织的良好形象一旦树立起来，就需要相对稳定。但相对稳定并不等于一成不变，而是应在稳定中孕育发展。只有在发展的基础上才能实现真正的稳定。因此，组织就必须有创新，有突破，有超越，既超越自己，又超越其他组织。唯有创新，才能塑造出具有个性的组织形象；唯有创新，才能使组织的美好形象在竞争的社会中立于不败之地。从另一方面讲，唯有美的形象，才能为人们所欣赏、所接受；唯有美的活动，才能为人们所参与、所投入。如广州中国大酒店在庆祝酒店开业一周年时，策划全体员工共同拍摄“中”字照片，然后将其制成明信片，这就是一种美的活动，广为传播。因为公关人员从中享受到了使理想变为现实的美，员工从中体会到作为酒店一员的自豪的美，客人从中感受到酒店全心全意为客人服务的形象的美。

五、公共关系从业人员的选拔与培养

选拔和培养公共关系从业人员，是我国当前开展公共关系工作和发展公共关系事业的一项迫切任务。其重要意义在于：公共关系是一项社会工作，为了组织的兴旺发达，必须要求这项工作的从业人员有较高的业务技能和文化修养。

（一）选拔公共关系从业人员的原则

随着现代组织的发展，在用人的问题上，尤其在选用公共关系从业人员的问题上，应遵循以下原则。

1. 因人施任、任人唯贤的原则

社会组织在选择公关人员时，应该根据某人的特点、能力和条件来安排他做最合适，并且是最愿意做的工作，要向他提出高标准的要求，从而促使他尽力做好工作，发展自身。

2. 广泛选择、正视能力的原则

社会组织在选择公关人员时，眼界应该放宽一些，面向社会招聘公关人员，要把那些有志从事公关工作、德才兼备的人招收进来；同时，在组织内部现有的工作人员中，如果确有出类拔萃、能胜任公关工作的人，人事部门应该给他们提供施展才干的条件和机会，使其充分发挥自己的才能。社会组织应该通过多种途径选择能人，优化组合，组成自己的公共关系部门。

3. 用人之长、容人之短的原则

用人之长，既符合人的特性，又符合公共关系工作的要求。重视人的长处，就是要一个人集中他的全部力量并将其用于某一项活动，要求人在自己的强项中做出成绩。

（二）公共关系从业人员的培养目标

公共关系的人才培养应该朝两个方向努力：一是培养通才式的公共关系人才；二是培养专才式的公共关系人才。

通才式的公共关系人才，可视为领导型人才。这种人才需要具有企业家的头脑、宣传家的技能、外交家的风度。其定位是：懂管理、会策划、善传播。专才式的公共关系人才，可视为具体公共关系工作人才。这种人才要精通新闻写作、广告设计、市场调查、美工摄影、编辑制作、绘画书法等某一方面的公共关系技能。

六、公共关系从业人员创新能力的培养途径

公共关系从业人员创新能力的培养途径主要有以下几方面。

（一）高校的公共关系专业教育是培养公关从业人员创新素质的重要途径

加强我国高校对于公共关系专业的创新教育是提高公共关系从业人员创新素质的主要途径。虽然市场对公关人才有着大量的需求，但是我国开设公共关系专业的高校十分有限，且专业教育质量不能令人满意。高校教育作为一个为社会提供公共关系从业人员的主要渠道，应从以下几个方面进行改进，以提高公共关系人员数量及其创新素质。

1. 积极进行教师角色的转换，提高学生创新意识

创新能力是人类与生俱来的一种潜能，但这种潜能的发掘以人的独特个性的实现与发挥为必要条件。一个人的个性越能得到充分发挥，他的创新潜能就越能得到展现。传统的教学模式为“教师讲、学生录”，在这种模式中，教师扮演的是权威的代言人的角色，他们以专家的姿态，将知识、经验传递给学生，学生则记忆、重复现成的内容。这种教学模式极大地束缚了学生的创新意识，因此在教学模式上，要转变教师角色。教师不仅要具有渊博的知识，更要尊重学生的个性，遵循因材施教的原则。在课堂教学中将学生的“学”与教师的“教”有效地融合起来，教师扮演“导”的角色，除了将重点理论知识讲深讲透之外，更重要的是引导学生爱学习、自觉学习，特别是有意识地留出“空白时间”，让学生自己从充分的思考、质疑、归纳、总结的自主性活动中去填补空白，激发学生的求知欲望，提高其创新意识。教师扮演“友”的角色，在教学过程中充分进行换位思考，理解学生心理，创造宽容的教学环境，为学生的创新意识培养良好的外部环境。

2. 改善传统的机械式教育，进行交往式教学，开发学生创造性思维

所谓交往式教学是在课堂教学中以促进学生建立主体结构为基本目的，以建立师生互动、生生互动的学习机制为主要策略，以营造民主、和谐的情感氛围为基本的教学环境的一种新型的教学观和教学形式。而传统的教学当中，教师是主体，学生是客体，教材是中心，教学活动是知识的单向传输过程。交往式教学要求改变这种单向式的教学模式，在教学过程中提倡教学内容交往、人际交往。在这一过程中，师生间的交往是教的活动和学的活动的结合点，整个课堂是师生群体在教学活动中多边多向、多种形式交互作用的人际关系网络。在这一网络体系中，教师与学生的创新思维被不断开启与延伸，成为一个不可分割的整体。教师在教学中创造条件，让学生在交往中学习，在学习中交往。

3. 加强案例教学在教学中的比重，提高实践创新能力

公共关系学是一门实践性强的学科，要求公共关系从业人员能够在对外交往中体现创新能力，举办具有社会效应和经济效益的公关活动。创新能力需要不断地思考前人经验及教训而获得。案例教学正是教育理论与教育实践之间的桥梁。公共关系教师要针对课程中的有关理论，选择典型而有价值的案例进行剖析，形成一个“抽象—具体—抽象”的教学过程，使学生在形象的学习中体会公共关系的原则、方法和经验，提高学生的实际创新能力。在案例教学中，教师要着重注意以下内容：精心选择与设计高质量的案例；每个主题案例尽量保证一个正面案例和一个反面案例，促使学生在比较中辩证地掌握知识，提高能力；增加学生的学习主动性，在教师的指导下形成背景资料收集、分析、课堂讨论、提出解决方案、课后评估的完整流程，提高学生的创新能力。

4. 建立创新教育考核评价的激励机制

公共关系课程考核评价方法应有利于激发学生的创新意识，因此教师在考核过程中应注重针对不同的学生灵活地运用笔试、口试、作业、论文等考评手段，从知识、技能等方面给予多层次、多方面的综合考评。

（二）公共关系公司是培养公关从业人员创新素质的又一重要途径

2006 年 1 月中国国际公共关系协会（CIPRA）公布了对我国 2005 年度公共关系业的行业调查报告。报告显示，我国在专业公共关系公司从业的公共关系人员已超过 20000 人。而且我国中高级专业公共关系人员的缺乏制约着行业的快速发展，由于公关行业的特殊性，高校教育远远不能满足需求。公共关系公司便成为通过人员培训来提高公关从业人员创新素质的另一途径。国际知名的公共关系公司大多重视员工的创新素质培养，例如，世界顶尖的公共关系公司——博雅公共关系公司就一直致力于为员工创造良好的培训机会。公共关系公司提供的创新培训应着重从以下方面着手。

1. 在岗培训

公共关系职业是实践性职业，仅仅掌握公共关系知识远远不够。知识只有转化为技能才能真正转化为价值。而公共关系从业人员在工作中提高创新素质是最直接的一种方式。公共关系从业人员可以就具体的问题思考解决办法，提出有效的公共关系方案。在“考虑—设计—学习—提升”的闭环结构中，公共关系从业人员的创新素质得到了极大的提高。

2. 技能互动式培训

公共关系公司内部为了提高整体素质可以选择部门互动式培训方式。此种培训方式可以使公共关系从业人员充分了解与掌握各个技能，在进行公共关系策划时能全盘考虑，有利于创新公关策划方案的提出。此种培训所产生的效果是多方面的，既可促使大家认真学习、努力掌握培训内容精要，又可提高授课者语言表达及文字组织能力，还可通过讨论阐述不同观点，帮助大家理解，从而使所有参与者的技能水平得到提高。

3. 案例讨论式

案例讨论式指针对某一特定现象和案例，进行专题分析、讨论，主要用于分析问题、寻找差距、避免失误。公关公司不仅担负着培训本公司从业人员的责任，而且还担负着帮助其

他企业培训公关人员的责任。这也是公关公司很重要的一个职能。因此公关公司在培养公共关系从业人员创新素质方面起着很大的作用。

总之，公共关系从业人员的创新素质直接制约着我国公共关系事业的发展。在提高公共关系从业人员素质方面，无论是高校的正规全日制教育，还是公共关系公司的人员培训，都应发挥更大的作用，以提升我国公共关系事业的整体水平。

第三节　全员公关

一、全员公关的定义

“全员公关”指的是公共关系工作与社会组织的全员有关，只有动员和组织全体成员都参与公共关系工作，才会有真正的、有实效的公共关系。现在，国外的公共关系学界普遍赞同全员公关的观点和方法。这是因为，全员公关是组织树立良好形象的基础。组织公共关系的目标就是为自身树立良好的形象，而良好的形象正是通过组织中所有员工的集体行为体现出来的，是组织中每个员工各自形象的总和。本节主要以企业为例加以说明。

二、实施全员公关的必要性

在日趋激烈的市场竞争中，企业靠什么赢得竞争的胜利？许多成功企业的实践证明：优质的服务是竞争获胜的法宝，而搞好优质服务，必须走全员公关这一最佳途径，通过强化全员公关意识来提高服务水平。虽然全员公关的原则被认为是公关的一个重要原则，但仍有人认为，我不是专职公关人员，公关工作与我无关。这种想法会使企业的公关工作走入误区。我们所说的“全员公关”，并不是指企业的全体员工都专门去做公关工作，而是指企业的每个员工都要有强烈的公关意识，自觉地、不断地提高自己的公关交际能力，在日常与公众的交往中为企业做宣传，为提高企业的知名度和美誉度做贡献。

青岛市邮政局在提高服务水平，以全新的面貌服务大众方面就发挥了全体员工的积极性。当用户走进邮政局时，礼仪小姐微笑着用“您好、欢迎”等礼貌用语与用户打招呼，迎接用户；导邮员身披导邮标志绶带在营业厅内解答用户提出的问题，指导用户操作，疏导拥挤的人群，现场征求用户的意见，把其中有价值的意见和建议向上级反映，以改善服务；营业员统一着装，面带微笑，热情地迎接用户，并在不办理业务时起立回答用户的各种问题，处理邮件时坚持限时服务，不拖时间，当用户离去时向用户表示感谢，并欢迎再次光临。此外，他们还为老弱病残孕等特殊用户提供全过程的特殊服务。用户从踏进邮局大门的那一刻起，就被温情暖意所包围，深深地被“宾至如归”的服务水准所打动，对邮局的信任度和赞许度又增添了几分。这样的服务效果的取得，归功于邮局里的每一位员工。他们诚恳待客，时刻把用户放在心上，这种为用户提供方便的做法就是在做公关工作，他们高水平的服务正是个人良好交际修养的体现。公关交际并不神秘，它也不是少数几个专业公关人员的工作，它需要全体员工的参与和合作。原因有以下几个方面。

从静态上看，企业是由各个成员组成的有机整体，每个具体的成员都代表着组织，如果某位公关人员对用户的利益造成了损害或是在用户用邮的过程中以“冷硬顶”的方式得罪了他，那么用户就会把对这位员工的不满算到邮局的头上。也就是说，公众与员工的关系会影响到公众与企业的关系。

从动态上看，企业与公众的联系和沟通，是在企业的活动和运行中得以实现的，而企业的活动和运行，就是全体员工的活动和运行。工作需要人来做，做得好，就会有好的公共关系；做得不好，就会有相反的结果。上述青岛邮局的工作做得较好主要得益于全体员工的共同努力。在公关交际活动中，每个员工都是有重要影响力的一份子。

从公关成效上看，“全员公关”会使企业的公关活动特别有实效、特别有效益。员工在企业中从事专业活动，在实际工作中最容易对企业的公关状况产生深刻的体验。如果他们具有全员公关的意识，就会促使其个人的公关行为处在自觉化的状态，促使其主动为企业形象的塑造做贡献，踊跃地为企业的公关活动献计献策。“群众中蕴藏着极大的积极性和创造力”，发挥出来后会为企业的公关工作注入生机和活力，使企业的公关活动更富有成效。

在强化全员公关意识，促进服务水平提高方面，北京银地大厦进行了初步探索，并尝到了甜头，其开业仅一年就跨入北京市四十家亿元商场的行列，并获得市级“双好企业”称号（参见案例）。

总之，全员公关的观念是指在社会组织中所有工作人员都参与公共关系活动的观念。其真正意义在于增强组织的全体工作人员的公共关系意识，促进他们更多地关心组织，做到从组织公共关系工作整体着眼，从自身的本职工作入手，把公共关系观念贯穿于组织的各项活动的全过程之中，为树立良好的组织形象服务。因此，这种意识不仅起着协调人与人、组织与组织间关系的作用，而且还能发挥教育社会公众的作用。

三、实现全员公关的途径

（一）切实保障员工的主人翁地位

以企业为例，应当正确解决企业与员工的关系，真正做到员工当家做主，做到每个人在各自岗位上，以主人翁的态度进行工作，人人关注企业的经营、人人重视企业的发展，人的工作成果同他的社会荣誉和物质利益密切联系，只有员工的主人翁地位和权利在企业各项制度中得到了切实保障，员工的积极性、主动性、创造性和工作潜力才能发挥出来，才能使员工真正做到“厂兴我荣，厂衰我耻”，才能与企业同舟共济、荣辱与共，自觉自愿地为企业塑造良好形象而努力，这时候，企业全员公关才能转化为现实。美国《幸福》杂志曾登载过这样一件事：日本本田技研工业公司的一个工人，每天在下班回家的路上，总要把他所见到的停在路边的每辆本田车上的挡风玻璃、刮雨刷子整理好，并不是他“手痒”，而是他实在见不得本田技研工业公司的汽车有任何不顺眼的地方。这是一种强烈的主人翁精神，这是一种自觉的公关行为。因此，企业要形成全员公关的良好局面，就必须切实保障员工的主人翁地位，使员工真正能够享主人权、尽主人责、得主人益。只有员工具有主人翁的身份和感觉时，员工才能把企业的发展看成是自己的发展，把企业的兴旺看成是自我实现，才能以塑造企业良好形象为己任，通过自己的具体工作为企业的良好形象增光添彩。

（二）培养员工对企业的认同感和归属感

员工的认同感和归属感的基础是团体精神，它是靠合理、完善的制度和专业公共关系人员的长期努力培养起来的，它会使员工为树立和维护良好的企业形象而尽职尽责。培养员工的认同感和归属感，让员工把企业看成是“自己的企业”，这是企业实现全员公关的前提。心理学研究表明，通过与员工分享信息、缩短与员工的距离以及让员工参与决策、实现心理换位是实现全员公关最为重要的两个方面。一般来说，现代企业决策机构都是十分重视与员工之间的信息沟通的。因为员工作为企业的一员，若对企业不了解，尤其是对与自身利益有关的动态毫无所知或知之甚少，那就必然缺乏主人翁态度，难以形成为企业塑造良好形象的主动性和自觉性。因此，应通过信息分享去达成企业与员工之间的相互理解和合作，缩短企业与员工之间的心理距离，改变他们对企业漠不关心的局外人态度，唤起员工企业主人翁的意识，促使他们把企业当成是“自己的企业”，一般情况下，除特殊的企业机构外，应通过各种传播媒介，如企业杂志、简报等，让员工及时地、准确地了解企业的总体情况。与此同时，还应将员工的情绪、意见和建议加以归纳综合，及时地将这些信息反映给企业领导，作为其决策的依据。如果说，信息分享的主要作用在于缩短企业与员工的心理距离，引起员工对企业的注意和关心的话，那么，让员工参与决策，则是使员工对企业真正产生认同感的关键。员工能否把企业看成是“自己的企业”取决于员工在企业决策过程中的参与程度。参与程度越深，员工与企业的关系就越亲密，也就越能增强员工的主人翁感。让员工参与决策，其重要意义并不仅仅在于其所提出的意见本身的建设性，更重要的是这种参与过程，会使他们一改过去置身于企业之外的态度，使他们开始站在企业的立场上从企业利益出发去考虑问题，这种心理上的换位，对他们形成“自己的企业”意识起着决定性作用。只有员工切切实实有了“自己的企业”的感受，他们才能以主人翁的态度和热情对待企业的各项工作，才能为企业塑造形象尽职尽责。

（三）激发员工的自豪感

每一个人都有自尊心，都希望得到别人的羡慕。如果能在每一位员工心目中塑造一种值得他们骄傲的形象，无疑会促进全员公关的实现。让员工为企业而感到自豪和骄傲的原因有很多，企业领导可以从多方面努力，使员工因企业而深感自豪。如当一个企业对社会有较大的影响和贡献时，就会有较高的知名度，作为该企业的员工就会为此而感到无上光荣，同时还会产生自己所服务的企业是工作的好地方的感觉，从而更加努力工作，无愧于优秀企业的一员，而当一个企业在社会上受到广泛的赞扬和好评时，作为该企业的员工也会因此而产生荣誉感。因为市场经济已使企业与员工逐步形成了荣辱与共的关系，企业与员工可以说是一荣俱荣、一损俱损，企业的荣誉也是员工的荣誉。此外，先进的办公设施、现代生产技术、比较高的福利待遇等，都会激发广大员工的自豪感和荣誉感，都会促使员工珍视企业、自觉宣传企业，并希望通过自身的努力展现企业的风采，体现企业的形象。

（四）开展全员公关的教育和培训

企业要使全员公关活动全面展开，就必须把公共关系的经常性工作与全体员工的日常工作结合起来，各部门在自己的工作中配合企业公共关系的目标，而要做到这一点，就要经常对广大员工进行公共关系教育和培训。通过公共关系教育和培训，一方面使广大员工了解公共关系基本知识及掌握公共关系的实际技能，如礼宾礼仪、交谈方式、文明礼貌用语、谈判技巧、顾客心理、产品状况、企业历史、企业规划乃至企业战略、方针等。这些都是员工开展公共关系活动所必须具备的基本知识和手段，员工只有掌握了这些基本知识和手段，才能在与外部公众的交往中左右逢源，在实际工作中寻找公关的良机，否则，员工就会心有余而力不足，全员公关就无从谈起。另一方面，通过公关教育和培训，强化全体员工的公共关系意识。公共关系意识作为一种深层次的思想，引导着一切公关行为，没有公共关系意识的人，纵使具备了开展公关活动的能力，也很难做好公关工作。反之，具有强烈公共关系意识的人则善于寻找一切可能为企业塑造良好形象的机会，因为强烈的公共关系意识能促使他使自己的公关行为永远处在自觉状态，使他对环境的反应、适应和协调，有一种能动、开放、创造性的机制，能够抓住每一件日常工作的小事为企业扬名立善，广播美名。由此可见，对全体员工进行公关教育和培训，强化他们的公关意识和能力，促使他们把企业的良好形象与自己的日常工作紧密结合起来，是实现全员公关的必经之路。

四、全员公关的误区

误区之一：公关主体模糊。长期以来，只要一提到公关活动，人们马上就联想到企业公关部和专业公关人员，似乎只有这些专业人士才是公共关系的主体，企业只有借助于他们巧妙策划的公关活动，才能提高知名度、美誉度，塑造好形象。实际上这是对企业公关主体的片面认识和理解，它忽略了企业的另一重要公关主体——全体职工。诚然，我们承认，专业公共关系人员是企业的重要公关主体，他们对内对外开展的公关活动，对保持良好的公共关系状态，塑造良好的形象确实起着不可低估的作用。许多企业也正是通过他们精心策划和组织的公共关系活动造就了“金戈铁马，气吞万里如虎”的气势，使广大公众在参与企业的公关活动中，对企业产生了刻骨铭心的印象。但是，企业良好形象的树立是一个相当复杂的过程，并非几次轰轰烈烈的公关宣传就可以奏效的，当然，通过规模宏大的公关宣传，制造“轰动效应”，确实可以帮助企业扩大社会影响，塑造良好形象，但这种形象能否长久地存在于公众心目中，还取决于企业是否具有优质产品和服务。在这种情况下，企业只有以全体职工为公关主体，强化职工的“全员公关”意识，使之珍惜和爱护企业的形象和声誉，坚持“用户第一”“信誉第一”的思想，向社会和广大公众提供优质产品和服务，才能立足于社会，维持企业在公众心目中的良好形象。否则，不从企业自身做起，没有广大职工在各自工作岗位上的努力与配合，任何宣传不仅不能帮助企业树立良好的形象，反而会收到适得其反的效果，给公众一种华而不实的印象。中国人向来对“金玉其外，败絮其中”的绣花枕头没有好感，企业不能靠自我吹嘘，也不能仅靠专家来设计企业形象，而是要依靠企业中重要的公关主体——全体职工的努力与配合，只有专业公关人员和全体职工共同携起手来，才能为企业塑造出真实、可信的良好形象。

误区之二：只顾眼前的短期行为。有人认为，公关是包医百病的灵丹妙药，企业遇到危机，就请公关专家矫正形象，危机过后便鸣锣收兵。殊不知，企业形象的塑造是企业长期的战略目标，它不是一朝一夕的事情，既不是权宜之计，也不是推销产品或服务的一般策略。塑造形象的过程，需要全体职工通过长期的、持久的、艰苦的努力，有计划、有步骤、积极稳妥地开展。同时，要把企业的各项具体工作，统一到树立良好形象这个总目标上来，并持之以恒地坚持下去。即使已经矫正或树立了形象，也还需要全体职工继续努力，不断更新企业形象，因为形象是公众对企业的评估，是一个动态的概念，不可能一劳永逸，公众可能淡忘企业，目标消费群体可能因时间推移而更迭，同行的公关攻势可能使企业相形见绌，所以，树立和保持良好形象的过程任重而道远，需要包括专业公关人员在内的全体职工悉心加以维护、调整和不断强化。

中国企业要走出公共关系的误区，必须着手开展两方面的工作，一方面，加强企业内部公共关系理论的研究和探讨，另一方面，强化对企业全体职工的公共关系教育与培训，两方面有机结合起来，必将为企业公关开拓出一片新天地。

本章案例

案例一　森博助力 APEC 的国家形象公关策划活动

2014年APEC（亚太经合组织）峰会于11月10日至11日在北京召开。活动的策划方与执行方即森博公关集团的工作人员从活动的设计构想、现场策划、组织管理等方面，进行了全面的创意策划。森博摒弃以往的“模式化设计”，将“中国元素”进行创新提炼与重组，将文化作为沟通语言寓于活动之中，选取了其中最具代表性的“茶+国粹+国乐”三大元素进行演绎，传递中国文化，而牡丹、中国结、瓷纹等也成为装点现场的重要文化符号，向外界传递出与众不同的东方大国的文化内涵，充分体现出中国文化的魅力。

公关人员是指以从事公共关系工作为专门职业的人员，是组织、实施公共关系活动的主体核心，担负着建立联系、沟通信息、咨询建议、组织策划、协调活动等职责。在本案例中，森博公关人员运用较高的理论水平与宣传推广及执行能力，充分发挥主观能动性，围绕APEC精神，组织了一次充满文化魅力、彰显国家文化“软实力”的国事活动；森博公关人员充分体现了创新意识，通过独具中国特色的文化活动，向全球工商业领袖传递中国文化，传递国家形象。将如此重要的国事活动交付公关公司来实施，体现了中国公关行业的地位在不断提升，行业价值得到国家的高度认可，表明中国公关人员具备了参与国事活动的能力。

案例二　北京银地大厦的全员公关

北京银地大厦在开店之初就十分注重对全体员工公关意识的培养和教育。先后多次请来公关专家、教授，举办公关知识培训班、体态语学习班，大厦的领导还亲自讲授柜台服务公关艺术，强化员工的公关意识，使他们在柜台服务中把每一位顾客作为自己的公关对象，主动沟通企业与顾客的联系，以期宣传企业，树立良好的整体形象。

除了通过专门培训强化员工公关意识，银地还注意宣传媒介潜移默化的影响，充分利用大厦广播系统，对内广播服务公关案例分析；对外广播采用公关语言，每日播出的迎宾词、送客语温馨可人；天气预报、各种应时问候、节日祝贺体贴备至，即使是广播商品导购信息，也注意立足消费者，情真意切。

银地还每年在当地电台有线广播上打出公关广告，在银地开业前半年，每日中午和傍晚，人们便可听到一个亲切的声音：“银地大厦祝全县人民幸福安康!”这些对外的公关宣传不仅向外部公众传达着银地的情谊，同时也向内部员工灌输着一个信念，那就是“顾客至上，顾客是亲人”。这使员工在浓浓的公关氛围熏陶下，在与顾客交往中自觉遵循公关原则和要求，为顾客提供上乘的服务。

信誉是企业的生命，是良好企业形象的基础，而信誉的得来全靠诚实的服务，一位外国公共关系专家说：“诚实是最好的公共关系政策。”“以诚感人者，人亦诚而应。”这就是说我们用诚实的态度对待人，那么别人也会用诚实来回报我们，这在人际交往中确为至理名言，在商业服务工作中也应借鉴，所谓“诚能生信”就是这个道理。诚实服务定会顾客盈门，反之那种“商品售出，概不退换”的商店是很难让顾客再次踏进门槛的。银地在服务工作中注重贯彻好这一人际交往准则，教育员工以诚恳的态度服务公众。如大厦鞋部就积极为顾客退换商品及代客修理。

顾客从售货员手中买到商品后，如果以为企业与顾客的关系就此结束了，那么这是错误的，从全员公关的角度来分析，售后人员及时周到的服务工作，对提高企业的信誉，加强企业与顾客的感情联系有着特别重要的意义，良好的售后服务会增加消费者对购买该商场商品的安全感。

为了解除顾客购物的后顾之忧，银地注重对职工加强售后服务重要意义的教育，完善售后服务措施，除了实行进货渠道双重把关、进货风险抵押金等制度，银地还积极参加商品“保真”活动，成为京郊首家保真商场，从而从根本上杜绝了假冒伪劣商品的流入，为顾客把好了质量第一道关，增强了商品可信度，降低了售后返修率。从1995年开始，银地还增加了大件日用品售后信息跟踪卡，及时主动解决顾客的问题。开业两年来，共为顾客免费送货上门安装调试、维修服务达2000多次，不仅为通县当地顾客服务，他们的足迹还远到丰台、石景山、燕郊等地。

公关工作与每一位员工息息相关，每当与顾客接触时，银地的各级人员都用这句话提醒自己。本着这种全员公关精神，员工们才能自觉地为顾客着想，从而对自己的服务提出更高的要求。反复强调这一精神，会形成企业员工“唯客独尊”的心理定式，形成一种积极的心理指示，从而缩短企业员工与顾客的角色差距，为建立良好的顾客关系奠定心理基础。正是因为银地大厦强化了全员公关意识，制定了一整套的全员公关管理制度，所以才保证了它所提供的服务是一流的。

（资料来源：冯忠璐《强化全员公关意识》）

思考题

1. 组织内部公共关系部和独立的公共关系公司，其公关职能的异同点是什么？试比较分析。

2. 公共关系公司分为哪些类型？

3. 公共关系从业人员应具备的公关意识是什么？

4. 你认为公共关系从业人员应具备怎样的职业道德？

5. 如果你打算从事公共关系职业，根据公共关系从业人员的素质和技能要求，你准备怎样培训自己？

6. 如果你所在的单位新组建了公共关系部，你觉得这个部门要站稳脚跟，应该先开展哪些工作？

7. 如果公共关系工作人员在企业中发挥的作用不是很大，你认为作为公关人员本身来说，如何改变这种状况？

8. 全员公关的误区是什么？

第七章　公共关系运作的一般程序

丰田拖动奋进号

奋进号航天飞机（STS Endeavour OV-105）是美国执行太空飞行任务的一架航天飞机。首次飞行是在1992年5月7日，完成最后一次空中飞行是在2012年9月21日。21日，奋进号航天飞机抵达洛杉矶国际机场，降落之后计划由一辆卡车将其运送到加利福尼亚科学中心进行永久性展览。此时，丰田代理商美国McCann的广告人正在为如何展现丰田坦途车系的强力动力而苦恼，看到奋进号即将被拉到科学中心的消息后，立即开展调查和研究，确定策划方案后，他们联系了美国航空局，要求负责这次的“托运”行动。丰田坦途要拖走奋进号的消息，一下子就上了新闻头条，成为媒体和纪录片关注的焦点。此次公关策划活动相当引人注目。在2013年戛纳广告节上，丰田汽车《拖动奋进号》获得公关类广告金奖。

公关实务活动需要经历一个特定的操作过程，这个过程一般分为调查、策划、实施、评估四个步骤，又称“四步工作法”。在拖动奋进号的公关策划活动中，调查是开展实务活动的基础，自始至终贯穿于活动的全过程，如事先经过专家考察，论证是否真的能够拖动；策划是最为关键的一步，是公关成败的关键，体现了美国 McCann 的广告人的策划艺术；实施是体现实际效果的实践活动；而评估是公关工作程序中的重要环节，也是开展后续公关工作的必要前提。丰田汽车《拖动奋进号》获得公关类广告金奖证明了公关策划的良好效果。本章将就上述四个步骤展开论述。

第一节　公共关系调查

调查研究是公共关系工作程序中的第一步骤，是做好公共关系工作的基础。公共关系调查的目的是为了考察组织自身、社会公众与社会环境的状况，探求公共关系事件的真相、原因及规律，为开展公共关系活动提供依据。

一、公共关系调查的定义

公共关系调查是社会调查的一种。它是运用一定的方法，有计划、有步骤地考察组织的公关状态，收集必要的资料，综合分析各种因素及相关关系，以掌握实际情况，解决组织面临的实际问题的一种社会实践活动。随着我国现代化建设步伐的加快以及社会主义市场经济的发展，公共关系已经渗透到社会各个领域，因而，公关调查日益受到重视。

二、公共关系调查的内容

公共关系调查的内容主要包括社会环境调查、公众调查和组织形象调查三个部分。其中组织形象的调查可以通过知名度和美誉度这两个指标来衡量。知名度是表示一个组织被公众知道、了解的程度，社会影响的广度和深度，即评价名气大小的客观尺度。知名度侧重于对组织形象“量”的评价，调查相对较易。美誉度是表示一个组织获得公众信任、赞美的程度，社会影响的美、丑、好、坏，即社会评价好坏程度的指标。美誉度侧重于对组织“质”的评价，调查相对较难。美誉度的调查关键在于考虑问题是否周详，分类是否恰当，如果遗漏其中一项，这一项就会成为信息的空白。

三、公共关系调查的基本方法

1. 文献调查法

文献调查法也称历史文献调查法，是指调查人员通过查阅各种文献，对媒介所传播的有关组织形象或组织发展信息进行调查统计分析的一种间接的调查方法。对文献进行收集、整理和分析是所有调查研究开展的前提，也是调查研究人员必备的素质。

文献调查法的基本步骤包括文献收集、摘录信息、文献分析三个环节。具体来说，一经选定调查的课题方向，或选定课题后，公关人员就要根据需要进行检索，确定查找文献的范围和深度。在文献调查法独立或主要担纲的调查研究中，以上所述三个环节缺一不可；而在以其他调查方法为主的调查研究中，文献调查法一般特指前两个环节，文献资料的整理、分析是和其他调查后资料的整理、分析一并进行的。

文献调查法的优点是适用范围广，现存的文献种类很多，省时并节省费用。但它也有缺点：只能被动收集现有资料，不能主动地去提出问题并解决在市场决策中遇到的问题。

2. 访谈法

访谈法是指公关工作人员通过与公众进行面对面的交流，加深对公众的了解以获取公关信息的一种工作分析方法。

由于访谈法主要是通过访谈员与被访者面对面直接交谈方式实现的，具有较好的灵活性和适应性，又由于访谈调查的方式简单易行，即使被访者阅读困难或不善于文字表达，也可以回答。访谈调查法被广泛运用于公关调查，它适用于调查的问题比较深入、调查的对象差别较大、调查的样本较小，或者调查的场所不易接近等情况。

3. 问卷法

问卷法是调查者运用统一设计的问卷，利用书面回答的方式，向被调查者了解情况并收集信息的方法。其做法是用事先设计的问卷，以询问的方式收集调查材料。问卷可以邮寄，可以组织笔答，可以通过电话询问，还可采用访谈的方法。这种调查方法的特点是有一套固定的问题，回答者的答案简单，有的只做“是”或“否”之分，这样便于对答案做系统分类，有利于电子计算机分析。问卷设计是使用问卷法的关键，抽样调查、民意测验、专家问卷法等常采用此法。

问卷法的优点是：样本的代表性强、答案的可靠性高且更具真实感等；缺点是周期长、答案重复的概率大、投入的费用较高等。

4. 观察法

观察法是指调查者在理论指导下，根据一定的目的，用人的感觉器官或借助某些观察仪器和观察技术，对社会生活中人们的行为进行观察来收集资料的一种方法。观察法要遵循全方位原则和求实原则。

采用观察法调查时，切记不能让被调查者感到自己的一举一动受到别人的注意或"监视"。观察法的最大特点就是了解被调查对象的自然反应、行为和感受。这层纸一旦被捅破，观察调查就失去了存在的意义。例如，推销人员观察市场，一般直接到市场、商店等现场，观察了解顾客对商品的质量、价格、商标等方面的态度及其选择行为，倾听顾客之间、顾客与售货员之间的谈话。有时推销人员自己会装扮成顾客，与其他顾客或售货员议论各自对商品的价格、质量等方面的看法。这样获得的第一手材料，是非常真实有效的。据说，美国有家玩具工厂的推销员，为了收集孩子们最喜欢什么样玩具的信息，特意请了一些孩子来工厂玩耍，他们把十多种玩具放在一间屋子里，每次放一个孩子进去玩，看这个孩子最喜欢哪个，用同样方法进行多次试验，其过程全部用录像机录下来，经过对上百个孩子的调查，推销员掌握了情况，向厂方提出了生产建议。结果，这个工厂生产的布娃娃一经投放市场，立刻成为孩子们的钟情之物。

观察法的优点在于，在收集非语言行为的资料方面优于其他方法，伸缩性较大，有较充裕的时间与被观察对象接触。观察法也具有其局限性，诸如研究者对于环境因素难于控制，大量的观察资料难于数量化，样本比较小，观察者难以进入观察环境等。

5. 电话调查法

电话调查法是推销人员通过电话询问收集信息的方式，一般用于调查内容简单的事项以及较为熟悉的顾客和用户。其特点是经济、迅速、及时。

要做好电话调查，必须对参与电话调查的有关人员、调查问卷、调查时间等方面的问题进行仔细的研究。

电话调查法实际上是介于面访调查与信访调查之间的访问调查方法，兼有两者的优点和缺点。电话调查的主要优势是成本低，调查范围可控制和选择，代表性较强，回答率较高。主要劣势是影响回答的因素不太好了解及判断，回答质量很不稳定，投入人力较多，调查时间较短，调查费用较高。当被调查者不愿合作时，经常单方面挂断电话。对这种情况，调查人员常常毫无办法。

6. 网络调查法

随着国际互联网应用的迅速发展，一种崭新的调查方式——网络调查（Internet Survey，简称 IS）随之产生。网络调查是通过互联网发布调查问卷来收集、记录、整理和分析市场信息，一般是针对那些对信息极为敏感、具备高度的信息收集和选择能力的网络用户群体而产生的调查方式。在欧美等互联网发达的国家，网络调查已相当普遍。我国的网络调查兴起后就已成燎原之势。随着计算机、通信和国际互联网的快速发展和普及，网络调查已成为 21 世纪应用领域最广泛的主流调查方式之一。

与传统调查方式相比，网络调查在组织实施、信息采集、信息处理、调查的效果等方面具有明显的优势。首先是成本低，时效性强。网络调查是无纸化调查，不需要派出调查人员，与传统统计调查相比，网上传输信息的费用大大低于传统的通信方式，调查成本大幅度降低。其次是效率高。网络调查不受天气和距离的限制，信息采集和信息录入在网上用户的终端就能完成，信息检验和信息处理由计算机自动完成，彻底改变了传统调查方式耗费较长周期去记录和整理数据的状况，决策者可得到更多实时信息，大大提高了统计数据的质量与时效性。以零点—搜狐网络调查系统为例，假设该系统每天有 400~600 位主动浏览访问者，在 10 天内就可以获得约 5000 位受访对象，而要通过街头拦访或电话访问获得同样样本量，至少需 2~3 倍的时间。最后是客观性强。网络调查是开放的，被调查者在任何时候和任何地点都能方便回答问题，被调查者是在完全自愿的情况下参与调查的，功利性弱，这样就能在很大程度上保证调查结果的客观性。同时被调查者在完全独立思考的环境下接受调查，不会受到调查人员及其他外在因素的误导和干预，得出的结果具有客观性。

网络调查的优势十分明显，但完美的调查方法是不存在的。网络调查的缺陷主要表现在以下几个方面。

（1）调查结果的真实性较差

网络调查收集来的资料不够真实，这是网络调查存在的主要问题。由于很难对被调查者进行有效约束和监督，网民的身份难以确定，一户多个网址重复作答的可能性很大，被调查者回答问题的随意性较大。这样，网民提供的资料可能是不真实的。网民回答问题千差万别，增大了调查误差，影响到调查结果。此外，网络调查要求调查人员的问卷设计合理，适合网民网上阅读和回答，同时调查人员也要与网民有良好的沟通，所有这些都会影响网络调查结果的真实性。

（2）样本代表性不够

众所周知，只有样本有较好的代表性，调查结果才是真实可信的。目前，网络调查的样本代表性较差。网上调查的对象仅限于上网的用户，据中国互联网络信息中心（CNNIC）在京发布的第 40 次《中国互联网络发展状况统计报告》显示，截至 2017 年 6 月，中国网民规模达到 7.51 亿，互联网普及率为 54.3%，调查显示，因不懂计算机/网络，不懂拼音等，受知识水平限制而不上网的，以及受没有计算机，当地无法连接互联网等上网设施限制而无法上网的非网民规模为 6.32 亿。可见，从网民中随机抽样取得的调查结果可能会有误差。用户地理分布的差别和不同网站拥有特定的用户群体也是影响调查结果的不可忽视的原因。另外，网民存在着性别、年龄、学历、职业的差异。报告显示，从网民结构上看，中国网民男女比例为 52.4：47.6；网民仍以 10～39 岁群体为主，占整体的 72.1%：其中 20～29 岁年龄段的网民占比最高，达 29.7%，10～19 岁、30～39 岁群体占比分别为 19.4%、23.0%；网民依然以具有中等学历的群体为主，初中、高中/中专/技校学历的网民占比分别为 37.9%、25.5%；网民中学生群体占比仍然最高，为 24.8%；其次为个体户/自由职业者，比例为 20.9%；企业/公司的管理人员和一般职员占比合计达到 15.1%；网民中月收入在 2001～3000 元及 3001～5000 元的群体占比较高，分别为 15.8%和 22.9%。从以上资料可见，网络调查在样本的代表性方面存在不准确性。

（3）被调查者对问题的回答缺乏足够的耐心

国外研究显示，网上回答问卷的人注意力集中时间较短，一般在回答 25 个左右的问题后便失去兴趣；如果问卷设计不合理，提的问题太多，就会使被调查者失去回答问题的耐心，影响问卷的回收率。

（4）资料安全性低

网络调查在数据传输和检索中容易泄露所填报的个人隐私和企业秘密，而且会遭受网上黑客的恶意攻击，资料随意被涂改，资料安全性受到威胁。

四、公共关系调查的一般程序

公共关系调查是一个程序性、技巧性很强的工作，了解公关调查的操作程序及其运作策略，是我们提高公关调查工作效率的保障。

所谓公共关系调查的程序，一般地讲，指的是对社会组织客观存在的公共关系现象进行科学调查的基本过程。公共关系调查的一般程序可以分为以下五个基本阶段。

1. 调查准备阶段

调查准备阶段的工作内容主要有：一是确定调查的目的、任务或选题；二是根据调查的任务选择调查对象，并让调查对象做准备；三是调查对象的确定及有关知识的准备，包括了解调查对象的基本情况以及了解与课题有关的知识；四是制定调查研究方案，准备实施调查。

2. 资料收集阶段

资料收集阶段也称为具体调查阶段，是整个公共关系调查过程中最为重要的阶段。

3. 整理分析阶段

整理分析阶段也称为研究阶段。它是运用科学的方法，对资料收集阶段收集得来的各种调查资料进行提炼、整理，并加以分析、研究的信息处理过程。整理分析阶段是公共关系调查从感性认识到理性认识的飞跃阶段。它不仅能为解答社会组织的公共关系问题提供理论认识和客观依据，而且能为公共关系学理论的发展做出贡献。

4. 报告写作阶段

完成了调查资料的整理分析后，一般还要写调查报告。所谓调查报告是指用以反映公共关系调查所获得的主要信息成果或初步认识成果的一种书面报告。它是公共关系调查成果的集中体现，也是公共关系调查成果的重要形式。通过调查报告的写作，调查者可以将调查过程中获得的信息成果和认识成果集中地表现出来，以方便社会组织的领导者或公共关系部门的负责人参考使用，使他们免去全面查阅所有原始信息资料之累，有利于将公共关系调查成果尽快地应用于公共关系科学运作过程之中，获得公共关系科学运作的良好效果。

5. 总结评估阶段

总结评估阶段是公共关系调查过程中不可缺少的重要步骤。通过总结评估，公共关系调查至少会有三个方面的收获：其一，可以了解到本项公共关系调查的完成情况如何；其二，可以了解到本项公共关系调查所取得的成果怎样；其三，可以了解到本项公共关系调查的经验教训何在。

附录　中国移动企业形象调查问卷

本次问卷旨在调查中国移动在用户心中的形象，请认真阅读完题目后做出您的回答，谢谢您的配合。

调查报告公开级别：统计信息公开，详细信息不公开。

1. 您是中国移动的手机用户吗？

- 是
- 否

2. 您的性别

- 女
- 男

3. 您的年龄

- 18 岁以下
- 18~24 岁
- 25~30 岁
- 31~40 岁
- 41 岁以上

4. 您的学历

- 高中及高中以下
- 大学专科
- 大学本科
- 硕士
- 博士

5. 您的职业

- 学生
- 教师
- 公司白领
- 服务业人员
- 个体户
- 自由职业
- IT/金融/保险
- 其他

6. 您使用的中国移动服务是

- 全球通
- 神州行
- 动感地带

7. 您认为目前中国移动的收费是

- 较高
- 还行
- 非常合理
- 很低

8. 您对中国移动的服务满意吗？

- 非常满意
- 较满意

- 一般
- 不满意

9. 请写出所有您知道的中国移动旗下品牌动感地带的品牌代言人
10. 2016 年，中国移动继续入选福布斯杂志世界 500 强，您是否知道它的大致排位？

- 1~100 位
- 100~200 位
- 200~300 位
- 300~500 位
- 根本没想到它是世界 500 强企业

11. 请简单描述您心中的中国移动企业形象
12. 您一般在哪些地方看到中国移动的宣传广告［多选题］

- 电视
- 杂志
- 地铁车站宣传栏
- 户外大型广告栏
- 营业厅附近
- 其他

13. 请问您是否听说过以下口号［多选题］

- 科技奥运，自在移动
- 我的地盘，我做主
- 沟通从心开始
- 轻松由我，神州行
- 承载希望，放飞梦想
- 我的动感地带，我的音乐套餐
- 一个都没听说过

14. 2008 年中国移动赞助了奥运，您是否知道以下活动［多选题］

- 助奥运圣火登顶珠峰
- 中国移动全力保障北京奥运会火炬国内传递
- 中国移动万众全力服务香港马术比赛
- 中国移动网络确保残奥会开幕式通信畅通
- 一个都不知道

15. 您希望中国移动今后在哪些方面做出加强［多选题］

- 通信技术
- 品牌功能
- 服务质量
- 优惠活动
- 社会公益事业
- 其他

16. 对中国移动企业未来的发展方向，您有何建议或者意见（1000 字以内）

第二节　公共关系策划

一、公共关系策划的定义

公关工作千头万绪，至关重要的是做好公关策划。公关策划指在营销活动中，公关人员有意识地根据整体形象的现状和目标要求，分析现有条件，谋划设计最佳行动方案的过程。由此可见，公关策划这个定义包括以下几层意思。

（1）公关策划工作是公关人员的专职工作，应由公关人员来完成。

（2）公关策划是为组织目标服务的。

（3）公关策划需要先调查后筹划，不可凭主观意愿办事。

（4）公关策划是对整体公关战略、专门公关活动和具体公关操作三个层次的公关活动进行谋划运筹的工作。

公关策划是公共关系调查、策划、实施和评估四步工作法的第二步，是策划理论在公关活动中的具体运用，体现了策划和公关学科的理论与艺术实践的精华。作为当前的智力行为，它是连接此岸的理想追求——现实形象，与彼岸的成功硕果——理想形象之间的桥梁。

二、公共关系策划的地位

1. 公共关系策划是公共关系活动中最高级的层次

公共关系活动可分为三个层次：初级公共关系活动，指召集会议、接待来访和进行日常联络等；中级公共关系活动，指问卷设计与分析、广告设计、职工刊物的审编、员工培训、信息的收集与整理等；高级公共关系活动，指公关策划，指凭借公关人员的创造意识和创造素质，构思并推出有影响、效果好的公共关系活动。

2. 公共关系策划是公共关系价值的集中体现

虽然组织的公关活动需要不间断进行，但必要时还需加大力度，通过公关策划活动大幅度地提高组织的公关形象，它的巨大成效表明：公关策划最集中、最明显地体现出公共关系的价值。

3. 公共关系策划是公共关系运作的飞跃

公共关系运作与公共关系策划的关系，是量变和质变的关系。没有前者，光靠一次两次公共关系策划就希望实现公关目的是绝对不可能的；而如果没有公共关系策划，只有日常运作，虽然也可以起到塑造形象的目的，但却不能使公关的效果得到充分发挥。如中国电信集团江苏省电信公司把“用户至上，用心服务”的理念贯彻落实在日常服务工作之中，并于 2002 年 11 月广泛开展“96800 伴我行”有奖征文活动。征文内容是有关亲情的真实感人的文章：游子的远行、父母的叮咛、电话里的思念、至亲至纯的关爱。此项策划活动有助于在较大范围内宣传企业亲切温情、诚挚友善的良好形象，并产生较为深远的社会影响。所以，公共关系运作与公共关系策划两者是相辅相成、互为补充的关系，前者是后者的准备与巩固，后者是前者的飞跃。

三、公共关系策划的原则和方法

（一）公共关系策划的原则

1. 公众利益优先的原则

公共关系策划的原则是指组织在开展公关策划活动时必须遵循和所要达到的基本要求，在开展公关策划活动时必须遵循公众利益优先的原则，这是公共关系策划的首要原则，它不仅是公关工作的指导思想，也是公关人员应遵守的职业道德标准。它是指组织在自身利益与公众利益产生矛盾时，始终能把公众利益放在第一位。

由于组织同政府各部门、新闻媒介和其他协作单位存在多元关系，所以，组织的各项活动要尽量符合各类公众的利益和需求，这样才能为组织发展创造良好的社会环境，加快其建设的速度，大力提高市场竞争力，使自身获得更大的、长远的发展利益。

2. 尊重客观现实的原则

实事求是是公关策划的一条基本原则。策划过程中，要始终坚持以客观事实为依据，尊重客观现实。公共关系学认为，先有事实，后有公共关系。也就是说事实是公关的基础。尊重客观现实的原则要求公关策划首先要符合真实的社会生活，即充分考虑所处的具体社会环境，策划出的活动应符合当地当时的生活实际；其次要严格遵守各项法律，尤其是《中华人民共和国广告法》和《中华人民共和国反不正当竞争法》对真实性的要求。

当组织面临危机时，尊重客观现实的原则更为重要。组织应当把真实情况披露于世，以此来获得公众的信任。即使披露真情对组织不利，组织也应该调整自身的行为，而不是极力遮盖真实情况，否则就不能获得社会各方面的信任与合作。

3. 创造性原则

创造性原则指公关策划必须打破传统、刻意求新、别出心裁，使公关活动生动有趣，从而给公众留下深刻而美好的印象。由于各自的自身条件和环境条件不同，即使是同一个组织，其自身条件和环境也是在不断地变化着的，公关策划若不能随着形势的发展而不断创新，就会丧失生命力，因此，公关策划贵在创新，只有具有独创性的公关策划才能给人留下深刻的印象。

公关策划的创新一方面体现在与自己以前的公关策划活动不同，另一方面体现在与其他组织，尤其是别的公关策划在思路上有独到之处。具体来说，一是指要设计出解决组织与公众关系问题的最恰当、最有效、最独特的思路及具体方案；二是指传播方式、传播内容及媒体的选择要新颖。

4. 可行性原则

并非所有富有创意的公关策划都可以付诸实施，因为它受多种因素的制约，这些因素包括本国政策、民俗、公众心理、消费者经济承受力、主办单位的人力财力、技术手段的可实际运作性、媒体或其他相关部门的合作意向等。因此，策划过程中发生意想不到的事情的可能性很大，所以，策划方案所定下的目标和措施必须切实可行，只有在现有条件下具有可行性的公关策划才是有价值的。

5. 针对性原则

公关策划是针对特定的活动主体和目标要求进行的，例如，邮政企业属于社会服务型企业，用户是企业的首要公众，所以，一要努力在服务工作中反映出企业倡导的用户第一、方便用户、让用户满意的服务观念；二要坚持普遍服务，为大众提供网点多、使用平等、价格低廉的邮政服务，折射出职工高尚的职业道德；三要研究市场，细分用户，尤其是要为大用户提供快速方便、周到细致的服务。因此，组织通过设计实施有针对性的公关策划方案，才能实现公关策划的目标。

6. 系统性原则

系统性原则指在公关策划中，应将公关活动作为一个系统工程来认识，按照系统的观点和方法予以谋划统筹。公关策划受制于整体战略，应当把公关策划看作是组织整体战略的一部分或是一方面，不能与组织整体战略相悖，否则行动方案再好，也只能放弃。这是因为，只有强化整体的系统控制，才能取得局部的成功。

坚持系统性原则，一是要求公关活动中各方面的细节设计与实施应与基本主题保持格调的统一；二是要求对组织与各类公众相互之间的复杂联系和相互影响做出系统分析；三是要求对公关活动所涉及的手段、战略战术、公关活动的推进程序等，要进行科学的、系统的设计。

7. 效益性原则

要以较少的公关费用，去取得更佳的公关效果，达到组织的公关目标。开展公关策划活动应在兼顾社会利益的前提下，考虑到有利于加快组织发展，提高效益。公关策划既要考虑近期的、局部的经济效益，又要顾及长远的、整体的、社会的效益，要对公关活动的效益做整体的、系统的考虑和协调。

8. 可调性原则

计划一经制订就具有权威性。但由于组织的主观条件与外部环境随时都在发生变化，公关活动涉及的不可控因素很多，有时某些因素会制约公关活动方案的实施。所以，对公关方案的策划设计应留有可调整的余地，表现在一是有备用方案和应变应急措施；二是各项内容指标及程序步骤要具有适度的弹性，以适应可能的非常规变化。

（二）公共关系策划的方法

1. 制造新闻法

所谓制造新闻法，是指经过事先策划，由人为引起的可以引起戏剧性或者是轰动性的事件，由此引起媒介、舆论的关注与报道的方法（参见第四章）。它具有新、奇、特的特点。

2. 头脑风暴法

头脑风暴法出自“头脑风暴”一词。所谓头脑风暴（Brain-storming）最早是精神病理学上的用语，是针对精神病患者的精神错乱状态而言的，现在转变为无限制的自由联想和讨论，其目的在于产生新观念或激发创新设想。

头脑风暴法又称智力激励法、自由思考法，是由美国创造学家 A·F·奥斯本于 1939 年首次提出，1953 年正式发表的一种激发思维的方法。

头脑风暴法可分为直接头脑风暴法（通常简称为头脑风暴法）和质疑头脑风暴法（也称反头脑风暴法）。前者是在专家群体决策中尽可能激发创造性，产生尽可能多的设想的方法，后者则是对前者提出的设想、方案逐一质疑，分析其现实可行性的方法。

3. 奇正相法

所谓奇正相法就是指在一定时期内，公关策划工作呈波浪式前进，切忌成一直线。公关策划工作应求新，但有很多人将求新理解为出奇、出格，这是错误的想法。公关策划应致力于引起一定的公众效应，但有很多人将求新效应理解成策划规模越大越好，策划活动越轰动越好，这也不对。正确的理解应当是，好的公关策划应包括两个方面，即日常公关工作和特定公关活动。只有兼顾到这两方面的公关工作才是成功的。

如果为一个组织策划公关战略时只考虑日常工作，这势必会影响这个组织知名度的迅速提高；反之，只进行特定的公关活动又会使组织如昙花一现，只有一时的知名度和美誉度。因此，正确的办法是将为特定组织进行的策划纳入以上两个方面，通盘筹划，使组织的公关活动呈现波浪式起伏，让人们时时看到、想到，又能不断耳目一新，产生新感觉、新认识。

四、公共关系策划的基本步骤

1. 设计主题

公关策划的主题是对活动内容的高度概括，它提纲挈领，对整个公关策划活动起着指导作用。没有一个统一、鲜明的主题，那些历时较长、项目繁多的大型公关活动就不能成为一个有机统一的整体；主题设计得精彩恰当与否，对公关活动的成效影响极大。

公关策划的主题表现形式多种多样。公关策划主题的设计应该做到“新颖、亲切、简明、中肯”，要达到以上目标追求，设计公关活动主题一般要考虑四个因素。

首先，公关策划的主题必须与公关目标相一致，即公关策划的主题从属于公关目标。如2000 年年底，江苏移动通信有限责任公司南京分公司主办、《现代快报》社等单位协办了大型有奖征文活动，有奖征集生活中关于“沟通”的感人故事，活动主题是“沟通从心开始”。因为中国移动通信的企业精神用简练的语言表述出来就是“沟通从心开始”，此次活动仍然致力于宣传企业文化中注重沟通、真诚服务的一面。

其次，表述公关策划主题的信息要独特新颖，有鲜明的个性，表述也要有新意，既区别于其他组织的活动，又要突出本次活动与以往的不同。一个组织要塑造独特的形象，必须根据自己组织的总体特征与风格，形成自己具有特色的组织文化，然后不断地强化公众对它的印象。“沟通从心开始”征文活动，就是以企业独有的经营理念作为活动主题，突出自己企业文化的要点，使他人无法仿效。

再次，公关策划主题的设计要适应公众的心理需求。要富有激情，有人情味，既能让人产生奋发向上的情绪，又让人觉得可亲可信。“沟通从心开始”征文活动，时间原定自 2000 年 12 月 1 日起，至 2001 年 1 月 8 日止。至 1 月 8 日，江苏移动公司经营部共收到征文 3000 多篇。《现代快报》社连续选登了其中 30 篇佳作，一个个感人至深的故事，一段段牵动人心的感情在市民中引起强烈共鸣，一时间，南京市民争看《现代快报》。征文截止时间将近时，许多读者来电要求继续这一活动，于是活动延至 1 月 30 日。此次征文活动的良好效果表明，在日益现代化的都市生活中，人们对真情实感更加渴望，人与人的沟通显得更有必要、更有价值，征文的举办者把准了现代人的脉搏，适应了公众的心理需求，以极具号召力和亲和力的征文主题，为提升大众的沟通欲望做了有益之事，而且无形中宣传了企业文化，让公众对中国移动富有人情味的整体形象好感倍增。

最后，公关策划主题的设计要注意审美情趣，词句要生动形象、优美动人，好听好记、易于传播。

2. 选择和分析公众对象

每个组织都有自己特定的公众，他们是具体某次公关策划所传播的相关信息的接受者，公关策划必须有针对性地开展，目的是建立受公众欢迎的有效形象。因此，组织要对公众对象进行深入的分析。

首先要鉴别目标公众的权利要求。互惠互利、满足公众的权利要求应当作为公关策划的依据之一。以企业为例，企业的公众权利要求如表 7-1 所示。

表 7-1 公众权利要求结构表

企业的公众对象	公众对象对企业的期望和要求
员工	就业安全和适当的工作条件；合理的工资和福利；培训和晋升的机会；了解企业的内情；社会地位、人格尊重和心理满足；不受上司专横对待；有效的领导；和谐的人际关系；参与和表达的机会等
用户	产品质量保证；公平合理的价格；优良的服务态度；准确解释各种疑难或投诉；提供完善的售后服务；获取必要的产品技术资料及增进消费者认可的各项服务；必要的消费教育和指导等
竞争者	由政府或本行业确立竞争活动准则；平等的竞争机会和条件；竞争中的相互协作；竞争中的现代企业家风度等
协作者	遵守合同；平等互利；提供技术和相关援助；为协作提供各种优惠和方便；共同承担风险；尊重各自的企业文化等
政府	遵守各项法律、政策；承担法律任务；保证交纳各项税收；提供普遍服务；公平竞争；严守机密等
媒介	公平提供消息来源；尊重新闻界；有机会参加企业重要社交活动；保证记者采访的独家新闻不被泄露；提供采访的便利条件等
社区	向当地提供就业机会；保护环境卫生；关心和支持当地政府开展的活动；支持文化和慈善事业；赞助地方公益活动；以财力、人力、技术扶助地方小企业的发展等

其次要了解公众的特殊要求。不同的目标公众总是从各自的特殊视角来评价组织的公关策划，所以要在确定组织的主要公关对象之后，进一步根据他们的特殊需要来制定公关策划的特定目标。例如，当前通信的用户结构发生了变化，大客户对电信业务收入有至关重要的影响，企业要在通信质量、价格、售后服务等方面为大客户提供一流的服务，以无可比拟的服务水准来赢得企业的经济效益。

3. 选择传播媒介

选择传播媒介要考虑以下四种情况。

（1）根据公关工作的目标、要求来选择

因为组织公关策划的具体目标不同，所以可根据这一点来选择媒介，以发挥传播的特殊功能。如想宣传企业的服务形象，可选择电视媒介；若想宣传产品形象，可选择电视和报纸媒介。

（2）根据不同对象来选择

不同的对象适用于不同的传播媒介，要考虑到的因素包括目标公众的经济状况、受教育程度、职业习惯、心理特点、生活方式以及通常接受信息的习惯等。例如，安徽省六安邮政局为开拓农村储蓄市场，在财力有限的条件下，统一在全市主要道路边上制作宣传标牌，在《皖西电视报》和《六安晚报》上做业务专题宣传，并在各乡镇张贴宣传图片、设立宣传台、制作宣传车、悬挂条幅等，还组织人员向农村用户拜年问候，赠送新春对联，宣传邮储优势。这种有针对性的宣传方式，使农村邮储余额大增。

（3）根据传播内容来选择

每种传播媒介都有鲜明的特点和一定的适用范围，选择媒介时要将信息内容的特点和各种传播媒介的优缺点结合起来考虑，如内容简单的快讯可选择广播，它的覆盖面广，传播速度快；内容较复杂、需反复思索的，选择报纸、杂志和图书等为好，可以让人从容研读；对大型公关活动的盛况，采用电视转播和报纸新闻报道相结合的方式较好。

（4）根据经济条件来选择

俗话说，"看菜吃饭，量体裁衣"，组织策划公关活动时要先预算经费，尽量做到周密部署，以最少的开支办最多的事，获得最佳的效果。

需特别注意的是，并非传播媒介的级别越高传播效果越好，只对本地区有意义的内容不要选用全国性的媒介，只对小部分的特定公众有意义的内容不要选用大众传播媒介，对个别消费者的投诉，只需约请商谈或书信、电话交流，这样可以节省开支。

4. 撰写公关策划书

公关策划经过论证后，要形成书面报告——策划书。策划书要做到严谨科学、详略得当。公关策划书的结构有封面、正文和附件。

封面包括标题、策划人、完成时间。正文的第一部分是前言，写情况分析，说明制定方案的宗旨、依据、背景等。第二部分是主体，写活动目标、活动方式与内容、媒体策略、进度表、所需物品、活动场地安排、有关人员目标责任分配表、经费预算、评估方法等。第三部分是结尾，说明未尽事宜的处理方法。这部分是否呈现，可酌情而定。附件是与策划相关的背景材料或是竞争对手情况等资料。

五、公关策划书的写作要点

一份符合要求的公关策划书应该具备完整性、合理性的特点。所谓"完整性"，就是必须把公关活动的各个要素所包含的内容规范地写出来，不能缺少一些要素，尤其是某些关键要素，如背景分析、活动经费预算等。合理性表现在活动内容的策划等方面，要根据活动的大小来设计安排内容，不能动辄设想邀请中央某部门作为活动主办单位，甚至计划请出某中央领导来造造声势，这样做并没有实际操作性和可行性。这一问题，在活动经费预算中也同样存在。例如，将其中的大部分费用或者花在了支付应邀前来助兴的几位歌星的报酬上，或者花在了电视广告费用上，如此的经费安排，并无多少合理性可言。

具体而言，公共关系项目策划书的写作，需要遵循以下要求。

（1）文案的简洁性

公共关系项目策划书的文字叙述，要力求简洁、明确，朴实无华。

（2）内容表述的写实性

内容表述一定要完整，即使是细节性内容，也应有专门项目加以表述。

（3）结构的条理性

借助数字序列分层次、分步骤安排写作结构，如先用一、二、三，之后每个条目下用（一）、（二）、（三），再后用“1”“2”“3”……之类的数字等，逐一标识出公共关系项目策划书的内容顺序。

（4）计划安排的周密性

公关策划书涉及多方面的操作性内容，一定要注意计划的周密、严谨，确保公共关系工作的顺利进行。

公关策划书的表达方式主要有两种，即条文形式和表格形式。条文形式就是按照条款的逻辑顺序，逐条陈述策划书的内容。表格形式就是借助图表来简洁明晰地表述策划书的内容。在一份策划书中，一般以条文形式为主要表达方式，少量运用表格形式。

公关策划书草案编写后，应及时组织有关人员如创意人员、策划人员、执行人员、组织负责人、文学工作者、财会人员、新闻公众等，对策划书进行综合评估。

附录一　母亲节的公关策划书

前言

雕牌洗衣粉是浙江丽水市纳爱斯集团的品牌产品。纳爱斯集团前身是成立于1968年的地方国营丽水五七化工厂，1993年进行股份制改造，2001年组建集团，是目前世界上最大的洗涤用品生产基地。纳爱斯集团年产洗衣粉100万吨、洗涤剂30万吨、香肥皂28万吨。2007年年底，纳爱斯独占国内洗衣粉市场的鳌头。

为了回馈广大社会家庭对本公司一贯的支持和信任，在母亲节来临之际，我公司本着“只为提升您的生活品质”的经营理念，准备于母亲节当天在各城市的广场举办此次大型母亲节活动。

正文

活动目标：

让广大社会更加认识和了解雕牌洗衣粉的出品定位，认可雕牌洗衣粉“只为提升您的生活品质”的经营理念。

市场定位为广大的家庭主妇和逐渐步入自立的青少年，如住校生、外出打工者等。

活动方式：

征稿评选、现场活动。

时间、地点安排：

于2009年5月10日在北京、上海、广州、武汉、青岛五个城市分别同步举行。（以下策划以武汉为例）

武汉地区定于徐东销品茂商业广场一楼舞台。

活动内容：

（一）提前1个月时间（4月10日）在地区报纸、杂志等处刊登雕牌洗衣粉杯——“我与母亲的故事”征文比赛的征稿广告，面向全国的高中生公开征稿，邀请有关专家作为评委，选出一等奖 5 名，二等奖 25 名，三等奖 50 名，共 80 名“孝子之星”，为其颁发证书、给予奖励（4 月 29 日），并邀请他们参加母亲节当天在徐东销品茂商业中心一楼举办的“雕牌洗衣粉特约——浓情五月，感恩母爱”母亲节活动。

一等奖者奖励一次“和谐家庭”之海南岛双飞五天旅游；

二等奖者奖励数码学习机一部；

三等奖者奖励高级 MP3 一部；

幸运者可获得 20 袋雕牌家庭装洗衣粉半价 VIP 优惠卡一张。（幸运者是从来稿者中随机抽取出 1000 名）

（二）5 月 10 日母亲节当天活动内容

在徐东销品茂商业中心广场搭建临时舞台，于母亲节当天下午（因为大多数人的假期是一个下午）3 点举行“雕牌洗衣粉特约——浓情五月，感恩母爱”母亲节活动。

活动流程：

2:30 分前所有参演人员化妆完毕，嘉宾开始入座。

3:00 ~ 3:15 开场热舞，嘉宾就座。

3:15 ~ 3:30 主持人宣布活动正式开始，由主持人介绍雕牌洗衣粉产品，说明理念和定位，鸣谢活动主办方。

3:30 ~ 4:30 邀请于丹教授进行国学“仁爱”的讲座，并接受现场提问。

4:30 ~ 5:15 举行“我为母亲梳一次头”活动，让获奖的儿子现场为母亲梳一次头发，体会母亲抚养自己的艰辛，给母子创造一次心的交流的机会，给母亲一个最难忘的母亲节，让每个家变得更加和谐，提升每个家的生活品质。同时向现场每个参与者及观众派送印有“雕牌”商标的梳子。

5:15 ~ 5:45 雕牌洗衣粉有奖问答。

5:45 ~ 6:00 公司人员合唱一首《感恩的心》献给母亲作为活动的结束。

6:00 之后进行 1000 袋 300 克装雕牌洗衣粉试用盒装现场大派送。

主持人鸣谢纳爱斯公司，嘉宾等依次退场，活动结束。

媒体策略

一、报纸杂志广告细项

1. 前期工作

（1）与市团委协商，落实前期母亲节节日氛围的宣传；

（2）与媒体协商，形成媒体对活动的支持；

（3）落实奖品、赠品准备工作。

2. 活动实施

（1）4 月 10 日前完成各项准备工作；

（2）4 月 11 日、12 日、13 日在《武汉晚报》进行征文启事的公告，并配合发 3 期公益广告；

（3）4 月 25 日、26 日对活动进行报道宣传，营造氛围；

（4）4 月 30 日，《楚天都市报》1/4 版广告刊登评奖结果；

（5）5 月 1 日 ~ 10 日，各商场买雕牌洗衣粉进行贺卡发放，11 日、12 日在《楚天都市报》各发 1 期公益广告；

（6）5 月 10 日，电视专题报道；

（7）5 月 15 日，《武汉晚报》进行“两代人的交流，沟通母亲情”讨论，形成活动后延，提高活动影响，配发 1 期公益广告；

（8）5 月 20 日，品牌推广软文。

二、宣传策划活动细项

活动过程中：

舞台背幕以纳爱斯公司的名字以及雕牌洗衣粉的商标进行冠名命名。

在活动现场的范围内派发大量的广告宣传单。

节目主持人对公司穿插不定时的宣传和介绍。

为公司专设特色节目：有奖问答活动（对公司提供的资料进行现场有奖抢答）。

活动过后：

跟踪此次活动的效果情况，以书面调查报告的形式报给公司，以作为日后活动合作的参考。

邀请各大地方媒体对本次活动的详细情况进行报道。

经费说明：

媒体广告宣传：30 万元；

征文比赛全程：20 万元；

母亲节活动日：40 万元；

其他浮动资金：10 万元；

总经费约：100 万元。

评估方法：

针对公司内部及外部的问卷调查。

附录二　校庆公关策划书

一、意义

学校决定启动校庆工作是为了回顾学校历史，展现办学成就，展望美好的未来，扩大知名度，在和各高校的竞争中抢占优势，凝聚各方力量，推动学校全面、快速地发展成为全国知名高校。

二、公关策划的目的

（1）通过本次校庆活动，向社会各界传达本校的发展历程、教学成绩，扩大学校在社会的影响力，提升社会的认知度与美誉度。

（2）通过本次活动的规模效应，营造出校园文化氛围，加强学生对学校的了解与认识，形成荣誉与自豪感。

（3）以本次活动为契机，完善校园的“软件”，如编撰校园的校史、构建“文化长廊”等信息交流平台。

（4）以本次活动为机遇，向与会的各级领导与师生进行汇报，并聆听相关的意见与建议，完善今后的工作领域，并力争得到领导的赞许。

（5）借助本次活动，以“学子梦想出发的地方”为主题，加强本校与校友的联系。彼此关注、支持，营造以“校园情怀”“师生情感”为主题的情感氛围，并为日后的相关校园活动奠定基础。

三、校庆活动时间计划

（一）启动阶段（年月 ~ 月）

（1）成立筹备领导机构和工作机构。

（2）研究确定校庆日和名称，在校内外营造迎校庆氛围，具体活动如下。

① 以“今天是你的生日——我的母校”为题举办激扬文字、真挚祝福主题征文活动，通过本次活动，吸引学生的注意力，在学生中引起情感共鸣。

② 以“我的老师”为主题，开展多样的绘画、摄影、书法展，依此搭建老师与学生的情感交流平台。

③ 针对“× × 大学成立 20 周年”，面向校园开展校歌征集活动。目的是完善校园软件工程与增加在校师生的参与途径，也使得校园文化建设具有独特性，与其他学校的校园文化建设方式相区别。

④ 校徽征集活动，目的一是完善学校的文化建设，二是成为师生的情感归属标志物，三是提高学校在社会的认知度。

⑤ 开展“母校，我为你骄傲”庆祝 × × 大学成立 20 周年演讲活动，以突出校园 20 年来取得的成就和社会影响为主题，并将获奖作品（如刊首寄语）编撰入校历。

（3）启动活动经费筹集工作。学校接受来自社会各界人士的捐赠，用于庆典活动和校园建设。

（4）研究确定规划项目和校园景观项目。

（5）完成学校校庆筹备领导小组确定的其他任务。

（二）筹备阶段（年月 ~ 校庆日前两个月）

（1）建立各地校友联络站，编辑《校友通信簿》，设立校友网站。

（2）编撰校史，编印画册，编辑《校庆专刊》，制作光盘（专题片），设计确定校庆纪念品，出版发行校史。

（3）布置校史陈列馆。

（4）组织校园环境美化、校舍整修工作。

（5）组织文艺活动排练和师生活动布展。

① 举办“二十年荣誉与梦想” × × 大学 20 年的发展历程主题图片展，突出“成就”和“荣誉”方面。

② 准备校庆文艺晚会活动，召开校友座谈会。

（6）制订学术交流活动方案，开展科技成果洽谈，组织学术报告和专家论坛。

（7）组织实施校园景观规划项目。

（8）继续筹集校庆活动相关经费，设立专项基金。

（9）联系落实领导题词，确定重要领导、来宾和重要校友名单。

（10）制订校庆活动具体实施方案。

（11）完成学校校庆领导小组确定的其他任务。

（三）庆典阶段（校庆日前两个月 ~ 校庆日）

（1）邀请领导、来宾、校友。

（2）编印（出版）校史、校友录，在校庆日举行学术报告集首发仪式。

（3）起草校庆文稿，印制文字资料。

（4）召开新闻发布会，在各种媒体上加大校庆宣传力度，邀请新闻媒体参加校庆活动。

（5）登记接收的礼品和钱物并进行礼品展示。

（6）在校庆日举行庆祝活动。

① 校庆首日的具体安排如下：a. 唱校歌。b. 校长致辞，市领导、知名校友致贺词。c. 学校举行校庆纪念封、邮票首发、学术报告集首发仪式。d. 举行全球校友会，由知名校友回忆历史。e. 举办校友大型酒会。

②“庆祝××大学成立20周年”文艺演出晚会，体现“荣誉”“团结”“梦想”主题。以活动的形式突出反映学校的成果与学校的优势，增强师生对学校的凝聚力。

③ ××大学大型签名活动。号召届时到会的所有师生进行签名活动，表达“母校情深”的情感，表达出“我以××大学为荣”的自豪感。

四、校庆筹备工作领导小组组成

校庆筹备工作领导小组，下设办公室、宣传组、材料组、校友联络组、项目规划组、学术活动组、环境与建设组、筹款与经费组、文艺与师生活动组9个工作组，各学院成立本学院校庆筹备工作小组。

五、经费预算

本次校庆活动公关费用预算如下：

前期活动费用　元，

校庆日费用　元，

领导小组费用　元，

推广宣传费用　元。

附：校庆筹备工作领导小组名单

第三节　公共关系实施

只有当公关付诸实施并经过验证，确实可给组织带来收益时，策划的价值才得以实现。因此，公共关系实施也十分重要。

一、公共关系实施的意义

公共关系实施是将最后形成方案的策划书的内容变为现实的过程，它是一项创造性的工作。成功的公关活动能持续提高品牌的知名度，提升组织品牌形象，改变公众对组织的看法，累积无形资产，并能从不同程度上促进销售。它的意义在于以下几个方面。

（1）公共关系实施是公关工作中最困难也是最复杂的关键环节。

（2）公共关系实施是投入人力、物力、财力，为实现公关任务目标而行动的实质性阶段。

（3）公共关系实施的程序、范围与效果直接关系到公关活动的成败。

二、公共关系实施的特点

（一）鲜明的目的性

公共关系实施的目的，应该是围绕整个组织机构的组织形象策略和近期公关目标而确立的。假如一个机构的公关目标与社会需求发生矛盾，应认识到一个组织的形象只有永远与社会协调同步，才有可能在社会环境中树立起它的良好组织形象，如果靠欺骗的手法，即使一时占领了销售市场，或者说提高了市场占有率，但最终还是要退出这个市场。

（二）严密的操作性

公关活动不同于拍电影、电视剧，它每一次都是现场直播，一旦出现失误就无法弥补了。在公共关系活动的实施过程中，一定要根据之前策划书的规划进行，不能偏离策划的目标和步骤，这样才能确保策划的目标得以实现。

（三）过程的动态性

因为公关计划的制订是经过充分调查研究的，实施的过程应当比较顺利，但是从实际的操作过程看，实施过程中所遇到的情况是千变万化的，所以要根据变化了的情况不断地修正、补充以及完善计划，这就是实施过程中的动态性。

（四）实施的创造性

公关实施也是一门艺术。它是在公关科学性的基础上，进行创新应变的谋略与技巧，能产生艺术感染力。公关实施通过创意，可策划出“新巧奇特”的公关活动来吸引公众，也可策划出具有艺术美感的公关活动，给公众以美的享受，还可策划出具有文化特色的公关活动，以争取公众的认同和合作。总之，公关实施可增强公关活动的艺术性，或以独特的艺术魅力去感染、影响和争取公众，或以奇谋妙计去战胜竞争对手，使公关活动取得成功。

（五）影响的广泛性

公关实施的影响中重要的一条是传播效果，公关实施的目标在于对公众产生一定的影响和作用，这也称为公关实施的效果。但是效果并不都是一样的，它们有作用范围大小与作用程度深浅不同的区别。对于公共关系工作者来说，由于各类传播形式都要使用，更应该了解传播发生作用的不同层次。针对公共关系的目标和公关传播的目标评估，传播者对于接受者的影响可以达到四种程度，即具有四个层次的传播效果。

1. 信息层次

它是指将所要传递的信息传到受者处，使之完整、清晰地接收到，并且较少有歧义、含糊和缺漏，这是简单的信息传达并知晓层次，是任何传播行为首先应达到的传播效果层次。

2. 情感层次

它是指传播者传出的信息从知晓进而触动受者情感，使受者在感情上与传播内容接近、认同，对这一传播活动感兴趣，从而与传播者接近，这是传播达到的较为理想的效果。但是需要注意的是，情感有正负之分，只有正面情感才是传播者所需要的，对负面情感，如反感、厌恶等，应予以避免。

3. 态度层次

态度是人对事物或现象认识的程度、情感表达和行为倾向的总和。它已从感性层次进入了理性层次，是在感性认识基础上经过分析判断、理性思维而产生的，一经形成就非常难以改变。传播如果能达到这一层次，对接收者的影响就非常深入了。态度除有正负、肯定与否定之外，也不一定与情感有必然的同方向联系。有些人和事，人们在感性上同情，而在理智上则不赞成。

4. *行为层次*

这是传播效果的最高层次。它是指受者在感性、理性认识之后，行为发生改变，做出与传播者要求目标一致的行为，从而完成从知到行的认识，再到实践的全过程，使传播者的目标不仅有了同情、肯定者，而且有了具体实施、执行者。实验研究证明，态度与行为的改变有着较密切的相关关系。

应该看到，随着效果层次的提高，受者由于各种原因而逐渐减少；同时只有能达到较高的效果层次，才能使初级效果得以较长时间的保持，否则受者很快会将其淡忘，一个传播行为也就以无效告终。几种传播效果不是直线相连、必然上升的，它们之间的互相影响是复杂的，关系是辩证的。

三、公共关系实施的内容

（一）公共关系实施的传播阶段

公关工作是有准备的工作，所以，在执行过程的前期就需要主动地设想。在这个阶段主要要做的工作如下所述。

1. *严格地执行计划*

公关计划从萌芽到成型，经历了一个周密思考的过程，一般来说，最后制订的计划是具有一定的科学性的。所以，在执行公关计划时，一定要坚决，不能情况稍有变化，就动摇对计划的执行力度。人们常说，“计划赶不上变化”，所以，有时候为了应对急剧变化的形势，要当机立断，临时改变计划。但具体细节的改变不能影响对原有计划框架的执行，这就是对计划执行过程的一个坚决性。只有这样才能保证前期大量的工作不至于白做，也才能保证工作的顺利展开，并取得预期的效果。

2. *准备应对忽然的变化*

计划难免会面临变化的形势，这时只要执行计划的决策者能够正常灵活应对，就不会从根本上影响计划的正确执行，从而取得预期的效果。当对形势的变化缺乏准备，盲目应对，反而会给计划带来负面效果。例如，房展会中的演出，正常情况下只要计划中安排的节目精彩，就能博得客户的欢迎，实现预定的公关目标。但有些露天的房展会，往往会受到天气的影响，从而使预定的公关活动在传播阶段大打折扣。这时其实只要应对得当，同样可以取得好的效果。例如，如果展会期间演出过程中下雨了，也可以中断演出。但如果调来一批雨伞，现场在客户中发放，可取得意想不到的效果。这就是要看当时的计划执行者能不能采取好的应对方式，从而使公关效果锦上添花。例如，2008 年的春节，湖南电视台宣布将春节联欢晚会改为慈善晚会。因为他们身处雪灾第一线，他们更能感受什么样的支持才是大家当下最需要的，而不仅仅是一些口号。他们的做法受到了观众的欢迎。

（二）公共关系实施的反馈阶段

公关实施的反馈阶段就是检验传播效果的阶段。计划制订得好与坏，关键就看能不能得到公关对象的认可，这是实施过程中重要的一环，同时也是制订者非常关心的一个环节。公关实施的反馈阶段一是要注意反馈的沟通方式。要想办法得到客户真实的反馈信息。二是要注意反馈的及时性。公关工作有时可能是小事情，但公关工作有时又关系着整个组织的形象，甚至生死存亡。所以，对于客户的反馈一定要及时处理，不能耽搁。例如，著名的三株公司就是依仗着公司发展势头很好，不及时处理危机事件，最后竟然因此而倒闭，这着实给不重视公关反馈的人上了一课。三株的危机事件其实很偶然，一个客户服用三株后，发病去世了。家属认为是三株的质量问题，于是就找三株理论。因为三株当时的发展势头正盛，就没太在意这件事。于是谣言四起，说三株毒死了人。三株为此甚至将制造谣言者送上了法庭，并且打赢了官司，但打赢了官司却失去了消费者的信任。一个地方事件，竟然发展到全国，整个三株因此被谣言击垮。事件发生之后，研究这个案例的很多专家都认为，如果当时三株公司能够对反馈及时处理，也许不会有那样的结果。

（三）公共关系实施的修正阶段

计划的修正阶段，也是实施过程的扫尾阶段。公关人员在第一时间得到了消费者的反馈，也就为计划的成功实施扫清了障碍。修正阶段的主要任务是及时收集反馈信息和总结公关实施效果，进行必要的改进和反馈。

1. 收集反馈信息

收集反馈信息的过程，也是一个自我检验的过程。任何一个计划都不可能百分之百地得到实施，会有成绩，也会有问题。所以，尽量完整地将信息收集上来，是修正阶段的第一要务。

收集反馈信息时不能有好恶观。如果看到好消息喜上眉梢，看到坏消息就不高兴，计划的执行情况与公关活动的效果就会大打折扣，甚至会因此耽搁了下一阶段的任务。公关人员要客观地对待公关活动的各种反馈信息，从中总结经验教训，为下次活动做好准备。

2. 总结效果

只有收集到全面真实的第一手信息，才能保证对活动的效果有一个准确的认知，并且为下一阶段的反馈奠定坚实的基础。如果负责人亲自上阵，以确保信息的真实性、可靠性，并及时总结效果，那么这样的做法会比较好。但负责人毕竟不能事必躬亲，所以，依靠合理的制度来做保障，才是长期有效收集信息的合理方法。有了正确的方法，效果总结就会比较真实。

总结效果的一个重要的方法就是一定要让计划制订者群体参与。只有这样，才能保证总结的效果是合理的，并且能够得到迅速的修正和再反馈。

3. 计划的改进和反馈

计划实施阶段的改进和反馈，一旦得到完善的执行，那么，计划的实施就会很顺利。执行中的计划是一个变化的事物，要想公关计划得到完美实施，没有实施过程中的改进和反馈，肯定是不完美的，也是经不起实践检验的。改进了的计划会更加贴近实际，更富有弹性，也更有利于执行。在这个过程中要以事实为基础，敢于打破原计划的约束，勇于实践，根据现实情况，采取改进了的方法，这样才能使计划更趋完美地被执行，并取得预期的成绩。计划的改进和反馈就变成了如何完美地实现计划的过程，是一个取得比预期更加完美的结果的过程。

第四节　公共关系评估

公共关系评估是公关工作过程的最后一个阶段。通过对公关效果的评估，总结成功与失败的经验教训，为进一步开展公关活动提供依据。一般来说，公关评估的内容有两个方面：一是对公关工作成效的评估；二是对公关的具体手段、目的进行评估。要使评估结果符合实际，就必须按照公关评估的过程，选择适当的评估方法，将公关目标与一定时期取得的成果进行比较研究，肯定成绩，找出差距，提出对策，不断提高公关水平，使公关工作在科学的轨道上运行。

一、公共关系评估的概念和意义

所谓公共关系评估，就是指对公共关系计划方案的执行、实施情况进行检查、分析和总结，以便找出成功和失败的经验教训，作为今后进一步开展公共关系实务活动的参考。公共关系评估是公关工作的最后一个阶段，是一个不可缺少的环节，具有以下几方面的意义。

1. 可以保证公关工作科学而有程序地顺利实施

公关调查研究中所掌握的资料是否适应公关工作的需要，公关计划是否科学，目标是否合理，公关信息传播是否达到了预期目标，这些公关活动是否为树立组织良好的公关形象和良好的信誉奠定了基础，都有待于公关效果的评估予以检验。事实上，缺少公关效果评估的公关工作是不完整的工作，只有在公关科学程序中，在调查研究、公关实施的基础上，重视并做好公关效果评估工作，公关工作才能科学而顺利地进行。

2. 可以为企业经营管理提供决策参考

通过公共关系评估，我们可以评估出实施公共关系活动之后的企业形象状况，评估出企业形象各因素（如员工素质、商品质量、服务方针等）与期望值的差距，发现企业存在的问题，为企业经营管理决策提供参考。

3. 可以增强员工的公关意识，提高公关人员的工作信心

公共关系工作重在平时。日常的公关工作对良好的企业形象的树立起到潜移默化的作用。只有通过公共关系评估，企业才能很好地将公共关系活动的这些效能体现出来，使全体员工看到公共关系活动的作用，体会到公共关系的重要性，从而树立全员公关意识。同时公共关系人员也能从中看到自己的工作为企业带来的效益，劳有所成，提高工作信心。

4. 可以激励全体员工的士气

公共关系活动成果，特别是新闻传播媒介对企业成就的宣传报道，具有一定的客观性和权威性。因此，掌握和整理这些新闻报道，不失时机地应用这些报道，对企业内部员工进行热爱企业的宣传教育，有助于鼓舞士气，增强职工的凝聚力。

5. 可以衡量公共关系活动的效益

对公共关系活动的评估，可以衡量经费预算，人力、物力的配备与开展公共关系活动之间的平衡性，衡量公共关系活动的效益。

总之，在进行了公共关系活动之后，有必要对于是否达到目标、实现目标的程度如何、

开展传播是否有效、投入与收效是否平衡等进行认真评估。这是企业公共关系实务不可忽视的一个重要步骤。

二、公共关系评估的过程

要对公共关系实务效果进行评估，必须遵照一定的程序，这样才能保证公共关系实务的效果评估不偏离方向，做到又快又好。

（一）建立合理的评估目标

开展评估，首先要建立合理的评估目标。这一评估目标主要就是企业的公关目标，要以这一目标来衡量公共关系实务效果的大小。评估目标的确定，有利于保证评估工作顺利进行，提高评估效率，还可以保证在公关调查中掌握有用的资料，避免无效劳动。

（二）拟订评估提纲

建立了合理的评估目标后，我们就可以拟订评估提纲了。所谓评估提纲就是指评估者怎样开展评估活动的打算，也是最后撰写评估报告的内容要点。评估提纲的要点是：目的要求，主要指评估的基本目的和要求，评估要说明的主要问题；论点，即指从哪些方面进行论证，有什么初步打算、看法；论据，即为论证和说明问题应收集哪些资料。

（三）接受反馈信息

有了目标和提纲，接着就是具体地收集信息、反馈信息。信息是评估效果的基本材料，因此应该把公关活动中的信息，尤其是重要的信息以最快的速度、最准的手段、最佳的方法反馈到公共关系部门。公共关系部门平时就应做好信息反馈、信息积累工作。在评估时，公关人员还应围绕评估提纲的要求，继续接受信息反馈。

（四）搞好综合分析

把所需要的信息收集齐全后，就要加以整理，进行综合分析，这是整个评估过程的重要一环。面对大量的数据、实例，评估者要认识它、理解它、分析它，并做出取舍，从中引出自己的观点。进行综合分析要注意以下问题。

1. 整理材料

信息处理必须遵循的基本原则是将丰富的材料加以“去粗取精，去伪存真，由此及彼，由表及里”的改造制作。“去粗取精”，就是对材料进行选择，去掉那些粗糙的东西，把反映本质的材料留下来；“去伪存真”，就是对材料进行鉴别，分别真伪，去掉假的，保存真的；“由此及彼”，就是把握事物间的内在联系；“由表及里”，就是透过现象看本质，把握事物发展的规律性。

2. 纵观全局

在综合分析中，要特别注意纵观全局。对企业而言，经济现象是错综复杂的，是互相联系的。公共关系活动涉及方方面面，是企业整体行为的综合反映。因此，要把经济发展过程中各个环节的内在联系结合起来观察，以求比较全面地揭示事物的本质。

3. 正确撰写评估结果报告

撰写评估结果报告就是要将公共关系的成效以文字形式报告给企业领导者，以取得重视和支持，这也符合公共关系的原则和原理。撰写评估结果报告要注意“五忌”：一忌数字不准确，情况失实；二忌数字文字化，观点不鲜明，或者满纸陈述，没有数据、实例；三忌观点和材料不统一；四忌报喜不报忧；五忌穿靴戴帽，套话连篇。

三、公共关系评估的方法

（一）个人观察反馈法

个人观察反馈法是指企业负责人或公关人员在开展公关活动时，现场了解进展情况，感受当时的气氛并评估其效果的方法。评估人员把实际情况与计划目标相比较，提出评价和改进建议，这是一种最简单、最常见、最直观的方法。其优点是评价反馈迅速，改进意见具体，易于落实；缺点是很难测出公共关系活动的长期效果。

（二）目标管理法

目标管理法是指在企业公关工作中建立目标体系，每个环节、每个部门、每个个人都有自己的目标和措施，在计划实施之中和之后进行评估的一种评估方法。采用这种方法，应在制订计划时就考虑到效果评测，即用量值方法对目标进行分析，判定通过方案实施之后是全部达到目标，还是部分达到目标。这里对目标评定多采用列表法，通过列表把目标分解成一些具体项目，每个项目还可以分成若干个子项目，再按项目在目标中的重要程度，列出一定的比例，在活动实施后，根据目标达标情况打分，从而确定目标达标程度，衡量和评价出公共关系的效果。

（三）内外部监察法

1. 内部监察法

内部监察法是指由企业内部人员对公共关系部门的工作和活动进行检查和评价的方法。如企业领导层和管理人员可以从企业经营管理中观察出特定时期内，公共关系目标达到的程度和效果。内部监察范围有：所进行的工作和取得的成果、目前存在的问题、将来的计划安排。

2. 外部监察法

外部监察法是聘请企业外部的专家对本企业公共关系活动进行检查和评价。外部专家可以通过调查、访问和分析，对企业公共关系活动及其效果做出较为客观的衡量和评价，并就未来发展提出建议。

（四）企业形象地位评估法

企业形象地位评估法是指评估人员以企业知名度、美誉度作为两个基本变量，评估企业形象的方法。一个企业形象在社会中的好与不好，取决于企业知名度和美誉度的高低。

进行企业形象定位带有可操作性。首先，调查公众对企业知晓的百分比和知晓公众对企业赞誉的百分比；其次，以企业知名度和美誉度作为两个变量，组成两维坐标，根据企业在公众中的知名度和美誉度确定企业形象定位。

（五）企业形象要素分析法

企业形象不是抽象的，而是具体的。任何组织的知名度、美誉度都包含着许多实际因素，将这些因素进行分析，还可以了解组织的实际社会形象与自我期望形象的差距，确认公共关系活动存在的问题。

公共关系活动评估方法较多，在实际工作中要根据各项公共关系活动的目的和要求，遵循“准、简、省”的原则，采用适当的方法，也可综合运用这些评估方法。要真正做到评估客观、公正、全面，公共关系人员必须超然于企业立场之外，排除主观因素干扰，以科学、负责的精神进行检测和评价。

四、公共关系评估的八个标准

以下八点内容是企业进行公关效果评估时比较关注的，也是实用的评估标准。

1. *覆盖率*（Gross Impression）

覆盖率是广告效果评估中常用的一个词语，用在公关活动中也一样有效，特别是对传播、活动的效果评估，必须搞清楚覆盖到了多少人群，如果不清楚覆盖率，做出来的媒体计划以及活动都是盲目的。

有些企业认为 A 媒体好，就一定要用 A 媒体，全然不顾 A 媒体的覆盖率，这样的传播必然是有问题的。所谓的覆盖率也不仅仅是指一家媒体的覆盖率，例如，一家企业的市场遍布全国，通过中央媒体的宣传也不是覆盖率 100%。一家发行量 5 万的中央媒体，可能不如一家发行量 10 万的区域媒体的覆盖率大，前提是企业在那个区域有市场。当某次宣传结束后，可以用下列公式来表达覆盖率：覆盖率=传播受众/市场所属区域的受众。传播受众就是我们通过媒体影响到的受众，包括直接影响和间接影响。比如说，如果企业只在北京有市场，就不要把宣传做到河南去，或者用中央媒体在全国范围内宣传。显然，如果按着 100%的覆盖率去做宣传，必然会有一些重复，所以又涉及是否有效率的问题。

2. *有效率*（Effective Reach）

有时虽然覆盖到了，但有可能重复覆盖，或者覆盖不一定是有效的。无效覆盖的情况常存在。例如，在北京市场做宣传，选择《××信报》，信报的发行量号称 20 万，首先这 20 万人里面不是全部有效的——这 20 万里什么人都有，我们需要的只是其中一部分，或许只有 5 万是有效的。其次，这 5 万人是不是全部都会看到我们的信息，这和版面有一定关系。所以，针对不同的企业，每份报纸杂志都会有其不同的有效率，企业当然要选有效率高的。通常，很多企业顾及了有效率，又忘记了覆盖率，我们需要的是两者兼顾。这里还要提到品牌发展指数，即品牌在一个地区的销售占总销售的比率除以该地区占总人口的比率，用以评估品牌在该地区的相对发展状况。我们都知道不同地区的消费能力是不同的，在某些地区发行量很大的媒体，由于经济发展落后有效率就很低。光看发行量，不问有效率，就犯了这种错误。

综合覆盖率以及有效率的结果，可得出有效受众，它的作用可以直接用来表述宣传效果。

3. *千人成本*（CPM-Per Thousand）

千人成本是广告术语，由某一媒介或媒介广告排期表所送达 1000 人所需的成本。计算的公式如下：

千人成本=（广告费用/到达人数）×1000。

其中到达人数要根据受众性质在统计数上加以修正。

4. 准确性（Correctness）

失之毫厘，谬以千里。准确性的评估，是不可缺少的一个内容，做到了高覆盖率、有效率，还是效果不好，原因可能就是准确性差。信息被有效覆盖了，不等于被有效传递了，准确性的主要内容有传播定位的准确性、媒体策略的准确性、发布内容的准确性、传播方法的准确性等。

定位的准确性很重要，一个产品如果没有找好卖点，一个企业如果没有在行业中找到自己的位置，传播的主基调不正确，就会使得公关效果较差。媒体策略的准确性，主要是指发布时间、发布周期，如促销信息的发布、新品的上市，对于媒体策略的要求是十分严格的，如果不准确，效果必然要大打折扣。发布内容的准确性是指，该说的问题没有说清楚，该突出的重点没有突出，这就不会有好效果。传播方法也是这样，上来就争吵、打官司……这样做确实吸引了眼球，但是效果不佳。

5. 传播力度（Power）

传播力度，业内也有人称之为爆破力，或者说引爆，主要是指在某段时间内让企业的信息迅速充满媒体，并持续一段时间，这也是公关常用的一种方法，通常事件营销就属于此类。通过对信息的集中分布，可以一下子吸引关注，并增强人们的记忆或者使人们对企业产生好感，从而达到公关的目标。关于爆破力的统计，可以选取一段时间，以媒体发布的数量、转载的数量、媒体跟进报道的数量进行分析统计，其中媒体跟进报道的数量能集中体现传播力度。

除了一段时间内的传播量，还有一些能有效“量化”传播力度的标志，如网站的首页、平面媒体头版或者头条等。很多企业比较注重网站上的首页，或者频道首页，以及一些版面的头条或者关键位置——这都能表明传播力度强。

另外，关注度也是传播力度的一个表现，例如，在一段时间内，行业内共发生了几个值得一提的新闻，给这些新闻排个名次，再结合自己企业在市场的排名，就知道传播的力度够不够。对于一个企业而言，制订了年度计划，亦可回顾一下有没有哪个新闻值得一提，如果没有，说明没有传播力度。

6. 传阅率（Pass Along Rate）

在统计覆盖率的时候，虽然传阅率也会被统计进去，但是它是容易被忽略的问题，特别是在网络时代。搜索引擎的兴起，使得网络上文章内容被二次、三次地阅读，远大于当日发布时的阅读量。特别是一些选购、评测、体验类的文章，被搜索到以后再被阅读，影响消费者购买决定的作用显得十分明显。因此，当人们在购买汽车、IT 等产品时，通常要上网查一查相关的信息，这时候传阅率就显得比覆盖率更为重要。因此，在效果评估时，以搜索引擎的搜索结果作为评估标准也已经成为重要的手段。例如，运用百度搜索“小米 6 手机选购”，在宣传之前，第一页搜索没有相关品牌的内容，而做完宣传之后出现了相关的内容，这表明传阅率很高，效果当然也会很好。另外，当企业发布一个消息以后，有时候会引起媒体的广泛报道，这事实上也叫传阅率。可见，传阅率既可以用人们对同一张报纸的多次阅读来做统计，也可以用搜索引擎上被搜索到的多次阅读来做统计，还可以以后续媒体自发跟进的报道来做统计。

很多时候，传阅率并不被计入公关服务的收费项目，因此长期被忽视，但它无疑是公关效果的重要组成部分。

7. 公关指数提升（Improve of PR）

上述多是以传播为主的一些效果评估，当然公关绝不仅仅是传播，例如，一些公众关系维护、项目游说、危机处理也都属于公关的范畴，这些内容的效果可用公关指数来评估。例如，很多企业都需要建立和维护媒体关系，通过与公关公司的合作，一定会在媒体关系层面获得一定的提升。这可以量化为一共建立了多少家核心媒体的关系，也可以从单家媒体的关系提升上进行评估。至于项目游说，工作的进展就是很好的评估，这里不多赘述。而对于危机管理，应从公关指数的理解来看，在处理完危机之前，企业与消费者的关系、企业与媒体的关系、企业与渠道的关系，这些有没有产生变化，如果这些关系下降了，说明危机并没有处理好。如果关系得到提升了，说明危机处理得非常好。

必须重点说明的是，如果一篇报道负面消息的文章只有几十人看，影响面、影响力都十分窄，就不可称为危机。有时危机本不是危机，只是小噪声，结果被公关公司弄得反而真成了危机。原因就在于，一开始的时候，危机的初期并没有导致企业的公关指数下降，而处理危机的过程中导致了这个指数的下降，也就是失败的公关。可见，在公关效果的评估时也要考虑到公众关系是否有所下降。

8. 销售提升（Improve of Sale）

这也是为企业所关注的评估标准。一般来说，公关营销可以对销售有刺激性的帮助，然而值得注意的是，公关很多时候对企业走下坡路无能为力，一个产品劣质到令消费者愤恨的企业，公关做得再好也是无力回天的。

用以上这八个关键词来评估公关活动，基本上可以系统地反映出公关的效果。

本章案例

案例　第12届世界华商大会策划

项目背景

世界华商大会（World Chinese Entrepreneurs Convention，WCEC）由新加坡中华总商会、中国的香港中华总商会和泰国中华总商会参与酝酿，于1991年首先发起倡议，以“在商言商、弘扬中华民族文化”为宗旨，每两年举办一次，是全球最具规模和代表性的华人商界盛会。经国务院批准同意，由中国侨商投资企业协会主办、四川省成都市承办的第12届世界华商大会于2013年9月24~26日在四川省成都市举办。

项目调查

世界华商大会自20世纪末期开始举办，跨越世纪。华人已几乎遍布世界的各个角落，从小规模商业实体到全球商业王国，华人企业家的实干与力量享誉全球。语言共通而心系家国天下，智慧聚合而衍生无穷商机。“中国发展、华商机遇”，世界华商大会是加强经济合作、促进相互了解的盛会，其所带来的潜能是无限的，终将建立一个可行的经济合作网络。

项目策划

第12届世界华商大会的策划与创意遵循“成都特点、中国气派、国际表达”的原则，达到了高端、大气、优美、安全的现场效果。

开幕式与主论坛遵循国际会议和政府会议庄重、大方、整齐、典雅的风格，充分考虑场馆空旷、声音回响严重等缺陷，精心设计灯光和音响。安排好重要嘉宾最佳进出路线，采取剧院式布局，划分VVIP、VIP、与会嘉宾三级座席，确保来宾有秩序地出入。以商务蓝为主色调，两边侧屏与中央主屏形成统一、呼应的长幅画面，以成都市标志元素“太阳神鸟”和代表元素“芙蓉锦鲤”为装饰元素，中屏保持主形象不变，侧屏实时呈现现场画面。同时在主场馆中后部悬挂极具中国风格的印有“太阳神鸟”的灯笼组合，形成世界华商相融共聚的情感氛围。闭幕式以中国红为主色调，保持大会的空间布局不变，为演出增强灯光、视频与音频效果，布置VVIP长桌式晚宴以体现国际大会的规格，遵循传统中式晚宴风格，采用红白相间的10人嘉宾宴会座席。点亮红灯笼、侧屏加入熊猫元素，在灯光中调入红、蓝、绿、紫等多彩颜色，调整音响设备以达成舒畅的听觉效果。统筹安排印尼（即印度尼西亚）团演出与成都市的闭幕晚宴伴餐演出，使印尼歌舞与川剧变脸、熊猫杂技和谐共生，印尼歌手一曲高亢的《青藏高原》响彻主会场，华丽的川剧变脸、惊艳的水袖表演将演出推向高潮。

项目实施

第12届世界华商大会以其规格之高、范围之大、影响之广，堪称继北京奥运会、上海世博会之后影响中国、影响世界的城市营销大事件。从策划顾问管理服务到主视觉创意设计服务，再到大会主体管理服务以及增值活动策划服务，第12届世界华商大会整体项目运营历时10个月。

经多方调研、甄选后，确定将会址选在中国成都世纪城综合区内，世纪城位置优越，集9个展馆、数十个会议厅、国际五星级与四星级酒店、餐饮娱乐于一体，是满足大会综合需求的最佳场所。但挑战也随之而生，在体量巨大、墙体裸露、地面粗糙的展馆举办世界级会议史无前例。基于解决透光、吸音、安全等一系列问题，项目组不断考察现场、多次测量和测试场地，确保场馆满足国际性会议需求。

大会安全保障，是会务组织实施的重点环节，针对会议代表人数多、层次高、活动涉及场馆点多面广、日程活动多样紧凑、时间节点流程严密等特点，会务组织制定了周密详细的组织实施方案，确保各个环节的无缝对接与高效沟通，有效保障了各项活动的顺利开展。

主会场占用世纪城公共区域、馆前区域、4个展馆近10万平方米，两天内，在主会场内需完成两次安检、开幕式与主论坛、1次自助午餐、1万余平方米政府及商业展览展示、闭幕式与闭幕晚宴及演出等多个重大事项，在工期、材质、工艺、消防、警卫等方面有严格标准，要求服务方必须具备高超的统筹协调与即时应变能力，项目组夜以继日地修改图纸、检验材料、核准数量、检查质量、审核内容，以极高的专业水准、极优的职业素养和极佳的服务态度确保了大会的顺利召开，并赢得了政府领导的当场赞誉。

开幕式与闭幕式在同一会场举办，相隔不到两天，并且在风格、内容与流程上不尽相同，以巨幅LED屏幕作为主舞台背景画面及大会内容展示介质是经过推敲后确定的最佳方式，数以百计的块状电子屏整体、无缝拼接，承载着实时呈现国家领导人致辞的画面、展示政府形象宣传片、赞助商广告与文艺演出等功用，万分之一黑屏的概率都是不可补救的败笔，项目组在无数次的调试与验证后交出的是最满意的答卷，全程没有点滴漏洞。

项目评估

2013年9月24~26日，第12届世界华商大会在我国四川成都世纪城新会展中心与世纪城国际会议中心隆重召开，本届华商大会共有来自105个国家和地区的3000余名中外代表参会，246名、71家境内外媒体注册参会。其覆盖国家、地区和代表人数创历届华商大会之最，谢国民等知名侨商和100余个海外侨商组织的侨商代表莅会。

9月25日，中央电视台《新闻联播》为大会开幕播出长达4分钟的头条新闻，新华社、中新社、人民日报、光明日报、四川日报、四川电视台、华西都市报、成都日报、成都电视台等重要媒体均刊出专题报道。

第12届世界华商大会是一次精心策划的公关活动，不仅具有较高的艺术性，而且具有较强的科学性，公关人员按照“四步工作法”，运用科学的理论和有效的方法，处理和解决了各种问题，使得大会成功举办，这对引领全球华商在更广领域、更高层面、更深层次参与中国经济社会发展和新一轮西部大开发、同圆共享“中国梦”具有重要意义。

（此案例获得第12届中国最佳公共关系案例大赛银奖）

思考题

1. 简述公关调查的内容与方法。
2. 简述公关策划的原则。
3. 公关实施的内容是什么？
4. 公关效果评估的意义和方法是什么？
5. 某市有一家豪华宾馆，周围景色迷人，服务优质，价钱合理，但是因为交通不便，公众担心住进去以后购物不便，还担心缺乏娱乐设施而太清静寂寞，所以开业以来，房间大部分空闲，降价后仍没起色。这家宾馆决定通过公关活动来拉动销售。假如你是公关部经理，你将如何开展公关活动？要求撰写出公关策划方案。

第八章　公共关系传播

王老吉捐款事件的网络公关传播

在2008年5月18日央视5.12汶川大地震赈灾晚会上，王老吉宣布将向灾区捐款1亿元人民币，引起巨大轰动；5月19日网上各大论坛和社区开始讨论王老吉捐款1亿元这一事件，并引起门户网站和传统媒体的关注；5月20日出现名为《让王老吉从中国的货架上消失!封杀他!》等类似的帖子，利用带有歧义的标题吸引公众的眼球，通过大量网络推手在各种互联网论坛和社区对事件进行宣传、评论，引导网民参与对事件的讨论，“不能再让王老吉的凉茶出现在超市的货架上，见1罐买1罐，坚决买空王老吉的凉茶!”“让王老吉的凉茶不够卖！让他们着急去吧!”“要捐就捐1个亿，要喝就喝王老吉!”等言论吸引了公众对王老吉的强烈关注。王老吉捐款事件不失时机地通过网络传播，表现了王老吉作为民族企业对抗震救灾高度关注的社会责任感，树立了爱国品牌良好的形象，赢得了人们的好感，同时也给王老吉带来巨大的销量，收到了很好的公关效果。

由此可见，公共关系传播是信息交流的过程，也是社会组织开展公共关系工作的重要手段。一个社会组织不但要有明确的目标、符合公众利益的政策和措施，还要充分利用传播手段开展公关活动，赢得公众的好感和舆论的支持，这样才能获得良好的经济效益和社会效益。

第一节　公共关系传播概述

一、公共关系传播的简介

（一）公共关系传播的基本内涵

公共关系传播是一种有组织、有计划、有一定规模的信息交流活动。它的目的是沟通传播者与公众之间的信息联系，使组织在公众中树立良好的形象。公共关系传播是组织通过报纸、广播、电视和网络等大众传播媒介，辅之以人际传播的手段，向其内部及外部公众传递有关组织各方面信息的过程。

这个定义包括三方面的内容：第一，公共关系传播的主体是组织，不是专门的信息传播机构；第二，公共关系传播的客体由两部分组成，一部分是组织内部公众，另一部分是组织外部公众；第三，公共关系传播以大众传播媒介作为主要手段，以人际传播作为辅助手段。

（二）公共关系传播的基本要素

1948 年，美国著名的政治学家哈罗德·拉斯韦尔补充提出了传播过程五个因素的公式："是谁？说什么？通过什么渠道？对谁说？产生了什么效果？"这个公式描述的虽然是单向传播现象，却为我们提供了一个分析传播过程的简易的模式。因为其中包含了构成传播的基本要素：传播者、传播内容、传播渠道、受传者和传播效果。

公共关系传播是组织运用传播手段向公众传递信息的过程，它经历了由传播者到受传者的全过程，因此，也应当包含传播过程的五个要素，如图 8-1 所示。

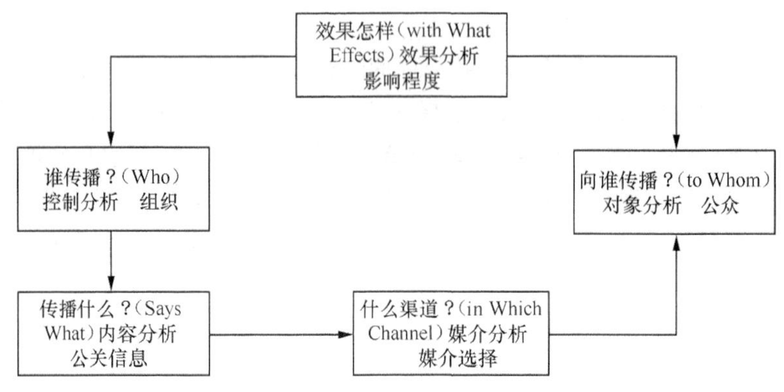

图 8-1 公共关系传播过程分析图

1. 公共关系传播者

公共关系传播者是组织信息的采集、发布者，是代表组织行使传播职能的人。在政治组织中，该角色一般由党和国家的新闻发布机构、新闻发言人以及各级党和政府的新闻、宣传部门担任。在各种福利组织和营利性组织中，该角色由组织内部的宣传部门、公共关系部门或宣传人员、公共关系人员担任。公共关系传播者是公共关系的主体，因为它是构成传播过程的主导因素。在协调公众关系、改善周围环境的过程中，在树立自身形象、提高信誉的过程中，在沟通内外联系、谋求支持与合作的过程中，公共关系传播者居于主动地位，起着控制者与组织者的作用。它的任务是将外部的信息传达给组织内部公众，并将有关组织的信息发布出去，传递到目标公众那里。

2. 公共关系传播内容

公共关系传播内容是指传播者发出的有关组织的所有信息。它大体上可以分为以下两类。一类是告知性内容，即向公众介绍有关组织的情况：它的目标、宗旨、方针、经营思想、产品和服务质量等。在信息传播过程中，告知性内容往往以动态消息或者专题报道的形式出现。前者是关于组织新近发生的某一事件的基本事实的描述，通常包括五个"W"，例如，关于商店开业、展览会闭幕、新产品问世、超额完成产值等情况的报道。后者是对事件全景或某一侧面进行的放大式描述，它不但包含五个"W"，而且包括对基本事实具体情节的描写。例如，介绍新产品的设计过程、制作工艺、用途、专家鉴定情况等。另一类是劝导性的内容，即号召公众响应一项决议，呼吁公众参与一项社会公益活动，或者劝说人们购买某一种牌子的商品。在利用大众传媒进行宣传的过程中，政党、政府及其他非营利性组织发布的劝导性的内容，往往以社论、评论、倡议书的形式出现，而营利性组织发布的此类内容，则多以商业广告的形式出现。

3. 公共关系传播渠道

所谓传播渠道，是指信息流通的载体，也称媒介或工具。人们通常把用于传播的工具统称为传播媒介，而把公共关系活动中使用的传播媒介，称之为公共关系媒介。可供公共人员利用的传播媒介有两种：一种是大众传播媒介，另一种是人际传播手段。具体来说，公共关系传播媒介是各种各样、丰富多彩的。常见的是语言媒介，像报纸与杂志、书籍与纪念刊、海报与传单、组织名片与函件等；有电子媒介，像广播、电视、录音、录像、幻灯片和电影等；有标识媒介，像摄影与图片、商标与徽记、门面与包装、代表色等；此外还有非语言传播媒介，像表情、体态、目光等。我们也可以把公共关系媒介分为基本媒介和综合媒介两种。所谓基本媒介，主要包括人与人之间的口头传播、广播、电视、印刷品、摄影作品、电影等；综合媒介则包括与新闻界的联络、特别节目、展览、会议等。显然，所谓综合媒介是各种基本媒介的集大成。

4. 目标公众

目标公众即组织外部公众，是指那些与组织有着某种利益关系的特定公众。它们是大众传播受传者中的一部分，是组织意欲影响的重点对象。这类公众的特点是：第一，目标公众是有一定范围的，是具体的，可知的，也是相对稳定的，即每个组织都有自己的特定公众。第二，公众是复杂的。尽管某些个人由于某种共同性构成了某一组织的公众，但他们之间还是有着明显的差异。第三，公众是变化的。组织与公众之间的利益关系结束了，这一类公众就不复为该组织的公众。组织要想有效地开展公关工作，就要分辨自己面对的公众是否是十分重要的。一般来说，辨认公众可分为几个步骤，层层深入。例如，首先把组织面对的公众无一遗漏地罗列出来，然后按需要对他们进行分类。根据组织内外有别的原则，可以把公众分为内部公众和外部公众；根据公众发展过程的不同阶段，可以把他们分为非公众、潜在公众、知晓公众和行动公众；根据公众对组织重要性的不同，可以把他们分为主要公众和次要公众。当组织开展一项具体活动时，还可以对公众进行更进一步分类，以便确定具体活动针对的目标公众（参见第四章第一节）。第四，公众趋向集合。组织与公众之间的利益关系变得突出时，原来松散的公众集合体就会趋于集中，显示出它特有的集体力量。

5. 公共关系传播效果

公共关系传播效果是指目标公众对信息传播的反应，也是公共关系人员对传播对象的影响程度。人们对传播效果的研究经历了半个多世纪的历程，先是提出“传播万能论”，继而提出“有限效果论”（以“两级传播”为主要内容），后来又由“两级传播模式”发展为“多级传播模式”。传播效果理论的演变告诉我们，大众传播媒介固然能够改变受众原有的观念，但其效果不是无限的。在实际工作中，公共关系人员不能把大众传播媒介作为唯一的手段，而应当与其他传播方式，如人际传播结合起来，以便收到更好的效果。同时，受众的被动地位是相对的，他们对信息的注意、理解和记忆都是有选择的。公共关系人员可以通过各种调查手段（如观察、访问、文献分析、抽样调查等）了解公众对信息的接受程度，知己知彼，百战不殆。此外，在信息传播过程中，还要重视专家、学者、社会名流等“意见领袖”的中转作用，设法通过他们影响公众。

（三）公共关系传播的特征

公共关系传播的特征主要在于它与其他营销传播形式相比有很大不同。这些不同最为明显地体现在三个方面。

1. 影响对象不同

一般而言，狭义的促销工具在使用过程中所针对的目标，往往是既定的消费群体或者是目标受众。而相对于广告以及销售促进等形式，公关的对象则要宽泛得多，不仅有一般促销所面对的受众，而且还包括了营销目标之外的其他关联群体。例如：企业与政府或者社会调节部门的关系，这些机构虽然并不是企业产品的营销目标，但是它们却对企业实现营销目标具有一定的影响；企业与其内部的员工关系，虽然并不构成直接交易，但是对组织形象等方面产生影响进而间接地影响产品和品牌；企业与媒体的关系，更是直接涉及大众传播手段的合作问题等。

2. 影响途径不同

通常作为商业手段的各种营销沟通形式，在运作过程中往往表现得比较直接，可以看作是利益和目标都十分明确的促销手段。相对而言，公共关系则表现得比较隐秘，它通常采用人际关系处理或者是利用媒体宣传达到影响效果。很多受众对于纯粹意义上的广告和促销往往抱有一种抵触和怀疑情绪，大多数情况下都会采取毫不理会和干脆回避的态度。相对而言，公共关系策划实施之后，商业气氛被掩盖了，以至于很多受众认为这些信息来自于媒体而不是来自于某一家公司，所以他们更愿意相信这些信息。

3. 投资成本不同

公共关系的相对成本和绝对成本都远远低于广告和其他促销形式，如果将其投资效益加以比较则更是如此。而商业促销模式则明确地建立在媒体购买和促销投资形式之上，不论是什么样的商业促销形式，都包含着明确的投资倾向。正因为这种投资形式的不同，一种广告可以根据需要不断重复，但是公关宣传则无法多次重复，因此在到达率上就很难得到保证。这也决定了广告以及其他促销形式在促销信息的传达方面，往往比公共关系更加精确也更加及时。

二、公关传播的模式

20 世纪 20 年代以来，西方传播学研究中出现了反映不同观点和不同研究方法的多种模式，但没有一个被普遍接受的模式。早期多为单向线性模式，50 年代以来普遍强调传播是双向循环过程。具有代表性的单向传播模式是香农-韦弗模式和哈罗德·拉斯韦尔提出的“5W”模式。

1. 香农-韦弗模式

香农-韦弗模式又称传播的数学模式，如图 8-2 所示，1948 年由美国数学家 C.E.香农和 W. 韦弗提出。其特点是将人际传播过程看作单向的机械系统。西方学者认为，此模式开拓了传播研究的视野，模式中的“噪声”表明了传播过程的复杂性，但是“噪声”不仅仅限于“渠道”。

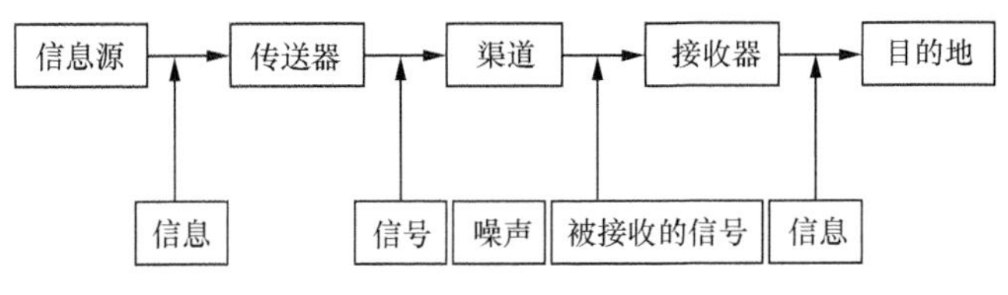

图 8-2　香农-韦弗模式

2. “5W”模式

它又称传播的政治模式。“5W”指的是：谁（Who）、说什么（Says What）、通过什么渠道（in Which Channel）、对谁说（to Whom）、产生什么效果（with What Effects），如图 8-3 所示。它于 1948 年由美国政治学家哈罗德·拉斯韦尔提出，之后被广为引用。西方学者认为“5W”模式概括性强，对大众传播的研究起了很大的推动作用，但它忽略“反馈”传播因素，有一定的局限性。

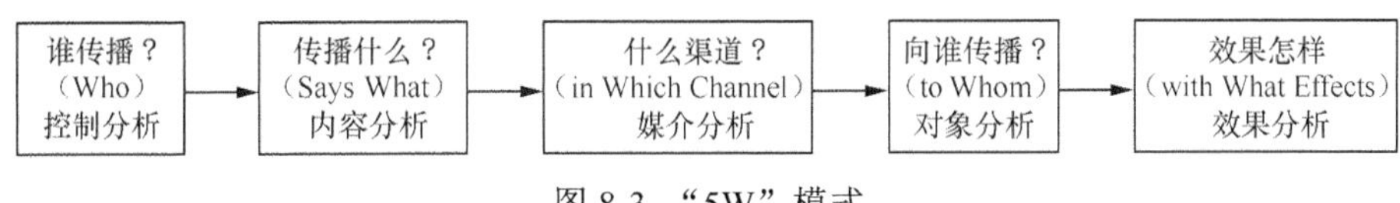

图 8-3　“5W”模式

20 世纪 50 年代，由美国传播学者 W.施拉姆提出的施拉姆模式，是较为流行的人际传播模式。此模式强调传播者和受传者的同一性及其处理信息的过程，揭示了符号互动在传播中的作用。图 8-4 中所示的“信息反馈”，表明传播是一个双向循环的过程。

20 世纪 50 年代后期，美国社会学家 M.L.德弗勒提出德弗勒模式，如图 8-5 所示，此模式突出双向性，被认为是描绘大众传播过程的一个比较完整的模式。

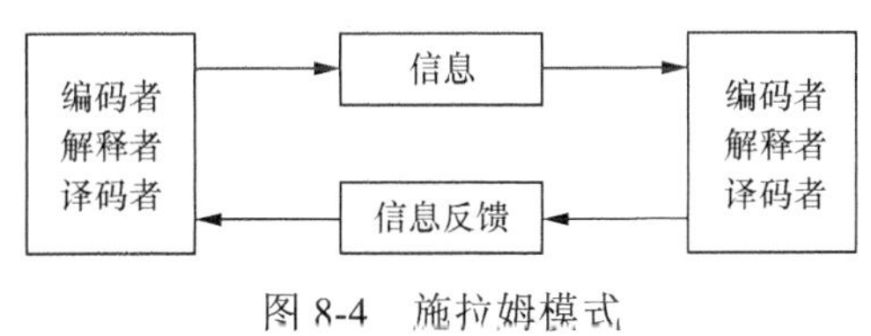

图 8-4　施拉姆模式

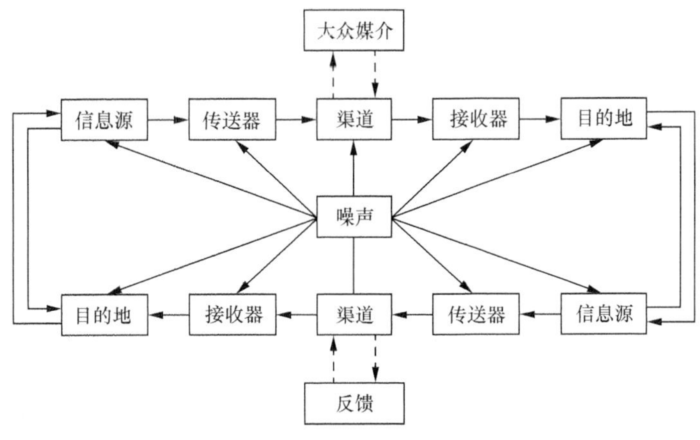

图 8-5　德弗勒模式

公共关系传播具备双向性特征，单向传播模式并不适用于公关传播，公关传播模式应是双向传播模式。双向传播模式即在传播中，信息不仅传递给接收者，也把接收者的反馈信息接收回来，使得传播者能够及时地调整传播行为。

三、公关传播的工具

传播工具是以传递新闻为主的信息的载体，是报纸、通讯社、广播、电视、新闻纪录影片、新闻性期刊和互联网的总称。西方称为新闻媒介（News media）或大众传播媒介（Mass media）。

人类信息传播活动经历了四种方式：原始传播方式、手抄传播方式、印刷传播方式、电子传播方式。在书写工具问世以前，信息的传递是通过语言手势、图记、烟火等方式进行的，这些都会受到时间和空间的限制。当传播工具出现后，传播才成为有广泛社会影响的活动，传播工具是人类社会物质生产和精神交往的产物。随着社会生产力的发展，科学技术的进步，传播方式不断变化，传播速度越来越快，范围越来越广，效果也越来越好。

公共关系活动的过程，主要是组织与其公众之间的交流、沟通的过程。如果不重视现代沟通传播，不能对最常用的公众传播媒介与沟通管理有系统的认识并掌握它们，就很难开展公共关系工作。下面就组织公共关系活动中最常运用的传播工具进行系统的介绍。

（一）报纸与杂志

文字传播媒介是指借助于可视的语言文字符号传递社会信息的各种载体，具有优于言语交流的记录性、扩散性、渗透性、准确性特征。

报刊，即报纸与杂志的合称。报纸是以刊登新闻为主的面向公众发行的定期出版物，杂志是定期或不定期成册连续出版的印刷品。报刊可以分为：组织报刊，这是一种组织内部的可控传播媒介；社会报刊，它属大众传播媒介，具有传播受众广泛的优点。

1. 报纸

最早出现的传播工具是报纸，它在漫长的传播史中一直是新闻传播工具的主要形态。

活字印刷术的发明，特别是金属活字的应用，为近代报纸的产生创造了技术条件。17 世纪是近代报纸的开创时期。随着近代报纸发展的需要，法国人 C.L.哈瓦斯于 1835 年首创为报纸提供新闻的通讯社。

（1）报纸传播信息的优势

各种形态的信息传播工具，都有其优势和不足。广播、电视利用现代化的电子技术传播信息，突破了时间和空间的局限，传播迅速，范围广泛，问世之后，其发展速度和规模超过了报纸。但是，在选择信息传播工具的激烈竞争中，报纸并没有被淘汰，因为报纸传播信息具有优势。一是传播面广。报纸发行量大，触及面广，遍及城市、乡村、机关、厂矿、企业、家庭，有些报纸甚至发行至海外。二是传播迅速。报纸一般都有自己的发行网和发行对象，因而投递迅速准确。三是具有新闻性，阅读率较高。报纸能较充分地处理信息资料，使报道的内容更为深入细致。四是报纸传播费用较低。五是文字表现力强。报纸版面由文字构成，文字表现多种多样，可大可小，可简可繁，图文并茂，又可套色，引人注目。六是便于保存和查找。报纸是文字的记载，读者可以慢读细看，有思考的余地。

（2）报纸传播信息的弱点

报纸传播信息也有弱点。一是时效短。报纸的新闻性极强，因而隔日的报纸容易被人弃置一旁，传播效果会大打折扣。二是传播信息易被读者忽略。报纸的幅面大、版面多、内容杂，读者经常随意跳读所感兴趣的内容，因此报纸对读者阅读的强制性较小，易受读者文化水平和理解能力的限制。三是理解能力受限。报纸的色泽较差，缺乏动感。报纸媒体因为纸质和印刷的原因，大多颜色单调，插图和摄影不如杂志精美，更不能与视听结合的电视相比了。

2. 杂志

（1）杂志传播信息的优势

杂志传播信息的优势一是时效性长。杂志的阅读有效时间较长，可重复阅读，它在相当一段时间内具有保留价值，因而在某种程度上扩大和深化了广告的传播效果。二是针对性强。每种杂志都有自己的特定读者群，传播者可以面对明确的目标公众制订传播策略。三是印刷精美，表现力强。

（2）杂志传播信息的弱点

杂志传播信息的弱点为：出版周期长。杂志的出版周期大多较长，少则一周，多则数月，因而时效性强的广告信息不宜在杂志媒体上刊登。杂志媒体无法像报纸和电视那样造成铺天盖地般的宣传效果。杂志传播信息受读者的理解能力限制。像报纸一样，杂志不如广播和电视那么形象、生动、直观和口语化，特别是在文化水平低的读者群中，传播的效果受到制约。

（二）广播与电视

广播与电视同属于电子媒介。电子媒介是指运用电子技术、电子技术设备及其产品进行信息传播的媒介，其中包括广播、电视、电影、录音、录像、光碟（CD、LD、VCD、DVD）等。电视、广播是最主要的电子媒介，在信息传播中，广播、电视与印刷大众媒介比较，所具有的特征如下。

一是时效性。电子媒介的时效性强，对信息的传播更迅速、更及时，能够做到同步，具有同时性。二是传播性。通过电波进行远距离的传播，不受空间的局限，具有同位性。三是生动性。通过声音、色彩、文字的组合，现场感比较强，更富于感染力。

1. 广播在传播信息中的优势

（1）广播是“绿色媒体”

从受众的接受途径这个角度来看，广播称得上是“绿色媒体”。广播能提供丰富、及时、有效的新闻信息和音乐资讯，给受众带来美的享受和愉悦的心情；广播追求的是听觉上的感受，不会给受众的眼睛带来伤害，也不会因辐射而影响受众的身体健康，广播的传播方式一般“只闻其声，不见其人”，受众有一个可以毫不顾忌释放心情的空间。

（2）功能多种，适应不同层次人的需要

现在大多数家长都重视保护孩子的视力。因此，广播发挥作用的余地增大了。听广播，不须用眼睛。身心疲劳，可以闭着眼睛、躺着听；心情不好，有音乐台，音乐可以抚慰你的心灵。此外，听广播还可以知晓天下事，可以陶冶情操、增长知识等。从某种意义上，广播对青少年的教育和引导起着很重要的作用。与青少年学生相比，老年人读书看报比较费劲，也不可能整天待在家里看电视，广播也是他们生活中不可缺少的媒体，例如，很多老人晨练都带着收音机。对于“有车族”，广播更是他们的好伴侣。一边驾驶一边听节目，可以随时了解路面的情况、社会的信息。“车上广播“是司乘人员最钟爱的节目。据赛立信媒介研究 2015 年上半年对不同场所的调查显示，我国广播车载听众比例在不断上升，伴随着移动互联网的高速发展以及手机网民规模的持续增长，以依托移动互联网的智能手机为代表的智能收听终端市场呈持续上升趋势。但是，目前大部分仍使用手机自带的 FM（即手机调频收音机）功能收听广播，受网络费用的影响，使用移动互联网收听广播的听众依然是少数，网络电台的受众群还比较少。

（3）广播有制作简便、传播迅速的优势

报纸、杂志需要进行编排、制版、印刷才能传递信息，比广播要慢许多；电视由于从摄制成像，传输到台再发射给观众是一个比较复杂的过程，它是一个对环境、设备、投入依赖性较高的传媒，远不像广播这样便捷。与报纸相比，其优势不言而喻；与电视相比，广播可以在最短的时间内插播或直播新闻事件，尤其是突发性新闻事件；与网络相比，广播对接收工具的限制更少。

2. 广播在传播信息中的劣势

广播在传播信息中的劣势有：传播效果稍纵即逝，信息的储存性差，难以查询和记录。线性的传播方式，即广播内容按时间顺序依次排列，听众受节目顺序限制，只能被动接受既定的内容，选择性差。广播只有声音，没有文字和图像，听众对广播信息的注意力容易分散。

3. 电视在传播信息中的优势

电视是用电子技术传送活动图像的通信方式。它应用电子技术把静止或活动景物的影像进行光电转换，然后将电信号传送出去，使远方能即时重现影像。

电视在传播信息中的优势如下所述。一是视听结合传达效果好。它用形象和声音表达思想，这比报纸只靠文字符号和广播只靠声音来表达要直观得多。二是纪实性强、有现场感。电视能让观众直接看到事物的情境，能使观众产生亲临其境的现场感和参与感，具有时间上的同时性、空间上的同位性。三是传播迅速、影响面大。它同广播一样，用电波传送信号，向四面八方发射，把信号直接送到观众家里。四是多种功能、娱乐性强。由于电视是直接用图像和声音来传播信息，因此观众完全不受文化程度的限制，适应面广泛。

4. 电视在传播信息中的劣势

电视与广播一样，传播效果稍纵即逝，信息的储存性差，记录不便也难以查询；电视广告同样受时间顺序的限制，加上受场地、设备条件的限制，使信息的传送和接收都不如报刊、广播那样具有灵活性；电视广告的制作、传送、接收和保存的成本较高。

（三）Internet（互联网）

Internet 是指全球最大的、开放的、由众多的网络互联而成的、主要采用 TCP/IP 的计算机网络，以及这个网络包含的全世界范围的巨大信息资源。从信息资源角度讲，Internet 是全球范围最大的信息资源。近年来，我国的计算机网络建设发展迅速，互联网人数也不断增加。互联网的运用在公关发展史上也是一个重大的转折点。

1. Internet 的服务功能

互联网含有极丰富的信息资源，并能使处于异地的计算机方便地进行信息交流与资源共享。人们利用互联网可以进行科学研究、文档查询、联机交谈、网络购物等。

2. Internet 的传播特点

Internet 在以下方面拥有与传统媒体完全不同的特点：交互性、海量性、多媒体、即时性、个人化、超文本等。

（1）交互性

传统媒体将信息单向传递给受众，网络传播则提供一种双向传输的信息渠道。用“逻辑拓扑结构”（它是描述不同网络系统中信息传输逻辑过程的方法）分析，传统媒体的逻辑拓扑结构是星型结构，即中心制作，四面传输；其特点是中心节点，指报社、电台、电视台是传播中的唯一信息来源；单向流动，指信息由信息源向终端点“受传者”流动；终端点彼此孤立，没有联系；中心节点批量复制同样信息，单向传到终端点。这种结构使得传统媒体基本上只根据自己的判定决定什么样的信息，受众只能照单全收，形成了“我传你受”的传播定式。网络媒体基于完全不同的一个平等交流的信息平台。网络传播的逻辑拓扑结构是环型分布式的，其特点为：拓扑结构中无中心节点，每个节点都可向其他节点发送信息成为信息源；双向流动：任何节点都可以向发送信息的节点传回反馈信息；网络各节点之间不是孤立的，任意两点可以通过网络进行双向信息交流；任意两点间的交流路径不只一条。采用这种逻辑拓扑结构的网络传播本身就具有双向交流的特点，这使得传受双方较之传统媒体而言，双向交流的发生更为经常也更为深入。

（2）海量性

互联网将全世界的计算机和计算机连接起来，从而形成了一个巨大无比的数据库。世界上任一时间、任一地点发生的任一事件，都有可能成为网络的信息被广泛传播。与传统媒体相比，由于它得天独厚的技术优势，它可以摆脱报纸版面、广播电视固定时段、节目容量等诸多限制。技术创造的计算机网络时空，几乎可以将全世界的新闻信息全部包揽；此外，由于传播主体的多元化，“人人皆可成为信息源”，使得网络信息能够最大限度地源源不断地传播；再者，由于数据库的存在，人们得以纵向保存历史新闻信息，正是信息集纳的广度与深度形成了网络传播的海量特点。

（3）多媒体

报纸通过纸质媒介利用文字和图片传递新闻，广播以声音发送信息，电视借助声音和图像传播内容。网络媒体则兼容了文字、图表（片）、声音、动画、影像等多种传播手段保存信息、表现信息、发送信息。网络传播的多媒体特点最大限度地实现了各种传播形式的“兼容并包”，丰富了新闻传播的手段。受众也有了众多的选择自由，他们可以根据自己的喜欢去选择有字无声、有声有像、图文并茂等多种形式，各种感官得以充分调动。

（4）即时性

报纸使用纸质媒介传递信息，传递速度受制于交通手段和零售环节；广播电视采用无线电磁信号的形式，由于受到信号传输覆盖面的限制，传输范围之外的地方还需其他手段帮助来获得信号，增加环节会大大影响传播速度；网络新闻传播的载体是光纤通信线路，光纤传递数字信号的速度极快，瞬间可达世界上任何地方，从而在技术环节上保证了网络新闻传播的即时特点。此外，传统媒介需要制作周期，有截稿时间的限制。而网络新闻传播则不受此限，新闻稿件可以随到随发，24 小时不间断发稿，受众可以在第一时间知道所发生的一切。

（5）个人化

尼葛洛庞帝（Negroponte）为美国麻省理工学院教授及媒体实验室的创办人，同时也是《连线》杂志的专栏作家，他在《数字化生存》中曾指出：大众传媒应该重新定义为“发送和接收个人化信息和娱乐的系统”。网络传播的个人化特征非常明显，技术带来的优势可以使得受众从容地利用各种检索工具在各类数据库中“各取所需”；受众还可以自由地选择信息接收的时间、地点以及媒介的表现形式；与此同时，作为网络传播另一端的传播者也可用一种“信息推送技术”，根据用户的需求为其推送信息的专门化服务。信息的传播在网络中显得个性张扬、特色鲜明。

（6）超文本

与传统媒体不同，网络传播是建构在超文本、超链接之上的全新传播模式。超文本与用字符串来表达、以线性形式进行组织的传统文本信息的处理方式有很大不同。它不是以字符，而是以节点（Node）为单位组织各种信息，一个节点是一个“信息块”，节点内的信息可以是文本、图像、图形、动画、声音或其组合；它的信息在组织上采用网状结构，节点间通过关系链加以链接，从而构成表达特定内容的信息网络。它对信息的存储可以按照交叉联想的方式，从一处迅速跳到另一处，打破了原文本系统只能按顺序、线性存取的限制，可以方便灵活地检索。超文本赋予网络传播许多优势，比如说，形成网状的复杂信息结构，系统能按不同查询条件链接，从而使网络传播拥有强大的检索功能；此外，它有良好的编辑功能，可以进行多窗口编辑，使得网络编辑可以方便地容纳更多元素。

3. Internet 传播的优势

Internet 传播的优势有以下几点。

（1）信息汇聚多元化

网络具有汇聚超大量信息的能力。各家网站信息量庞大的数据库以及新闻文献库为人们寻找全面翔实的资料提供了很大的帮助，具有重要的现实意义。并且，网络中功能强大的超链接将无限丰富的相关资料向受众立体式地发布。单单这一点就让传统媒体难以望其项背。

（2）表现立体化

多媒体的传播手段，是网络媒体的一大表现特点。网络媒体不仅能够显示文本信息，而且能够显示图形、图像和声音等多媒体信息，使得网络媒体的表现形态走向立体式。

（3）传播超越时空化

传播的范围常常受限于地域，这是传统媒体的一大困惑。而网络媒体的出现，则彻底改变了这一切。网络媒体传播不受地域限制，受众遍及世界各地（当然，一些国家由于政治等原因除外）。而在时效性上，网络媒体是全天候新闻报道。这也令传播时段固定的传统媒体望洋兴叹。

（4）互动化

相对于传统媒体的“一言堂”，网络媒体能够实现传者与受者之间的互动。它使话语权不再是某个机构或个人的特权，而是将其外延扩大到了大众。任何一个网络受众都可以成为信息发布者。这改变了传统媒体你说我听的方式，网民在网络新闻和网络聊天室有很大的言论自由度，不仅可以参加讨论，还可以自己发布新闻。信息传播能在传播者和受传者之间呈现交替互动的形式。

（5）服务个性化

众所周知，传统媒体有受众定位。它不是针对某个人的，而是针对某个特定的群体。报纸有它确定的读者群，电台划分出了为不同人群服务的不同波段。因此，传统媒体很难在所有时间、所有节目中满足所有人的愿望。而网络媒体在这方面就凸显它的优势了。由于网站多如牛毛，网上信息浩如烟海。强大的网络搜索功能，使网民可随时上网查找所需的信息，享受网络提供的个性化很强的服务。

4. Internet 传播的劣势

（1）网络信息良莠不齐

《全国人民代表大会常务委员会关于维护互联网安全的决定》和《互联网站禁止传播淫秽、色情等不良信息自律规范》等相关法律法规对网络信息行为的“可为模式”和“不可为模式”做出了相应规范说明。然而，网络传播和传统媒体传播的主要不同之处在于，它具有很大的隐蔽性，即传播者处于一个极端隐蔽的地位，仅靠个人手段无法在整个庞大的网络世界中找到恶意传播信息的人，这就在很大程度上刺激了有的人在网上恶意传播虚假信息的欲望，还有部分网民网络素养不够，对于发布信息的态度不严谨。从这一点上看，网络信息良莠不齐，这也就使网络传播的效果大打折扣，而且更为严重的是，网络上面还夹杂着色情、暴力的信息，这在很大程度上不利于树立网络传播在人们心目中的良好形象。由于网络传播失范现象屡有发生，诸如网络诈骗信息、网络谣言散布、人肉搜索等行为扰乱社会正常的秩序，所以，2016 年 11 月 7 日，第十二届全国人大常委会第二十四次会议表决通过了《中华人民共和国网络安全法》。其明确要求网民上网必须确认自己的身份信息，否则无法上网。网络实名制又称“网络身份证制度”，是指法律意义上的网络行为人在从事网络活动时应当提供真实有效的个人信息和接受身份认证的制度。网络实名制一方面可以有效提升网络安全指数；另一方面也有利于提升网民道德水平，增强网民的责任意识，在维护网络秩序的同时，保护言论自由，从而推进中国的法治建设。目前相关法规仍在完善。

（2）对现实生活的面对面交际造成负面影响

网上的各个即时通信工具，都有“群分”功能，人们围绕共同的话题来展开讨论，这无疑为专业研究提供了一个很好的平台。经常上这样的地方，虽然可以满足一个人的爱好需求以及其对交往的需求，但是却不利于他在真实生活中的广泛交际。

（3）引起版权争议

在知识产权时代，作者的劳动成果必须受到尊重，应依法支付作者稿费。然而有的网站为了吸引网民眼球，大量转载报纸和杂志等媒体的报道，用以丰富网站的内容，提高点击率，进而增加收益，它们不仅不给著作权人回报，还想继续得到免费的午餐。这种态度是不正确的。2001 年修改后的《中华人民共和国著作权法》明确规定：“作品刊登后，除著作权人声明不得转载、摘编的外，其他报刊可以转载或者作为文摘、资料刊登，但应当按照规定向著作权人支付报酬。” 2006 年 12 月 7 日，最高人民法院公布了再次修订后的《最高人民法院关于审理涉及计算机网络著作权纠纷案件适用法律若干问题的解释》，让网站的版权责任更重了，即网络要转载报刊和网络的文章都需要先获得作者同意。如今，有关侵权的相关规定比过去更为严格。随着法律的健全和完善，网站随意转载作品的行为，正面临着越来越大的风险。

（4）成本高

网络媒体浏览的成本太高，必须有计算机或者手机而且需要联网，整体费用要比传统媒体高，而传统媒体的浏览成本低。

传统媒介与网络媒介各有优势，两者之间加强合作是进入 21 世纪以后十几年的事情，如新闻网站有偿使用传统媒介提供的新闻信息。在公关传播沟通方面，社会组织各取所长，充分发挥其作用，这是未来的发展趋势。

第二节　网络公共关系

一、网络公关的定义

网络公关（Public Relation on Line）又叫线上公关或 e 公关，是指社会组织借助互联网，通过收集信息和传播沟通，在电子空间中与公众之间互动交流、协调关系，以达到塑造良好组织形象的目的。

随着互联网的飞速发展，公共关系也从现实世界步入了网络空间。许多国际知名企业、跨国公司对网络公关进行了不少的探索和实践。我国社会组织自身的公关网络更是如雨后春笋般成长起来，1998 年创办的“中国公关网”，承担中国公共关系行业的资讯发布、专业普及、职业教育、学术交流和资源整合等公共事业职能。公关业和社会组织有了自己的门户网站和宣传平台，可以用最快捷的速度进行国内外信息的交流。网络公关利用互联网的高科技手段营造组织形象，为现代公共关系提供了新的策划思路和传播媒介。

二、网络公关的作用

网络公关是数字时代背景下传统公关在传播途径上的扩展。其主要有以下几个方面的作用。

（1）在信息搜索方面，网络公关一方面可以使组织通过公共论坛等渠道及时了解各界人士对其的看法和态度，并且通过互联网新闻和论坛，发现新的利益群体；另一方面，公众可以在线了解组织的有关情况，对组织的形象做出自己的评价。

（2）在信息发布方面，互联网克服了信息的空间传播障碍，加大了信息容载量。组织可以不需要记者或编辑的介入，直接面向公众发布新闻和信息，还能避免信息的失真。

（3）在管理公众资料方面，组织可以通过网络公关建立公众档案，保持资料经常更新，及时了解公众的需求状况和发展动态。

（4）在传播交流方面，社会组织通过互联网传播的多媒体表现方式，创造氛围，展示形象，与公众交流互动。

三、网络公关的传播手段

网络公关的传播工具包括万维网（WWW）、电子邮件（E-mail）、聊天系统、虚拟论坛、电子公告板（Bulletin Board System）等，它们在信息传播过程中的属性各有不同，在组织网络公关中所具有的功能也不同。目前主要的网络公关传播手段有以下几类。

（一）信息获取类

1. 网络新闻

网络新闻是以网络为载体的新闻，它在视、听、感方面给受众全新的体验。新闻具有快速、多面化、多渠道、多媒体、互动等特点。网络新闻将无序化的新闻进行有序的整合，大大压缩了信息的厚度，让人们在最短的时间内获得最有效的新闻信息。网络新闻的发布途径主要有以下几个。

① 通过新闻网站进行日常内容推送。

② 设置网络新闻发言人，召开网络新闻发布会。

③ 开通新浪官方微博，以实名认证的方式保证信息发布的及时性与权威性。

④ 借助官方微信公众平台，以订阅号和服务号的方式发布信息。

2. 网站建设

网站建设是指使用标识语言（Markup Language），通过一系列设计、建模和执行的过程将电子格式的信息通过互联网传输，最终以图形用户界面（GUI）的形式被用户浏览。

（1）网页设计

网页设计是根据企业希望向浏览者传递的信息（包括产品、服务、理念、文化）进行网站功能策划，再进行的页面设计美化工作。精美的网页设计对于提升企业的互联网品牌形象至关重要。

网页设计一般分为三个大类：功能型网页设计（服务网站&B/S 软件用户端）、形象型网页设计（品牌形象站）、信息型网页设计（门户站）。网页设计的工作目标，是通过使用合理的颜色、字体、图片、样式进行页面设计美化，在功能限定的情况下，尽可能给予用户完美的视觉体验。高级的网页设计甚至会考虑通过声光、交互等来实现更好的视听感受。

（2）网站推广

网站推广就是以互联网为基础，借助平台和网络媒体的交互性来辅助营销目标实现的一种新型的市场营销方式。当前传播常见的推广方式主要是在各大网站推广服务商中通过买广告等方式来实现的，免费网站推广包括：SEO 优化网站内容或构架提升网站在搜索引擎的排名，在论坛、微博、博客、微信、QQ 空间等平台发布信息，在其他热门平台发布网站外部链接等。

网站推广具有交互性、个性化、成长性、整合性、超前性、高效性、经济性、技术性、时效性、持久性、聚点性、扩散性等特点。

（3）搜索引擎

搜索引擎（Search Engine）是指运用特定的计算机程序从互联网上搜集信息，在对信息进行组织和处理后，为用户提供检索服务，将用户检索相关的信息展示给用户的系统。

搜索引擎最佳化（Search Engine Optimization），又称为搜索引擎优化，为近年来较为流行的网络公关传播方式，主要目的是增加特定关键字的曝光率以增加网站的曝光度，增强传播的效果。

搜索引擎是网站建设中针对“用户使用网站的便利性”所提供的必要功能，同时也是“研究网站用户行为的一个有效工具”。高效的站内检索可以让用户快速准确地找到目标信息，促进产品和服务的销售。对网站访问者搜索行为的深度分析，对于制订更为有效的网络公关传播策略具有重要的价值。

（二）交流沟通类

1. 电子邮件

电子邮件是一种用电子手段提供信息交换的通信方式，是互联网应用最广的服务。通过网络的电子邮件系统，用户可以用非常低廉的价格（不管发送到哪里，都只需负担网费）、非常快速的方式（几秒之内可以发送到世界上任何指定的目的地），与世界上任何一个角落的网络用户联系。

电子邮件可以是文字、图像、声音等多种形式。同时，用户可以得到大量免费的新闻、专题邮件，并实现轻松的信息搜索。电子邮件的存在，极大地方便了人与人之间的沟通与交流，促进了社会的发展。

基于电子邮件功能的邮件公关是在用户事先许可的前提下（绝大多数），通过电子邮件的方式向目标用户传递组织的相关信息，以达到塑造良好组织形象的一种网络公关手段。公共关系的过程就是传播信息的过程，公关实施过程中的信息传递即是沟通，电子邮件在公关邮件方面的应用具有很强的吸引力，成为组织公关必不可少的一种沟通手段。

2. 博客

博客作为一种媒介和网络交流方式，凭借其个性化、即时性、共享和交互性、可信性等特质，显示出其在公关应用方面的价值。博客公关，即利用博客的口口传播功能，将公关消息病毒式地传播出去，并且利用博客宣传公司的观点，提高信息的传递效果，从而达到公关的目的。

博客公关应用最根本的依据是博客的聚合效应，也就是我们所说的“圈子”概念。“博客话语圈”即具有相同的爱好、相近的职业领域或相似的生活背景的人所形成的一个人际关系联结的群体。博客公关者在其网络社交圈中扮演着意见领袖的角色，对特定商品、服务乃至特定企业的看法具有相当的辐射与渗透作用，他们无形中影响着圈子内受众对事物的判断。博客公关的应用价值是有助于减少公关成本的，有利于提升企业及品牌的知名度。要强调的是，博客容易导致危机，也可以帮助企业化解危机。当前一些企业博客，如 CEO 博客（企业首席执行官撰写的博客， 或者是公司领导者撰写的博客）、企业产品博客（专门为了某个品牌的产品撰写的博客）都起到了以上的作用。如通用汽车的 Fast Lane 博客就是较受欢迎的企业博客之一。

3. 网络社区

网络社区是指包括 BBS/论坛、贴吧、公告栏、群组讨论、在线聊天、交友、个人空间、无线增值服务等形式在内的网上交流空间，在同一主题的网络社区集中了具有共同兴趣的访问者。

网上社区有多种分类方法。学术界将网上社区分为四类：交易社区、兴趣社区、关系社区、幻想社区。也有人将网络社区分为横向型网络社区和垂直型网络社区。横向型网络社区指就某一个话题在网上交谈形成一个有共同兴趣的网络社区；垂直型网络社区指网上企业利用业务关系和新闻组、论坛等工具形成以企业站点为中心的网络商业社区。根据沟通的实时性，社区可以分为同步和异步两类：同步网上社区如网络联机游戏，异步社区如 BBS 等。

4. 虚拟论坛

虚拟论坛，又叫讨论组，是网上供人们就某一共同主题或感兴趣的问题开展讨论的公共场所，它已成为公关信息交流中很重要的一个渠道，最新的公关动态常常最先在讨论组中反映出来。

在互联网上影响力最大的传播手段之一就是虚拟论坛，通过它，企业不仅可以利用文字、图片、视频等方式发布企业的产品和服务信息，进行公关传播服务，从而让目标客户更加深刻地了解企业及其品牌，还可以利用论坛的超高人气，发挥信息监测功能，以实现对市场动向、企业形象、产品形象等信息的监测以及危机预防、控制等。如骊威连连看是一款借鉴了在白领中非常流行的连连看游戏形式，辅以骊威车部件为元素的互动游戏。这款游戏在搜狐论坛置顶了《连连看菜鸟终极解决方案》，发帖人介绍了连连看需要注意的几点技巧，除了页面链接，此帖成为社区主页“合作专区”的推荐帖，同时也被推荐至论坛置顶，通过这种多入口的推广，此帖在半个月的时间里达到了十几万的高点击量，最终点击超过了 21 万，收到了很好的公关传播效果。

（三）传播活动类

1. 网络广告

网络广告是通过网络发布广告并将其传递到互联网用户的一种广告运作方式。与传统的四大传播媒体（报纸、杂志、电视、广播）广告以及户外广告相比，网络广告有广泛和开放性、实时和可控性、直接和针对性、双向和交互性、易统计和可评估性、传播信息的非强迫性、广告受众数量的可统计性、网络信息传播的感官性等特点，具有得天独厚的优势，是实施现代公关传播的重要组成部分。

它的主要形式有：①展示性广告；②赞助式广告；③分类广告；④引导广告；⑤电子邮件广告；⑥富媒体广告；⑦搜索引擎广告；⑧数字视频广告；⑨手机广告。事实上多种网络营销方法也都可以理解为网络广告的具体表现形式，并不仅仅限于放置在网页上的各种规格的 Banner 广告，如电子邮件广告、搜索引擎关键词广告、搜索固定排名等都可以理解为网络广告的表现形式。

2. 网络直播

网络直播即利用视讯方式进行网上现场直播，将产品展示、相关会议、背景介绍、方案测评、网上调查、对话访谈、在线培训等内容现场发布到互联网上，利用互联网交互性强、地域不受限制、受众可划分等特点，加强活动现场的推广效果。现场直播完成后，还可以为观众继续提供重播、点播，有效地延长了直播的时间和空间，发挥了直播内容的最大价值。

网络直播作为一种新的网络公关传播形式被社会组织及网络社交用户所接受。视频是讲故事的好载体，网络直播这一内容载体，可能在更大范围内，从表达方式到表达内容、传播和接受人群，对现有内容生产机制产生冲击。当一大批富有经验的电视人转战网络直播平台，组成专业化的正规军之后，直播平台会吸引更多的公关公众。当前，许多公关传播从业者和观察者已经对网络直播对传播环境改造的意义加以关注。

综上所述，不难发现目前网络公关可以选择的传播手段已经越来越多元化，同时不同的传播手段之间也在交互发展、彼此渗透，不再像过去一样独立发展。一些新的网络公关传播手段也会不断出现，建议读者积极关注本节未能详细介绍的其他新型传播形式。

第三节　公共关系广告

一、公共关系广告的定义及其特征

（一）公共关系广告的定义

公共关系广告也叫企业广告，是由社会组织通过各种传播媒介，向特定公众发布的，以提高自身知名度，树立组织信誉以及协调与各类公众关系为目的的广告。

（二）公共关系广告的特征

公共关系广告是为扩大组织的知名度、提高信誉度、树立良好的形象，以求社会公众对组织的理解与支持而进行的广告宣传性工作。公共关系广告具有公共关系活动和广告活动的双重性质，它不同于一般的广告。其特征表现在以下几个方面。

1. 功利目的的隐含性

公关广告是公共关系实务活动的一部分，其功利目的与公共关系的总体目标和从事公关活动的组织发展目标紧密相连。因此，它在目标上与商业广告有明显的区别。公关广告是“推销社会组织”，其主要目标是唤起人们对社会组织的注意、兴趣、信赖、好感，创造有利于组织发展的良好的社会环境和气氛，而商品广告的目的则是直接刺激公众的消费欲望，从而达到扩大商品销售额或拓展服务面、增加服务收入的目的。广告目标的不同，决定了公关广告和商品广告文案功利目的显露程度的不同，公关广告多是“藏而不露”，通过相对客观、冷静的介绍，逐渐在公众中树立良好的形象；而商业广告则要千方百计地增强其感召力，力求给广告受众以紧迫感，促使广告行为的尽快发生，有时甚至出现“喝××，中大奖”“××（品牌）百万元大赠送”“存货不多，购者从速”等极富诱惑力的字眼，这种情况在公关广告中极少见到。

2. 主题思想的利他性

公共关系的行为规范要求公关广告在“利己性”这一广告规则的大前提下，尽可能体现利他性，以服务于公众为宗旨，体现一种类似“社会福利事业”的精神，而商业广告则在“求实”的行为规范要求下，带有比较强烈的“利己性”倾向。行为规范的差异，导致了公关广告和商品广告主题确立的不同，前者，虽然其终极目的是“利己”的，但体现在广告中的主题思想却是“利他”的；而后者，其最终目的与广告主旨是完全一致的，传播文案主题的确立无须回避“利己性”。

3. 结构要素的新闻性

有些公关广告直接是以新闻的面目出现的，例如：向社会宣传企业取得重大成就、受到表彰情况的公关广告、企业参与社会福利事业捐助活动的公关广告、介绍企业实施新战略、企业法人代表最新重大活动的公关广告，以及以广告形式出现的企业法人代表访问等，其结构要素都具有明显的新闻特征。如《空调市场杀出一匹黑马　原华宝厂长黎刚率索华进军泉城》(正文略)、《追求高起点、实施新战略——广东卓越空调器厂全方位参与市场竞争》(正文略)，以上两例均选自 1995 年 7 月 26 日《齐鲁晚报》广告版，从标题到实际内容，基本上是以经济通讯的形式出现，是典型的具有新闻要素的公关广告。

二、公共关系广告的目标

公共关系广告着重宣传企业形象和信誉。公共关系广告目标如下。

1. 谋求赞许

公共关系广告主要传播组织的观念、实力、善意、声誉和整体形象，以增进社会公众对社会组织的整体性了解，从而获得社会公众的信任和赞许。

2. 消除误会

组织遇到质量问题等原因很多，有时是因为他人责任造成的，使公众对组织产生了误会，从而形成负面的舆论影响力。开展致歉型公共关系广告活动，欲进先退、欲扬先抑，可以消除误会，增进信任。

3. 争取信任

公共关系的目标还在于向投资者报告股息情况，向员工报告组织的方针、政策、计划和业绩，为顾客提供有关商品信息，让社区公众了解组织对社区福利事业的贡献，争取股东、员工、消费者、社区公众的信任、理解和合作等。

三、公共关系广告与商业广告的区别

公共关系广告作为广告大家族中的一员，与商业广告有共同的特点，即同样需要支付一定的费用，需要借助大众传播媒介来传播信息。但公共关系广告又与一般的商业广告不同，两者的区别主要表现在以下几个方面。

（一）目的、内容不同

商业广告的直接目的就是推销商品，促进产品的销售。其内容主要是介绍产品的特点，如设计上有什么独到之处，与同类产品相比有什么优点，售后服务措施如何完善等，从而使公众产生购买欲望。公共关系广告则不直接劝说人们购买某种特定商品，它的主要目的在于引起社会公众对企业的注意，争取公众的信赖与好感，求得公众的理解、支持、合作与帮助。其内容主要是介绍组织整体性的特点，如经营原则和方针、企业精神、人员或设备、具有的现代化水平等。正如有人概括的那样，公关广告“不是要大家买我，而是要大家爱我”“不是为推销产品，而是为推销形象”。

（二）表达方式不同

商业广告的宣传方式一般较为直截了当，总是列举商品的种种优点，力图说服人们去购买，商业味道十分浓厚。而公关广告则一般较为含蓄，尽量避免商业性趣味。如下面两则广告：“味道好极了”——雀巢咖啡广告；“尊重人——四通成功的首要因素”——四通公司广告。对比这两则广告不难发现它们的显著差别，前者是商业广告，带着浓重的劝说色彩，后者是公关广告，比较超脱和恬淡。

（三）传播效果不同

商业广告效果一般是直接的、可测量的，可以通过产品销售额的增减衡量其经济效果。公共关系广告效果是战略性和全局性的，成功的公关广告获得的效益包括各个方面，难以通过销售额和利润指标直接测量。有学者从多方面总结商业广告和公关广告的区别，如表 8-1 所示。

表 8-1　商业广告与公关广告的区别

项目	公共关系广告	商业广告
传播内容	与组织形象有关的信息	产品及相关技术
传播对象	公众与舆论	顾客及潜在消费者
传播目的	“爱我”：交朋友、树形象	“买我”：卖产品、做生意
营销功能	间接促销	直接促销
传播色彩	公众色彩较浓	商业色彩较浓
影响模式	公众—企业—产品	公众—产品—企业
表现方式	客观性强	主观性强

四、公共关系广告的类型

一般来说，公共关系广告可分为以下类型。

1. 祝贺广告

在节日或其他组织庆典之际，用广告形式向公众贺喜，向其他组织表示祝贺。如“世界上最伟大、最无私、最纯朴的爱莫过于母爱，飞龙公司愿所有的母亲在自己的节日——母亲节快乐如意！”这种祝贺广告使公众感到亲切、友好，并由此对该组织产生好感。这种广告可使双方受益，从被祝贺一方来说，有那么多组织向它表示祝贺，既节省了广告开支，又向社会显示了其良好的关系和声誉；从祝贺一方来说，通过广告广结良缘，加强与被祝贺组织以及其他组织的联系，可提高自身的知名度。

2. 谢意广告

谢意广告也是向有关公众表情达意的一种手段，主要表达感谢之情。目前，这种形式的公关广告也常被采用，如《奥迪 C3V6 感谢政府“98 打私行动”》，就是用以向政府公众致谢的一则谢意广告。它在正文用不少的篇幅说明，高档车走私猖獗之时，有“国产极品车”美誉的奥迪 C3V6 受到极大的冲击。1998 年政府痛下决心，开展了“严打走私”行动，奥迪

C3V6 的销量开始直线上升，并从公务车市场拓展至商务车、私家车领域，受到了越来越多的消费群体的认可。这番说明，一方面让主要公众觉得搞活动得到了“同盟军”的支持，另一方面，也让广告受众感觉贺得有理、谢得自然，致敬者与受礼者之间不是生拉硬扯上的关系，因而较乐于接受公关内容。

无论是祝贺广告还是谢意广告，都有借船出海、借鸡生蛋，借他人的风光和造出的气势推出自己之意，但制作时要做到广告内容应本着真诚的情感；或因自身在相关公众的事业发展中有一定的地位和作用，出于责任心和任务感而发布广告；或因以一颗友善、感恩之心，向对方表达真诚的感谢。

3. 实力广告

实力广告是向公众展示组织在技术、装备、工艺流程、人才等方面的实力。如美国一家航空公司在“我们公司的骄傲”标题下，用报纸的一个版面刊登该公司高级科技人员姓名、专业职称、重大科研项目，以此显示公司的实力，提高公司声誉。有时可以介绍企业的技术装备、产品的制造工艺、生产流程、质量检验方式等，通过这些介绍，使公众对企业的技术力量产生信任，从而达到引导公众对企业的产品产生信任、促成购买行动的目的。

4. 观念广告

观念广告向公众宣传组织的经营目的、价值观念、组织精神和方针政策等。如长春市爱达电器行的广告：“至精至诚，以精制胜，以诚治本”，体现企业的经营目的和价值观念，树立了企业的良好形象。

5. 信誉广告

信誉广告向社会公众传播组织获奖情况及社会各界对该组织的好评和赞誉。如洛阳春都投资股份有限公司曾在《经济日报》上刊登了“荣登榜首，再创辉煌”的广告，详细列出“全国市场产品竞争力排行榜”，并用红体字突出“春都”荣获的三个第一，这就属于信誉广告一类。

6. 公益广告

公益广告既不宣传产品，也不直接宣传企业，而是以公益性、慈善性、服务性的主题为内容制作广告，以引起广大公众的注意，赢得公众的好感，推动某一问题的解决。具体来说，公益广告的目的是：利用公益广告加强产品广告的效果，改善和提高产品形象、企业形象以及提高企业与产品的知名度。例如，由于四川箭竹开花，珍贵动物大熊猫面临食物危机，中国野生动物保护协会为此发起“救救熊猫”活动。以生产“熊猫”电子产品而闻名全国的南京无线电厂率先发起了“熊猫厂倍爱熊猫，救‘国宝’更应尽力”的号召，呼吁全国所有以“熊猫”为商标的厂家为抢救熊猫出力。广告刊出后，得到数家企业的响应，捐资总数达万元，掀起了一股“熊猫”热。近年来，我国公益广告日益增多，内容涉及防火防盗、保护森林、保护古迹、保护环境、维护社会秩序等方面。

7. 致歉广告

致歉广告就是当公众对组织的正当行为产生误解或公众对组织的某些不当行为产生意见时，组织为向公众表示歉意而制作的广告。致歉广告的主要特点是“以退为进”，即以公开承认自己不当之处并向公众赔礼之“退”，谋求获得公众的谅解乃至新的信任和合作之“进”。

致歉广告常见的有以下三种：一是当组织本身经营上出现差错并造成有关公众损失时所做的致歉广告；二是当组织被公众误解时所做的致歉广告；三是当组织取得重大成就时所做的“致歉广告”。

8. 声势广告

声势广告向社会公众传播组织成立、开业庆典等大型活动信息，并创造声势。如吉林省春谊贵宾楼开业，在《长春日报》用整版的篇幅刊登声势广告，题目是《春谊宾馆贵宾楼欢迎您》，然后介绍了宾馆开业日期、总经理致辞、宾馆简介，并配有照片。

五、公关广告策划的思维原则

公关广告的目标和特点决定了它是一种特殊形式的广告，制作公关广告同样也是一种艺术性、创造性很强的工作，没有固定的模式和不变的常规。但因为它有自身的基本特性，所以也就有一些与之相关的思维原则。公关广告策划的思维原则主要有以下几点。

1. 客观与主观的统一

公关广告注重的是对企业整体形象的塑造，而企业形象的塑造是建立在科学的分析和合理的规划之上的，它体现了客观性与主观性相统一的思维过程。

组织的形象具有客观的基础和内涵，它既受组织自身条件的限制，也受社会公众对组织总体评价的客观制约，进行公关广告形象传播必须考虑组织的客观实际及公众对组织的认知。脱离组织自身状况的广告设计是虚假不实的，也不会成功。

另外，组织的形象是根据组织自身的精神文化、价值观及发展愿景设计策划出来的，这需要公关广告的制作富于能动的主观创造性，有想象力。“曼陀思”是一种维生素糖果，在其形象广告中，被定义为“曼陀思，好心情”，通过情趣化的表现，将曼陀思带给用户快乐的意境展现出来，思维跳脱而不虚妄，非常巧妙。

2. 统一性与差异化的结合

组织的形象广告展示的是组织的形象，而组织的形象应是稳定而具有战略性的，所以宜用一个统一的形象创意原点来辐射系列广告，保持一体化的稳健个性形象，缺乏一致性将使品牌的形象不鲜明。例如，“非常可乐”最初打出“中国人自己的可乐”的口号，似乎欲走民族品牌的路径，后来的广告“亮出你自己”变成青春主题，再变成后来的“非常可乐开，幸福自然来”“有喜事，当然非常可乐”，一直没有形成自己的品牌内涵，造成公众认知的模糊。

差异化是指组织形象必须有个性特征，这是形象竞争力的源泉。它要求公关广告能准确反映组织形象的独特风格、与众不同的个性和差异化的定位，凸显组织形象的魅力。不仅相对于其他组织而言要有独特的个性，组织的不同产品也应显示出一定的差异性，相互区别，同中有异，异中有同，合力提升企业的整体品牌效应。

3. 战略性与战术性的统一

如上所述，公关广告中组织的形象应该是相对稳定的，不同时期的公关设计需要有承前启后的连贯性，追求形象效果的累积延续，在公众心目中形成认知惯性和心理定式。这种战略导向性的思维一旦确定下来，不能随意变更。但在具体实施阶段，企业应围绕企业整体形象这一基本的诉求点，配合每个阶段的需要不断丰富和完善品牌内容与形象，使公众不断加深对品牌的认知与理解。这方面最突出的一个案例是农夫山泉"一分钱"的公关广告，在"一分钱力量"的思路下，农夫山泉巧妙地不断做出新文章：它在 2001 年发起支持北京申奥"一分钱"活动，倡导"再小的力量也是一种支持。从现在起，你买一瓶农夫山泉，你就为申奥捐出一分钱"。之后农夫山泉仍有这方面的新创意，不断增强公众对企业的好感。

六、公共关系广告的写作技巧

在进行公共关系广告的写作时，要注重以下几个方面。

1. 选准时机

要做好公关广告，抓准和把握时机是非常重要的，时过境迁将徒劳无功；提早做广告，不仅要耗费较多的财力，还会因时机不成熟而导致效果不显著。何时做公关广告，选择何种公关广告类型，应视公共关系的目标和具体内容要求来确定。

2. 淡化商业味

作为公共关系广告，一定要避免与商业广告雷同或商业性质的痕迹太重的情况发生。否则，会引起公众的反感，从而失去公共关系广告的实际意义。成功的公共关系广告，不能以推销了多少产品、增加了多少利润来衡量，而是要看它是否维护和提高了组织的良好形象。有的纪实性的公关广告，通过结合某些社会性问题，把企业的有关情况编辑成特辑，在杂志上以多页篇幅刊登。其笔调是纪实性的，而在娓娓道来的叙述中，实际是为企业做广告。

3. 富于创新

在始终如一地坚持组织基本宗旨的同时，公关广告的内容、角度、手法等应不断创新，要让公众感到组织充满生机和活力，总是有新的成就和发展。如纳爱斯集团推出的雕牌超能皂案例：纳爱斯集团推出的雕牌超能皂在刚入市场之时，其新奇的颜色和包装带来的并不是消费者对"雕"的青睐，反而备受冷落。面对窘境，纳爱斯集团在报纸上刊登了赠送广告，广告列举了超能皂的四大优点，同时只要读者剪下报上的广告券就可免费获得超能皂一块，还可参与抽奖。广告一经推出，各销售点人气骤增，消费者由此免费领略到了超能皂的诸多好处，而口碑相传也在消费者心中留下了雕牌的良好形象。与此同时，雕牌的亲情广告"妈妈，我能帮你洗衣服了"，开展了大规模的宣传攻势。这则打破常规性洗衣粉功能性宣传内容的广告，受到了广大消费者的欢迎。其独特的视角、真情的流露，让雕牌带着浓浓的亲情走进了千家万户。雕牌广告的宣传，抓住了消费者的心理，以亲情为纽带，达到了输出品牌和定位产品的核心价值等作用。

4. 自信而不自夸

自信，是成功地推销自己的前提，很难想象，一个不自信的人能够说服别人去信赖自己。公共关系广告文案的行文要有气势，文字要简洁有力，充满自信。切忌语意含混，模棱两可，拖泥带水。当然，强调行文语言的自信，并不是自吹自擂、自高自大。例如，一些企业在宣传自己时总是侧重历史悠久、工艺一流、誉满全球、高技术、高起点，甚至开口就是"最"

字当头，唯恐消费者不看重自己。结果适得其反，给消费者留下了吹牛皮的坏印象。在美国排行老二的艾维思出租车公司多年来曾一直高声呐喊“永远争第一”的口号，而且总希望能以老大自居，但一直竞争不过真正的“老大”赫兹出租车公司。后来，他们暂时收敛了锐气，而推出了耳目一新的广告词“我们排行老二，自当全力以赴”。正是这样一句自信而不自吹的广告词将一个顽强拼搏、自强不息的勤勉奋斗者的形象展现在人们面前，从而引起了消费者的极大兴趣和同情，租车者频频光顾。艾维思公司终于得以与“老大”赫兹并驾齐驱。再如日本新日君电器公司的广告词：“本公司成立时间不算很长，产品难免有不少缺点。为了维护消费者的利益，只要找到一台不合国际质量标准规定或给用户带来麻烦的本公司产品，以加倍于产品价格的高额奖金予以重赏。”此广告同样是在真诚的承诺中充分展示了自信，这样充满自信而又敢于承担责任的公司令人放心。

5. 生动具体

广告很忌讳形式呆板，语言生硬，内容空洞。同样的信息用不同的方式表达出来，效果可能迥然两样。例如，德国大众汽车公司曾做过这样一个广告，画面上一辆小汽车，以醒目的大字标明“次品”，下方有文字说明“大众车的检验员因仪表板上的小贮藏柜里有一道划痕而拒绝给予合理通过。”企业对顾客认真负责的态度，对产品的极其严格的要求就在这样一个“次品”和一句看似不经意的说明中展露无遗。它在消费者心目中树立起企业的良好形象也是水到渠成的。其效果自然是那些“美观”“大方”“优质”等空洞而生硬的描述所不能比拟的。又如广西桂林梅高广告公司的广告：“在没有金字塔之前，只有一些普普通通的石头罢了……看似很平常的东西，一块石头一堆火、一个符号或一段文字，通过广告人的重新组合、会发生神奇的效果，成就一个伟大的创意……”这则广告文案巧妙而生动地展示了该广告公司非凡的智慧和创意。

6. 亲切热情

企业如果要在消费者心目中树立良好的形象，从心底打动消费者，在公共关系广告中融入“亲切”的感情就很重要。海南航空公司的一则报纸广告画面上有一位和蔼可亲的空姐，正躬身与一位幼儿亲切交谈。这位幼儿仰望着空姐，右手的中指天真地放在唇边，目光中流露出稚气和淘气。右下角是“海航”的司标和“天涯咫尺情系海航”的广告口号。在“阿姨，妈妈让我自己回家”的广告标题下面有这样的文字：“像5岁的黄火这样只身乘机的小旅客，我们每年都要接待很多。用亲切、友好和真诚的心情去关照旅客，不仅是孩子，这就是我们的服务宗旨。我们认为喷气客机使世界已不再遥远，需要接近的也许是我们的心灵。我们所能做到的是营造一个温馨的氛围，换得旅客一份好心情。珍重情谊的海南航空。”此广告意在向受众描述海南航空公司的优质服务，但它避开常见的套路，而是选择了年幼的只身乘机的小旅客作为广告诉求的切入点，文字热情四溢。5 岁的幼童都可以交给这个公司，足见它的服务质量让人放心。又如利民装饰装修公司的广告语“搬家找利民，送您三颗心——称心、放心、省心”，将企业精神凝聚在“三颗心”上，也会让顾客感到无比亲切，从而打动顾客的心。

7. “利他”先于“利己”

公共关系广告也如同一般商品广告一样均有很强的“利己”性，最终目的都是宣传自己，推销自己。但是，如果一则公关广告给人的感觉就是一切“为己”的话，那就难逃失败的命运。公关广告应尽可能体现“利他”主义，以服务公众为宗旨，让消费者获得一种“体贴”

的感受。虽然，其终极目的是“利己”的，或者是“利己”“利他”并存的，但体现于广告文案中的主题思想却应该是“利他”的，也就是要尽可能做到彰“利他”而隐“利己”，“利他”先于“利己”。如“百万的企业，毫厘的利润”，美国奥尔巴林公司广告企业有“百万”的资产，而且它只赚取“毫厘”，这不仅反映了为消费者服务，让利给顾客的经营宗旨，且又展示了它规模宏大、资金雄厚的现代企业的高大形象。再如“把您的难题给摩林控制公司”，摩林控制公司计算机报警与监视系统这一广告通过自荐的方式，强调了该公司专门为人排忧解难，敢于承担一切难题的服务精神。美国个人金融公司更是在广告中将这种“利他”性诉求发挥到了极致：“我们是只说‘是的’的公司。”简短的一句广告词充分地表明该公司顾客至上，全心全意为顾客效劳的经营宗旨。

第四节　企业新闻发言人

我国企业的新闻发言人制度是在政府新闻发言人制度的带动下起步的，目前，各类企业纷纷设立新闻发言人。但有的企业对企业新闻发言人的认识不到位，甚至于错位，直接影响了企业新闻发言人作用的发挥。因此，只有准确认识企业新闻发言人的角色定位及其功能，才能在现代企业经营管理中更好地发挥企业新闻发言人的重要作用。

一、企业新闻发言人的定义

据《辞海》所述：新闻发言人指由国家机关、政党或社会团体任命或指定的新闻发布人员。其职责是定期或不定期地约见记者或举行新闻发布会、记者招待会，向新闻界发表有关信息和意见，并代表有关方面回答记者提出的问题。企业新闻发言人，顾名思义，就是在企业中负责发布新闻和信息、接受采访、解疑释惑、澄清事实，维护企业形象的专职人员。

二、企业新闻发言人的产生

企业需要新闻发言人，这是因为，世界一体化、经济全球化是每一个企业参与市场竞争的宏大背景。即使是偏于一隅的小企业也不例外。企业的经营与其他行业、广大的公众有着千丝万缕的联系，企业的生产甚至关乎大洋彼岸人们的生活。因此，有关企业的信息传播就显得至关重要。在西方发达国家，企业一般都有专人从事信息的发布工作，被称为企业新闻发言人。稍有规模的企业都会设立专职的新闻发言人，即使是十来个人的小企业，也会有兼职的新闻发言人。

新闻发言人制度作为当今世界许多大企业推行的一种基本的信息发布制度，其公开性和透明性在促进企业由传统封闭型经营方式向现代开放式经营模式转变具有重要意义。有专家认为，企业新闻发言人是企业与新闻媒体及社会公众的中介人，是企业公关部门的核心人物，也是企业的高级管理人才，他们受企业委托，向公众表达企业对某些事情的意见与主张，通过发言人可以及时地向公众和媒体发布企业发展的各种信息，吸引媒体关注，维护企业声誉。

我国的新闻发言人制度起于 1983 年，最早由政府设立了新闻发言人。随着我国市场经济的逐步完善，政府的新闻发言人制度开始渗透到企业。早在 2001 年，联想等知名企业开始设立新闻发言人。2004 年 8 月，国资委、国务院新闻办首次对中央大型企业新闻发言人进行培训。随后几年中，各级各类企业开始纷纷设立新闻发言人。企业已认识到，一个企业要树立良好的外部形象，打造优良的市场品牌，训练有素的新闻发言人不可或缺。

三、企业新闻发言人的定位

企业新闻发言人是现代企业管理的新角色，在企业需要新闻发言人共识的背后，是对企业新闻发言人角色定位认识的混乱和不到位。

我们认为，在现代企业的管理经营中，新闻发言人扮演着举足轻重的角色，起着不可替代的作用——企业形象的传播和维护者，或者说是企业对内对外信息传播的管家。这就是企业新闻发言人在现代企业经营管理中的定位。一个企业在社会公众中的形象，取决于公众对该企业的认知。大众传播理论揭示，现代社会中人们不可能对任何事都亲身经历，在很大程度上，公众是通过媒介来认识世界的，媒介通过发布信息制造出“拟态环境”，人们以“拟态环境”为中介来认识和感知世界。一个企业在“拟态环境”中是什么形象，就会在公众心中形成什么样的形象。作为企业新闻发言人，要经常性地就本企业某一重大决策或举措举行新闻发布会，或约见个别记者，全面准确地发布有关新闻或阐述企业的信息，让“拟态环境”中流动对企业有利的信息和新闻。企业也应由以前信息的多头发布和随意发布，变为经由企业新闻发言人这一通道发布，保证企业的信息口径统一、内容准确和清晰。以企业在危机事件中的信息管理为例，企业在进行正常的生产和经营中，某种事故、意外和灾难往往不期而至。企业在危机事件中如果不及时输出准确信息，“拟态环境”中就会充斥着流言蜚语，给企业的形象带来负面影响。此刻，企业新闻发言人是企业危机公关团队的重要人物，他要及时出面澄清事实，传播真实的信息，积极主动应对，做好与新闻媒体的联系工作，使其及时准确报道，以此影响公众、引导舆论，将企业所受的负面影响降低到最低程度。

四、企业新闻发言人的主要职责

企业新闻发言人要成功地把企业的想法、方案和战略向公众进行沟通说明，顺利地完成企业形象传播者和维护者的角色定位，就要完成相应的任务，做到守土有责。具体来说，企业新闻发言人要完成以下十项任务。

一是要实时跟踪企业相关新闻动态；二是要向企业相关部门通报重大新闻；三是要评估媒体的报道与反应；四是要建议企业做出何种反应；五是要安排企业高层的公开活动日程；六是要起草企业高管的公开发言和演讲稿；七是要策划和举行企业高管的新闻发布会；八是要以企业发言人的身份接受媒体的采访和专访；九是要策划企业高管接受媒体采访并在采访前彩排；十是要出席企业相关的重要会议。

上述十项任务可归结为两大方面。一方面是“媒体是怎样看我们的”，十大任务中的一、二、三项涉及这一问题。其重点是监控企业生存的舆论环境，作为企业新闻发言人，应及时掌握各类媒介对企业信息的传播，洞悉“拟态环境”有什么样的关于企业的信息，哪些信息有利，哪些信息有害，要及时反馈给公众相关信息。另一方面是“我们要让媒体知道些什么”。上述四到九项是关于要让媒介知道些什么的方面。传播学中有“议程设置”理论假说，即大众传媒对某些命题的着重强调与这些命题在受众中受重视的程度构成强烈的正比例关系。通俗地说，就是大众传媒报道什么，受众就关注什么；大众传媒越重视什么，受众就越关注什么。作为企业新闻发言人，要合理地设置媒体议程，策划新闻“卖点”，引导企业的公众舆论，塑造企业的良好形象。

五、企业新闻发言人的基本素质

新闻发言人要具备六种素质：一是要知晓全局，充分认识全局的形势，善于站在很高的高度上与公众对话，对国家的政治经济等政策了如指掌；二是要详知实情，要知道新闻事件本身的实际情况，还要知道针对事件的社情民意、舆情动态以及可能面临的媒体下一步追踪情况，或有关危机的信息传播情况，要对这些事情做到心中有数，能够随机应变；三是要善于应对，要把握分寸，讲究艺术，因势利导，努力把希望报道的消息传播出去；四是要恪守纪律，要把握正确的舆论导向，注意维护国家的、集体的、企业的利益并注意塑造在社会公众心目中的良好形象；五是要阅历丰富，精通业务，技巧熟练，反应敏捷；六是要心理素质好，冷静、理性、坦诚、包容，特别是在电视镜头前要注重自身的形象，注意细节，注意肢体语言，语言简洁、幽默。要善于全面、理性地认知媒体和记者，认识到他们也具有正面报道组织的作用和功能。

六、企业新闻发言人如何说话

1. 练好内功

新闻发言人的职业理念和业务能力主要是靠“说话”来展示的。新闻发言人面对的是训练有素、会挑毛病的媒体记者，何况媒体记者所代表的是社会公众的诉求，而新闻发言人则直接代表企业的立场，彼此之间在很多场合存在着信息博弈的微妙关系。新闻发言人说话的特殊语境决定了发言的内容与形式。新闻发言人的说话语境可以分为常规语境与特殊语境。在常规语境下，新闻发言人按照例行程序定期向媒体记者发布公共信息，这种语境相对来说可控性比较强，只要新闻发言人的准备做得充分、仔细，一般不会有太大的风险。风险比较大的是特殊语境，比如企业的重大信息发布、公共性的危机事件处理等；这要求新闻发言人在应对这种语境时要高度慎重，如果出言不慎，很有可能会祸从口出，引发媒体和社会舆论的激烈反应，导致严重的后果。因此练好语言内功是关键。

概括起来，这内功包括政治素质、逻辑思维能力、新闻敏感度、心理素质、沟通能力、反应能力、语言表达能力等，这些因素共同支撑或制约着新闻发言人的说话能力。

2. 用喜闻乐见的语言表达观点

新闻发言人脑子里装着最新最全的政策条文，且有很强的政策理解与解释能力，新闻发言人对政策的理解与解释不是以自我为中心，而是以他所代表的组织或部门为中心，是站在他所代表的组织或部门的立场上进行解释。如果新闻发言人所扮演的角色只是充当眼前企业所持的立场和观点的复读机，不善于用自己的语言表达，也不善于用媒体所喜闻乐见的语言说话，自然不会有好的效果。

3. 了解和满足记者的需求

新闻发言人要有高度的新闻敏感。新闻发言人面对的受众主要是媒体记者，记者参加新闻发布会，主要是冲着新闻来。这就要求新闻发言人了解记者的需要和诉求，不能以自我为中心，自说自话。央视主持人白岩松说过，对于新闻发言人来说，记者并非是你看到的一个又一个的个人，他代表的是他身后的媒体以及媒体能影响到的公众。不同的媒体，代表的人群和角度都不同。所以新闻发言人在准备发布新闻时，对于接受哪些新闻媒体的采访，他们可能对哪些问题更感兴趣，用什么样的表达方式可能更对路，都要做到心中有数。媒体有属于自己的语言，除了不那么敬业的记者，多数记者都抱定“语不惊人死不休”的信念。白岩松的这些话说得很真实，新闻发言人在履行自身职责时都带有自己的诉求和立场，因此难免在信息的控制与反控制方面与记者们暗中较量，新闻发言人与记者在职业理念和信息诉求上时常会发生冲突，但这并不意味着新闻发言人不需要理解媒体和记者。相反，这对新闻发言人的素质提出了更高要求，其中，新闻敏感是不可缺少的。

4. 轻装上阵控制场面

如上所述，新闻发言人的说话语境与普通人说话的语境不同。新闻发言人代表企业向媒体或公众公开发布信息，责任重大，存在着很多变数和风险，承受的心理压力特别大。心理不稳定常常使新闻发言人的能力大打折扣。有时，还会出现这样的情况，即一遇到记者提了一些刁钻的问题就乱了阵脚，不知所措，失去了控制场面的能力。作为新闻发言人，遭遇记者们出其不意的提问是工作的常态。这就需要新闻发言人在心态上适度释放压力，以平常心来对待新闻发布。新闻发言人还要有很强的化解心理负荷的能力。一个再老练的新闻发言人，实战时都不可能没有心理压力,关键是要看新闻发言人有没有能力化解此时此刻的精神负荷。这需要新闻发言人具有较强的精神抗压能力及心理控制能力，有能力进行自我调适。

5. 把握协调与沟通的主动权

新闻发言人承担着企业公关的角色，现在，企业的形象渐渐变得亲和起来，因为企业开始意识到协调社会各方面关系的重要性与必要性。媒体作为公众的耳目和喉舌，企业当然要与它搞好关系，这就要求新闻发言人具有很强的协调沟通能力。这种沟通能力既表现在台前，也表现在幕后。台前，要求新闻发言人在实战语境中善于把握媒体记者的感受和期待，善于把握记者们的微妙反应和场面波澜；台后，要求新闻发言人及时了解媒体，尽可能与记者广泛交流、深度沟通。新闻发言人要正确认识新闻媒体，理解记者工作的辛苦，让记者能及时联系到新闻发言人，让记者们感到你在帮助他。这样双方才能建立一个平等友好的关系，从而有利于工作的开展。

6. 即兴应对，化解危机

反应能力对于新闻发言人来说是必不可少的能力，据一位资深的企业新闻发言人说：即便她的课前准备再充分，也最多能命中记者们一半的提问。新闻发言人即兴应对（临场发挥）的概率是比较高的，这就要求新闻发言人具有很强的应变能力。当然，这种临场应变能力不是要求新闻发言人逢场作戏、不懂装懂、敷衍塞责，说套话、大话、空话，而是要求新闻发言人能够对记者的提问及时做出有质量的回应。如果记者的提问超出了新闻发言人的准备范围，需要新闻发言人迅速调整心态、整理思路、快速反应、沉着应对。新闻发言人的临场反应能力，实际上就是新闻发言人对于危机的化解与处理能力，当然，这种能力不是天生的，优秀的新闻发言人在台前能从容不迫、游刃有余，实际上，其在背后付出了超乎我们想象的艰辛劳动。

7. “有口”还要“有心”

对于新闻发言人而言，语言表达是基本功。表面上看，语言表达能力就是嘴皮子功夫。可实质上，所谓语言问题就是思维的问题，语言从口头说出，只是终端环节，语言的内容实际上是经过思维加工出来的。这就说明，训练语言的关键是训练思维，思维包括感性思维和理性思维，感性思维使得语言有弹性、有灵性、有感情；理性思维使得语言有逻辑、有深度、有概括力、有力度。对于新闻发言人而言，这两种能力都不可偏废。只有把思维能力增强了，才能说得好。可见，空有一张有口无心的嘴巴，是胜任不了新闻发言人角色的，平常的勤学苦练才是根本之道。

本章案例

案例一　蚂蚁金服公关广告《背影篇》

蚂蚁金服广告《背影篇》全篇以形形色色的普通人的“背影”的形式，展现基层小人物的生活态度。它通过对数个真实平淡的人生的描述，引出广告的主题“每个认真生活的人，都值得被认真对待”，表现了该品牌对人和世界的理解与关怀。广告“藏而不露”地展现了其致力于为微小企业和个人服务的企业理念，体现了服务于公众的宗旨，很好地切合了公关广告功利目的的隐含性、主题思想利他性的特征。

《背影篇》广告主打情怀牌，通过温暖亲切的广告宣传从心底打动消费者，为微小公众发声，表露该类公众需要获得金钱支持的物质需求以及需要被认可、需要被认真对待的心理需求，从而增进了公众对蚂蚁金服专注于小微金融服务的了解，赢得了公众的信赖与好感。

广告把小人物对幸福安宁的憧憬、对平凡人生的关爱作为表现主题，引发公众的情感共鸣，在企业和公众之间架起了沟通的桥梁。

案例二　《奥迪世界好声音》公关活动

2013年国内经济形势不理想，但奥迪同比增幅为 21.2%。除了产品、服务、渠道以及优惠政策等一系列硬性贡献外，公关活动也有着巨大的推动力。

2013年12月31日，由一汽—大众奥迪与浙江卫视、荷兰Talpa公司强强联手，为中国奥迪用户打造的一场世界级视听盛宴《奥迪世界好声音》在浙江卫视播出。本次奥迪世界好声音演唱会汇集了中、美、英、德、韩五国好声音的明星导师及超人气学员。这样的跨国同台、倾情献唱在“好声音”历史上尚属首次，也使“奥迪世界好声音”成为岁末最值得期待的国际流行音乐会。《奥迪世界好声音》现场门票主要通过一汽—大众奥迪授权经销商网络向奥迪新老用户发放。演唱会现场70%以上都是奥迪用户。电视节目一经播出，便受到了广大青年人的热捧，覆盖人群马上以“千万”为单位，令《奥迪世界好声音》响彻全国，而节目上传到视频网站则形成了二次传播。2014年11月11日，奥迪于上海好声音文化艺术中心再度推出奥迪《中国好声音》“双11”情歌专场Live Show。一汽—大众奥迪携四位“好声音”超人气新星，与包括奥迪用户、粉丝在内的千余名沪上时尚男女共同打造了一场以“爱情”为主题的流行音乐狂欢盛会。作为本场演出的“特邀嘉宾”，场外时尚靓丽的奥迪A3展车吸引了众多观众驻足合影。而在此次奥迪专场演出中，更有不少观众正是受邀而来的奥迪A3车主。当晚，四位“好声音”明星与奥迪车主代表、奥迪经销商代表、一汽—大众奥迪员工代表分别组成四大阵营，同台飙歌，联动PK。一汽一大众奥迪和《中国好声音》还为11月11日当天生日的粉丝特意安排了别出心裁的生日晚会，并设立抽奖环节，为幸运观众献上由一汽—大众奥迪提供的iPhone 6大礼。

奥迪借着好声音带来的良好势头，又于2015 年11月11日在春城昆明再度举办奥迪《中国好声音》“双11”情歌专场。当晚，第四季《中国好声音》季军谭轩辕等六位好声音人气学员乘坐着奥迪A3来到舞台，为现场1000多名年轻观众与奥迪粉丝带来一场精彩绝伦的音乐盛宴。作为本次演唱会的独家冠名赞助商，一汽—大众奥迪携旗下年轻、个性化车型奥迪A3、奥迪Q3在现场与所有精致时尚、活力四射的年轻用户与奥迪粉丝一同感受“好声音”带来的音乐魅力。一汽—大众奥迪在活动开场前特别拿出奥迪车模作为奖品与观众们互动。

案例启示：随着奥迪A1、奥迪Q3以及未来的奥迪A3等年轻化车型相继上市，奥迪在中国的用户群体将更加年轻化，奥迪有针对性地举办《奥迪世界好声音》，充分地释放了奥迪品牌的激情与动感。奥迪在活动中设置的互动环节，如为粉丝过生日、问答获奖等都在一定程度上增强了用户黏度。同时，奥迪深刻认识到公众的情感需求在变化，于是借力时下最为关注的娱乐话题以推动全民娱乐，借助《中国好声音》余热顺势聚集五国好声音成员举办《奥迪世界好声音》。另外，奥迪汽车品牌站在传统媒体的基石上采用互联网与社会化媒体的传播形式，在各地卫视的关注度不断提升、新媒体的迅猛兴起、品牌对公众意识流的深入认识以及目标群体的重新锁定这三大条件催化下，摆脱了自说自话的常规做法，而是更重视新旧媒体立体传播，扩大了公众对品牌传播的认知度。

思考题

1. 简述公共关系传播模式。
2. 公关传播工具主要有哪些？
3. 网络公关的特性是什么？
4. 你知道还有哪些新型网络公关传播手段？
5. 什么是公共关系广告？公共关系广告的作用是什么？
6. 简述公共关系广告与商业广告的区别。
7. 你认为企业新闻发言人要具备什么素质？

第九章　公关交际修养

新闻竞争进入资源比拼时代　人脉尤为重要

2013年3月，十二届全国人大一次会议召开，最重大的热点事件莫过于国务院大部制改革方案出台。铁道部并入交通运输部，迅速成为公众关注的焦点。

组建新交通运输部的大部制改革复杂，涉及面广泛，历时漫长，最近10年几乎年年都是两会焦点新闻，那么深度报道如何能出彩？接领了大部制改革报道任务的于宛尼记者与两会报道组达成共识：把它变成一个大故事，采访与这场改革有直接关系的两会委员代表。通过他们个人命运的变化描述改革曲折而漫长的过程，通过他们的亲身经历反映改革的重大性和复杂性，通过他们的切身体会分析改革的必要性和紧迫性。

由此策划的深度报道《一项等了25年的改革》采访了全国人大财经委主任委员、交通运输部原副部长高宏峰等部委领导；同时，还采访了会上有关的基层代表、委员；会外有关改革历程见证并参与的利益相关者。

其实，在两会刚开始时，由于国务院大部制改革方案没有最终敲定等原因，这些部委领导集体自我“封口”。但如果等大部制改革方案出台后再进行采访，“黄花菜都凉了”，深度报道更难及时刊发。

于宛尼记者多年积累的采访资源发挥了巨大作用：《一项等了25年的改革》选取高宏峰作为采访对象，作为上一次大部制改革中国民用航空局并入交通运输部的微观个体，他对上一次改革的成效、改革对行业及个人影响的体会具有代表性、故事性，符合深度报道的采访要求；作为跑口记者，于宛尼与其有着较为愉快的合作关系。文中还采访了交通运输部水运局副局长解曼莹，于宛尼记者这些年通过稿件采写与其建立了深厚友谊，她的热心引荐使记者提前采访，并获得了鲜活的素材。

此案例印证了著名记者、新闻教育家邵飘萍在《实际应用新闻学》中指出的一段话：“盖外交记者活动之第一关键在于交际。”无论是对于组织还是个人，都需要通过人与人的接触，进行感情上的联络，广结良缘，建立广泛的社会关系网络，形成有利于组织和个人发展的人际环境，掌握公关交际原则和方法至关重要。

（来源：于宛尼、王洋，中国新闻出版报，2014-06-03。）

第一节　公关交际修养概述

一、公关交际修养的定义

所谓公关交际修养，是指人们按照一定的交际原则和规范的要求，在交际意识、交际要求和方法方面所进行的自我改造、自我提高等行为活动，以及经过这种努力所形成的相应交际素养和能力。

二、公关交际修养的意义

组织的社会公众一般较为广泛，尤其是企业这样的营利性组织。公共关系对于组织而言，有其重要而独特的功能：它既是促销的重要手段之一，又具有交往沟通、协调关系等职能。通过创造和谐的内外部环境，公共关系能帮助组织取得显著的经济和社会效益。改善组织的公共关系离不开提高员工交际修养，这是因为公共关系离不开人际交往，而人际交往的好坏又取决于交际双方的交际修养如何，尤其是要看作为交际主体的公关人员是否具有良好的交际修养。提高员工的综合素质成为企业员工教育的重中之重，是社会发展的必然要求，也是员工自我发展的必然要求。面对激烈的竞争，员工更应该重视自身公关素质的提高，尊重同事，培养自己的团队合作精神，营造良好的工作氛围，在实际工作中努力促进自我素质的提高，把自己塑造成能团结同事、解决实际问题、满足社会需求的高素质人才。公关交际修养对于增强员工的公关意识，培养员工的公关技能，提高员工的综合素质，促使员工适应社会意义重大。

此外，共青团中央学校部、北京大学公共政策研究所曾发布的中国大学生就业状况调查显示，24.14% 的学生表示，个人能力不足成为制约成功择业的首要问题，另有 19.86% 的学生认为求职技巧的缺失是求职过程中最为头痛的问题。近几年来，用人单位对应聘者各种能力的要求依次为：环境适应能力、人际交往能力、自我表达能力、专业能力和外语能力，这些是众多企业组织对人才的基本要求，也是大学生关心的热门话题。由此可见，大学生公关交际素质的提高也是值得重视的问题。

三、公关修养与公关交际

一般来说，公关交际活动有两种类型：一种是人际交往，另一种是组织交际。前者往往以个人的交际形式出现，如组织的领导人与公众的交际活动，组织的公关人员与公众的交际活动，组织的普通员工与公众的交际活动。这样的公关交际，称为人际交往的公关交际；后者是以组织自身的交际形式出现的，如组织与公众举行联欢、联谊活动等。公关交往的特点如下。

1. 公关交际与一般私人交往追求的目的不同

公关交际谋求的是组织内部以及组织与相关联的外部公众间的沟通、联系和协作。在交际过程中，即使是由个人形式出现进行的交际，他的言行举止都代表着组织的态度和情感，他交际的效果直接影响到公众对组织的评价。所以代表组织进行交际的人员要十分注意时刻维护组织的整体利益，保持组织的美好形象，树立组织的信誉，赢得公众对组织的信任和好感；而一般的私人交往，注重的是满足个人的要求，谋求的是个人具体利益的实现。

2. 在公关交际中要正确处理好私人感情和组织感情

公关交际中，交际的主要方式是人与人之间的交往。由于长期的接触交往、合作沟通，由纯粹的工作关系发展到亲密的朋友关系也是合情合理的，这种私人感情的培养对于搞好组织的公关工作大有好处。所以组织在选择公关人员时，常把“有良好的社会关系”“人缘好”作为选用的条件。然而私人感情应以维护组织的利益为前提，绝不可为了不伤私人感情而以牺牲组织利益为代价。

员工工作时毕竟是代表组织与公众打交道，在任何情况下都要不忘自己的身份和职责，要把组织的利益放在首位。当组织与公众间出现利益不协调时，公关工作人员应能够以自己的真诚友善和交际技巧来化解矛盾、平息纠纷，争取对方的谅解，使他们对组织恢复友善、依赖之情。在公关交际中，私人感情要让步于组织的感情，而且经过公关人员的努力，两者也可以是步调一致、并行不悖的。

3. 公关交际活动较为正式

公关交际既然是代表组织，追求组织的目标和利益，就会以较为正式的活动形式从事交际活动，如举办联谊活动、参观组织等，即使是一些看似非正式的活动，如跳跳舞、谈谈话等，代表组织的参与者在头脑中还是有较为清醒明确的认识，清楚自己的言行仪态代表着组织的形象，要在交往中获得友谊，让别人“爱屋及乌”，对组织产生好感。而一般的私人交往则具有相当大的随意性和偶然性，讲究合脾气、投缘分，目的性较弱，合则留，不合则去。

4. 公关交际可运用的手段较多

私人交往主要是通过直接的、面对面的交往方式来联系，而公关交际除了采用这种人际沟通的交流方式之外，还利用大众传播方式，有时这两种方式还交替使用。其中，大众传播方式主要有发布新闻、编写和散发组织刊物、开记者招待会等。公关交际进行大众传播时非常注意使用电视、广播、报纸、杂志等大众传播媒介，甚至还可利用组织报等内部传播媒介来作为公关交际的手段。

第二节 公关交际的基本准则

公关交际是一种极为复杂的社会交往，尤其在现代社会中，由于交际目的多种多样、交往方式丰富多变，交际过程和结果呈现出纷繁复杂的特性。获得好人缘确实要讲究技巧和方法，然而过分强调技巧和方法的作用而忽略了遵循交际的基本准则，不仅会使人际关系庸俗化，而且会将人际交往引入歧途。坚持公关交际的基本准则是使交往关系健康、持久发展的有效保证。公关交际的基本准则主要有以下几条原则。

一、真诚原则

美国心理学家安德森曾设计了一种表格，列举出 550 个描写人的形容词，较积极的品质描写有：真诚、信得过、有思想、体贴、热情、开朗等；比较中性的品质描写有：固执、易激动、好斗、腼腆、好动感情、孤独等；较消极的品质描写有：作风不正、眼光短浅、贪婪、冷酷、装假、信不过等。他请来大学生们，让他们选择和评价。结果大学生们评价最高的品质是真诚。在八个评价最高的形容词中，有六个与真诚有关：诚实、忠实、真实、信得过、可靠和真诚，而评价最低的是说谎和假装。可见在人际交往中，对朋友的最高评价是真诚。如果你想赢得人心，首先就要让他相信你是最真诚的朋友，以诚待人是人际交往得以延续和深化的保证。双方交往的动机和态度心诚意善，才能较容易相互理解、信任，才能引起共鸣，最终使交往关系得以巩固和发展。而且“精诚所至，金石为开”，以一颗真诚的心去善待他人，也会使原来敌视你的人由敬重你转而接近你，让疏者近，亲者更亲。“真诚”的反面是虚假伪善，并非从内心深处乐意相处，以致很难达成合作，双方的关系必将如古人所说的那样：“朋而不心，面朋也；友而不心，面友也。”就是说，交际双方的关系将渐渐由亲密到疏远冷淡，直至凝固结冰，再无冰释的可能。

2011 年 7 月 10 日，达芬奇家具被指造假，而达芬奇家具在公关活动中始终不回应最核心的“产地门”问题，对于消费者的退货以及赔偿问题，更是只字未提，甚至在几天后将致歉微博删除，开始上诉媒体。企业在公关策略上违背了真诚原则，使得公众对企业失去信心，企业完全陷于被动，以至于事后整个“洋家具”行业都受到重创。

二、宽容原则

被誉为“经营之神”的松下幸之助说过：“在社会上，沟通人与人之间情感的，无疑是一颗体谅的心，只要有互相体谅对方的心，就是荒漠里的甘泉。”“互相体谅”的更进一步表现是“互相宽容”。宽以待人，求同存异，有助于扩大交往空间，也有助于消除人际间的紧张和矛盾。交际双方在生活经历、文化程度、修养水平等方面存在着差异，因为误会、不理解而产生矛盾是不可避免的，只要不违背原则，不损害国格人格，大度容人是十分必要的。古人云“大肚能容，容天下难容之事”，也是教我们“钝化”非原则性的矛盾，记人之善、忘人之过，宽宏大量、以德报怨，切莫给人气量狭小、不可深交的坏印象。

三、尊重原则

尊重包括自尊和尊重他人。自尊就是自重自爱，维护自己的人格；尊重他人就是重视他人的人格、价值观念、意见和生活习惯，承认人际交往双方的平等地位。哲学家斯宾诺莎说过，世界上没有两片完全相同的叶子。由于主客观因素的影响，人与人之间在能力、性格等方面有着这样那样的差异，对这种差异，需要加以包容，这是协调人际关系的重要条件。这是因为：首先，尊重别人的人格也就等于尊重自己的人格。其次，尊重别人也要尊重别人的价值观念和意见，从善如流，善于从听取他人意见中取长补短，交往关系才会越来越深厚。最后，生活习惯是自幼养成的，是受家庭教育和周围环境的影响而潜移默化的结果，一旦形成则很难改变。尊重别人的生活习惯，别人会体会到你很友善可亲，愿意与你接触，为共同培育友谊之花创造了良好的条件。心理学的研究一再证明：人人都有受人尊敬、被人肯定的心理需求。满足这一需要、顺应这一心理特征，别人才会以与你交往为乐。此外，“理解能博万人心”，理解是交际的基础，只有相互充分理解，才能彼此心心相印、情投意合，而理解是建立在相互尊重的基础上的，缺乏尊重就谈不上理解，只会产生曲解，从而使交际行为处处碰壁，收不到良好的交际效果。

四、互酬原则

所谓互酬原则是要求人们在交往时考虑双方的共同利益，满足共同的心理需要，彼此都能从交往中得到实惠。人们的活动一般都包含着某种利益和目的，并非只有喜欢与吸引等情感因素。“投之以桃李，报之以琼浆。”人人都有一种回报的心理，在人际交往中，人与人之间的关系是相互的，人的行为具有某种互酬性，他人在付出的同时，也在期待着回报。如果你一味地想索取，而从不付出，你的交往就难免陷于困境。只有注意到互酬，关系才能巩固和延续下去。李嘉诚说过，如果一单生意只有自己赚，而对方一点儿不赚，这样的生意绝对不能干。有钱大家赚，利润大家分享，这样才有人愿意合作。但互酬原则又不等于等价交换原则，不能如做买卖那样去分分厘厘地计量、讲价。互酬原则是以讲风格、讲礼让为前提的。对待互酬，有人具有自私性，有人具有无私性。前一种人表面上很热情，实际上他帮助别人的目的，是企图“虾子钓鲤鱼”，想从别人那里捞到更多的好处，这样的人极难有患难与共的知交。而后一种人刚好相反，他默默地帮助别人，并不期望别人回报，对待别人给他的帮助，总觉得“受人滴水之恩，应当涌泉相报”，必欲报答而后安。对互酬持不同态度的人，其人际关系的好坏大相径庭。

五、自我袒露原则

心理学家通过实验发现，人们更喜欢暴露自我较多的人。诚然，人们应该保持适当的隐私，但必要的自我袒露，是人际沟通的需要，也是对他人表示信任的一种信号。有些人平时话也不少，但与别人交谈的内容无非是天气、时事等，一旦话题涉及自己和单位的事情时，往往闪烁其词，别人会觉得他们十分“见外”，把自己裹得严严实实，让人琢磨不透。那些过于内向且性格封闭、从不与人交心的人，也难交到好朋友。

六、弹性原则

弹性原则也称“伸缩性原则”。俗话说：“计划赶不上变化”，当事物的发展并不像预想的那样，情况更多变、问题更复杂时，就必须灵活变通，既要讲原则性，也要讲灵活性，即讲弹性。当然，这是说在不违反政策或有损人格的前提下所可能实施的弹性，是对语言、措施等在情感上可以接受的范围内做些必要的调整。在生活中，我们常常会发现，有的人能够在交际圈内游刃有余、进退自如，而有的人却常常被动，进退维谷。后者交际失败的原因往往与他们不善于应用弹性原则有关。在人际交往中推行“弹性外交”，使自己、对方都能获得更大的回旋空间，可减少或避免一些不必要的摩擦或伤害。在交际中，恰当地运用弹性原则，会为交际活动增加润滑剂，使人际关系顺畅无阻地发展下去。

七、相似性原则

相似性所指的范围很宽泛，它可能是民族、国籍的相似，也可能是性别、年龄的相似，可能是社会条件、社会身份的相似，也可以是思想观念、文化水平的相似，还有可能是志向、性格、兴趣爱好等的相似。相似性是人际吸引和喜欢的重要原因，因为人们总是喜欢接近与自己相似的人，所谓“物以类聚，人以群分”，说的就是这个道理。与人相处，尤其是与不相识、刚相识的人相处，要努力寻找双方的共同点、相似点，架起一座在情感上和语言表达上都能沟通的桥梁。有格言说："爱读同样书籍的人结交最快，友谊也最巩固。"结交最快，友谊最巩固的原因是因为：有较多的相似性，共同语言就较多，彼此"谈得来"的人比相互间"话不投机半句多"的人交际成功的可能性自然大得多。

八、互补性原则

是不是说相似性越多，彼此就会越喜欢，不相似，彼此就一定不投机呢？这不是绝对的，因为在人际交往中还有互补性原则。一个性格温和安静、内向多思的人自然不会喜欢吵吵嚷嚷、行为粗野轻浮的人，但却有可能在选择和自己有相似点的朋友的同时，也去选择开朗活泼、爽直大方的互补型的人。乍看起来，互补性和相似性似乎相悖，其实不然，它们可以在另外一层关系上统一起来，因为互补性原则适用于当双方的需要以及对另一方的期望正好成为互补关系时，此时，交际双方会产生强烈的吸引力，从而促进人际关系的良好发展。"尺有所短，寸有所长"，互补性原则使得人们在相处时取长补短，为了共同的交际目的，渐渐走到一起，共同筑起友谊的大厦。

第三节　提高公关交际修养水平的方法

交际魅力的获得不是凭美好的外貌或吃喝玩乐，它依托的是人积极严肃的生活态度、诚恳平等的待人态度、受欢迎的性格特征、文雅幽默的谈吐、洒脱得体的仪表礼节；它更是一种经长期实践而形成的好习惯。有关专家认为，无论智商是高还是低，现在的交际水平如何，只要端正交际态度，学习有关理论，并且勤于实践，通过不懈努力，人人都可以成为组织中的公关交际人才。

在正确的交际基本准则的指导下，如果我们能够在具体的社会生活中，有意识地采用行之有效的、既相对稳定又灵活的交际方式方法，那么我们的工作和生活就会因无人际关系的困扰、因我们对美好人情的情感体验而变得丰富多彩、充满欢乐。若要提高公关交际修养水平，应从以下三个方面来努力。

一、端正交际心态

交际心态指人们在交际时的心理准备状态，正是这种准备状态在很大程度上决定了人们的交际行为。正常而正确的交际心态可帮助我们顺利地达到交际的目的；而不正常的、不正确的交际心态则会阻碍我们实现有效的交际。有时我们虽然可以靠意志的力量，调整我们自己的心态，矫正我们的行为，以取得令人满意的成果，然而这毕竟只是暂时的成功。心理学研究表明，交际动机和行为若不能统一，在交际者的内心世界不可避免地会产生痛苦的挣扎，造成自身的压抑和挫折感。要强调的是，并非是某些自然的东西，如相貌差、身份低微，或是交际的技能不足严重妨碍交际行为走向成功，恰恰是不正常的交际心态成为我们有效交际的最大障碍。我们不难发现在交际场合中，以开朗乐观、生气勃勃的精神面貌出现的人往往会受到大家的注目和欢迎，而萎靡不振、紧张畏缩或自高自大、出言不逊者常让人避之唯恐不及。因为言行神态是内心情感的外在表现，它们既能向别人发出真诚友善、乐于交友的信号，也能让他人感到你的敌视冷漠、恐惧不安等心情，从而使人拒绝与之交往。人际交往的成功，在很大程度上取决于个人的交际态度，它是创造真诚、理解气氛的重要因素。交际活动中，为了克服对交际产生消极影响的心态，一般来说，我们要做以下努力。

1. 克服卑怯自大心理

有人遇到交际的场合能躲就躲，实在躲不过了，现场表现多为心慌意乱、手足无措，不是说不出完整的句子就是说错话，事后老是责怪自己，怨恨老天没有赋予自己交际的才能。实际上出现上述交际窘境，乃是卑怯的心理在作祟，它大大限制了自身能力的发挥，阻碍了和谐融洽的交际气氛的形成。

有了卑怯心理，就会有如下的表现，一是常常会在大家热烈交谈的场合中闭口不言。因为他会这样想："别人说出的话多么新颖，看问题从大处着眼、深刻独特，我只有点头附和的份。为了"藏拙"，干脆沉默不语吧。"于是采取光听不想、不开口的消极态度，错过了许多说话的机会，反而把自己变成一个与热烈交谈场合的不和谐的角色。由于每人的知识修养、经历、看问题的方式等不可能一样，若围绕话题积极地认真思索，自然会有自己的看法，发表出来与人共同讨论，也会对他人有启发，怎能自惭形秽、闭口不言呢？二是有卑怯心理的人，总是过于注重自己的说话劣势，话说得好有多种因素，如字正腔圆、音色优美、逻辑严谨和感染力强等，别人的说话优势同样也会给卑怯者增添心理压力，或担心自己的普通话不够标准，或担心自己语言不够流畅、表情不够自然等。说得好的人都有一个共同的体会：话越说越会说，只要不怯于张口，在交谈过程中留心学习他人之长，终究会弥补说话方式上的不足，更准确恰当地传达出内心的所思所想，与人更好地交流沟通。三是有卑怯心理的人，常常隐瞒躲避，有的人性格十分内向，自尊心非常强，过分注重他人对自己行为的反映和评价。他们敏感而多疑，一般不吐露自己内心的真实想法，害怕一旦在人前暴露出自己的弱点，如软弱、分析问题能力较差等，会受到别人的轻视和讥笑，于是宁可极力隐瞒自己的情感和观点，也不愿去"冒风险"打开心扉，走向丰富多彩的外界。持这种封闭的交际态度的人是把自己和他人放在对峙的位置上，时常觉得别人带着不友好、挑剔的眼光来评判自己，万一有什么地方失误，就会被人永远记住，传扬开去，自己心中的挫折感也极难消去。这种想法在对他人和自我心理的把握上都出现了偏差，必须加以克服，以乐观向上、成熟健康的精神状态来进行交往。悲观的人往往放大自身的缺点或不足，而缩小或无视自己的优点，甚至于认为自己一无是处。认识到自我的长处和短处，是所谓的有"自知之明"，但认识到之后并不表现为自卑，而是表现为取人之长、完善自身，奋勇争先，在这种超越自我的精神支持下才会有健康的交际心态。

与卑怯心理殊途同归的是自大心理，它同样是影响交际效果的不良心态。怀有这种心理的人常过高地评价自己，表现为自高自大，说起话来夸夸其谈，任意否定别人的观点，打断别人的谈话，往往在有意无意之中伤害了交际对象的自尊心，引人反感，成为别人不愿多接近的人。社交场上任何自大情绪的流露都会成为交际障碍，切不可因帮助过他人而自我夸耀，特别是对方或对方的至亲好友在场时；不要因自己比别人多懂一点知识或多一技之长而津津乐道、自吹自擂。吹嘘得越厉害，给人的印象越糟糕，自认为比别人强而盛气凌人、目空一切，会使有一面之交的人"逃之夭夭"，使原本想与之结交的人退避三舍。

在交际时，避开卑怯和自大这两种心理误区是十分必要的。要正确认识和把握自己，恰当地评估自己，加强自身的修养，不卑不亢，以最佳的精神状态出现在大家面前。

2. 克服猜疑嫉妒心理

猜疑是人际关系的一种腐蚀剂，人们因猜疑不欢而散，以前培育的良好的人际关系毁于一旦。无端地猜疑别人是因为心中缺少对人的信任。信任是交往的基石，有了信任，交际才不会成为游戏，才有交往的价值。若把社会上人的消极一面过分放大，失去了交往的诚意，也就会失去交往的真正乐趣。此外，“疑”是建立在“猜”的基础上的，许多原本认为有根据的猜疑最终都被证明是误会，只要加强沟通，经过周密调查、认真分析，就不难发现猜疑是多么没有道理和破绽百出。此时突破封闭性思路是很重要的一个环节。

《列子说符》中有“疑人偷斧”的寓言故事，说一个农夫丢了斧头，怀疑是他邻居的儿子偷了，于是在观察邻居的儿子时，觉得他走路、神色、言语和其他各种行动，没有哪一样不像小偷的样子。可是不久他在山谷里找到了自己的斧头，再看那个邻居的儿子，竟然言谈举止、音容笑貌，任何一点都不像偷斧者了。其实，数日之隔，邻居的儿子还是老样子，变了的只是失斧的农夫失去了他断案的假想目标罢了。猜疑往往以某一假想目标开始又回到假想目标，越想越像，越像越疑，猜疑心得到自我证实，这样，毫无事实根据的判断竟然在自我感觉中有了“铁证”。突破封闭性思路的循环圈，理智就可能及时得到召唤。“疑人偷斧”中的农夫，如能冷静地想一想，会不会是自己砍柴或挑柴时弄丢了，再沿途去找一找，那个险些弄僵他和邻居关系的猜疑，或许根本就不会发生了。那么是不是说，人际关系中的一切怀疑都不应该存在呢？当然不是。人与人相处难免发生矛盾，对别人的行为动机产生某种怀疑，也不能说绝对没有道理，但这种怀疑至少要受三个方面的约束：首先是力求有事实根据；其次在得到证实之前，应予“冻结”，不使其成为彼此相处的一个障碍；最后不以怀疑为基础进行“合理推论”。有了这三个限制，怀疑就不会成为瞎猜疑，也不会造成人际关系中不必要的误会，即使后来事实证明了你的怀疑是对的，到那时分清是非，使矛盾得到妥善的解决也不是难事。

所谓嫉妒，就是对自己以外的人，占了比自己优越的地位，或者是自己所宝贵的东西被别人夺取，或将被夺取时所产生的情感。嫉妒是一种普遍的社会心理现象，正如奥地利作家赫·舍克在他的名著《嫉妒论》中指出的那样：“人是一种嫉妒的生物……在一起相处的人，总可能是一个嫉妒者，而且关系处得越近，产生嫉妒的可能性就越大。这种情况是处在各种文化发展水平上的人们在生活当中最令人感到惊心动魄的，有时会隐藏得很巧妙但又十分重要的基本事实。”

舍克的论点告诉我们，有时人们会意识到嫉妒的存在，有时并没有觉察到，只是程度上有不同。人人都是免不了有嫉妒心的，我们应承认嫉妒心的存在，并抑制它的不断膨胀，以免造成人际关系的恶性发展。理想的消除法是什么呢？首先，不是希望别人失去优势或利益，而是加倍努力去获得自己羡慕的东西。如果被嫉妒所困时，不妨积极地设法将自己投进繁忙的工作中，以打消心中的怪念头，专注于生活中更有价值的目标。其次，“达观法”也可消除嫉妒。当你处在激动、愤怒、自暴自弃等情感状态下，要平静客观地审视对方的所得和自己的心理反应强度，对于已失去的，或未能得到的事物的价值能漠然视之。嫉妒对当事人是件很痛苦的事，通常这种痛苦为时并不太久，只要我们具备信心，并积极地去做，就会尽快治愈心灵的创伤，迅速达到达观的境地。达观法要求我们“勿固执”，所谓固执就是对某种事物产生强烈的兴趣，一心一意想得到它。只要心存执着，妒火就不会熄灭，知道自己的局限，认识到自己有力所不逮者，就会坦然得多。

猜疑和嫉妒是双刃剑，对自己、对他人有百害而无一利。通过自省、调适，使自己拥有一颗平常心，才能拉近人与人之间的距离，才能维持良好的人际关系。

3. 克服社会知觉的错觉

社会知觉指人们对社会环境中有关个人或团体特征的知觉。与人交往的基础往往是社会知觉，因为人的心理活动和行为过程复杂多变，所以对人的知觉要比对物的知觉更容易发生错觉。我们可能会曲解别人的意思、错误地判断别人，甚至于“不识好人心”，把别人的好意当成恶意。所以，我们要在对人的看法上端正态度，以免被心理定式所束缚，常见的心理定式有首次效应、晕轮效应、经验效应和移情效应（参见第五章）。

二、掌握语言交流的方法

过去，人们对能言善辩的人评价不高，转而推崇“讷于言，敏于行”的人，然而在当今社会，具备出色的口才是现代人的基本素质。交谈能力不光指能准确传播信息、表达内心的情感，还指能准确接收信息、理解别人的话中之意。若想取得理想的谈话效果，可借鉴以下的一般要求和技巧。

（一）适合语境

人们的交流总是在特定的环境中进行的，并受环境的制约。关于语境，学者们也有不同的界定。依据何兆熊先生的观点，语境包括语言知识和语言外知识两大部分。语言知识包括所使用的语言知识和对上下文的了解。语言外知识包括情景知识和背景知识。情景知识包括交际活动发生的时间、地点，交际的话题，交际场合的正式程度，参与者的相互关系，他们在交际活动中的相对地位，各人所起的作用等。背景知识包括特定文化的特定社会规范和习俗，有关客观世界的一般知识，参与者的相互了解等。国外学者 Sperber 和 Wilson 从认知的角度将语境定义为“一个心智结构”，它是听话者头脑中关于世界的一系列假设，不仅包括交际的具体环境和上下文的信息，还包括对未来的期待、科学假设或宗教信仰、长期或短期的记忆、总体文化概念以及听话者对说话人心智状态的判断等。尽管他们的论述角度不同，但基本观点基本是一致的。即语境指的是在交际过程中与理解某一特定的信息有关的语言内语境和语言外语境的总和。语言内语境指上下文和前后语。语言外语境（也称作非语言语境）包括文化语境（社会文化、宗教信仰、风俗习惯、价值观念），场景语境（时间、地点、参与者、话题、事件）和心理语境（动机、愿望、情感）。在语言交际中，语境是不可忽视的一个重要因素，如何成功地利用语境呢？应当考虑以下几个因素。

1. 要注意交际对象的身份地位等特点

交际对象在我们的交际活动中是起重要作用的“另一方”，是构成语境的因素之一。看清对象，根据对象的特点选择讲话的内容和遣词造句的方式，交际才具备了成功的条件之一。善于交流的人都是因人而异说话的。如我们与长者相处时，要注意到不同时代的两个人在观念上存在差异是可以理解的。对于有丰富人生阅历的长者提出的建议，即使不赞成，也不要当面反驳指责，让老人觉得在年轻人面前失面子太难堪，以后就难以交流了。我们要以谦逊尊敬的态度去与他们交谈，多用选择问句、陈述语气，少用或不用反问句，还应适当使用敬语，如询问他的年龄，应说："您老人家高寿多少？"与平常说习惯了的"你多大了？"相比，显得彬彬有礼，别人会对你的个人修养留有较深的印象。

2. 要注意交际的时空环境

时空环境，包括时间和空间（场合）两个方面。语境中的"时间"指的是时代或特定的时间条件；"空间"指的是特定的处所条件。语言交流适合语境的要求也表现为"因时制宜""因地制宜"。

交际有着显著的时代特点。同样，交际活动总是在一定的空间进行的，它对于交际活动总要产生相应的影响。在交际时，我们也可巧妙地综合利用时间和空间因素，对于增强语言表达效果十分有用处。

（二）长于表达和倾听

交谈的技巧可概括地分为表达技巧和倾听技巧，在与他人进行沟通时，如何恰当地表达是表达所要解决的问题；而如何长于倾听，判断说话者的要点的真意并迅速有效地诱导谈话是倾听所要解决的问题。我们将逐一分析说明。

1. 如何恰当表达

西班牙思想家、哲学家格拉西安说过："说得恰当要比说得漂亮更好。"表达恰当，主要指要锤炼语言，对于词语所使用的场合、时机等条件务必要经过一番推敲，恰如其分地表达自己的所思所想。在说话技巧中，恰当准确地表达则是更为重要的一步。如何准确地表达呢？

第一，注意说话的具体场合。

第二，说话必须考虑公众的性别、年龄、文化层次和背景等因素。根据这些因素的差异来选择恰当的语言，才能让公众真正理解。"见什么人说什么话，在什么山头唱什么歌"，正是此理。

第三，充分利用说话的时机。要想达到预期的目的，取得好的效果，说话不仅要符合时代背景，与彼时彼地的情景相适应，还要巧妙地利用说话时机，灵活把握时间因素。

第四，说话时要情理相融。"以情动人，以理服人"，这是说话的两个方面，二者有机统一，互相交融，可以使说话取得良好的效果。

2. 学会倾听

公关公众心理沟通是一种双向的行为，公关人员在说的同时，必须去倾听公众的说。"听"实际上是一种重要的沟通方式，是交谈的另一个重要组成部分。倾听常常得不到重视，然而它是与表达能力同样重要的问题。

（1）要有专心倾听的姿态

这是指用身体给公众以"我在注意倾听"的表示。它要求你把注意力集中于公众的身上，要心无二用。忌"左耳进，右耳出"，要让公众的讲话在自己的心中留下痕迹。专注不仅要用耳朵，而且要用全部身心，不仅是对声音的吸收，还是对意义的理解。因而要与说话人交流目光，适当地发出"哦""嗯"等声音，表示自己在注意倾听；稍稍前倾身子，微笑、扬眉等，也是显示专心倾听的非语言行为。这些都能吸引对方继续讲话的兴趣。如果想一心二用，干点其他事，会影响他人说话的情绪。如有一天，小马在读报，妻子走来兴致勃勃地说："我有个好消息要告诉你。”小马头也不抬地说：“你说吧。”妻子要求说：“你先别看报。”小马不耐烦地答道：“我看我的，你说好了。”原本满心欢喜，想与丈夫共同分享，听了这话后，妻子说话的兴头一下子就没有了。小马得罪了妻子的原因，在于没能表示出对妻子所要谈的话题的同等兴趣。所以在听别人说话时，不要做其他事，也不做别的小动作，如抱臂盘腿，将手指关节压得咯咯响，或手中玩弄什么东西，这些都是心不在焉的表现，应予避免。

（2）要学会抓住对方讲话的要点

我们常常发现，有不少人说话喜欢把讲话的要点放在开头或是结尾，也有一些人把要点放在一段话的中间，究竟放在何处为好，可根据讲话内容、语境、讲话人的思路等而定，并没有非此不可的约束。那么，我们在听话时就要理清说话人话语的层次，紧跟他的思路，善于从若干信息中捕捉重要的信息，不要让次要信息、多余信息干扰了对重要信息的理解和把握。此外，我们还应注意观察和分析说话人的语气、神态、动作，因为他们常有意识或无意识地在讲到要点时，采用放慢语速、加重语气，或是提高、降低声调、突然停顿的方法，也会采用点头、摇头、瞪大双眼、撇嘴、皱眉、打手势等方式来强调讲话重点。这些提示都可对我们有一定的帮助。

（3）品味弦外之音

在倾听时，要抓住别人谈话的中心意思，还要学会品味弦外之音、言外之意。人们有时在话中看似表达的是一种意思，实际表达的是另一种意思，所谓“言在此而意在彼”。这样的话说出来会使语意显得委婉含蓄、意味深长。俗话说“说话听声，锣鼓听音”，如何才能揣摩出别人的话中话呢？

首先，应当留心去品味，要能听懂、品出别人话语中的全部内涵，不能“说者有心，听者无意”。交际中的“言外之意”随处可见。例如，在路上，我们偶遇同事，问他：“你上哪去？”“到那边去。”又问：“干什么去？”“办点事。”人家含含糊糊地，没有正面回答，我们应领悟到对方不愿明白地讲出来，不能再问下去了，否则会让人觉得你怎么那么爱管闲事，真是个讨厌的家伙。不能理解别人的真实想法，有时会使对方和自己陷于很尴尬的境地。

其次，在品味话中话时，尤其要注意别人是否语带双关。因为双关这种修辞手法，它的特点就是一句话包含两种可能的解释，一种是表面的意思，一种是暗含的意思，而暗含的意思才是说话者所要表达的真实意思。双关有两种，一种是利用词语的读音相同或相近而构成的双关，称为谐音双关。在《老工人智救郭亮》的故事中，老工人就是巧用了谐音双关。郭亮是湖南工人运动的领袖之一。有次在铜官镇被团丁李麻子发现了，他一面叫人去报告团总何八，一面坐在郭亮身边监视他。有位老工人听到风声抢先来到现场，他想通知郭亮，无奈李麻子正虎视眈眈地盯着呢。他急中生智，从旁边的茶摊上拿了一只空碗，双手端着，走到郭亮跟前说：“先生，喝吧，喝吧！”郭亮见碗里没有水，喝什么呢？老工人把碗往郭亮胸前一推，又说：“喝吧，喝吧！先生喝吧！”郭亮是个聪明人，立即明白了老工人的心思，他端了空碗，假装一饮而尽，随后装着打水，拐过墙角，趁李麻子不注意的时候，穿过树林跑远了。当何八带人来时，已是扑了个空。郭亮怎么知道老工人是给他报信的呢？原来，“喝”与“何”“吧”与“八”的语音相似或相同，他又见老工人手中的空碗，知道不是请他喝水，而是暗示何八来了。“响鼓不用重锤”，老工人话中虚实两层含义，郭亮都领会到了，所以预先走脱了。还有一种是语义双关，是借词语的不同含义构成双关。双关语既可表现说话人的机智，也给听话人出了一个考验理解力的小难题。若能抓住隐藏在言语里的深层含义，可谓是珠联璧合，情趣顿生。要说明的一点是，交际中巧妙地传达和正确地理解“言外之意”，要掌握适度的原则，说话人注意避免因表述上的含糊不清造成理解障碍，听话人也应当避免“多心”，以免造成信息因人为增加而失真。这样，交际的通道才是畅通无阻的。

（4）学会恰当鼓励

倾听时，仅仅投入是不够的，公关人员还要鼓励公众表达或进一步说下去。正确的启发和恰当的提问可以帮助其达到此目的。

首先，正确的启发。启发是指以非语言来诱导公众诉说或进一步说下去的方式。

① 身体上与公众保持同盟者的姿态。公众站，你则站；公众坐，你则坐。

② 不时地对对方所说的话表示赞同。

③ 复述公众的话，就会看上去和他们更亲近。不要把话题拉回到你身上。

其次，恰当的提问会让公众深受鼓舞，提问让公众进一步知道你很关注。

一般来说，提问可分为两类：封闭式提问和开放式提问。封闭式提问采用一般疑问句式，公众几乎可以不假思索地用“是”或“不是”来回答。而开放式提问是指所有问题不能用简单的“是”或“不是”来回答，必须详细解释才行。

三、掌握公关非语言沟通的技巧

（一）非语言沟通的概念、意义及特点

1. 非语言沟通的概念和意义

非语言沟通是以人的肢体语言（非言语行为）作为载体，即通过人的目光、表情、动作和空间距离进行人与人之间的信息交往。人类的非语言沟通，即非语言交际行为的表现形式主要包括面部表情、目光、副语言、体势语、动作和身体接触等。

在现代公关交际中，语言的沟通固然重要，但是非语言因素也起着不可或缺的作用。公关公众非语言沟通是在公关活动中通过某些媒介而不是讲话或文字来传递信息。心理学家 Alber Mehrabin 列出了这样一个公式：一个信息的总效果=7%的言辞+38%的副语言+55%的面部表情。其中副语言属于非语言的范畴，因此，不难看出一个信息的总效果的 93% 是靠非语言的沟通来实现的。非语言沟通借助身体各部位做出的动作和姿势，可以表达细腻的感情、传递丰富的信息、构建和谐的交际局面，以及发挥口语不可替代的独特作用。在有的情况下，非语言沟通方式比语言沟通方式更有效、更具有表现力和吸引力，又可以跨越语言不通的障碍，非语言信息往往比语言信息更能打动人，所以要重视非语言沟通。可以说，如果你是沟通的信息发送者，你必须确保你发出的非语言信息有强化语言的作用。如果你是沟通的信息接收者，你同样要密切注视对方的非语言提示，从而全面理解对方的思想、情感。

2. 非语言沟通的特点

非语言信号所表达的信息往往是很不确定的，但常常比语言信息更具有真实性，因为它往往发自内心，并难以掩饰。因此，有的专家认为非语言沟通的重要性甚至超过语言沟通。非语言沟通有以下四个特点。

（1）非语言沟通是比较模糊的

非语言沟通所传递的信息，可能较语言沟通要模糊不清，因为个人的身体语言可能是有

意识地传递某种态度和信息，也可能是无意识的动作，所以相同的行为可能会有不同的解释与理解。

（2）非语言沟通是连续不断的

人们的非语言行为，随时随地都在发生，即使我们停止了语言表达，可眼神、面部表情、肢体动作，都还会不断地透露信息。

（3）非语言沟通是多重途径同时进行的

非语言沟通的信息内容常在多重途径下得以表现，或者是系列信息同时出现。

（4）人们对非语言沟通传递的信息更为确信

根据国外学者研究发现，当人的语言信息和非语言信息不一致时，人们比较相信非语言系统传递的信息，其原因可能是人们认为语言信息是比较容易控制、作假，而非语言信息较难完全掌握，往往会泄露内心的真实想法与态度。

（二）非语言沟通在公关交际中的作用

非语言沟通在社会生活的各个方面，包括政治、经济、文化、娱乐等，特别是在公关交往中，发挥着重要作用。主要表现在以下方面。

1. 对于语言符号的补充作用

人们常说的“听其言，观其行”“行为表率”“儒者风范”等，都是指由交流对象的动作、表情、仪态、装束等非语言符号传递的信息所形成的表征。

2. 对于语言符号的替代作用

由于语言符号，特别是拼音符号在信息传播中受到时间、空间和深度以及某些特别环境等方面的功能限制，需要用非语言符号进行替代，才能够完成信息传播与相互沟通。例如：在需要噤声的环境下使用手势，用旗语传递信息，用动作或表情表达情绪，用服饰、装束表现身份和情趣，用舞蹈等艺术形式表现内容等。

3. 对于语言符号的辅助作用

特别在人际沟通过程中需要传递情感时，非语言沟通常常比单纯的语言更为生动、形象。例如，人们日常言谈中用动作和声音强调意思，用眼神辅助语言传递感情等。

4. 对于语言符号的重复强调作用

非语言符号常常可以用来重复强调语言的表达。例如，我们送别亲友时连连挥手，愤怒时连续拍桌子等。

（三）非语言沟通在公关交际中的具体应用

1. 面部表情

据专家研究，大约有 2500 种脸部表情表达思想和感情。丰富的表情是仅次于语言的、常用的一种非语言符号，因此，交际活动中面部表情备受人们的注意。而在千变万化的表情中，眼神和微笑是最常见的交际符号。

眼神是人与人之间沟通联系的纽带。人的瞳孔往往不能自主控制，人内心的秘密可以透过眼神流露出来。所以说，在非语言沟通中，用眼睛沟通也是一个不可忽视的作用，在许多国家中，他们把眼睛视为“心灵的窗户”。“眉目传情”“暗送秋波”等成语形象地说明了目光在人们情感交流中的重要作用。因此，不少民族对目光接触的重视远远超过对语言沟通的信赖。在阿拉伯国家，阿拉伯人告诫其同胞“永远不要和那些不敢和您正视的人做生意”。在沟通过程中，听者看着对方，表示关注；而讲话者不宜再迎视对方的目光，除非两人的关系已密切到可直接“以目传情”。讲话者说完最后一句话时，才将目光移到对方的眼睛。这是在表示一种询问“你认同我的话对吗？”或者暗示对方“现在该轮到你讲了”。在美国，如果应聘时忘记看着主考官的眼睛的话，那应聘成功的可能性就不大。然而在日本文化中，听对方说话时看着对方的眼睛是不礼貌的，恰当的方式是听话时应垂下自己的眼帘，以示尊重。

一般来说，注视的时候要控制好时间。对于不太熟悉的公众，注视时间要短；对于谈得来的公众，可适当延长注视时间。注视的位置亦应选择适当。在交往中，目光应投放在额头至两眼之间。

微笑主要是由嘴部来完成的。微笑的基本特点是：不发声、不露齿，肌肉放松，嘴角两端向上略微翘起，面含笑意，亲切自然，最重要的是要出自内心。在非语言沟通中的微笑显然也是相当重要的，俗话说“相逢一笑泯恩仇”，可见笑的力量。微笑来自快乐，它带来的快乐也创造快乐，在沟通过程中，微微地笑一笑，双方都从发自内心的微笑中获得这样的信息：“我是你的朋友。”微笑虽然无声，但是它说出了如下许多意思：高兴、欢悦、同意、尊敬。

2. 体态语言

体态语言是人类运用自身的各种动作、姿态等身体语言来表达对周围的人和事的态度。达芬·奇曾说过，精神应该通过姿势和四肢的运动来表现。同样，沟通中，人们的一举一动，都能体现特定的态度，表达特定的含义。体态语言会流露出一个人的态度。身体各部分肌肉如果绷得紧紧的，可能是由于内心紧张、拘谨。身体的放松是一种信息传播行为。人的思想感情会从体态中反映出来，略微倾向于对方，表示热情和兴趣；微微起身，表示谦恭有礼；身体后仰，显得若无其事和轻慢；侧转身子，表示嫌恶和轻蔑；背朝人家，表示不屑理睬；拂袖离去，则是拒绝交往的表示。我国历来很重视在交往中的姿态，认为这是一个人是否有教养的表现，因此素有大丈夫要“站如松，坐如钟，行如风”之说。如果你在沟通过程中想给对方一个良好的第一印象，那么你首先应该重视与对方见面的姿态表现，如果你和人见面时耷拉着脑袋、无精打采，对方就会猜想也许自己不受欢迎；如果你不正视对方、左顾右盼，对方就可能怀疑你是否有诚意。

体态语言中还有界域语，指交际者之间以空间距离所传递的信息。界域语是人际交往的一种特殊的无声语言。人体周围都有一个属于自己的个人空间，犹如其身体的延伸，人际交往只有在这个空间允许的限度内才会显得自然。如夫妻、情侣的允许空间为 0 ~ 45cm，即所谓的亲密空间；朋友、熟悉人则可进入个人空间，距离在 45cm ~ 120cm 之间；在社交、谈判等场合，人们一般在 120cm ~ 360cm 这一社交空间之内觉得较为自在（参见第十二章第三节）。

体态语言常常有文化差异，一个姿势所包含的意思在两种文化中不一样，例如，OK 手势在美国意味着很好、很棒，或者表示完全理解了某个事物，而在我国这个手势则表示任务已经完成，问题已经解决。另外，一个姿势在一种文化中可能毫无含义，而在另一种文化中却有含义。例如，用手挠头或一边吸气一边发出“嘶嘶”的声音，这是日本人表示尴尬的常用体态语言，而这些非语言信息在一些文化中没有任何含义，来自这些文化的人很可能会忽视日本人这类非语言动作所发出的信息。所以我们在沟通过程中应当注意根据不同的文化习惯来把握肢体语言的含义。

再以体距与触摸为例。两人谈话，很难目测确切合理的距离，但每个人都有自己的空间。这种对空间的要求是因为人类个体在社会生活中有自己一定的空间位置，这样才觉得安全、舒适和自由，这完全是生存的本能需要。不同民族文化之间的交际者对于个人空间和人际距离的理解和使用也存在着跨文化的差异。人们对待体距的态度反映了不同的社会价值观念、传统习惯和生活方式。

3. 副语言

心理学家称非语言声音为副语言。心理学研究成果表明，副语言在沟通过程中起着非常重要的作用。一句话的含义往往不仅取决于其字面的意义，而且取决于它的弦外之音。副语言分为口语中的副语言和书面语中的副语言。口语中的副语言是通过非语言的声音，如重音、声调的变化、哭、笑、停顿来实现的。语音表达方式的变化，尤其是语调的变化，可以使字面相同的一句话具有完全不同的含义。书面语中的副语言是通过字体变换、标点符号的特殊运用以及印刷艺术的运用来实现的。

音量、音高、笑声、感叹声等，这些副语言对语境效果的产生具有重大作用。如：Will you go or not?

这个句子如果用正常语速连贯读出，它仅是一般的询问，若改变语气，增加重读和停顿：Will you go, or not? 则发话人明显带有不满和威胁的口吻，这些副语言手段所产生的语境效果与众不同，令人印象深刻。

对副语言的理解有着文化差异。尤其是沉默，即指在讲话和交谈中做出无声的反应或是停顿，这在跨文化交际与跨文化研究中最容易引起冲突。中国人重视交谈中停顿和沉默的作用，认为停顿和沉默有着丰富的内涵，是赞许、默认、附和，也是抗议、保留意见。中国人崇尚沉默，认为它有着超越语言力量的高超力量，“此处无声胜有声”“沉默是金”都是对沉默表达效果的总结。然而在跨文化交际中，在商务活动中，来自英语国家的人在与中国人交流时，不太理解对方为什么会沉默，把听到提问后保持沉默视为对提问者的蔑视，这种想法往往会导致沟通以失败告终，要克服这种文化冲突，就有必要了解英语交谈的技巧和习惯，清楚在跨文化活动，乃至商务活动中重视对有声语言的反应和话题的转接。

在与来自不同文化的人交流时，还要使自己的非言语行为符合语境，以免引起不必要的误解和麻烦。

对接受者来说，留意沟通中的非语言信息十分重要。在倾听信息发送者发出的语言意义的同时，还应注意非语言线索，尤其要注意二者之间的矛盾之处。有人可能告诉你，他有时间听你谈谈你的想法，但你所得到的非语言信息却可能告诉你此时并不是讨论这一问题的有利时机。再比如，如果一个人不停地看表就意味着他希望结束交谈。如果我们通过语言表达一种信任的情感，而非语言中却传递了相互矛盾的信息，如“我不信任你”，无疑会使人产生误解。这些矛盾信息常常意味着“行动比语言更响亮”。

本章案例

案例一　景泰蓝食筷

在一家涉外宾馆的中餐厅里，正是中午时分，用餐的客人很多，服务小姐忙碌地在餐台间穿梭着。

其中一桌客人中有几位外宾，其中一位外宾在用完餐后，顺手将自己用过的一双精美的景泰蓝食筷放入了随身带的皮包里。服务小姐在一旁将此景看在眼里，不动声色地转入后堂，不一会儿，捧着一只绣有精致花纹的绸面小匣，走到这位外宾身边说："先生，您好，我们发现你在用餐时，对我国传统的工艺品——景泰蓝食筷表现出极大的兴趣，简直爱不释手。为了表达我们对您如此欣赏中国工艺品的感谢，餐厅经理决定将您用过的这双景泰蓝食筷赠送给您，这是与之配套的锦盒，请笑纳。"

这位外宾见此状，听此言，自然明白自己刚才的举动已被服务小姐尽收眼底，颇为惭愧。只好解释说，自己多喝了一点，无意间误将食筷放入了包中，感激之余，更执意表示希望能出钱购下这双景泰蓝食筷，作为此行的纪念。餐厅经理亦顺水推舟，按最优惠的价格，记入了主人的账上。

聪明的服务小姐既没有让餐厅受损失，也没有令客人难堪，圆满地解决了事情，并收到了良好的交际效果。

案例二　驻外记者宴席上妙语交朋友

驻外记者既是信息的收集者，又是新闻的发布者，甚至也可以扮演一个国家或民族代言人的角色。从这个意义上讲，驻外记者似乎在自觉不自觉地从事公共外交活动。所以说，驻外记者应具备公关交际的基本素养。本文作者讲述的故事，颇具启发意义。

如果说"华盖云集，名流荟萃"，似乎有些夸张，但我在英国当记者期间，时常要参加的有关中国的活动也确实是阵仗不小。而在与西方人觥筹交错、交流之间，交朋友靠的不是酒量，更多的是智慧，是巧妙运用自己的知识和文化积累的智慧给人的感染。回京几年，当年在伦敦的情景犹在眼前，感触良多。

2006年6月，黑龙江省一个政府代表团到伦敦举办了黑龙江经济贸易推介会，请来了包括伦敦金融城的金融、法律、公关和贸易等诸多领域的专家、学者，关心中国与英国关系的英国政界朋友也在受邀之列。

推介会按照英国的习惯是以招待会形式进行的，包括我们这些主流媒体记者在内的各路嘉宾在下面围桌而坐。主席台上，来自中国的主人少不了介绍自己家乡的经济状况和发展规划。讲到地缘优势时，这位副省长说了内容大致如下的话：黑龙江省充分利用地缘优势，与俄罗斯、韩国和日本的经济贸易关系良好，且潜力巨大，前景广阔。

同桌对面一位英国男子，在主人讲话完毕，宾客开始就餐时径直问我："您是中国的通讯社记者，刚才省长先生说黑龙江省与日本关系良好，您能不能给我讲一下，关系到底有多好？"

好一个问题！在宴会上谈论黑龙江省与日本的关系，或者说中国和日本的关系，对方礼貌地把自己当中国的通讯社记者进行的这个“请教”简直有些“拷问”的味道，简单地来个“无可奉告”显然又有失礼貌。

品尝了一口红酒后，我很客气地说，“这样说吧，黑龙江省与日本的关系就像伯明翰、曼彻斯特与波恩、柏林的关系一样，有贸易往来，关系也很友好。”

“您的回答太聪明了。”问话的英国人一面点头，一面举杯对我的回答连连称颂。

要知道，“二战”时期，作为英国重要的军事工业基地的伯明翰和曼彻斯特两大城市被德国人狂轰滥炸，几乎夷为平地，而在全球化日盛的当今世界，作为地球村的成员，德国的波恩、柏林和英国的伯明翰、曼彻斯特肯定有贸易、文化的交往，中国的黑龙江省和日本又何尝不是如此？

如果我当时说中国与日本曾经发生过战争，现在摒弃前嫌，遵循“和平共处五项基本原则，发展世代友好关系”云云，相信那位英国人的反应肯定是另外一回事。

回头想来，当时我与那位英国人的问答中都包括这一个知识问题：英国人问话里隐含着中国与日本的交战；我的回答中包含着英国与德国“二战”中那场关乎两个民族生死存亡的英吉利海战。

巧妙地运用波恩、柏林与伯明翰、曼彻斯特之间的关系类比黑龙江省与日本的关系让这位英国人不是云开雾散，至少也是心领神会。

宴会上的一次简单对话让我这个新华社驻伦敦记者交了几个英国朋友，不但那位问话的先生整个宴会期间都很客气，连他身边的一位金融专家也成了我的朋友，为我日后的采访提供了不少帮助。

（文章来源：马建国：驻外记者的“外交”故事，《公共外交季刊》2014，（2））

思考题

1. 公关交际应遵循哪些规范？
2. 公关口语的表达要注意哪些基本要求？
3. 如何使自己的语言表达适合语境？
4. 影响公关交际的心理障碍主要有哪些？怎样克服？
5. 何谓副语言？
6. 跨文化语言交流有哪些制约？

第十章　公关文书的写作

安利创办人耄耋之年再出新书　早逝谣言不攻自破

2013年秋，在微信里大量传播“安利公司的老板56岁英年早逝，吃了一辈子纽崔莱，你还会再相信这个品牌以及它的保健品吗？”的文章。2014年4月，纽崔莱发出了“安利创办人耄耋之年再出新书 早逝谣言不攻自破”的新闻稿。书中第一段就可以看到答案：87岁的作者的新书*Simply Rich*以及新书的中文版也即将出版。还有这位安利创始人理查·狄维士耄耋之年的两张慈眉善目的配图，一下子拉近了这位老人，甚至安利这个品牌与读者的距离。

紧接着，文中第二段介绍了理查·狄维士的其他书籍及其获得的荣誉。特别提到了理查·狄维士被美国共和党全国委员会授予最高荣誉奖的事情，侧面宣扬了其所创始公司拥有的积极的价值观。

在两段精要的文字之后，新闻稿内容一转，提到了“安利老板英年早逝”的谣言，仅交代了谣言的始末，还交代了安利公司已经发布声明，要追究造谣者的法律责任，论据非常有力。

文中接下来重点讲述这位老人积极的人生精神以及他的中国情，让中国的读者再次增加对这位安利创始人的好感。这三段文字并不太长，主要的信息却能与读者产生共鸣，让人愿意了解更多。

最后，新闻稿并未在一段安利公司简介或者纽崔莱品牌简介的单调乏味中结束，而是特别爆料，这位创始人——理查·狄维士竟然还是奥兰多魔术队的主席！这个信息足以再次让读者震惊，并留下深刻印象。

总的来讲，这篇新闻稿的标题颇能吸引读者，图文并茂、篇幅适中、架构紧凑，让读者可以一口气读完并感觉收获颇丰。试想，如果这篇新闻的标题是《安利发表声明斥责网络谣言》，内容是义正词严地谴责造谣者，你会饶有兴趣地读下去并相信这是事情的真相吗?

好的新闻稿能够引起读者的阅读兴趣，先让读者有兴趣读下去，在潜移默化中向读者传递企业文化和产品信息，塑造良好的企业形象，达到企业的最终目的。本案例中，安利利用新闻稿不仅解除了企业的危机，还借助安利创始人的形象传递了企业的价值观，获得了公众的普遍认可，可以说这是一个完美利用新闻稿的优秀案例。

公共关系所使用的传播媒介中，运用文字的媒介占了绝大多数，在组织形象塑造方面，包括新闻稿在内的公关文书起着不可忽视的作用。公关文书是组织在开展公共关系活动的过程中所使用的应用文总称，本章重点介绍几种常用的公关文书。

第一节 新闻稿

一、新闻稿的定义

新闻稿是对新近发生的、人民群众关心的、有社会意义的事实的报道。新闻稿通常通过大众传播媒介公开传达。它是企事业单位的耳目喉舌，也是广大社会公众的耳目喉舌，所以公关人员不应把写新闻当成是记者的事，而要关注新闻事件，具备写作新闻稿的能力，用新闻媒体来传播信息，树立组织的良好形象。

新闻稿有广义和狭义之分，狭义的新闻稿专指消息，广义的新闻稿则包括新闻传播媒介中所有的新闻报道体裁，有消息、通讯、专访、新闻述评等。

二、新闻稿的特点

新闻稿的特点一般归纳为真实准确、新鲜及时、简短精练和用事实说话四条。其中，用事实说话的意思是，纯粹客观的新闻——“纯新闻”只在很少的科技类报道中出现。一般来说，用在政治、经济、文化等方面的宣传很难完全避免掺杂有作者的主观看法，但它毕竟不同于理论宣传或是做广告，新闻稿还是特别注重把活生生的事实摆在读者面前，以事实为依据，尽量少发议论或不发议论。消息的写作尤其重视这一条，往往让读者从事实中得出自己的结论；即使是新闻述评，也是有述有评，述多于评，评重于述。

此外，写作中运用的表现手法都必须直接实在，符合新闻稿“据实直书”的写法，不能用夸张的描写、推理，必须告诉读者清晰完整、真实可靠的事实。

三、新闻稿的体裁

下面重点介绍消息、通讯两种新闻稿的体裁。

（一）消息

1. 消息的定义和作用

消息是用概括性的叙述方式，以简明扼要的文字，迅速及时地报道国内外新近发生的、有报道价值的、群众最关心的应知而未知的事实的报道。

消息是新闻体裁中使用量最大、最常见的一种，是传播新闻的基本形式。它报道的内容极其广泛，大到世界各国的大事，小至百姓的衣食住行、柴米油盐，是人们认识生活、认识世界的窗口，是各级政府部门和企事业单位联系群众、宣传形象、推动各项工作顺利开展的重要手段。

2. 消息的种类

常见的消息种类有四种。

（1）动态消息

动态消息是对目前发生或处于运动变化状态的具体事物进行报道的一种形式。它以叙述为主，大多是一事一报，突出最重要、新鲜的事实，有时还会对某一事件连续报道。

（2）综合消息

综合消息指对国内外某一对象、某一方面的带有全局性的有关事实的报道，常用于特定时期或是针对特定事件。

（3）经验消息

经验消息，又称典型报道，是指对某地区、某部门、某单位在工作中取得突出成绩的集中报道。在行文中往往要交代情况，介绍做法，力求对当前的实际工作有普遍指导意义。

（4）述评消息

述评消息，又称评述性消息，是一种夹叙夹议、边述边评的报道。作者的观点鲜明，针对问题深入地分析，揭示事件的本质和意义，帮助读者正确地认识某重大事件。

3. 消息的特点

① 真：真实性是消息的生命，也是检验新闻工作者有无良好职业道德和社会责任感的试金石。

② 新：消息贵在新，新是指以前无人报道过、报道的角度新奇，还指对于广大读者来说，具有新的认识意义和指导意义。

③ 快：消息对事物的报道越快越好，具体指写得快，传播得快。

④ 短：消息要达到“快”的要求，“短”是一个必不可少的条件，篇幅虽短小，信息量却大，这才便于读者阅读，才会赢得读者的喜爱。

4. 消息的篇章结构和写作要求

消息一般由标题、导语、主体、结尾和背景五部分组成。

（1）标题

① 标题的作用。消息的标题是给读者的第一印象，效果的好坏直接影响到消息的传播，它的制作在消息的写作中有至关重要的作用。具体地说：标题是美化门面的手段，是读者选择阅读的向导，是理解主旨的助手，是扩大信息量的捷径。所以有人“一夜心血为一题”“语不惊人誓不休”。

② 标题的制作。消息的标题具有多样性和层次性的特点，往往有不止一行标题，各行标题所用铅字的字体和型号也大小不一。其中，标在中间，字型最大的一行称“正题”或“主题”，作用是讲述主要事实或提示重大意义；“正题”之上的题目称“引题”“眉题”或“肩题”，用于渲染消息的精神实质、现实意义，提示消息的内容要点、消息来源、行为主体或是该消息产生的条件和背景等，对于正题的拟定有铺垫、导引作用；“正题”之下的题目称“副题”或“子题”，作用是披露消息中的某些重要而具体的细节，是正题的补充。例如：

彩灯映照笑脸　　歌声洋溢大厅（引题）

小区老人和小朋友喜庆元旦（正题）

东方幼儿园小朋友表演精彩节目（副题）

一条消息，可只有一个正题（单式标题），也可有两个、三个标题（复式标题），复式标题能精确概括全文、点明题意，渲染气氛、扩大效果，增强读者了解全文的欲求，便于读者迅速知悉全文。

标题的制作方法主要有以下几种。

叙述式：把消息中最主要、最新奇的事实拿来直接叙述，无须描绘就能引人注意，如《子弹穿腹过　居然未察觉》。

描写式：对特殊场景简洁地描写，如玄武湖繁花似锦（正题）　四万多盆菊花，许多已蓓蕾初绽喷吐芳香（副题）。

比喻式：口才是随身名片。

疑问式：朋友，你丢了什么？

对比式：如国家级贫困县高档住宅一大片（正题）　农民手指干部的小洋楼愤愤不平（副题）。

引语式：“我最怕交际两个字”（引题）大学生交际心态堪忧（正题）。

双关式：走进美心成功之门（2000.8《销售与市场》介绍美心企业如何造门）。

此外还有口语式、抒情式、号召式、问答式、对偶式、衬托式、顶真式等，我们应根据内容适当采用。

（2）导语

导语是消息的第一句话或第一段话。作用一是要简明扼要地揭示消息的内容核心，二是要吸引读者看完全文。有经验的记者都十分重视导语的写作。国外有的新闻著作强调：“记者在一条新闻前，设计二十多条导语不算多。”

过去很长时间内，5W 是新闻的五要素，过去国内外新闻界一直强调要 5W 俱全，即导语要回答消息讲的是何人（Who）、何事（What）、何时（When）、何地（Where）、何因（Why）。后来理论界主张在导语中以最少的 W 报道最新消息，其他要素可分别放在标题和主体中交代。这是第二代导语，它非常符合新闻“把最重要的材料放在篇首”的倒金字塔结构导语，优点是重点突出、简洁明了，缺点是形式单一。又经过长期新闻实践的探索，目前导语的写法已经丰富多彩，不拘一格。有些重要的消息除五要素俱全外，还要求简练生动。西方新闻界在导语写作上有一条不成文的规定：不超过 21 个字。

（3）主体

主体是紧接导语之后，对导语进一步展开的部分，它以充足、典型、具有说服力的材料具体阐述导语中概括叙述的主旨和新闻事实。

消息是记叙文体，它的最基本的叙述方式有两种：一是按事实发生、发展的时间顺序表述；二是按照事物的内在联系或是人们认识问题的逻辑顺序来表现。也有两者合一的，但要注意穿插合理有序，不可混乱不清。

主体写作的基本要求是：观点鲜明，主题突出；以事实说话，材料充分而典型；篇幅紧凑，结构严谨。

（4）结尾

结尾总收全文，使读者得到总体印象，并常常与导语相呼应，起升华主题的作用。常见的写法有：小结式、展望式、引语式等。写作时要注意不要与导语或主体重复，不要用套话。

（5）背景

消息的背景，指消息产生的历史条件或环境条件，以及它和其他相关材料的各种联系。把它们组织到消息中去，有助于读者更深刻地理解消息的主题。并非每则消息都要介绍背景，只有当背景材料有利于突出消息的主要事实，能深化主题时才有运用的必要。

背景只是新闻的从属部分，可穿插在导语、主体、结尾甚至标题中，并没有固定的位置。

背景的材料按其性质可分为以下几种。

① 对比性材料。即对事物进行今昔、正反、左右的比较，以突出新闻事实的重要意义，阐明主题思想。

② 说明性材料。介绍历史沿革、地理环境、政治背景、自然条件、物质条件、文化条件等客观条件、主观因素，帮助读者理解消息的具体内容。

③ 注释性材料。对消息中一些不易为读者理解的内容和概念，如人物的身份、产品的性能特点、专用术语、历史典故、风俗人情等，加以适当的解释。

例文：

3000人共赴青春盛宴

——我市举行大型庆祝活动纪念五四运动90周年

本报讯　由团市委举办的哈尔滨市各界青年纪念五四运动90周年欢乐之夜大型庆祝活动主会场歌舞演出，昨晚在哈尔滨青年宫广场举行。3 000多名年轻人通过歌唱、舞蹈、趣味运动会等形式度过了难忘的青春盛会。市委领导出席活动。

本次活动采取主会场、分会场联动的形式，我市各界青年在沿江各广场分别利用青春歌舞大看台、街舞秀场和运动大展台等多种庆祝形式全方位展现了当代青年朝气蓬勃、健康向上的良好风貌。

（《新晚报》2009年5月5日）

（二）通讯

1. 通讯的定义和作用

通讯是一种比较详细、生动、形象地报道具有新闻意义的人物或事实的新闻体裁。

通讯能够通过对典型人物的感人事迹或先进集体的典型经验进行真实而详尽地记叙描写，迅速地反映出人物的风采和日新月异的时代变化，及时地传播新思想和新观念，激发人们的生活热情。一篇优秀的通讯一经发表，会在社会上引起广泛的、强烈的反响，使读者从中得到有益的启迪。

2. 通讯的种类

从通讯的内容并结合其写法来分类，可分为以下几种。

（1）人物通讯

它以记写人物为中心，这类通讯在各类通讯中所占的比例较大。通过报道人物的成长经历和动人事迹，突出表现其人格魅力，展现其高尚的品德、崇高的精神境界，力求对读者的心灵有震撼力。如《扬子晚报》于2001年年底对见义勇为乃至献出生命的英雄周光裕的报道。人物通讯可写一个人一生的成长奋斗历程，或是他（她）的一件事、一个侧面或某一阶段的事迹，也有写群体的人物通讯。

（2）事件通讯

它是以典型事件作为报道的主要内容。可具体形象地报道某一事件的全过程，以感染读者，也可截取其中一个或几个横断面反映出若干场景。事件通讯中也有人物出现，但不着力刻画一两个人物，而是通过事件写出有关人物的群像和他们共同的精神风貌。如有关英雄周光裕下葬，市民自发地为老周送别的情景的报道，重点表现的是英雄对群众的影响力。

（3）工作通讯

它又称“经验通讯”，指记叙单位工作经验体会和问题教训的通讯。它以某地区或单位的实际工作情况为报道对象，阐明事实，探讨发展方向。它报道的是广大读者普遍关心的新闻事件，通过深入细致的分析，总结出带有规律性的东西以指导更大范围内有关单位的工作。它叙议结合，具有一定的研究性，这是与事件通讯不同之处。

（4）概貌通讯

它又称“风貌通讯”，指报道各地区、各部门、各单位的新气象、今昔变化，或介绍地方风土人情的通讯。它的时间性要求不太强，题材广泛，形式多变，可运用鸟瞰式、对比式、分类描写式、点面结合式、移步换景式等，将概貌通讯写成见闻、速写、杂感、日记、札记等，其文体可写成记叙文或是接近文学作品的优美散文，但它所述之物必须是确实存在的，且要写出时代发展过程中的新变化，以区别于名胜古迹指南或是历史知识介绍，还要注意与文艺散文的区别。

（5）主题通讯

它又称“集纳通讯”，是围绕一个主题，集纳一组材料写成的通讯。写作时要收集较多的人物和事件材料，与人物通讯或事件通讯重在报道一人或一事不同。

（6）小通讯

它又称“新闻小故事”，是对连贯的事件或人物活动的某一片段的记述，故事性强，篇幅短小，“大中取小，小中见大”，故事虽小，意味深长，生动传神地反映出现实生活中丰富复杂的人情百态、世间万象。和一般故事不同的是，它不能虚构编造。

3. 通讯的特点

（1）新闻性

通讯报道新近发生的、具有特色的事实，在内容上和时间上必须给人新鲜感。

（2）评论性

通讯的作者通过夹叙夹议的手法，直接揭示事件的意义，流露自己的爱憎情感，力求让自己对此事的见解或个人的情感对读者产生影响。常缘事而发，即景生情，成为文章的点睛之笔。

（3）文学性

通讯在真实性的前提下，以艺术加工而形成浓厚的文学色彩。通讯可用细腻的笔触，对人物的外形、语言、动作、心理等进行细致入微的描写，使人物栩栩如生；可展开情节描写，尤其是运用极具表现力的细节描写，使情节跌宕起伏，生动吸引人；可把现实描绘与内心感受巧妙地融合在一起，增强形象描述的现场感和生动性；比喻、拟人、夸张等多样积极修辞手法也可灵活运用在通讯的写作中，增强通讯的文学性，使之更具可读性。

4. 通讯与消息的区别

其一，从时效上看，消息比通讯要求得更急迫，它争分夺秒地报道新闻事实，往往先于通讯。

其二，从内容上看，消息只是简单扼要地交代事情，让读者知道发生了这么一件事；而通讯则要对事实的描述具体化、过程完整、情节详细，容纳的内容更多，以打动读者为目的。

其三，从形式上看，消息的写作较为格式化，结构固定，而通讯的结构灵活多变，为了突出主旨可不拘泥于老套子。

其四，从表达方式上看，消息以叙述为主要手法，凭借其重要度、新鲜度吸引人。而通讯可采用更多的手法，如叙述、描写、抒情、议论、说明，还可运用各种修辞方式来加强表达效果。

5. 通讯的写作要求

（1）选择典型，挖掘主题

通讯报道的内容要有意义、有价值，就要选择人们普遍关心的问题，要对大量的生活素材进行鉴别、品味、提炼，提炼文章的主题要力求“新”和“深”，防止“老”和“浅”，鲜明集中地揭示出某些社会现象的本质，体现时代精神。所以通讯的写作者常常要调查研究，深入采访，还要有一双慧眼，发现别人没能发现的问题，从看似平凡的事物中捕捉典型的人和事，把它们及时地反映出来。写作时，调研—思考—修改，贯穿于写作的整个过程，在这个过程中完成主题的深化或升华。

（2）安排结构，因文而异

通讯的结构多由三部分组成：概述（开头）、主体、结尾，不过通讯的特点决定了具体写作时结构要因文而异，可运用纵式结构、横式结构、纵横交错结构，也可根据不同的内容灵活安排结构。一般来说，人物通讯大多按时间顺序和逻辑顺序安排结构；事件通讯多用时序结构；工作通讯常用逻辑结构，即根据所报道的工作经验的性质安排层次；概貌通讯大都用今昔对比的时间层次来安排结构。

第二节　演讲稿

一、演讲稿的定义

演讲稿也叫“演说词”“演说辞”，是用作口头发表的讲演文稿。演讲稿是人们在工作、生活中常用的一种文体。它可以用来交流思想感情、表达自己的见解主张，还可以用来介绍自己的学习、工作情况和经验体会等，对听众具有宣传鼓动和教育作用。

二、演讲稿的种类

根据内容的不同来划分，演讲稿可分为政治演讲稿、学术演讲稿、礼仪演讲稿和论辩演讲稿。

政治演讲稿指为了一定的政治目的，针对国家重要事务、重要政策、对外关系以及人民群众关心的重大社会问题而撰写的演讲稿。如英国政治家、诗人、新闻自由思想奠基人之一约翰·弥尔顿在1644年写的《论出版自由》一文。学术演讲稿主要是向听众介绍自己的学术研究成果、专业知识和学问。如英国教育家约翰·亨利，1854年在《关于大学的概念》的演讲稿中阐述了他关于大学的看法和理想中的大学模式，也表明了自己对有效率的学习方法的看法。礼仪演讲稿是指为日常社会交往中各种不同的场合当众发表的礼节性演说而拟写的演讲稿，如欢迎词、祝酒词、答谢词、告别词等。如苏联作家阿·托尔斯泰《在红场高尔基追悼会上的演说》，就是一篇著名的悼词。礼仪演讲稿重在表达真挚、深厚而得体的情感。论辩演讲稿是指为了弄清是非、解析疑难、权衡得失进而帮助解决现实问题而拟就的演讲稿。论辩演讲稿常即席成文，如爱尔兰民族主义英雄罗伯特·埃米特的当场演说《对被判为叛国罪的抗辩》。

根据表达方式的不同来划分，演讲稿可分为叙述式演讲稿和议论式演讲稿两种。叙述式演讲稿重在向听众陈述自己的思想、经历、事迹，转述自己看到、听到的他人的事迹或事件，寓宣传教育于形象的描述之中。如首届红河杯全国演讲大赛特等奖获得者云南晨光出版社副编审辛勤的自述式演讲《辛勤的蜜蜂》（载《演讲与口才》2000.9）就是写自己为培养少年写作人才所做的种种努力。议论式演讲稿重在运用充足典型的事实材料和精密严格的逻辑推断，就听众所关心的问题加以剖析，旗帜鲜明地阐明自己的主张，说服听众。如《女性，超越你自己》（载《演讲与口才》2001.3），阐述了女性要走出历史的困惑，在新世纪展现出更加亮丽风采的观点。

三、演讲稿的特点

1. 现实性

演讲是一种实实在在的现实活动，写演讲稿与写剧本有根本的区别，因为演讲稿要把现实中作者自我的形象表现出来，所谈论的是生活中大家关心的、值得探讨的话题，传达出的是自己的观点和看法，形式上表现出独特的个人风格，所以，演讲稿的写作从目的和表现手段上看都具有现实性的特征。

2. 艺术性

演讲稿虽然是实用文体，但它仍然讲究艺术美，这也是它较一般的口语优美动人，富有魅力的原因所在。演讲稿的写作吸收了多种语言表现艺术的精华，如妙用修辞手法使之新巧而有情趣；用造势技巧使之激情飞扬，气势雄劲；将平淡的故事曲折化、复杂的故事人性化，以增强感染力和震撼力；点化警句、升华宏旨，并进行辩证剖析，使演讲稿的写作体现出艺术性特质。

3. 鼓动性

演讲的目的是“以辞促情”“以辞促行”，所以作者往往在演讲稿中倾注了充沛的情感，并用恰当的方式表现出来，以激发人们的爱憎情绪，对幸福美好生活的向往之情，或是用赞誉之词，激励人众去争取荣誉，奋勇拼搏。与其他文体相比，演讲稿具有浓郁的鼓动色彩这一特点更加突出。

四、演讲稿的结构

从结构上看，演讲稿可分为三个部分：开头、主体和结尾。

（一）开头

俗话说：“好的开头是成功的一半”，演讲稿开头的好坏直接关系到稿子的优劣，有经验的写作者总是精心设计开头。开头主要有以下作用：与听众建立相互信任的感情联系；创造一个良好的演讲气氛，为全篇定下基调；说明全篇的宗旨并自然地引出下文。开头的方式多种多样，典型的开头方式有以下几种。

1. 直入式

开门见山，开篇点题，把要点先写出来，开头起提纲挈领的作用。如果演讲的内容是听众所关心的，就会引起大家的兴趣。

2. 提问式

一开始就向听众提问，目的在于集中听众的注意力，增强听众的参与意识，引导听众积极地思考问题。有人写了一篇题为《讲真话》的稿子，开头就用问句："同志们，首先请允许我提个问题，在座和各位都讲真话吗？" 此问如石击水，听众的兴趣大增。开场白的提问必须要与主题紧密相连，饶有趣味、发人深省，不可太平淡。

3. 悬念式

在开头制造悬念或是讲一个生动精彩、扣人心弦的小故事；或是列举出一个让人触目惊心的事实；或是设置疑问再来解答。郑鸿魁的《我们应该怎样爱孩子》的开头说："我之所以选择了这样一个并不新鲜的话题，实在是有感于我手头的材料。湖南人民广播电台在播出《我心中的爸爸妈妈》节目时，一月收到 500 多封孩子来信，表达自己对父母不满的竟达 90%。我不明白，这究竟是为什么？"（1996.11《演讲与口才》）这样的开头让人听后一怔，不由得关注起下文了。

4. 赞扬式

法国作家雷曼麦说："说几句让听众感到舒服的话能收到奇功异效。" 在开场白中说几句赞扬性的话，可尽快缩短与听众的感情距离，便于展开演讲。汪贻娟、王前锋的《我们的双手是美丽的白鸽》开头："有人说，在我们这个世界上，有多少种不同的职业，就有多少种不同的双手。石油工人的手，是铁打的双手，像钻探机一样，为祖国钻来了用之不竭的石油；农民兄弟的手，是呼风唤雨的手，像地图一样，刻满了大地的渠道、丰收的田野；而我们这些当护士的，双手就是美丽的白鸽，盛满着人间的情意、生命的温柔……"（1998.12《演讲与口才》）赞扬式开场白应当切合实际，不能盲目夸赞、哗众取宠，给人虚假不实在的感觉。

5. 道具式

道具式开场白又称"实物式开场白"，是展示与演讲题目或主题有关的实物。张卉的《除了无悔，我还能对你说些什么》（1999.1《演讲与口才》）在开头解析"青春"二字，上台后，她向大家出示此字："大家请看，这是我演讲的核心——青春。（将上部折叠起来）我们可以看到，青春两字的基础是'月'与'日'，是代表光明的'月'与'日'。这说明了什么？说明我们的老祖先在造字时就想到了：青春是充满光明的，青春是灿烂辉煌的，青春是无怨无悔的！所以我今天演讲的题目就是要对青春说：除了无悔，我还能对你说些什么？" 此法可以产生情趣，增强表达力。

除此以外，还有新闻式、激发式、幽默式、模仿式、名言式等方法，可在写作开头时适当选用。演讲者还应在借鉴他人经验的基础上，根据实际需要，勇于探索，设计出有独特魅力的开头。

（二）主体

主体是演讲稿主要展开的部分，从多方面去阐明主题。如果是叙述式的演讲，就要把人物的事迹或事件的详细过程叙述清楚；如果是议论式的演讲，就应当对论点进行充分的论证。

演讲稿主体的写作同样要突出主题，材料的安排详略得当、结构层次分明。具体来说，有以下三点要求。

一是主题必须集中，一篇演讲稿只应有一个主题，全篇要围绕着它来铺陈展开，以使听众得到一个整体明了而且深刻的印象。

二是讲究条理性和严密性。围绕一个问题反复论证，逐层深入，既显得结构严谨又具有较强的逻辑性，容易抓住听众的注意力。

三是考虑到听众主要是通过听觉来了解信息，所以结构不能过于单调，平铺直叙，应当有张有弛，有起有伏，给听众以生动新鲜的感觉。

（三）结尾

俗话说："编筐织篓，贵在收口。"演讲稿最重要最精彩的部分常在结尾部分。演讲稿结尾的作用在于点明主旨、加深认识；促人深思，耐人寻味；调动激情，促人行动。

常见的结尾方式主要有以下几种。

1. 总结式

总结式又叫概括式或点题式。演讲者在即将结束时概括全篇的主要思想内容，以达到突出中心，强化主题的作用。如《送你一只金苹果》（《演讲与口才》1996.12）的结尾："朋友们，人生的魅力，也许就在于时时可以启程，向远途，向没有遗憾的未来行进。当你还处在孤独、徘徊时，当你还在寻找与你同行的人时，千万不要忘了紧紧握住让你扬帆远航的一只桨——学会与他人合作，这也是我赠予你的一只金苹果。"

2. 号召式

鼓动性演讲常采用号召式结尾收束全文，以激起听众的勇气和斗志。如《为女性的今天喝彩》（《演讲与口才》2001.3）的结尾："今天，我把这番话献给所有不甘沉沦的女性，让我们记住——无论你现在身处何种境况，都要勇敢面对，正视自己，摒弃旧时代的自卑与怯懦，做个自尊、自强、自信的新女性！正如歌中所唱：今天的我，都十分可爱，不管输、不管赢都很精彩，你我走向舞台，唱出心中的爱，迈出青春的节拍，让我们为今天喝彩！"

3. 希望式

演讲者运用感情激昂、扣人心弦的话鲜明地表达演讲者的立场、观点，以情动人，让听众在感情上产生共鸣。如《在平凡的职业岗位上》的结尾："在我将要结束演讲之际，愿与在座的每一个同志共勉——热爱我们平凡而光荣的职业岗位吧！宏伟的社会主义事业就集大成于一个这样的岗位。"

4. 展望式

在一些主题明快的演讲中，结尾为听众展示一幅美丽壮阔、充满光明和希望的宏伟蓝图，增强人们为实现这幅宏伟蓝图而奋斗的信心和决心。

5. 建议式

演讲稿的写作从提出问题到分析问题，最后在结尾中提出建议；有的稿子结尾建议听众对某项工作进行监督，或是对某项结果进行检验。

6. 提问式

这种结尾方法的特点和基本要求与提问式开头相近，但提问式开头一般自问自答，提问式结尾则大多以反问的形式出现，演讲者自己不去解答问题，而是让听众来思考，给人余味无穷之感。

7. 名言式

名人名言具有一定的权威性，用在结尾中可为演讲内容提供有力的证明，让听众信服。如胡适《中国公学18年级毕业赠言》的结尾："易卜生说：'你的最大责任是把你这块材料铸造成器。'学问便是铸器的工具，抛弃了学问便是毁了你自己。再会了！你们的母校眼睁睁地要看你们10年之后成什么器。"

除以上列举的结尾方法外，还有诸如幽默式、祝贺式、寓言故事式等。各种结尾方法不是截然对立的，有时一个演讲结尾同时使用几种方法。总之，用何种方法结尾，要根据演讲的内容、听众心理和演讲的语境来确定，不可拘于形式，使演讲达不到自己所期望的效果。

五、演讲稿的写作要求

1. 能直接应用于口头表述

相对于其他文体或文章形式而言，演讲稿必须能直接应用于口头表述。因为演讲者与听众面对面直接交流，声音转瞬即逝，不可能让演讲者停一停，留下时间给听众回味，所以演讲稿要做到中心突出、层次分明，语言表达既要符合书面语法规范，又要口语化，便于口耳相传，准确接受信息。

2. 适合语境的变化

演讲是在特定的环境中进行的，并受环境的制约。语言学上把语言表达所处的具体环境，称为语境。在演讲稿写作中，语境是必须考虑的一个重要因素，巧妙地运用语境来写演讲稿，对于增强语言表达效果十分有用。

3. 生动活泼，简明扼要

好的演讲稿语言一定要生动，思想内容再好，如果语言干瘪无味，就不能发挥它应有的影响力。作家老舍在《人物、语言及其他》中说，"我们的最好的思想，最深厚的感情，只能被最美妙的语言表达出来。若是表达不出，谁能知道那思想与感情怎样好呢？"所以，在演讲稿写得明白通俗的基础上，还要用修辞手法或是幽默风趣的语言或是发挥汉语具有音乐性的特点去追求生动活泼。演讲稿不宜过长，德国著名的演讲学家海茵兹·雷德曼在《演讲内容的要素》中指出："在一次演讲中不要期望得到太多。宁可只有一个给人印象深刻的思想，也不要五十个让人前听后忘的思想。宁可牢牢地敲进一根钉子，也不要松松地按上几十个一拔即出的图钉。"演讲贵在精要，1863年11月19日，时任美国总统的林肯在为纪念南北战争期间阵亡的将士而修建的葛底斯堡国家烈士公墓落成典礼上的演说，共十句话，只用了两分钟，集中论述了著名的“民有、民治、民享”的思想，感情真挚、言简意赅，现被铸成金文珍藏于英国牛津大学，作为英语演讲的典范作品。

第三节　求职信

一、求职信的定义

求职信又称自荐信、求职书，是求职者向有关用人单位或其有关领导人介绍自己的主观愿望与实际才能，表明自己具有何种专长，能胜任某项工作，以便使对方接受的信件。它是人们在社会生活实践中广泛应用的一种专门信件。

二、求职信的作用

递交求职信是毛遂自荐的一种方式，也是我国干部制度改革中发现人才、起用人才的一条重要途径，可充分反映自荐人的优势和特长。它既是自荐人求职不可缺少的书面文字材料，也是用人单位对其进行考核并做出是否录用的重要依据。求职信的好坏关系到用人单位对应聘者的第一印象，关系到获取理想中的职位这一目的的实现，是打开事业大门的第一把钥匙。

三、求职信的格式及写法

1. 标题

要求简明醒目。标题位于首页第一行居中，常用 2 号字标明“求职信（书）”或“自荐信”。

2. 抬头

抬头即致送对象，要求写全称或规范化简称，以示庄重严肃。顶格书写，使用冒号，常用 3 号字。单位名称后加“负责同志”，个人姓名后加“先生、女士、同志”等。求职信不同于一般私人书信，因交际双方未曾谋面，所以称谓要恰当，郑重其事，如“单位名称+负责同志”。

3. 正文

此处要把自荐的依据和理由充分具体地表述出来。要求另起一行，空两格，内容多就分段。正文一般分为以下几部分。

（1）开头语

基本要求之一是吸引对方看完，二是引导对方自然而然地进入你所突出的正题而不感到突然。可有以下几种方式：概述式、提问式、赞扬式、应征信式、个性化式、独创式。

（2）主体

这部分是全文的重点和核心，要求准确简要，突出优势。

自荐缘由——精要中的，戒烦冗。说明从何渠道得到有关信息以及写信的目的。

自荐人的基本情况，即个人资料——姓名、性别、年龄、籍贯、政治面貌、文化程度、职业经历（可视实际情况增删）；学历，经历和成绩，尤其是与应聘单位有关的工作经验，列出主修、辅修和选修课程与成绩，社会实践经验，个人生活经历等。内容的表达需突出重点，不用填表式的罗列法，要有机融合，自然衔接。自荐者的优势和特长：这一部分是文章的重中之重，务必要详尽具体，写明自己应聘的有利条件，让对方信服。证明与支持材料：毕业证书、学位证书、获奖证书、有关证明。用括号标注“见附件”，提示说明在求职信后的有关附录或附件。要客观公允，表明自身的技能专长和兴趣爱好等。

（3）结尾（结束语）

结尾要令人回味和印象深刻，表达出真诚迫切的心情，希望并请求用人单位给予面谈的机会或尽快告知应聘结果；还可写出如果录用你，到单位后你将如何工作。内容要具体简明，适可而止；语气要热情诚恳有礼貌，不要苛求对方。

（4）敬祝语（祝颂语）

另起一行空两格，后应紧接着另起一行顶格写。注意不过多寒暄。

（5）落款

自荐者署名，不必加任何谦称的限定语，以免让人有阿谀之感；年月日写全称；给出的电话、邮件地址等通信信息，要既便于联系又准确可靠。

（6）附件

注明附件数码编号，可单独把复印件订在一起随信寄出，无须太多，有分量、足以证明才华和能力即可。

四、求职信的写作要求

1. 实事求是，材料应真实可靠

有的学生或因为虚荣心强，或存有侥幸心理，认为招聘人员可能不会仔细考察，管它什么真本事不真本事，能签约就是真本事，于是为提高求职竞争力，动起了歪脑筋，搞过度包装、虚假包装，在提供的材料内容上弄虚作假、抬高自己，在招聘者面前自吹自擂等。某企业的人事部门负责人翻阅自荐书，就曾惊讶地发现在同一所高校竟来了三个现任学校学生会主席；甚至有人自行仿造英语、计算机等级证书和其他证书。此事一旦被发现，后果将是十分严重的。任何一个用人单位都希望招聘到既有工作能力，又为人诚实的人才。从做人的角度来说也万不可丢弃诚实之本，不能为了求职而不求优良的品格。

2. 突出重点

有人唯恐用人单位对自己了解不够，写得面面俱到，篇幅冗长。但是内容主次不分，会让人不得要领。要集中笔墨反映出自荐人的工作能力和工作水平，说明优良的素质正适合用人单位所需。行文要简洁流畅，干脆利落。

3. 恰切适度，得体中肯

应聘书自誉太过，则有王婆卖瓜之嫌。态度要谦虚诚恳，不卑不亢，达到见字如见其人的效果。措辞讲究分寸，语气要自信而不浮躁，给人一种实力感；谦虚而不妄自菲薄，给人一种稳重感。过分自信，目空一切，会使对方不信任，甚至反感，而一味地谦虚则可能使对方怀疑求职者已经具备的能力。

4. 语言规范，文面美观

应聘书是应聘者的脸面。字词句的选择、语法修辞的运用、标点的使用等要合乎现代汉语的语言规范，准确无误。文面做到字迹端正，美观大方，并要打印装订起来。

例文：

求职信

尊敬的领导：

您好！

感谢您在百忙中阅读我的求职信。

我是××学院××级××专业的一名本科生，将于××××年×月毕业并获得工学学士学位。通过网上查询和听贵公司的招聘宣传会，我得知贵公司目前正需要××方面的人才，且欣闻贵公司知人善用，能给员工极大的发展空间，这正是我所向往的工作环境，并且我也相信自己能为公司的发展尽一分力量，因此渴望加入贵单位。

……

我性情开朗，乐观向上，富有进取精神，具有强烈的团结协作精神和极强的敬业精神，敢于独立面对困难，能较快适应环境，乐于接受挑战，相信具备了这些优良素质的我绝不会辜负您的期望！

最后，希望领导能考虑提供我为贵单位效力的机会。我将谨候函告或电话约见。

此致

敬礼！

求职者：×××

×年×月×日

第四节　申请书

一、申请书的定义

申请书是个人或单位因有某种愿望、要求而向有关部门、组织提出书面请求时使用的一种文书。

申请书的使用极其广泛，个人诸如入团、入党、入会、参军、转学、调动、出国探亲或留学等，企事业单位向上级机关要求增加经费、增派专业技术人员等，均可以用申请书的形式，向上级提出。

二、申请书的结构

申请书属于专用书信，通常包括以下三部分。

（一）标题

标题写在第一行正中，一般直接用“申请书”作为标题，有的还可以加上事由，如“入党申请书”等。

（二）正文

1. 称谓

称谓写接收申请书的部门、组织的名称或有关负责人的姓名。位于第二行，要顶格写，以示尊重。

2. 主体

主体包括提出申请的理由、申请的具体事项及要求，有时还要表明申请人的态度或提出保证。写作时，要简明扼要，层次清晰。

3. 结尾

申请书的结尾一般写表示致敬或要求的话，也可不写，根据内容的实际情况而定。

（三）署名和日期

署名要写申请人或申请单位的全称或规范化简称。另起一行标注日期。

三、申请书的写作要求

申请书的写作要态度真诚恳切、语气谦恭；事项具体、理由充分；语言准确朴实，简洁流畅。忌头绪繁多，冗长杂乱；忌故弄玄虚，隐晦不清。

例文：

入党志愿书

敬爱的党：

像小苗盼望阳光雨露那样，我殷切期望，早日投入您慈母般的温暖的怀抱，在您的直接关怀、教育、培养下，成为伟大社会主义祖国四化建设的有用之才。因此，我盼望成为一名中国共产党党员。

……

我深知，自己离一名真正共产党员的要求相差太远了。但我有决心时时处处以一个党员的标准严格要求自己，战胜困难，刻苦自学，百折不挠，奋力攀登，更多地掌握四化建设的本领，为共产主义事业贡献出我微薄的力量。敬爱的党，请考验我。

张××

×年×月×日

第五节　简报

一、简报的定义

简报是管理机关内部编发，用来反映情况、沟通信息的一种简要的书面报道或报告。它虽有报告的功能，但不属于法定公文。因其篇幅短，形式灵活，使用方便，所以是使用较多的日常文书。

简报的不同名称因其反映的内容多种多样，它的名称有多种：“××动态”“××参考”“情况反映”“情况交流”“××通讯”“消息快报”“××邮政信息”等。

二、简报的种类

按简报的性质分，它大致可分为四类。

1. 日常工作简报

这种简报又称情况简报，是反映本地区、本系统、本单位日常工作的经常性简报。它包含内容较广，常以定期或不定期刊物的形式出现，在一定范围内发行。

2. 中心工作简报

它又称专题简报，是一种阶段性的简报，往往针对工作中某一时期内某项中心工作、中心任务办报，工作完成则停办。

3. 会议简报

它是会议期间反映会议情况的简报，是临时性的，内容包括会议发言、决定等。规模较大、会期较长的往往编发多期简报，以起到及时报道、交流情况、推动会议的作用；会期短的一般是一会一期，常在结束后写，属于总结性的情况反映。

4. 信息简报

它是传递信息的载体，内容广泛，依各行各业需要而分为很多种类，如邮政信息、电信信息、市场信息、新技术信息等。

三、简报的特点

简报的特点是“快、新、简、实”。

（1）快：简报是公文中的“快报”“轻骑兵”，对信息的收集、整理、传递和反馈要有强烈的时效观念。

（2）新：要敏锐地捕捉住有价值的新信息，力求在新事物或新问题刚刚露头时就能见微知著，迅速加以反映，不仅内容要新，反映角度也要新。

（3）简：内容集中精练，篇幅短小精悍，文字简洁利落。

（4）实：它是简报最基本的写作要求，不可空洞花哨，听风是雨，应当用具体事例和数据真实地反映情况。

四、简报的篇章结构及写作要点

简报有自己较固定的、独特的外在撰写格式，它可分为报头部分、行文部分、报尾部分。

（一）报头部分

报头部分约占首页的 1/3，下面常用一条横线与行文部分隔开，包括简报名称、期号、编发单位、印发日期。

1. 简报名称

简报名称有很多种，如“××简报”“消息快报”等，一般用较大的红色、绿色等彩色字体印在报头中间。

2. 简报期号

简报期号单独编写，不与发文机关一起编号，一般按年度编号，位于简报名称下面，如果是增刊和专刊，应在期数的位置上注明。

3. 编发单位

编发单位要用全称，位于期号下面左侧。

4. 印发日期

印发日期要年月日俱全，位置在期号下面右侧，与编发单位齐行。

（二）行文部分

行文部分包括标题和正文。

1. 标题

简报的标题居中排列，有单标题和双标题两种，要求点题、醒目。

简报的标题要比一般公务文书灵活，可像新闻报道标题那样做艺术加工以求生动，除叙事性标题和倾向性标题外，还可采用修辞手法写出艺术性标题，在倾向性上加些文学色彩，如《电报业务“又一春”——×局大力发展礼仪电报业务成效显著》。

2. 正文

正文分开头、主体、结尾三部分。

开头类似新闻报道的导语，常用的方法是先概述后分述，先结果后原因。

主体部分紧扣开头，用事实和数据分段分层地展开简报内容。可归纳分类表述，可夹叙夹议，也可对比叙述。

结尾大体上可以是展望式或归纳式，也可意尽言止，不用结尾。

（三）报尾部分

报尾在正文后面，两条平行线内注明发放范围、印发份数。机关内部发放的简报常没有报尾部分。

例文：

×市邮政局

保卫工作情况简报

第三十二期

×市邮政局办公室　　　　　　　　　　　　　　　　　　　　×年×月×日

加强保卫工作　确保通信安全

近年来，我市邮政职工贪污邮政款、携款潜逃案件明显增多，严重危害了邮政通信的安全。

这些案件的发生，根源在于邮政内部疏于防范，漏洞较多，使犯罪分子有机可乘，如市局汇检员××伪造开发汇票作案长达一年零两个月，累计贪污7.6万元；×支局营业员×××采取存款不记账或少记账的方法，贪污挪用储蓄款16.8万元；×支局××提取汇兑款29万元。

最近上级机关在《关于进一步加强管理，确保邮政通信安全的通知》中强调指出：邮政通信安全关系到人民群众的切身利益和邮政的信誉，也直接影响企业和职工的利益，为此，我局各部门必须认真抓好两项工作。

一、加强对职工的法制观念教育、职业道德教育，并进行必要的业务培训，主要措施和方法是（略），重点抓好对重点岗位青年职工的教育，选用多种形式讲案例、议危害，使职工懂得有章不循，不仅会给企业造成损失，也会给自己造成危害。要组织职工学习各项规章制度和各种业务知识，奖励业务熟练的工人。

二、强化资金管理，及时堵塞管理上、制度落实上的漏洞，以防患未然，主要措施和方法是（略）。资金管理不仅仅是邮政汇兑、储蓄方面的工作，凡涉及资金管理的部门，都应在近期内对本部门资金安全情况做一次检查，切实防止重大案件的发生。检查情况于×月底上报。

共印100份

第六节　公函与柬帖

在公关活动中，礼尚往来、交际应酬是不可缺少的，公函与柬帖是常用的工具，是重要的传播媒介。

一、公函

1. 定义

公函是不相隶属机关之间商洽工作、询问和答复问题，请求批准和答复审批事项的公文文种。公函轻捷简便，是机关里使用频繁的文种之一。

2. 文体分类

函分为公函和便函两种。公函具有较完整的公文格式，用于商洽、询问、答复工作中比较重要的问题和请求主管部门批准某些事宜。便函用于询问、答复、联系、介绍某些一般性公务事宜。便函不属于正式公文，不编文号，不列标题，用机关信笺直接书写即可发出。

函也可分为来函、去函和复函。

3. 篇章结构和写作要点

公函的正文一般分为缘由、事项和结语三部分。

缘由部分要写清发函或复函的目的，复函引据来文，一般为“×年×月×日来函（文号）收悉”。

事项部分若是发函，必须把事项写清，使对方容易了解意图，可及时复函。受函应针对来函提出的问题和要求给予明确的答复，切忌拐弯抹角、答非所问。

结语部分，发函用“即请函复”“专此函达”“此复”等。

4. 注意事项

（1）一函一事。一函数事，内容不专一，会影响公文处理速度。

（2）叙事简明，直截了当。函的语言质朴，不寒暄客套，不议论抒情。

（3）掌握分寸。

函没有固定的行文方向，既可上行、平行，也可下行，尤其应注意来往机关的职权范围与隶属关系，用语分寸得当，语气一般来说应恳切平和。

例文：

关于商请协助解决技术人员进修外语问题的函

××大学校长办公室：

为适应引进国外先进技术和设备的需要，我省局拟选派10名技术人员到贵校出国人员英语强化班进修半年。为此，特与贵校商洽，恳请给予大力支持。有关进修费用等事宜，统一按贵校有关规定办理。

谨请函复。

×省×局×处（章）

×年×月×日

二、柬帖

（一）柬帖的定义和特点

柬帖与便条、名片一样，都是书信的变体，但是柬帖的形式与用语，比便条、名片更为固定。（柬）与简相通，是以竹简书写的意思。（帖）则是用布帛来书写。二者是在纸张尚未普遍流行之前，因为书写材料不同，而产生的异称。所以柬帖亦称简帖，它是一般应酬及婚丧庆吊所用的总称，而且是书面通知，大多以稍硬的纸张印成单张卡片或折叠式卡片。在用纸片取代了木片、竹片、布帛之后，柬帖的美术装潢和用料越来越考究了。柬帖是沟通人际关系的桥梁，是增强人与人之间团结、友情的纽带。

柬帖的特点如下：一是交际性。逢年过节、婚丧嫁娶、寿诞吉日、迎宾送客、赴约待客等，通过电函等各种柬帖表示关切、祝贺等情感，增进友谊，加强联系。二是礼节性。在人际交往过程中，通过柬帖向他人表示尊敬、祝贺，或同情、哀悼等，能给人亲切、愉快、安慰的感受，同时，又根据不同的情况、各地所遵守的习俗，表现出相应的礼貌。三是规范性。柬帖种类繁多，但各有各的用途，而且有特定的格式和语言要求，使用时要特别注意，不能滥用，否则将会铸成大错。

（二）柬帖的种类

柬帖的分类可以从不同的角度进行。从形式角度分，柬帖大体可分为以下几类。

1. 卡片式

一张硬纸片，正面印有卡片的名称（如贺年片、生日卡、圣诞卡等）及美术装潢，背面为空白，供交际写作用。这种形式比较原始，比较简单。卡片式柬帖比较简朴，可用于一般的交际关系。

2. 折叠式

折叠式是将纸片折起来，分为内外两部分，外面印上柬帖的名称及美术装饰，做成封面，里面是空白，留做书写柬帖笺文，更为讲究的则是内里另附写作用纸，用丝带把写作用纸与封面系在一起。折叠式显得更为郑重，加上封面的装潢制作考究，更宜于创造礼仪文化气氛。

折叠式柬帖中，目前又分为左开式、右开式及下开式。

3. 竖式与横式

中国传统的柬帖形式多为竖式，随着中西文化的融合，拼音文字与中文混写现象的增多，人们横向阅读及书写的习惯逐步养成，柬帖的书写也出现了横式。人们又称竖式为中式，称横式为西式。

如果从内容角度分，柬帖大体可分为喜庆贴、丧葬帖、日常应酬帖、礼帖与谢帖。

1. 喜庆帖

在喜庆活动中一般要用柬帖，如婚嫁、寿庆、弥月（满月）、开张、揭幕、庆典等庆祝活动。喜庆帖有两类内容，一是主人发请帖邀集诸亲友，如各种请帖；二是不能到场参加庆贺者用柬帖形式书面祝贺，如寄送贺年片、生日卡、祝寿帖等。

2. 丧葬帖

丧葬帖（俗称“报丧帖”），也即讣闻的一种形式，其不同于讣告（即丧葬启事）之处在于：讣告的发布形式是刊登或张贴，用以公开告知亲友，多用于较广泛而又不十分确定的知照对象；而丧葬帖一般用于比较重要而又姓名、地址确定的告知对象。丧葬帖的制作以素雅为原则，以白纸黑字为多，即便有装饰，也必须采用同丧祭礼仪协调的色彩和图案。

3. 日常应酬帖

除婚嫁、生辰、寿诞、节庆礼仪活动外，日常交际中，还有许多活动使用柬帖，如社团聚会、送别饯行、接风洗尘、贺友升迁等活动中的邀请，这是日常应酬、礼尚往来的要求。

4. 礼帖与谢帖

在某些礼仪性的交往中，有时还伴随着赠送礼物、礼金的活动，送礼者多用比较讲究的纸片郑重开列礼物名目、数量，并写上适当的礼仪文辞（如“贺仪”“花仪”“祝敬”“谨具……奉申贺敬”之类）随着礼物送往受礼者，这便是礼帖。谢帖是接受礼品者收礼后，所出具的相应的柬帖，说明礼物（或礼金）如数收下或是退还，并表示谢意，如贺寿礼帖与谢帖。

（三）柬帖的写作

柬帖从内容到形式都极富礼仪特征，因而也就具有浓重的传统文化色彩。要明确其构成要素，柬帖的构成要素因其种类不同而有别。

礼仪性越强的应用写作，其款式也就必然越讲究、越严格，因为书面写作的款式是生活中的礼仪、秩序的体现，所以说，款式本身也是一种礼仪。

柬帖可以以组织的名义发出，也可以以个人的名义发出。同时，柬帖也可以用作入场券或报到的凭证。柬帖可横式书写，也可竖式书写。还有行文中的起行、抬头、具名位置等问题，均须注意社会约定俗成的款式。

1. 标题

标题上写“请柬”或“邀请书”等，字体稍大，写于正文正上方，或者封面上，要美观、醒目。

2. 内容

另起一行（或一页），顶格写明受帖者的单位名称或个人姓名，一定要使用敬语，如是竖写则要从右向左，写在标题左侧一行，如果送达的是某单位或团体，则要写全称。称呼的后面要加冒号，表示后面还有话要说。在第二行，空两格写正文要写清事由，如是请柬则要写清时间、地点。

3. 结尾

结尾处用敬语，一般写“敬请光临指导”或“请届时出席”等。

4. 落款

写明发柬帖者的单位名称或个人姓名，通常加盖公章，私人柬帖可以不盖章，最后写上年月日。

（四）如何避免柬帖写作的误区

1. 一般公关柬帖设计和写作中的通病

（1）过于简单。有的公共柬帖既不是一帧漂亮的美术画片，又不用美观大方的考究纸张，而只是在一张普通的白纸上打印一段文字；有的甚至柬帖的名称和正文都用一样大小的字号，无任何庄重感。这就未免过于简单、呆板，甚至可以说是草率，很难起到柬帖应有的作用。

（2）过于花哨。有的公关柬帖又是套色又是印花，柬帖名称上再加装饰，封面、背面还要加些不必要的框线，弄得花里胡哨，反而使柬帖名称和正文不突出了。

（3）过于古僻。有的人把典雅误认为越古越好，于是滥用文言和冷僻文字，文白夹杂，似通非通。用通俗浅显的文字就能说清楚的事情，偏偏引经据典、好古嗜冷，人为造成歧义，这样做反而会贻误大事。

（4）过于拘礼。柬帖是一种礼仪性文书，但有的柬帖过于拘泥礼节，礼仪文字、恭谦用语成堆，甚至低三下四，有失送帖人身份。

此外，柬帖非常重格式，重术语，它的格式固定，用语简明，撰写时要特别注意受帖人的辈分，采用适当的用语；否则会被人讥笑，也容易引起误会。

2. 公关柬帖设计和写作的要求

要克服上述公关柬帖设计和写作中的毛病，一定要把握好以下五点。

（1）显：就是醒目、显眼，一目了然，使收件人一看封面就能明白是哪一类柬帖。

（2）精：就是设计精心、装帧精美、文字精练，能被收件人当作纪念品来收藏。

（3）达：就是柬文通顺明白，既不堆砌辞藻，又不套用公式化语言，畅通无阻，不致产生任何歧义。

（4）雅：用语恭谦，典雅得体。如把“敬备茶点”写成“有茶喝，有点心吃”，把“寿终正寝”写成“死了”，把“谨致”写成”特此通知”，就会显得太粗俗。

（5）准：就是柬文名称、用语、地址、时间要准确无误。送达的时间也要精心考虑，过早易使人遗忘，过迟则会令人有仓促之感。

例文：

请　柬

××老师：

今年是我校建校50周年。兹定于×月×日上午8时在学校大礼堂举行校庆典礼，恭请您光临。

××学校校庆筹备委员会（章）

×年×月×日

例文：

贺　信

《读者》杂志社：

我们怀着十分欣喜与钦佩的心情通知您，贵刊在刚刚结束的“中国期刊奖”暨“第二届全国百种重点社科期刊”评选中荣获“中国期刊奖”暨“第二届全国百种重点社科期刊”称号。在此，向贵刊表示衷心的祝贺与诚挚的敬意。

处于世纪之交的“中国期刊奖”与“第二届全国百种重点社科期刊”的评选，是本世纪最后一次对全国期刊界的检阅，承先启后，继往开来，预示着新世纪中国期刊业进一步繁荣、腾飞的灿烂前景。吮吸着悠久历史的芬芳，孕育着时代奋进的精神，祝愿贵刊早日成长为中国期刊之林的一棵参天大树。

中国出版杂志社敬贺

1999年11月29日

第七节　调查报告

一、调查报告的概念

调查报告是一种反映情况、判断性质的工作报告，调查报告是一种习惯上的称呼，确切地说应是调查研究报告。

二、调查报告的种类

按调查报告的范围和要求分类，可分为综合性调查报告和专题性调查报告。

按调查报告的内容和作用分类，可分为以下几种。

1. 反映基本情况的调查报告

针对特定地区、部门的基本情况进行深入系统的调查研究后写成书面报告，其内容较全面、广泛，是上级正确估计形势、制订方针和政策的重要依据，如《关于当前邮政职工队伍现状的调查报告》。

2. 介绍典型经验的调查报告

这类调查报告要列举成绩、介绍做法、总结经验、阐明意义。如《××邮政局大力发展邮政新业务的经验值得推广》。

3. 揭露问题的调查报告

这类调查报告的针对性很强，揭露矛盾和问题引起有关部门和社会的关注，促使迅速采取必要措施。如《关于×市邮政局违章多建住房的调查报告》。

此外，还有介绍新事物、调查历史事实等的调查报告。

三、调查报告的篇章结构及写作要点

调查报告分标题、署名和正文三部分。

（一）标题

1. 单标题

可采用公文式或主要观点作标题的方式。

2. 双标题

可采用正副标题结合的方式，正题标明全文的主题，副题再具体化或加以限制，具体表明调查的对象和问题。

标题除像公文一样要求做到醒目外，还要观点突出、生动活泼。

（二）署名

署名是作者姓名，可以是个人姓名或调查组的称谓，位于标题下正中央。

（三）正文

正文由三部分组成：前言、主体和结尾。

前言是全文的开端，概括交代调查对象、调查情况和全文的重点，起着领起全文的作用。可采用概述式、结论式、提问式等，总之要开门见山，紧扣主题。

主体是全文的重点，是前言的引申和结论的根据，包括调查到的事实、调查研究的结果。结构形式可分以下几种。

1. 横式

把得来的情况经过分析，得出结论，按其内在逻辑联系分成几个部分，围绕中心，分别叙述说明，有的可加小标题，有的加序码。

2. 纵式

按事物发生、发展的先后顺序或调查过程来写，一气呵成。

3. 纵横式

它兼具纵式和横式结构的特点和优点，用得也最多。运用横式结构，按问题的逻辑顺序来叙述，其中的各种问题又有发生、发展的过程，这就要用纵式结构了。例如，推广典型经验的调查报告，并不完全按经验安排层次结构，而是先介绍经验产生的前因后果，然后集中介绍几条基本经验。运用纵式结构，按时间顺序叙述发展变化时，也牵涉许多方面的问题（如一因多果，一果多因），这就又得用横式结构了。

4. 对比式

把不同的情况加以对比，在对比中认识事物，如《同样两家邮政局，服务水平大不同——×区两家邮政局的对比调查》。

结尾主要是对所调查的问题提出总的看法、结论性意见，或阐述新事物的重大价值，或介绍先进典型事迹的重大意义，以点带面，或附带说明存在问题、努力方向等。简短有力，形式多样。

正文在谋篇布局时要坚持为表现主旨服务，要保持思路的完整统一。

（四）撰写调查报告的注意事项

写调查报告应注意克服以下几方面的问题：①要考虑读者的观点、阅历，尽量使报告适合于读者阅读。②尽可能使报告简明扼要，不要拖泥带水。③要通俗易懂，使用大众词汇，尽量避免行话、专用术语。④务必使报告所包括的全部项目都与报告的宗旨有关，剔除一切无关资料。⑤坚持科学严谨的原则，仔细核对全部数据和统计资料，务必使资料准确无误。⑥充分利用统计图、统计表来说明和显示资料。⑦按照每一个项目的重要性来决定其篇幅的长短和强调的程度。⑧务必使报告工整规范、易于阅读。

例文：

关于刘永伟手术后“右肾缺失”的调查报告

2016年5月5日，徐州市卫生和计划生育委员会组成调查组，对安徽宿州刘永伟2015年在徐州医学院附属医院（下称徐医附院）接受胸腔手术后“右肾缺失”一事开展调查。调查组查阅了患者住院病历及相关检查资料，对患者及相关当事医务人员进行问询；5月7日尊重患者意愿，陪同患者在第三方医疗机构（解放军南京军区总医院）对其做进一步检查。对其住院病历及医患双方提供的相关资料进行封存保管，报请省卫生计生委，由省卫生计生委邀请省内外五名专家组成专家组对相关资料分析讨论。调查结果如下：

一、患者在徐医附院的诊治经过

……

二、关于刘永伟“右肾缺失”南京军区总医院检查报告

……

三、专家组讨论意见

……

四、调查组意见

综合第三方检查结果和专家组意见：刘永伟术后右肾存在，目前呈现为外伤性移位、变形、萎缩。

感谢社会各界对此事的关注。

徐州市卫生和计划生育委员会调查组

2016年5月10日

本章案例

案例　演讲稿

辛勤的蜜蜂

辛勤

我叫辛勤，今年60岁，退休前是云南省唯一一家公开发行的少儿报纸——《蜜蜂报》的主编。在职期间，我走遍彩云之南的山山水水，采花酿蜜，被誉为“辛勤的蜜蜂”。如今职务虽退，但采花酿蜜的心志未退，我仍要做一只蜜蜂——一只终生辛勤的蜜蜂。

在将近20年时间里，我为孩子们写了18本书。孩子们爱读这些书，不断问我：“辛老师，你工作那么忙，为什么还能写那么多东西？”我说：“因为热爱。”因为热爱，孩子们特别愿意亲近我，有什么心里话都愿跟我说。

有一个孩子作文老写不好，不断被老师批评，被爸爸打骂。他苦恼地说：“辛老师，我该怎么办呀？东抄西摘我不愿，胡编乱造我不会，反正我没写的。”我说：“没写的就去多做点事，实在找不到什么事，就把全家人的脏袜子收集起来洗一洗，做了事就有写的了。”

第二周，他兴高采烈地跑来告诉我，他一共洗了12双袜子。洗好，晒干，折叠好，递给奶奶两双，奶奶脸上的皱纹笑成一朵盛开的千瓣菊；递给妈妈3双，妈妈脸上笑着，嘴里却在唠叨：“你早该这么勤快！”爸爸的三双最难洗，刚从床底下的皮鞋里掏出来的时候，硬邦邦，臭烘烘，就像晒干的酸腌菜。第一次打上肥皂，根本没有泡沫，只有灰黑的黏液在手指缝里乱钻；第二次有了一点泡沫；第三次打上肥皂，用力一搓，嘿，雪白的泡沫嘭嘭乱飞，就像放礼花。他做得认真，说得开心，我不催他写，他很快就写出了第一稿。虽说第一稿像记流水账，但用语真切，没有半句空话、假话。我当众赞扬他，答应发表他的文章，只是要他说清楚爸爸是干什么的，袜子为什么这么脏。他说，他只知道爸爸早出晚归，干什么，不知道，也不敢问。我特意给他爸爸写了个条子，请他支持就要获得成功的儿子。

他爸爸看了字条，哈哈大笑了一阵反问儿子：“先说，你为什么这么胖？”“我爱吃猪肉。”“猪肉从哪里来？”“奶奶从菜市场上买的。”“菜市场上的猪肉又从哪里来？”儿子干瞪着眼睛，回答不上来了。这时，爸爸才告诉他，昆明市所有肉店卖的平价放心肉，都是他领着一帮人，风一阵，雨一阵，灰一脚，泥一脚，上山下乡，从农民家里收购来的。爸爸骄傲地拍着大腿说：“我整天东奔西跑，袜子还能不脏吗？”

《十二双袜子》发表了，结尾小作者说：“爸爸千辛万苦，一心想着为春城的老百姓服务，我给爸爸洗了3双脏袜子，一心想着为他服务，我们一大一小是在互相服务哇！”

这样的事情我几乎天天在做，不为什么，只为了让孩子们少一点虚假，多一点真诚——真诚地做人，真诚地做事。世上多一份真诚，就少一份虚假。

近些年，越来越多的学校害怕带领学生外出活动，理由是不安全。安全当然重要，但带领学生经风雨、见世面，增强创新精神，提高实践能力更重要。于是，连续5年，先后9次，我和伙伴们带领一批又一批孩子走出家门，去“读”人，“读”社会，“读”天地万物。

去年冬季，我们带领131个小学生去走滇池。58公里路要风雨兼程地4天走完，对于这些娇嫩的孩子来说，这无异于一场痛苦的磨炼。可是有不少家长还是争先恐后地把孩子送来了。出发时，一位家长送来一个孩子和三个保姆，说他的孩子要两个保姆保护，一个保姆陪着吃饭和睡觉，他愿意出4份钱，还愿意提供赞助。我严正拒绝了他的请求，只让他的孩子走进了我们的行列。

迎着呼呼的北风，我要131个孩子先跟着我念：“苦难是滋养人的，把它吞下去，让它化为力！”念完，我指着随队的一辆豪华轿车，以孩子们说：“行进中，谁说一声‘我走不动了’，我马上就微笑着请他上轿车，绝对不批评。是的，往前走，是苦难，回头看，是舒服。你们到底是要什么，请自主选择。”131个孩子上路了，最小的4个只有8岁。我走在他们中间，他们簇拥着我，听我给他们讲故事。我从方志敏讲到徐洪刚，从牛顿讲到比尔·盖茨……小脚板就这么一步不停地艰难而又欢快地到达了第一个终点。

晚上查铺，有12个孩子脚上打了水泡，水泡打得最多的是那个平时拥有3个保姆的孩子。我一边让随队的老师给他处理水泡，一边和他谈心。他含着泪花对我说：“我每天走出家门就钻进爸爸的车门，出了车门就跨进学校的大门，一天走不了几步路。不少同学羡慕我，我还觉得挺好。现在，爸爸妈妈的心疼全部都变成了我的脚疼，我到底该怎么活着，真要好好地想一想了。”

4天时间，豪华轿车天天放空。

4天时间，迎面开来的大小车辆无不远远停下肃然起敬地给我们这支头戴小红帽的队伍让路。

4天时间，有惊无险，有血有泪，但透过惊险血泪，我却看到了孩子们“我强，中华会更强”的决心和斗志。

4天时间，我这颗已经蹦跳了半个多世纪的心脏又一次经受了严峻的考验。当我头戴小红帽，昂首走在一串红的行列里时，我感到自己的气血在重振，心志在升华！只要我还能挺直自己的身躯，我就要做一只辛勤的蜜蜂，给孩子们采花酿蜜，不畏艰远，不畏险高！

尽管我个人的力量是有限的，但是只要我“幸福”了一个孩子，中华民族不就“幸福”了十二亿分之一了吗？一，虽然很小，但是坚实地拥有了它，一生二，二生三，三能生四，四就能生出万千！

（该演讲获首届“红河杯”全国演讲大赛特等奖）

思考题

1. 拟写一封简明得体的个人求职信。
2. 演讲稿的特征是什么？有何具体写作要求？
3. 结合自己的大学生活体会，撰写一份演讲稿并在班上演讲。
4. 试举例说明一份好的新闻稿对于组织形象宣传的作用。

第十一章　公共关系专题活动

美的豆浆机破网而出新闻发布会

2009年是美的豆浆机三年发展规划的关键之年。在2009年秋冬，借助以旧换新政策背景，美的着手启动旺季促销。对于此次促销活动，北京中企传播公司认为这不仅仅是一次关于产品全面升级换代的促销行动，还应该是一次教育和影响消费者购买心智的市场行动，是一次带动行业和产业升级的公关行动。经过调查分析后发现，竞争对手主打的有网豆浆机在市场占有率方面优势明显，并且早已深入人心，短期内难以撼动。因此，在公关公司的建议下，美的豆浆机另辟蹊径，打造“无网”概念，并在后续进行了一系列的传播活动。如9月，将以旧换新活动告知社会，向消费者传达活动细则；10月，颠覆理念，新旧对比，详解新产品利益点，阐明美的豆浆机的产品优势；11月，生活新主张，倡导健康、便捷，选取消费者比较关注的健康角度，从有网豆浆机的缺陷谈到健康隐患问题；12 月，推波助澜，助力元旦，借助专家的影响力，突出美的豆浆机以旧换新的行业、产业意义，将活动提升到一个新的高度。

通过个性化、差异化的诉求，美的无网豆浆机在同类产品中脱颖而出，其主打的无网技术也得到了消费者的认可，新闻发布会的传播效果遍布全国主流媒体，不仅极大地拉动了终端市场的销售，而且还巩固了美的豆浆机与竞争对手分庭抗礼的优势。

新闻发布会属于公关专题活动。所谓专题活动，是指社会组织为实现某一特定的目的，通过策划和安排，举办数量较多的有关人员参加的、主题明确的专门活动。举办专题活动的目的，是为了在人数较多的公开场合树立社会组织某方面特别突出的形象，强化公众关系，扩大社会影响，进行定向的重点沟通。公关交际的专题活动形式很多，限于篇幅，本章我们仅对主要的专题活动加以介绍。

第一节　庆典

一、庆典的定义

庆典是围绕着重要节日或重要活动开幕等而举行的庆祝活动，它是提高组织知名度、扩大社会影响的活动，组织都应想方设法、合情合理地利用它。

二、庆典活动的主要类型

就内容而论，庆典活动大致可以分为三类。

1. 节庆活动

节庆是利用盛大节日或共同的喜事而举行的表示快乐或纪念的庆祝活动。不同国家甚至同一国家的不同地区，都有自己独特的节日。节日又有官方节日和民间传统节日之分。常见的官方节日有元旦、妇女节、国际劳动节、儿童节、国庆节等，民间传统节日有春节、元宵节、清明节、端午节、中秋节等。还有些地方根据自身文化传统、风俗习惯、土特产等，组织举办一些具有地方特色的节庆活动，如北京地坛庙会、湖南的龙舟节、山东潍坊风筝节、青岛啤酒节等。

节庆日是公共关系部门特别是酒店、宾馆等接待服务单位开展公共关系活动的绝好时机。所以，每年 6 月 1 日前后，大小商店都会在儿童用品上绞尽脑汁；中秋节前，则会爆发一轮又一轮的月饼大战；十一长假前夕，旅游胜地和饭店就会大张旗鼓地宣传和推介其优质特色服务。

2. 纪念活动

纪念活动是利用社会上或本行业、本组织的具有纪念意义的日期而开展的公关活动。可供组织举办纪念活动的日期和时间有很多，如历史上的重要事件发生纪念日、本行业重大事件纪念日、社会名流和著名人士的诞辰或逝世纪念日；而本组织的周年纪念日及重大成就的纪念日，更是举办纪念活动的极好时机。举办这样的活动，可以传播组织的经营理念、经营哲学和价值观念，使社会公众了解、熟悉进而支持本组织。因此，举办纪念活动实际上又是在做一次极好的公关广告。

3. 典礼仪式

典礼仪式包括各种典礼和仪式活动，如开幕典礼、开业典礼、项目竣工典礼、毕业典礼、颁奖典礼、就职仪式、授勋仪式、签字仪式、捐赠仪式等。一般来说，单位常举行的典礼仪式如下：一是本单位成立周年庆典。通常，它都是逢五、逢十进行的。即在本单位成立五周年、十周年以及它们的倍数时进行。二是本单位荣获某项荣誉的庆典。当单位荣获了某项荣誉称号、单位的“拳头产品”在国内外重大展评中获奖之后，这类庆典基本上均会举行。三是单位取得重大业绩的庆典。例如，千日无生产事故、生产某种产品的数量突破 10 万台、经销某种商品的销售额达到 1 亿元等，这些来之不易的成绩，往往都要庆祝。四是单位取得显著发展的庆典。当单位建立集团、确定新的合作伙伴、兼并其他单位、分公司或连锁店不断发展时，都要庆祝一番。在实际工作中，典礼仪式的形式多样，并无统一模式。有的仪式非常简单，如某个企业办公楼的开工典礼，放一挂鞭炮，企业老总喊一声“开工”，仪式便宣告结束；有的仪式非常隆重、庄严，如英国女王登基、国外皇室婚礼及葬礼等，甚至还有一套严格的程序和繁文缛节。

三、庆典的作用

庆典活动大体可引起三大效应：一是引力效应，指组织通过庆典活动吸引公众的注意力；二是实力效应，指通过举办大型庆典，显示组织强大的实力，以增加公众对组织的信任感；

三是合力效应，开展大型庆典活动，能增强组织内部职工、股东的向心力和凝聚力。

四、庆典的注意事项

庆典活动既是社会组织面向社会和公众展现自身的机会，也是对自身的领导和组织能力、社交水平以及文化素养的检验。因此，举办庆典活动时，公共关系人员应做到准备充分，接待热情，头脑冷静，指挥有序。庆典活动应注意以下事项。

1. 一般注意事项

（1）确定庆典活动的主题，精心策划安排，并进行适当的宣传。

（2）拟定出席庆典仪式的宾客名单，一般包括政府要员、社区负责人代表、同行代表、员工代表、公众代表、知名人士、社团。

（3）拟定庆典程序，一般为：签到、宣布庆典开始、宣布来宾名单、致贺词、致答谢词、剪彩等。

（4）事先确定致贺词、致答谢词的人员名单，并拟好贺词、答谢词，贺词、答谢词都应言简意赅。

（5）举行剪彩、揭牌等仪式，要确定关键人员，除本单位领导外，还应邀请德高望重的知名人士。

（6）安排各项接待事宜，事先确定签到、接待、剪彩、摄影、录像、扩音等有关服务礼仪人员。

（7）可在庆典活动中安排节目，如舞龙等；还可邀请来宾题词，以作为纪念。

（8）庆典结束后，可组织来宾参观本组织的设施、陈列等，创造对外宣传的机会。

（9）通过座谈、留言形式，广泛征求意见，并综合整理、总结经验。

2. 需特别注意的事项

上面讲的是举办庆典活动所要注意的一般事项。实际上，庆典活动中还有一些细节事项需要格外注意，下面举例加以说明。

（1）国旗悬挂。国旗是一国的标志和象征，人们往往通过悬挂国旗表达对本国的热爱和对他国的尊重。在国际交往中的悬旗惯例，已为各国公认，成为一种重要的礼宾仪式。接待国宾时，通常要在国宾下榻的住所和交通工具上悬挂该国国旗；两国国旗并挂，以旗本身面向为准，右挂客方旗，左挂本国旗；车上挂旗，则以车辆行驶方向为准，司机左方为主方，右方为客方。在国际会议会场也要悬挂与会各国国旗。悬挂国旗的一般规定是日出升旗，日落降旗；悬挂双方国旗，左为下，右为上；升旗时，服装整洁，立正，脱帽，行注目礼。如遇外国元首或政府首脑逝世，一般在特定建筑物上降半旗致哀，通常的做法是先将旗升至杆顶，再下降至离杆顶相当于 1/3 的地方。

（2）签字仪式。签字是一种常见仪式，作为组织中负责对外交往和礼宾的公关人员，应当熟悉签字仪式的程序。签字时，双方签字人的身份应大体相同。安排签字及签字仪式是一项细致的工作。第一，要做好文本的定稿、翻译、校对、印刷、装订、盖火漆印等工作；第二，准备好签字用的文具、国旗等物品；第三，与对方商定签字人员及参加签字仪式的人员，原则上是双方参加会谈的人员出席，或者是为表示重视，安排较高级别的领导人出席签字仪式。签字后，由双方签字人员互换文本，相互握手，有时还备有香槟酒，以示庆贺。

（3）签到。宾客来到后，有专人请他们签到。如此时组织有关于产品经营项目及公司全方位说明的资料，均可发给到来的宾客，以扩大组织的知名度。

（4）接待。宾客签名后，由接待人员引到备有茶水、饮料的接待室，让他们稍事休息并相互认识。

（5）剪彩。剪彩者的服饰整齐端庄，并保持稳重的姿态走向彩带，步履稳健，全神贯注，不和别人打招呼。拿剪刀时以微笑向服务人员礼仪小姐表示谢意，剪彩时，向手拉绸带或托彩花的左右礼仪小姐微笑点头，然后神态庄严地一刀剪断彩带，待剪彩完毕时，转身向四周观礼者鼓掌致意。

（6）致辞。由主客双方领导或代表致辞。无论是开幕词、贺词、答谢词均应言简意明、热烈庄重，切忌长篇大论。

（7）活动。典礼完毕，宜安排些气氛热烈的活动，如敲锣打鼓、舞狮子等。在允许燃放鞭炮的地区，还可燃放鞭炮、礼花、礼炮等。

（8）参观、座谈或聚会。主持人宣布仪式结束，即可引导客人参观工程、组织、公司或商店。要使员工有主人翁的优越感，使来宾们有受到尊重的感觉，以此达到感情交流的目的。

第二节　展览展销

一、展览展销的定义

展览展销，是指通过实物并辅以文字、图形或示范性的表演来展现社会组织成果，以提高组织形象、促进产品销售的专题活动。展览展销一般会有大量的公共关系活动，是各社会组织力求塑造最佳组织形象的好机会。

二、展览展销的作用

展览展销是一种十分直观、形象生动的复合型传播方式。展览展销会可为社会组织和公众提供直接的双向交流、沟通的机会。具体来说，展览展销的作用如下。

1. 综合运用多种传播手段，能给观众留下深刻印象

展览展销上既有面对面的交谈、讲解，也有文字材料，还有图片、幻灯片、录像带等影视资料。它可以同时用产品说明书、宣传手册、活页广告等文字媒介，照片、幻灯片、录像片及电影等音像媒介，讲解、交谈和现场广播等声音媒介，现场表演、示范等动作语言媒介以及实物媒介等多种形式，进行全方位的宣传。多种传播手段的结合，能给观众留下深刻的印象。

2. 沟通、宣传效果好

展览展销通过直观的实物、精致的艺术造型、亲切动人的解说、悦耳的背景音乐，营造出一种绝佳的宣传环境。在这种环境中，组织与公众最容易沟通和交流。

3. 效率高，省时省力

展览展销可集中不同行业的同一产品，也可集中同一行业的不同产品，给公众提供了选

择、比较的机会。这为组织的宣传促销节省大量时间和费用。对于公众来讲，可以用触摸、使用、品尝或其他方式对展览商品加以检验，能形成较完整的感性认识；同时，由于展览展销会集中许多行业不同的产品，而且价格也较优惠，可以为公众节约大量的时间和费用。因此，很多公众都比较喜欢这种形式。

4. 深受新闻媒介关注

展览展销属于综合、大型的社会活动，是新闻媒介关注的焦点。因此，展览展销往往会成为传媒采访的热点，对提高展览组织的知名度和美誉度有很大的帮助。

5. 促进产品的销售

展览展销也是一次商品广告会，各组织届时都会展出自己最好的产品，从而促进组织产品的销售。

6. 促进信息的交流

展览展销会上，组织间通过信息交流，能够迅速掌握行业最新动态和公众心理，从而为其制订发展政策提供依据。

三、展览展销的种类

1. 按场地分，可分为室内展览、露天展览

室内展览的优点是正规、隆重，且不受天气的影响，展出时间可长可短，相对不受限制。缺点是受空间限制大，只能展出精品；布展较复杂且费用较高。露天展览的优点是不受空间限制，展品可大可小，可多可少；不需复杂的布展，费用低。缺点是受天气制约大。在露天举办展览的可以是大型机械，农产品等。

2. 按形式分，可分为固定展览、流动展览

固定展览的地点固定，如故宫博物院展览。流动展览的地点流动，如×××巡回展。

3. 按性质分，可分为商贸展览、宣传展览

商贸展览是推销商品，如旅游线路、景点等。宣传展览是推销形象，如×××组织形象宣传。

4. 按规模分，可分为大型、小型和微型展览

大型展览有专门的展览馆，要确定展示的主题和风格，展台创意与装饰显得格外重要，它是现代社会传达与交流信息的重要手段之一。随着参展规模的不断扩大，企业注入的商业信息也在成倍的增长，大型展示除可显示竞争实力，其宣传效果也往往令顾客难以忘怀。小型展览可选择广场或者街心公园，或是在社区中心、校园。微型展览，如橱窗展览、流动车展览等。

5. 按内容分，可分为专题展览、综合展览

专题展览也称专项展览展销，即围绕一项主题或一个专题举办的展览，如×××美食节。综合展览是针对一个主题做多方面的宣传。如法国与中国相互举行的文化节展览等。综合性产品展览展销可容纳多家不同产品同时展览。

四、展览展销的组织工作程序

展览展销的组织工作程序有以下十个方面。

（1）分析举办展览展销的必要性。

（2）确定展览主题和子标题。在复杂的展览内容中，首先要明确一个基本的主题，作为全局的纲领。其他子题目，必须围绕主题进行，目的是给公众留下一个鲜明、深刻的印象。

（3）确定展览类型和参展单位。展览类型可分为室内或露天；大型或小型；专题类或综合类。参展单位可分为同类或不同类。一般用广告的方式征集参展单位。

（4）明确参观者的类型。参观者有专业型和参观型之分。一般要准备两套解说词：对参观型，解说词要通俗易懂；对专业型，介绍的资料应详细和深入，学术性要强。

（5）建立新闻媒介联络机构。新闻媒介联络机构的工作是对外发布新闻、与新闻界联络、挖掘展览展销的新闻热点和亮点、写作新闻稿件。

（6）做好工作人员的培训。解说员、接待员、服务员的工作质量，直接影响到展览展销的质量和效果，必须对其进行现场培训，熟悉工作和环境，能应付各种特殊情况。

（7）编制展览展销预算。要具体列出展览展销的各项费用，进行核算，有计划地分配资金。一般情况下，展览展销预算包括七项：场地费、设计费、人工费、联络和交际费、宣传费、运输费、保险费。预算要留有余地，防止突发事件。

（8）确定展览展销工作人员及其责任。具体包括以下几个方面。

① 安排好产品介绍人员。产品介绍人员应对展览产品有较全面的了解，还要有一定的语言表达能力，在服务中应着装整齐、仪容端庄、面带微笑、尊重每一位顾客，可以身披绶带，绶带上印有厂家名称，也可佩戴标签。

② 安排团体订货室及工作人员。工作人员应懂得订货知识，并按组织订货的有关规定进行工作；工作中应热情接待客户，主动介绍订货规定及优惠政策。

③ 安排迎宾礼仪小姐。礼仪小姐既要热情迎客，也要做好引导工作。

④ 广告及新闻报道人员。新闻报道工作人员安排展览展销的广告制作，他们要策划各种产品及展览展销的广告内容及形式，确定新闻发布的内容、时机、范围和形式。

⑤ 领导机构。展览展销应设立领导机构，做到人员分工明确、责任到位。

（9）公关活动安排。应想方设法运用公关知识，使展览展销办得生动活泼、别具一格。举行展览展销开幕式，应邀请有关知名人士出席，并为消费者签名。展览厅最佳的位置一般在一楼的入口附近；在展览不好的位置，组织应设法以一些新奇事物来吸引客人。

（10）做好展览展销的效果测定。为了组织有更好的发展，每举办一次活动都应做事后效果测定工作，可采取问卷调查、统计参观人数、销售利润、有奖问答等多种方式来进行该项工作。

五、展览展销会的注意事项

展览展销会，尤其是大型的展览展销会，是一项综合性的、多维的、立体式的传播活动。办好一个展览会需要精心地组织，需要有关部门的密切配合，还必须要有一定的展览费用。公共关系部门责无旁贷地担负着组织者的角色，为办好展览展销会，需要注意以下几个环节。

1. 工作围绕展览展销会的主题和目的展开

根据展览展销会的主题和目的确定参展单位、参展项目与参展标准，然后采取广告和发邀请信的方式召集参展者。这时，还要根据交通条件、服务设施、天气情况以及时间长短等情况，确定展会的时间和地点。另外，预测参观人数和参观者的类型或层次，也是一项必须完成的工作。

2. 培训讲解及示范操作人员

展览展销会既是组织产品、服务的展示，也是组织员工精神面貌和综合素质的展示。展览展销会上，公众当然可以通过自己的眼、耳、口、鼻、舌、皮肤等直接感知展销物品，但如果辅之以人员讲解及操作示范，则效果无疑会更佳。这就要求在举办展览展销会之前，精心挑选和训练工作人员，如讲解员、接待员、示范员等有关专业人员。培训内容包括各项目、内容的专业基础知识，公关接待和公关礼仪方面的基本知识，各自的职责、各种可能发生的突发性事件的处理原则和基本程序。

3. 成立专门对外发布新闻的机构

新闻发布机构的工作内容是：在展览展销日期、地点确定后，举办记者招待会发布消息，邀请新闻界人士参加开幕式，尽可能多地在报刊、广播、电视上报道开幕式的消息和实况。这样做可以在展览展销开始之前就产生重要的宣传作用，也可以吸引更多的参观者。安排好新闻发布室，并准备新闻报道所需的各种辅助宣传材料。要与新闻媒体加强联系，在展览展销会期间，新闻发布室应自始至终开放，随时收集参观者及展览展销会的有关信息，并与新闻媒体保持密切联系。

4. 总结评估

展览展销会结束后，公共关系人员应注意收集新闻媒介对展览展销会的有关报道，总结经验教训，留档保存，将这些作为下次举办展览展销会的参考依据。

第三节 新闻发布会

一、新闻发布会的定义

新闻发布会，是指一个社会组织直接向新闻界发布有关组织信息，解释组织重大事件而举办的活动。

二、新闻发布会的特点

1. 形式正规隆重

新闻发布会的地点往往会精心安排，邀请记者、新闻界（媒体）负责人、行业部门主管、各协作单位代表及政府官员。规格较高，易于引起社会关注。

2. 沟通活跃

会上先发布新闻，后请记者提问回答。通过自由提问，记者能更好地发掘消息，促进双向沟通。

3. 方式优越

新闻传播面广，报刊、电视、广播、网站集中发布（时间集中、人员集中、媒体集中），能迅速传播给公众。

4. 对主办方的要求高

新闻发布会的成本较高，对组织发言人和会议主持人的要求也很高。

三、新闻发布会的作用

新闻发布会是主动向外界发布“新闻”，从而达到令众人关注的目的。它的传播范围广、影响范围大，传播迅速及时，具有时效性，有助于针对具体事实起到解释说明或传播宣传的作用。

德国奔驰公司为它的新车举办的新闻发布会，曾给记者们留下了深刻的印象：一是规模大。有 50 多个国家和地区的 1200 多名记者参加。二是材料全。有公司历史沿革、经营情况、首脑简况以及公司总部大楼艺术特色等介绍，关于新车的材料，可供挑选的照片有二三百幅，有专门拍摄的一部专题影片，有介绍情况的 CD 光盘等。三是组织严密。第一天上午在公司总部报到，下午 1 点半举行 30 分钟的会议，介绍日程安排和新车的大致情况，中间穿插两段短片，给人形象具体的感觉；下午两点，所有记者二至三人为一组，分别驾驶近百辆型号、性能和装饰都不同的新车，从斯图加特市出发，沿着乡间公路，向 160 多公里外的乌尔姆市进发，让记者亲自尝试这种新车的创新性、安全性、舒适性等；晚上 6 点左右，各国记者驾车到达乌尔姆市，先参观新车展览，然后参加由奔驰公司首脑主持的新闻发布会；第二天早上 8 点，记者再驾车从另一条以高速公路为主的道路返回，中午到达斯图加特机场解散、回国。四是公司注意收集记者反映。公司注意抓住机会同记者交谈，当试车结束后，公司又请部分记者座谈。五是服务细致。奔驰公司通过新闻发布活动，让世界更好地了解了奔驰。

四、新闻发布会与记者招待会的区别

新闻发布会与记者招待会的区别如下：新闻发布会往往是例行的，记者招待会一般是专题性的；新闻发布会侧重于发布新闻，发布者不一定需要回答记者的问题，记者招待会则以“答记者问”为主要特色，具有双向沟通的特点；新闻发布可以采用公告、书面等形式取代口头发布，记者招待会则必须有口头的交流；新闻发布可以由一般层次的公关官员实行，而记者招待会则需要较高层次的官员出席。

五、新闻发布会的注意事项

1. 确定有新闻价值的主题

在决定是否举办新闻发布会之前，至少应确定有新闻价值的主题。而且主题应集中、单一，不能同时发布几个不相关的主题信息。

2. 确定时机的技巧

组织应确认新闻发表的最佳时机。对于一个组织（商家）来说，举行新闻发布会是为公布与解释组织的重大新闻。企业创办或开业之时；周年庆典或周期性纪念活动；拟定了新的重大发展规划或新决策即将付诸实施；迁址、新厂上马或旧厂扩建；新设备投入试运行；更改企业名称；企业合并、兼并、合作或合资；资产重组、内部改组、转型以及品牌延伸；企业人事重大调整；企业实行股份制改造；发行股票或筹集资金；新产品的开发与上市，或推出新技术、新服务产品获奖；取得销售业绩的最新纪录，进军新的市场领域，改变经营方针；

或者扩大生产规模；重要领导人视察企业；或特殊客户来访；企业受到政府嘉奖，企业领导人受到奖励，出现英雄、模范人物；向社会公开征集标志、商标；广告聘用明星做代言人等都可以举办新闻发布会，发布这些消息。

选择召开时机的要则，一是要及时，不要拖，尤其是发生与公司形象有关的突发事件时；二是要注意避开重大节日和社会活动。

新闻发布会的日期选定后，要提前 3 ~ 4 天将请柬派专人送到应邀者手中，不能邮寄，以免发生丢失和滞后收到请柬的现象；如果要求外地记者到场，要提前一个月，最迟不能少于半个月寄出请柬，并于会前 3 ~ 4 天电话通知，以保证受邀请的记者都能参加会议。

3. 挑选发言人

如果没有专职的企业新闻发言人，那么发言人原则上应安排总经理或厂长等主要负责人，因为他们能够准确地回答有关组织的方针、计划、生产、经营等重大问题。主要发言人应头脑机敏、口齿清楚，具有较强的口头表达能力。

4. 对待记者的态度

与新闻界合作应以“真诚主动”四字为原则，切不可因为自己的组织在社会上有了一定的声誉就趾高气扬，认为记者会有求于己。对记者的接待，不论以何种方式，公关人员都必须时刻牢记记者的双重性特征，应尽量满足他们的合理要求。

第四节　赞助

一、公关赞助的定义

公关赞助是指组织通过无偿地提供资金或物质对各种社会公益事业做出贡献，以提高社会声誉，树立良好社会形象的公关专题活动。公关赞助是举办专题活动最常见、最重要的形式之一，因为它既可以为社会公益事业的顺利进行提供保障，同时又可以为各类组织的不断发展创造和谐的社会环境，如能在公众中获得良好的声誉，能得到政府的肯定等。因此，越来越多的营利性组织纷纷以自己收益的一部分回馈社会公益事业，以表示它们乐于承担一定的社会责任和义务。

二、公关赞助的意义

1. 公关赞助是一种市场传播的技巧

赞助可以用来扩大某一现有的产品市场，或向与企业密切相关的公众介绍一种新产品。赞助又是一种巧妙的投资方式，它能在做好事的同时迅速、准确地占领市场。

2. 公关赞助是一种创造形象的方法

企业决策者可以通过个人与其他社会组织的接触，提高企业和个人的地位，加强与现有消费者的联系，发展新的业务，创造企业形象。

3. 公关赞助是与企业内部员工沟通的渠道

公关赞助可以用来提高士气，增强企业意识并使员工为此感到自豪，强化企业的向心力和凝聚力。

4. 公关赞助是一种获得公众支持、消除敌意的手段

通过赞助活动，可以向公众传播有利于企业的信息，表明企业的诚意和实力。这种信息传播的可靠性远比商业广告宣传的效果好。

三、公关赞助的类型

从赞助的对象来看，公关赞助的类型可以分为以下几类。

（1）赞助体育运动。

（2）赞助文化生活。

（3）赞助教育事业。

（4）赞助社会慈善和福利事业。

（5）赞助各种展览和竞赛活动。

（6）赞助宣传用品的制作。

（7）赞助建立某一职业奖励基金。

（8）赞助学术理论活动。

从赞助的形式来看，赞助的类型可以分为以下两类。

（1）组织参加赞助，即对其他组织或企业的赞助邀请做出响应。

（2）组织发起赞助，即一个组织为实现某项公关目的而主动发起的赞助活动，是创意性的。

四、公关赞助的基本原则

赞助是一种技术性和政策性很强的公共关系宣传活动，开展赞助活动必须遵循以下基本原则。

1. 社会效益原则

企业开展赞助活动的目的是树立企业的社会形象，表明企业积极承担社会责任和义务。因此，开展赞助活动必须着眼于社会效益，以获得公众的普遍好感。一般来说，企业应优先赞助社会慈善事业、福利事业、教育事业和公共设施的建设。

2. 合法原则

合法原则是开展赞助活动的基本要求。企业开展赞助活动时必须遵守党和国家的政策法律。违背政府的经济政策法规，利用赞助活动搞不正之风，这会削弱赞助活动的宣传效果。

3. 实力原则

一般地说，企业赞助的活动应当量力而行，根据企业经济实力和市场发展战略，支出合理的赞助经费。赞助经费的数额，必须在企业能够承受的范围之内，同时又要达到一定的额度，以形成较大的影响规模。

4. 相关原则

企业赞助的活动对象应当与公众生活或自己的经营内容相关联。例如，运动饮料厂赞助体育事业，这样的赞助活动自然和谐，既可赞助经费，又可提供饮料，实惠方便，容易取得公共关系宣传的良好效果，强化企业的品牌形象。

5. 传播目标明确原则

所赞助的项目须适合本组织的特点和需要，有利于提高本组织的社会影响，或有利于扩大业务领域。

五、公关赞助的实施步骤

1. 前期研究

赞助之前应做好深入细致的调查研究，调查组织自身的公共关系状况、经济状况、赞助活动的影响、被赞助者的公共关系状况等。在此基础上，研究赞助项目的必要性、可行性、有效性。

2. 制订计划

赞助计划一般应包括：赞助的目标、对象、形式；赞助的财政预算；为达到最佳赞助效果而选择的赞助主题和传播方式；赞助活动的具体实施方案等。也应备有应变方案。赞助计划是赞助研究的具体化，应做到有的放矢，控制赞助范围，防止赞助规模超过组织承受力，要杜绝浪费现象。

3. 审核评定

每进行一次具体项目的赞助，都应由赞助委员会对此项目进行详细的分析研究；结合该年度的赞助计划进行逐项的审核评定，确定可行性、赞助的具体方式和款额，以及赞助的时机，以便制订此项赞助的具体实施方案。

4. 具体实施

应派出专门的公关人员负责各项赞助实施方案的具体落实。

5. 效果测定

对完成活动的经验加以总结，活动效果不理想的应找出原因。赞助活动的效果应由组织自身和专家共同测评，尽可能做到符合客观实际。

六、公关赞助的注意事项

（1）要优先对各种慈善事业、社会福利事业和活动、公共设施、教育事业进行赞助。

（2）要注意留存一部分机动款项，作为遇到临时、重大活动时的备用款。

（3）对各种明显不能满足其需要的征募者，应坦率而诚恳地解释组织的有关政策，但不能为威胁利诱所屈服，必要时可诉诸社会舆论和法律，以保障组织的合法权益。

（4）积极寻找每一个机会，为企业树立一个鲜明、突出、慷慨大方的形象，这种机会能发展企业与消费者之间互利互惠的双边关系。

（5）估算出每个项目的资金，确定赞助规模以及一致性和连续性，预测公关活动对创造企业形象、提高知名度的影响程度。

（6）随时跟踪新闻媒介的动态、消费者的反响，及时将有关情况反馈给企业决策者，因为公关赞助活动将对企业的基本方针产生积极的影响。

（7）利用企业现有的宣传和营销手段支持赞助活动，如利用广告、小册子、企业出版物、新闻等进行宣传。

（8）采用别具一格的赞助方式，一般来说，凡是符合社会及公众利益的赞助活动，都会引起社会各界特别是新闻界的关注，但是，如果能够以新奇别致的方式来实现赞助，效果必定会更好，所以，赞助方式切忌雷同。

第五节　开放参观

一、开放参观的定义

开放参观是指组织为了让公众更好地了解自己，或为消除公众对本组织的某些误解，由公关部门负责组织和邀请有关公众前来本组织参观的活动。

企业为了达到公关交际目的，可由公关部门组织对外开放参观活动，将组织内部有关场所和工作程序对外开放。它可以让公众亲眼看见组织整洁的环境、先进的工艺、现代化的厂房设备、科学的管理制度、高素质的人员以及对社区和社会所做的贡献，还可以通过组织历史等资料向公众立体、全面地展示组织的过去、现在和未来前景。参观者可以是新闻工作者、消费者、本单位职工的家属等。

二、开放参观的作用

利用开放参观的方式可取得良好的公关效果。如法国邮政公关人员组织中小学生参观邮政企业已变成了经常性的工作，每当有学生参观，邮局指定专人接送、专人讲解，只要有可能，局长或其他主要领导人都要亲自为学生讲几句话、与学生见上一面。因为法国邮政总局非常重视对邮政潜在用户——青少年用户的开发，重视邮政在青少年心目中的形象。其总局长曾明确提出："只有把握住了青少年，才能使邮政在竞争中立于不败之地，才能使邮政世代兴旺发达下去。"在这个思想指导下，邮政不惜花费大量的人力和财力，使青少年从小就认识邮政、了解邮政、喜爱邮政。当然，由于突然在工作场所增加了很多人，开放参观活动给管理人员和当班的职工会带来一些不便，但从长远的收益考虑，还是值得的。

总之，开放参观的作用一是可以促进公众对组织的进一步了解和支持，消除不良影响；二是可以向公众表示友好的情感，向公众展示自身的工作状况，在生产现场与他们交流和沟通，易博得公众的好感，沟通起来更加易行；三是可增强员工的荣誉感。社会心理学研究发现："他人在场"会对工作有促进作用，别人的欣赏和赞叹会让员工觉得自己的工作受人尊重、很重要。

三、开放参观活动的筹划准备

开放参观活动应认真筹划准备，一般要注意以下两方面的问题。

1. 明确目的

组织开放参观要达到什么效果，要留给参观者什么印象，这些问题都与公关活动的主题有关，确定主题后应想方设法将此主题突出出来。

2. 精心准备

参观工作有条不紊、卓有成效地进行，也是体现组织严谨务实风格的一个重要方面。公关人员应当事先做好准备，每个环节、每个具体活动都应妥当安排，如参观的时间、参与活动的人员、参观路线、介绍性资料的发放、放映视听材料、观看模型、安排观看生产现场、活动纪念品的赠送等，尽量做到无一疏漏，还要在实际活动的过程中，做到灵活机动，得体地应付突发事件，以保证开放参观活动顺利进行。

四、开放参观活动的注意事项

1. 对外开放参观的规模

参观活动开展之前要确定规模的大小，从而做出相应的安排。如果只是少数几个人参观，可以陪同他们到几个部门去，并介绍情况，赠送资料和纪念品等；如果是较大规模的团体参观，应制订一个计划，安排好接待次数、每次参观人数和开放时间等。一次接待 15 个人比较恰当。每天接待 2 ~ 3 次，有专人伴随进行讲解介绍，回答参观者所提出的问题。

2. 对外开放参观的时间

不但要考虑开放参观的时间，也要考虑整个参观活动所需的时间。将开放参观的时间安排在一些特殊的日子为好，如周年纪念日、企业开工日、节日等。如上海电视台每逢元旦、中秋节、春节便邀请本台职工家属来电视台参观，让他们为自己亲属在这里工作而感到骄傲，使他们支持并协助本台职工的工作。

要有足够时间准备对外开放参观活动。规模较大的开放参观活动需要 3 ~ 6 个月的准备时间，如果还要准备大规模的展览会，编印纪念册或其他特别节目，则所需时间更多，这时就需要注意时间安排的合理性，要尽量避开假期，并考虑好天气、季节的变化等。

3. 对外开放参观的人员安排

从有开放参观的构想起，一直到活动的结束，都应有高层主管人员参与其事。组织大型的参观活动，应当成立一个专门的活动筹备委员会。委员会成员应包括企业领导、公关人员、行政和人事部门人员等。组织还要根据参观的不同目的来选择不同的人陪同，如果参观的目的是强调服务或产品，还要请销售部门人员参加。

4. 宣传材料

要想使开放参观活动获得成功，就必须做好宣传工作，要准备一份简明易懂的说明书或宣传材料，在参观前发给参观者。

5. 划分参观线路

提前规划好参观线路，防止参观者越过参观所限范围，出现不必要的麻烦和事故。有些组织的主管人员往往顾虑开放参观活动会使某些秘密技术或某些制造过程的细节泄露，其实，只要安排得当、向导熟练，就可以防止泄密事件发生。因此，不必在这方面有过多的顾虑。

6. 做好接待服务工作

对参观者应热情周到地做好接待工作，如安排合适的休息场所和备好茶水饮料；需要招待用餐的，也要事先做好安排；如果邀请的对象有儿童，更要特别小心，要准备点心、休息场所、必要的盥洗设备等，也可送一些印有介绍组织材料的玩具。

第六节　商务谈判

一、商务谈判的定义

商务谈判是指不同的经济实体各方为了自身的经济利益和满足对方的需要，通过沟通、协商、妥协、合作等各种方式，把可能的商机确定下来的活动过程。要注意的是，不一定是收购某家公司或者签订几百万元的合同才是商务谈判，只要是日常生意中与公司相关的利益群体就有关涉及双方共同利益的“标的物”进行协商，最终达成一致的过程，就是商务谈判。商务谈判以经济利益为谈判目的，以价格为谈判的核心。

二、商务谈判的作用

1. 商务谈判是企业实现经济目标的手段

一个企业要完成买卖过程并实现经济目标，取决于商务谈判人员对每一项交易所涉及的消费者方面的需求、购买动机、购买行为的运动变化规律、生产方面的条件、能力、期望等情况和产需两方面在市场上的平衡状况的认识水平；取决于他们对客户当时的交易意图、交易方式、交易动机的掌握和诱导水平；也取决于他们对客户潜在需求分析的挖掘能力等。

美国通用汽车是世界上最大的汽车公司之一，早期通用汽车曾经启用了一个叫罗培兹的采购部经理，他上任半年，就为通用汽车增加了20亿美元净利润。他是如何做到的呢？汽车是由许许多多的零部件组成的，其大多是外购件，罗培兹上任的半年时间里只做一件事，就是把所有的供应配件的厂商请来谈判，他说，“我们公司信用这样好，用量这样大，所以我们认为，现在要重新评估价格，如果你们不能给出更好的价格的话，我们打算更换供应的厂商”。这样的谈判下来之后，罗培兹在半年的时间里就为通用省下了20亿美元！

2. 商务谈判是企业获取市场信息的重要途径

市场信息是指反映市场发展和变化的消息、情报、资料等。随着我国社会主义市场经济的发展，卖方市场逐步向买方市场转变，各种竞争越来越激烈，企业的生存和发展要以市场为导向，因此，获取市场信息是至关重要的。商务谈判的过程，有利于及时、准确地获取市场信息，有利于企业有针对性地生产或销售适销对路的产品，有利于企业设计正确的市场营销组合，做出有效的经营决策。

3. 商务谈判是企业开拓市场的重要力量

企业的发展和壮大，需要依靠广阔的市场，市场开拓既包括巩固原有市场，又包括开辟新市场。商务谈判的直接目的是商品的买进和卖出，但在大多数情况下，同时又在开拓新的市场。因为商务谈判的对象不仅是老客户，也包括新客户。在商务谈判中，巩固和开拓市场没有明显的界线划分，二者紧密地结合在一起。

4. 商务谈判是达成商务合同的基础

市场经济是一种契约经济，商务谈判的目的是为了达成满足各方需要的合同，促使商品交易的进行。合同是商品交换当事人之间意见表示一致的结果。这种结果是通过一方提出要约，另一方对要约表示承诺而形成的。当然，一项合同的成立，往往是经过多轮要约、承诺才实现的，这一过程也就是商务谈判。

三、商务谈判的原则

商务谈判的基本原则是任何商务谈判都普遍适用的最高规范，也是商务谈判取得成功的一般要求。它既是从商务谈判的性质中引发出来的，也是对商务谈判经验的总结。现代商务谈判的研究者尽管都十分重视对于技巧的研究，但也力求从中总结出某些普遍原则，而把技巧看作是对原则的具体灵活运用。

所谓商务谈判原则是指在商务谈判过程中，谈判各方必须遵守的思想和行为准则。商务谈判原则是商务谈判内在的、固有的规范，任何谈判者在商务谈判过程中都必须遵守。充分认识和了解商务谈判原则，有助于掌握和运用商务谈判的策略与技巧，从而有利于保护谈判当事人的权利与利益，提高谈判的成功率。在社会主义市场经济条件下，商务谈判活动应遵循以下原则。

1. 平等自愿、协商一致的原则

谈判是智慧的较量，谈判桌上，唯有确凿的事实、准确的数据、严密的逻辑和艺术的手段，才能将谈判引向自己所期望的胜利。以理服人、不盛气凌人是谈判中必须遵循的原则。

2. 有偿交换、互惠互利的原则

人们在同一事物上的利益不一定就是矛盾的关系，或者说是此消彼长的关系。他们很可能有不同的利益，在利益的选择上有多种途径。一个简单的例子说明了这个道理：两个人争一个橘子，最后协商的结果是把橘子一分为二，第一个吃掉了分给他的一半橘肉，扔掉了橘皮；第二个人则扔掉了橘肉，留下橘皮做药。如果采用将橘皮和橘肉分为两部分的方法，则可以最大限度地实现两个人的利益。认为谈判双方的利益是对立的传统观念是片面的。现代的谈判观点认为，在谈判中每一方都有各自的利益，但每一方利益的焦点并不是完全对立的。一项产品出口贸易的谈判，卖方关心的可能是货款的一次性结算，而买方关心的是产品质量是否属于一流。因此，谈判的一个重要原则就是协调双方的利益，提出互利性的选择。

3. 合法原则

合法原则在商务谈判中是毋庸置疑的、必须遵守的。不管做什么事，法律是一定要遵守的。在谈判的过程中，不仅要遵循本国的法律和政策，还要遵循国际法则，尊重别国的有关法律规定。商务谈判中所签署的协议，只有在合法的情况下才具有法律效力，才能保障谈判双方的合法权益。

4. 时效性原则

时间的价值体现在质与量两方面。所谓质，是指要抓住时机，该出手时就出手。所谓量，是指谈判中快者败，慢者胜。谈判中切忌焦躁。要懂得慢工出细活。在谈判中适时地“装聋作哑”，最后让对方问我们“你觉得应该怎样办？”从而达到自己的目的，这样的例子很多。同时要注意时间的结构，凡是我想要的，对方能给的，就先谈，多谈；凡是对方想要的，我不能放的，就后谈或少谈。在会谈前先摸清对方的行程时间安排，在看似不经意间安排与会谈无关的内容，最后使对方有可能签订有利于我们的协定，这样的例子在商务谈判案例中数不胜数。

5. 最低目标原则

最低目标是商务谈判某方必须达到的目标。它与最优期望目标之间有着必然的内在联系。在商务谈判中，表面上一开始要价高，往往提出最优期望目标，实际上这是一种策略，这样做出的实际效果，往往超过谈判者的最低需求目标，或至少可以保住这一目标。然后通过对最优期望目标的反复“压价”，最终可能达到一个超过最低目标的目标。

四、商务谈判的模式

相同模式的商务谈判具有相同的特点，了解并把握商务谈判的基本模式以及各个模式的特点，可以不被商务谈判千变万化的形式所迷惑，有利于理解商务谈判操作技巧的针对性，更好地发挥谈判技巧的作用。

从谈判的历史发展过程看，谈判模式不外乎传统的谈判模式和现代的谈判模式两种。

1. 传统的谈判模式

传统的谈判模式是指谈判的一方维护自己的立场，另一方则极力迫使对手做出让步，改变其立场，最后妥协并达成协议，妥协不成，则谈判随之破裂。传统谈判模式如图 11-1 所示。

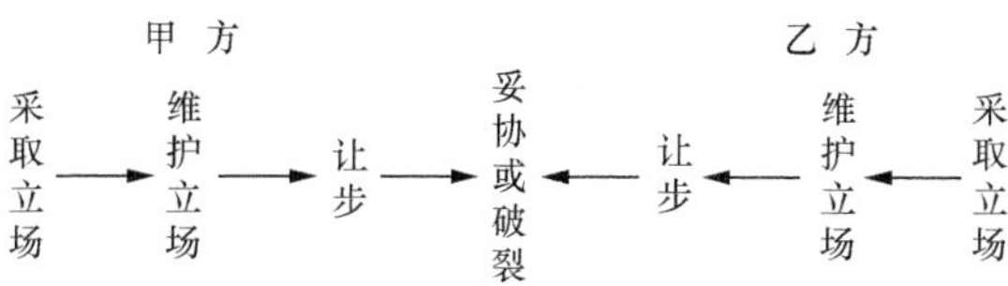

图 11-1 传统谈判模式

传统的谈判模式是一种此消彼长的压迫式洽谈，这种谈判或者是达成协议，或者是不欢而散，不利于建立长期稳定的协作关系，双方的对立情绪较大。传统谈判模式存在以下三个缺陷：一是难以达到谈判目标，二是谈判效率较低，三是协作关系难以维护，人际关系遭到破坏。

2. 现代的谈判模式

现代的谈判模式实质上是一种互惠的谈判模式，它是指谈判双方在了解自身需要的同时，也寻找对手的需要，在此基础上，与对手共同探寻满足双方需要的各种可行途径和方案，并最终决定是否采取其中一个或数个途径，以便达成协议。现代谈判模式如图 11-2 所示。

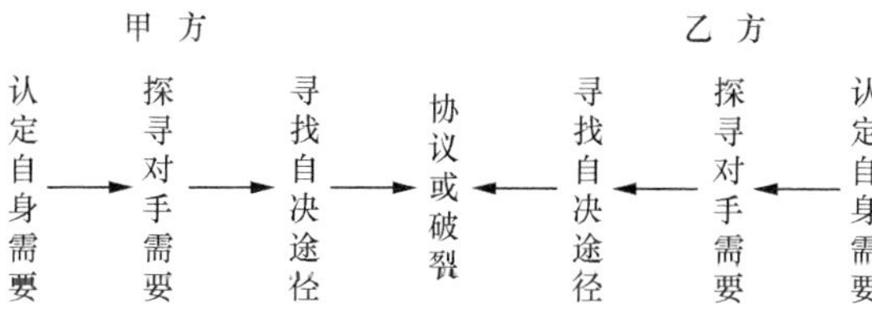

图 11-2 现代谈判模式

3. 两种不同谈判模式的谈判者区别

两种不同谈判模式的谈判者区别如表 11-1 所示。

表 11-1 两种不同谈判模式的谈判者区别

传统模式下的谈判者	现代模式下的谈判者
把谈判对手看作敌人	把谈判对手看作合作者
追求的目标：单纯地满足自身的需要	追求的目标：在顾及效率及人际关系的情况下获取需要的满足
不信任谈判对手	对对手提供的资料采取审慎的态度
对对手和谈判主题均采取强硬态度	对对手温和，但对谈判主题采取强硬态度
以自身受益作为达成协议条件	探寻双方共同利益
对对手施加压力	讲理但不屈服压力
坚持立场	眼光盯住利益而非立场

五、商务谈判三部曲

“商务谈判三部曲”，即谈判的步骤有申明价值（Claiming Value），创造价值（Creating Value）和克服障碍（Overcoming Barriers to Agreement）三个进程。

1. 申明价值

此阶段为谈判的初级阶段，谈判双方彼此应充分沟通各自的利益需要，申明能够满足对方需要的方法与优势所在。此阶段的关键步骤是弄清对方的真正需求，因此其主要的技巧就是多向对方提出问题，探询对方的实际需要，与此同时也要根据情况申明我方的利益所在。因为你越了解对方的真正实际需求，越能够知道如何才能满足对方的需求，同时对方知道了你的利益所在，才能满足你的需求。

2. 创造价值

此阶段为谈判的中级阶段，双方彼此沟通，往往申明了各自的利益所在，了解了对方的实际需要。但是，以此达成的协议并不一定对双方都是利益最大化。也就是，利益在此往往不能有效地达到平衡。即使达到了平衡，此协议也可能并不是最佳方案。因此，谈判中双方需要想方设法去寻求更佳的方案，为谈判双方找到最大的利益，这一步骤就是创造价值。创造价值的阶段，往往是商务谈判最容易忽略的阶段。

3. 克服障碍

此阶段往往是谈判的攻坚阶段。谈判的障碍一般来自于两个方面：一个是谈判双方彼此利益存在冲突；另一个是谈判者自身在决策程序上存在障碍。前一种障碍是需要双方按照公平合理的客观原则来协调利益；后者就需要谈判无障碍的一方主动去帮助另一方顺利决策。

六、商务谈判的语言特色

商务谈判语言是在商务谈判领域中使用的一种特殊语言，它不同于文学、艺术、戏曲、电影等使用的语言，也不同于日常生活用语。一般而言，商务谈判语言应具有如下基本特点。

1. 商务谈判语言的客观性

谈判过程中的语言表述要尊重事实、反映事实，不弄虚作假、凭空想象，不要使对方感到你没有诚意，从而失去与你合作的兴趣。谈判语言的客观性具体表现在买和卖两个方面。从卖方来看，语言的客观性主要表现在：介绍本企业情况要符合实际；介绍商品性能质量要有事实依据，有条件的应当能出示样品或当场进行演示；报价要恰如其分，既尽力满足己方需要，又不能忽视对方利益；确定支付方式要考虑对方要求，采用双方都能接受的方式等。从买方来说，语言的客观性主要表现在：介绍己方财务状况，购买时不要夸大其词；评价对方商品的质量要依据事实、中肯可信、恰当可行；还价要合情合理，压价要有根有据，无论交易成功与否，要让对方感到己方的诚意。

2. 谈判语言的针对性

商务谈判涵盖的内容很广，这就要求谈判语言要有针对性。针对性是指语言要围绕主题，对准目标，有的放矢，这样才能切中要害。具体而言，谈判语言的针对性是针对某次谈判、针对某项具体内容、针对某个具体对手、针对对手的具体方面等。如谈判内容一旦确定之后，就要认真准备有关资料，同时还要充分考虑到谈判时将要使用的相关语言甚至行话。只有有选择地、有针对性地使用谈判语言，才能有益于谈判活动的顺利进行。

3. 谈判语言的论辩性

在某种程度上，谈判就是论辩的艺术，通过对谈判议题的辩论，才能拓展问题的外延和内涵，使问题更加明晰，便于找到双方差距，进而找出解决办法。只有通过辩论才能展示谈判者的逻辑思维力量、对有关问题的独到看法、解决问题的想象空间以及独特的人格魅力；只有通过辩论才能说服对方，辩论的目的不仅在于明确问题，更在于解决问题。因此，谈判语言的论辩性从一开始便融入谈判的特质中，谈判者必须要掌握语言艺术，才能在辩论中取胜，才能迈向谈判成功的彼岸。

本章案例

案例　华润三九的企业赞助

2013年，华润三九以2800万元的“白菜价”获得《爸爸去哪儿》的冠名权，被称作是一次优秀的企业赞助案例。作为国内首款亲子类真人秀节目，《爸爸去哪儿》主打“温情、关爱、家庭温暖”等主题，这与公司产品999感冒灵近年来的品牌调性“温馨、关怀”不谋而合。同时999感冒灵系列的999小儿感冒颗粒，非常切合星宝贝的萌态和星爸爸之间的温暖亲情，“没有妈妈的关心，999 感冒灵帮你贴心守护”让人觉得很暖很贴心。华润培养了公众对品牌的美好感情，增强了企业广告宣传的说服力和影响力，让公众产生了购买欲望。

企业与被赞助方的利益是紧密连接的。当《爸爸去哪儿》拍摄到第四期时，原来的赞助商突然决定撤资。就在导演、节目组最茫然失措的时候，华润三九伸出了援助之手，三天之内果断决定赞助节目，保证了《爸爸去哪儿》的顺利拍摄，进而不仅让《爸爸去哪儿》的火爆得以成为现实，也促进了999感冒灵的品牌推广，达到双赢的效果。

思考题

1. 简述专题公关活动策划的内容。
2. 开业典礼如何策划？
3. 庆典活动的准备工作主要有哪些？
4. 新闻发布会与记者招待会的区别是什么？
5. 举办新闻发布会在程序上有哪些主要的步骤？
6. 何为赞助活动？赞助活动有哪些作用？
7. 何谓商务谈判？商务谈判的基本原则是什么？

第十二章　公共关系礼仪

微笑服务树立良好企业形象

著名的希尔顿饭店创始人康拉德·希尔顿曾经说过，“如果我们的饭店只是拥有一流的设备，而没有一流微笑服务的话，那就像一家永不见阳光的饭店，又有什么情趣可言呢？”希尔顿重视员工礼仪的培养，并通过微笑服务表现出来。

在世界最大的零售商店沃尔玛，营业员在距离顾客3米之外就会报以亲切的微笑，如果没有微笑，顾客便可以拿走营业员胸前的3元钱。

企业优质的服务离不开礼仪，公关礼仪是指社会组织对相关公众必须有的礼遇和尊重。公关礼仪作为一种传播和沟通的技巧，是公关工作人员在公关活动过程中必须遵循的礼节和仪式。作为公共关系的组成部分，公关礼仪对塑造良好的企业形象起到不可替代的作用。了解和掌握公关交际中的基本礼仪，能够更好地开展公关活动。

第一节　公共关系礼仪概述

一、礼仪的定义

礼仪是一个复合词，所谓礼是指道德规范形成的大家共同遵守的准则；仪是指人们容貌、举止、神态、服饰，是一种形式。礼仪具体体现了一定的社会道德观念和风俗习惯，表达人们礼节、动作、容貌、举止的行为准则。也就是说，礼仪是人们用来表达敬意、表示友好、调节行为的一种规范和制度。

二、礼仪的作用

荀子云：“人无礼则不生，事无礼则不成，国无礼则不宁。”礼仪在生活和工作中的作用不可忽视，它表现在以下几个方面。

1. 礼仪是自身修养的体现

有一位商人洽谈业务，洽谈了好几次，最后一次来之前，他曾对朋友说：“这是我最后一次洽谈了，我要跟他们企业的最高负责人谈，谈得好，就可以拍板。”过了两个星期，朋友问：

"谈成了吗？"他说："没谈成。"朋友问其原因，他回答："对方很有诚意，进行得也很好，就是跟我谈判的这个负责人坐在我的对面，当跟我谈判时，不时地抖着双腿，我觉得还没有跟他合作，我的'财'都被他抖掉了。"

西方谚语：行为是心灵的外衣。礼仪不是一种规格划一的机械运动，也不是形式化的例行公事，它是自我修养的体现，别人会根据你的言行举止、风度仪表等来衡量你的自我修养水平。不要把礼仪规范硬往人和事上套，而是要用现代社会的道德和文明不断净化和完善自我，使自己的思想与现代文明观念同拍，从而使自己的行为与现代礼仪相合。只有当我们的良知和教养由内而外，自自然然地表现出来之后，别人才会为我们以礼相待的诚意所动，才会由衷地发出赞赏。"文明生产，礼貌待人"，作为著名的职业道德规范之一，就是要使良好的礼仪观念和礼仪常识深入每个干部职工的内心，成为习惯，进而提高人们的思想道德水平。公司员工是否懂得和运用现代商务活动中的基本礼仪，不仅反映出该员工自身的素质，而且折射出该员工所在公司的企业文化水平和经营管理境界。

2. 服务礼仪可传达感情

礼仪可表示尊重、尊敬等敬意，还可表示欢迎、友好等态度，它所表达的情感让服务对象有积极愉快的体验。以礼待人表情达意时，真诚是最重要的，应当神态自然、心口如一，切忌虚伪客套、言不由衷。如营业员小吴上班时嘴里说着欢迎光临，但他的眼神游移，面部表情平淡甚至有点不耐烦，为客户办理业务时草草了事，给客户的印象不佳，原因就是他缺乏真诚，故作姿态。

3. 礼仪可提高服务水平

如果不懂礼仪常识，很难做好服务工作，正确的礼仪可以提升服务对象对自己的认可程度，从而提升服务质量，使得关系更加融洽。服务工作的好坏不仅体现出行风，也是社会文明程度的标志。所以很多服务部门制订了营业服务规范及其细则，供普通员工和管理人员学习参考，让每个从业人员都知道如何亲切有礼貌地为客户服务，把服务工作提高到一个新的水平。

三、礼仪的原则

礼仪的原则一共有八条。它们同等重要，不可缺少。

1. 遵守的原则

在交际应酬之中，每一位参与者都必须自觉、自愿地遵守礼仪，用礼仪去规范自己在交际活动中的言行举止。任何人，不论身份高低、职位大小、财富多寡，都应自觉遵守礼仪规范。

2. 自律的原则

礼仪规范由对待个人的要求与对待他人的做法两大部分构成。对待个人的要求，是礼仪的基础和出发点。学习、应用礼仪，最重要的就是要自我要求、自我约束、自我控制、自我对照、自我反省、自我检点。

3. 敬人的原则

在礼仪的两大构成部分中，有关对待他人的做法是礼仪的重点与核心。而对待他人的诸多做法之中最要紧的一条，就是要敬人之心常存，处处不可失敬于人，不可伤害他人的个人尊严，更不能侮辱对方的人格。掌握了这一点，就等于掌握了礼仪的灵魂。

4. 宽容的原则

要求人们在交际活动中运用礼仪时，既要严于律己，更要宽以待人。要多容忍他人，多体谅他人，多理解他人，千万不要求全责备，斤斤计较，过分苛求，咄咄逼人。

5. 平等的原则

本着尊重交往对象、以礼相待的原则，对任何交往对象都必须一视同仁，给予同等程度的礼遇。不允许因为交往对象彼此之间在年龄、性别、种族、文化、职业、身份、地位、财富以及与自己的关系亲疏远近等方面有所不同，厚此薄彼，区别对待。但允许根据不同的交往对象，采取不同的具体方法。

6. 从俗的原则

由于国情、民族、文化背景的不同，必须入乡随俗，与绝大多数人的习惯做法保持一致，切勿目中无人、自以为是。

7. 真诚的原则

在人际交往中运用礼仪时，务必诚实无欺，言行一致，表里如一。只有如此，自己在运用礼仪时所表达出来的，对于交往对象的尊敬与友好感情，才会更好地被对方理解与接受。

8. 适度的原则

在应用礼仪时，为了保证取得成效，必须注意技巧及其规范，特别要注意做到把握分寸，恰到好处。

第二节　礼仪的中西方文化差异

礼仪是人们在商务活动中长期形成的一种行为准则。它在商务活动中起着非常重要的作用。由于不同国家间文化传统的差异，世界上各个国家间的礼仪文化也是既有共国际性，又有其民族性。以儒家、道家思想为核心的中国文化与以基督教为核心的西方文化存在的巨大差异，必然导致中西方礼仪千差万别。而随着经济的发展，我国的国际商务活动日益频繁。在这种背景下，我们必须了解不同文化下礼仪的差异，具备跨文化交际能力。只有这样，才能避免交际障碍，消除文化冲突，使交际活动更有效。概括来讲，造成礼仪这种差异的原因主要有中西方文化中不同的价值观、时间观、饮食观、语言习惯及非语言习惯等。本节从以上几个方面来分析一下中西方文化差异对礼仪的影响。

一、价值观

在我国传统观念中，人生的价值是体现在它的社会价值之中的。汉语中有“光宗耀祖，显赫门楣”“先天下之忧而忧，后天下之乐而乐”“天下为公”等词句，都是这一观念的体现。中国传统文化总是把个人或自我放在社会关系中去考察，从社会价值出发去判断及评定个人价值，而不是从个人出发构建社会价值。它所追求的是一种群体和谐、稳定的伦理道德社会。个人不能脱离社会，个人有个性，应该弘扬个性，但个人永远不能置于国家、集体之上。这种非自我主体性的价值观念与西方的以自我为核心的个人主义价值观念大不相同。西方文化中，个人是社会的本位、目的和核心，因此，应将个人利益置于高于一切的位置。主张利己主义、个人英雄主义，主张个人具有自己生活上的隐私权。

在对待隐私的问题上，中西方的观念有很大不同。在西方人眼里视为干涉隐私的事情，在中国人眼里却是关心他人的具体体现。如见面后寒暄，询问别人的年龄、籍贯、职业、收入、婚姻状况、家庭情况、体重等，这些都属于很正常的事情。而在西方，询问这些问题均被视为有失礼貌。在中国，老朋友可以不用预约就“登堂入室”，这对西方人来说是不可思议的事。即使是要询问一件小事，他们也需要先打个电话，问主人是否方便。

二、时间观

在中国传统文化里，对时间的认识是一种环形时间观念。在这种观念的影响下，中国人使用时间比较随意，灵活性较强，可以随意支配时间。

与东方人环形时间观念不同，西方人信奉的是线形时间观念，认为时间是一条有始有终的直线。他们使用时间非常精确，做任何事都严格按照日程安排，时刻保持着一种对时间的“紧缺”感。在两种不同观念的支配下，各种文化里的人对时间的处理方式也不同。例如，在美国商人的眼中，时间永远是金钱。“开门见山吧”，他们愿意在第一次会见时就能得到口头的承诺。“我们是不是说定了?”会谈中，他们不喜欢停下来或者保持沉默。他们习惯了集中精力、速战速决。因为他们的线形时间观念只是注重现在、计划未来，所以为争取时间应该及早地进入正题。

而中国人经商乐于感情投资，喜欢投其所好送点小礼物，或通过宴请对手，在推杯换盏中边吃边谈，所以商务活动进展缓慢。中国商人不喜欢美国人急于求成的态度。以生意为中心的美国人和欧洲人都认为应该在双方协议好的一段时间内完成具体任务，中国人则更看重建立长远的相互信任关系。

三、饮食观

“民以食为天”，这反映了饮食在中国人心目中的地位。中国菜肴强调“五味调和”和“色、香、味、形、器俱佳”，并特别重视味美。

在餐饮氛围方面，中国传统的宴席上，大家围着圆桌而坐，这就首先从形式上造成了一种团结、礼貌、共享的气氛。美味佳肴置于中心，人们相互敬酒让菜、热闹非凡，这符合我们民族“大团圆”的普遍心态。西式宴会的核心在于交谊，讲究优雅温馨，富有情趣和礼仪，通过与邻座客人之间的交谈，达到交谊的目的。

中西方宴请礼仪也各具特色。在中国，从古至今大多以左为尊，在宴请客人时，要将地位很尊贵的客人安排在左边的上座，然后依次安排。在西方则是以右为尊。“女士优先、尊重妇女”是人们宴会排座位的标准。宴席中，男女间隔而坐，夫妇也分开而坐，女宾客的席位比男宾客的席位稍高，男士要替位于自己右边的女宾客拉开椅子，以示对女士的尊重。中国的餐桌上酒是常备之物，以酒助兴，有时为了表示对对方的尊重，举杯敬酒的时候要把一杯酒喝光。

四、语言习惯

在中国，保持低调、谦虚是一种美德，所以对别人的赞扬总是自谦，如“哪里”“不好”“不行”“还不够”等，而这不符合西方文化传统。虽然这在中国文化中合情合理，但他们把这种过谦视为自卑，在人面前显示自己是无能之辈。中国人讲究贬己尊人，把自己的家叫“寒舍”，自己的作品叫“拙作”，称对方为“您”，对方的意见为“高见”“宝贵意见”。而英语中的敬语和谦词则非常少见，在英语环境里，不管谈话的对方年龄多大、辈分多长、地位多高，you 就是 you，I 就是 I，不用像汉语那样用许多诸如“您、您老、鄙人”等敬谦语。在国际商务活动中经常遇到的情况是：面对别人的赞扬和祝贺时，中国人常会说出一连串的“哪里，哪里”“您过奖了”“我做得不好”“不行，不行，还差得远呢”等自谦语。这往往使西方人因为自己的话被直言否决而感到中国人不讲礼貌。因为，在西方文化里，夸赞人家的人总是希望对方对他的赞扬做出肯定的评价和积极的反应。西方人在听到别人的赞扬时，总是毫不犹豫地说声“Thank you”，这在中国人看来是堂而皇之地接受了别人的赞扬，这是非常不谦虚的。

例如，一位英国老妇到中国游览观光，对接待她的导游小姐评价颇高，便夸奖导游小姐说：“你的英语讲得好极了！”小姐马上回应说：“我的英语讲得不好。”英国老妇一听生气了：“英语是我的母语，难道我不知道英语该怎么说？”老妇生气的原因无疑是导游小姐忽视东西方礼仪的差异。中国人谦让克己、情感含蓄；西方人直接实在、情感外露。西方人讲究一是一、二是二，而东方人讲究的是谦虚，凡事不张扬。

中国人见面时总喜欢问一句“您吃饭了吗？”“您去哪儿?”这在国内大家听了非常亲切，可要是放到西方国家说，他们听了就会反感。前面提到，西方人最不喜欢别人过问和干涉他们的个人生活。你问他去哪儿，他会认为你这是在打听他个人私事；你问他吃饭了没有，他会误认为你想请他共进午（晚）餐。在西方国家譬如英国，人们见面时总习惯于问一句“今天天气怎么样？”

五、非语言习惯

中西方文化差异也大量存在于非语言习惯之中。商务活动中，举手投足之间往往都能反映出不同的文化特性。通常，非语言习惯包括手势语、身势语、目光语、体距等。现代礼仪中最常见的非语言习惯首推握手。在西方国家，两人握手后马上松开，两人的距离也随即拉开；而中国人为了表示热情和尊重对方，常常握住对方的手久久不放，还十分满足地闲谈，消磨时光，有时还拍打对方的肩和背，对此西方国家的人会觉得窘迫不堪，他们认为两人距离太近会显得过于亲密。

耸肩，也是许多西方国家常见的身体姿势。他们在耸肩时，常常表示“有什么办法呢？”“我不知道”“无能为力”，而在中国我们在表达上述意思时只是摇头或摆手。在听别人谈话时，中国人总是习惯于默默地听着，并且认为此时提出问题，打断别人讲话是非常不礼貌的，是不谦逊和爱挑剔的一种表现。而西方国家的人则对此感到非常疑惑，认为你这样做表示你没有好好听，要么就是厌倦和生气了，这时他们会不高兴地一再重复。因为在西方国家如美国，他们在听别人讲话时总是不断做出各种反应，提出各种问题。

从以上几个方面的对比可以看出，中西方不同的文化导致出现了一些截然不同的礼仪，当今世界经济交流日益频繁，碰撞、摩擦日益增多，要想成功地进行商务活动，就必须了解西方文化的特点，从文化层面上更好地理解各国的礼仪，及时调整自己的礼仪行为，避免不经意间产生误会，以有利于与贸易伙伴培养感情，促进商务活动的成功开展。

第三节　常用礼仪规范

一、个人礼仪

个人礼仪是社会个体的生活行为规范与待人处事的准则，是个人仪表、仪容、言谈、举止、待人、接物等方面的具体规定，是个人道德品质、文化素养、教养学识等精神内涵的外在表现。个人礼仪的核心是尊重他人、待人友善、表里如一、内外一致。

1. 仪表礼仪

男性在仪表方面应注意以下事项，如图 12-1 所示。

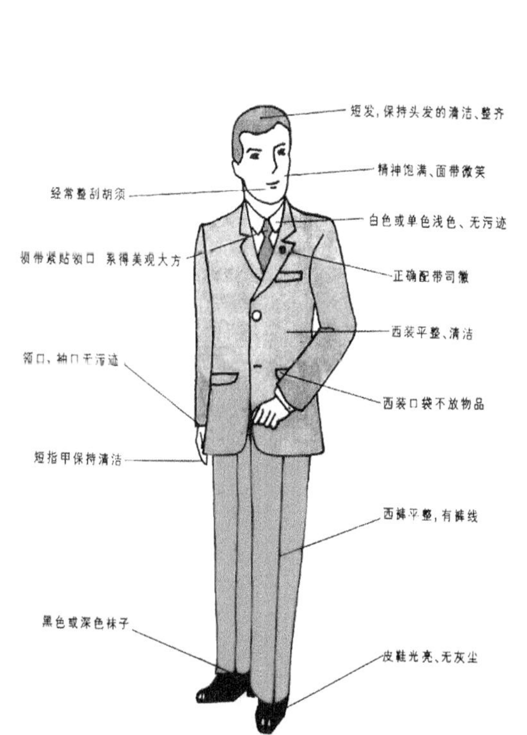

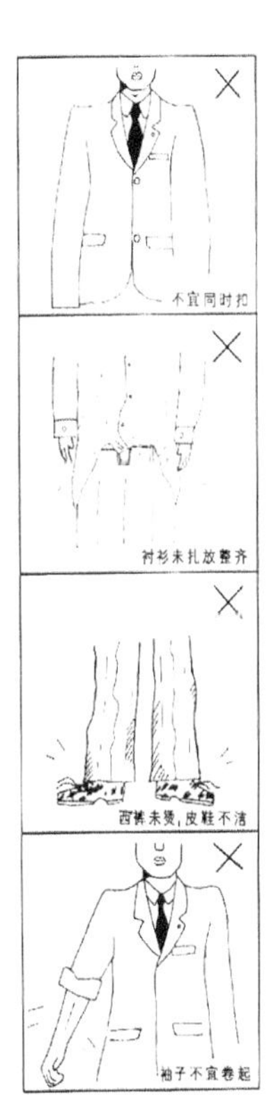

图 12-1　男性仪表示意图

（1）头发不宜过长，并保持清洁、整齐，切忌将头发染成怪异的颜色、头发盖住眼睛或超过后衣领。

（2）要精神饱满，面带微笑。

（3）应保持面部、颈部干净。

（4）应每天刮胡须，饭后洁牙，保持口腔卫生，无异味。

（5）应着白色或单色衬衫，保持衬衫干净整洁，领口、袖口无污迹。

（6）领带应紧贴领口，系得美观大方（注意应配领带夹），注意颜色、长短等的搭配。

（7）西装应平整、清洁。

（8）西装口袋应不放物品，徽章应统一别在西装左领上方。

（9）西裤要平整，有裤线。

（10）指甲不宜过长，并保持清洁。

（11）皮鞋应光亮，穿深色袜子。

（12）不宜穿太花哨的衣服，原则上全身所穿衣服应在三种颜色以内。

女性在仪表方面应注意以下事项，如图 12-2 所示。

（1）发型不宜太新潮，应文雅、庄重，梳理整齐，长发要用发夹夹好。

（2）应化淡妆，面带微笑；不要在公共场合或男士面前化妆，并慎用浓香型的化妆品以免影响他人。

（3）不得佩戴夸张饰物，饰物以少为佳。

（4）应着正规服装，大方、得体，不宜穿着太休闲的服饰。

（5）指甲不宜过长，并保持清洁；如需涂指甲油应为自然色。

（6）裤子要平整，清洁；如着裙装，裙子长度要适宜。

（7）鞋子光亮、清洁。

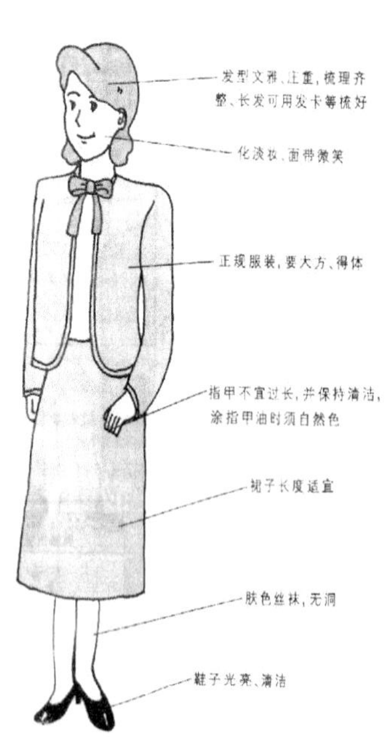

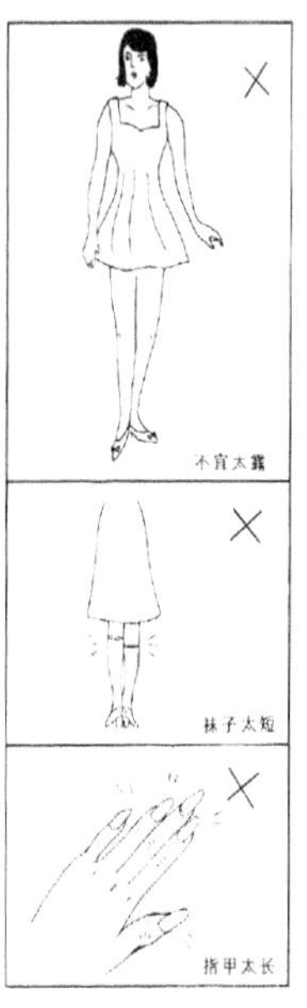

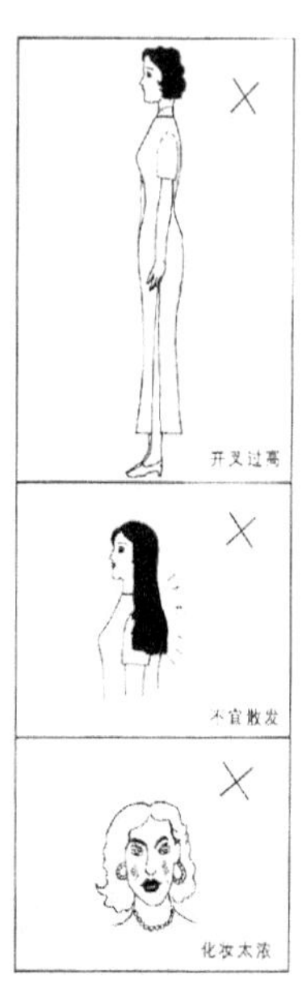

图 12-2　女性仪表示意图

2. 举止礼仪

举止行为，是指一个人的活动以及在活动中各种身体姿势的总称。礼貌的举止行为体现出人的教养水平，是表现个人形象的无形的财富。在现代社会中，温文尔雅、从容大方、彬彬有礼已成为现代人的一种文明标志，能让别人产生好感，帮助建立信任和尊重。

（1）站姿

俗话说“站如松”。正确的站姿是抬头，目视前方，挺胸直腰，肩平，双臂自然下垂，收腹，双腿并拢直立，脚尖分呈 V 字形，身体重心放到两脚中间；也可两脚分开，比肩略窄，将双手合起，放在腹前或腹后。

（2）坐姿

俗话说“坐如钟”。入座时要轻，至少要坐满椅子的 2/3，后背轻靠椅背，双膝自然并拢（男性可略分开）。身体稍向前倾，则表示尊重和谦虚。如长时间端正坐，可双腿交叉重叠，但要注意将上面的腿向回收，脚尖向下。女性入座前应先将裙摆向前收拢，两腿并拢，双腿同时向左或向右放，两手叠放于左右腿上，如图 12-3 所示。错误的坐姿如图 12-4 所示。

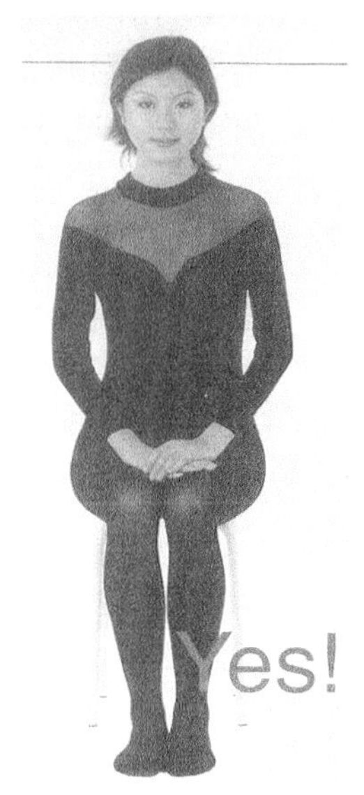

图 12-3　正确坐姿

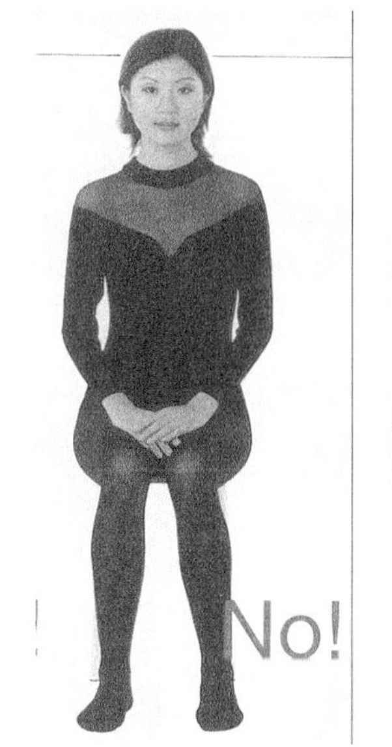

图 12-4　错误坐姿

（3）行姿

俗话说“行如风”。风是微风，行走时，不可奔跑，有急事可以小碎步或加大步伐。

（4）蹲姿

如果你需拾取低处的物件，应保持大方、端正的蹲姿。正确的蹲姿应当一脚在前，一脚在后，两腿向下蹲，前脚全着地，小腿基本垂直于地面，后脚跟提起，脚掌着地，臀部向下。

（5）人际交往常规距离

人际交往常规距离，亦称界域语。根据霍尔博士（美国人类学家）研究，有四种距离表示不同情况。

① 亲密接触（Intimate Distance）—0～45cm：交谈双方关系密切，这种距离适于双方关系最为密切的场合，比如夫妻及情人之间。

② 私人距离（Personal Distance）—45cm ~ 120cm：朋友、熟人或亲戚之间往来一般以这个距离为宜。

③ 礼貌距离（Social Distance）—120cm ~ 360cm：用于处理非个人事务的场合中，进行一般社交活动，如在办公、处理事情时。

④ 一般距离（Public Distance）—360cm ~ 750cm：适用于非正式的聚会，如在公共场所听演出等。

人们的亲疏远近往往通过距离反映出来，我们在与公众的交流过程中，要善于运用空间距离，把握好社交空间。

3. 谈吐礼仪

言谈，是人们为了某种目的在一定的环境中以口头形式运用语言的一种活动。现代人以交谈为最基本的交际形式，交谈能力的强弱直接影响着人际交往的成败。它不光指能准确传播信息、表达内心的情感，还指能准确接收信息、理解别人的话中之意。言谈要符合礼貌的基本要求，准确、生动、丰富、灵活，交谈时应注意语气、语调、语言速度的应用，多用请求或商量式的语气。在言谈交际中除了做到词语达意外，还应力求以语言的“礼”吸引他人，以语言的“美”说服他人。因此我们在与客户交流的时候，要正确灵活地运用交际用语，如幸会、恭候、打扰等。常用的文明交际用语五句话是：第一句是问候语“你好”，第二句是请求语 “请”，第三句是感谢语“谢谢”，第四句是抱歉语“对不起”，第五句是道别语“再见”。

二、社交礼仪

1. 介绍礼仪

介绍是社交礼仪的重要环节，这是彼此不熟悉的人们开始交往的起点，通过介绍，新的朋友结识了。介绍通常是把男士介绍给女士，年轻者介绍给年长者，位卑者介绍给位尊者，主人介绍给客人，未婚者介绍给已婚者，这是因为位尊者有先了解情况的权利，也就是知情权。当然介绍前首先要了解被介绍的双方是否有结识的愿望。当被介绍者拥有许多身份时，只需介绍与当下场合相关的身份即可。以下是介绍礼仪中要注意的几个方面。

（1）称呼

一般称男士为先生，称女性为小姐、夫人及女士，即为称呼国际惯例，但假如一位名字叫王建国的男经理，称他为经理、先生，可能都不错，但在不同的场合，总有一个他最乐于接受、他人也可能认为的最佳称呼，如果你能善用这个称呼，可能会事半功倍。

（2）自我介绍

通常我们把自己的姓名、供职单位或部门、职务或职能范围称之为自我介绍三要素。

（3）握手

握手的顺序即谁先伸出手，在某些情况下我们先伸手是合礼仪的，在另外一些情况下先伸手又是失礼的。通常伸手的先后顺序是女性在先，男士要等女士先伸手后再握，否则会出现让男士很尴尬的局面。如女士不伸手，无握手之意，男士点头鞠躬致意即可。长者在先，年轻者一般要等年长者先伸出手。主人在先，主人有向客人先伸手的义务，无论客人是男是女，作为主人，应该先伸出手，以示欢迎。上级在先，下级要等上级先伸出手再趋前握一握。但如果主宾关系，做主人的尽管是下级也应先向上级伸出手表示欢迎。而至于身份相当者，则以先伸手者为有礼。同时握手时间一般在 4 ~ 5 秒为宜。握手力度不宜过猛或毫无力度，要注视对方并面带微笑。切忌戴手套或手不清洁。

2. 电话礼仪

（1）接电话的基本礼仪

① 应在电话铃响三声内接起，如超过三声，则应致歉。

② 应首先介绍自己，表明身份。

③ 要注意声音的控制。电话只能听到你的声音，没法表达你的肢体语言，所以在这个时候要特别注意自己的声音、语速，以及准确表达。

④ 应准备好纸笔记录下要点，包括时间、地点、对象和事件等重要事项。

⑤ 来电客户不满、抱怨时，即使客户有误会，也要静静地听完客户的怨言，再提出解释说明或澄清误会。

⑥ 在和客户谈话时，如遇其他客户来电，应向客户致歉后，再去接电话。此时在电话中的交谈应尽可能简短，避免让客户久等。

⑦ 应在确认对方已挂电话后轻轻放回话筒。

（2）打电话的基本礼仪

① 应考虑打电话的时间，并注意确认对方电话号码、姓名，以免打错电话。

② 应准备好所需用到的资料或提纲。

③ 讲话的内容要有次序，简洁、明了，时间不宜过长。

④ 如发生电话中断等情况，应主动立即再拨打过去，并致歉。

⑤ 一般应该把通话时间控制在 3 分钟以内，最长也不要超过 5 分钟。即便这一次沟通没有完全表达出你的意思，也要约定下次打电话的时间或面谈的时间，而避免在电话中占用的时间过长。

3. 名片使用礼仪

名片是工作过程中重要的社交工具之一，因此交换名片时一定要注重礼节。我们使用的名片通常包含两个方面的意义，一是表明你所在的单位，二是表明你的职务、姓名及承担的责任。总之，名片是自己（或公司）的一种表现形式。因此我们在使用名片时要格外注意。

（1）名片的准备

① 名片不要和钱包、笔记本等放在一起，原则上应该使用名片夹。

② 名片可放在衬衣的左侧口袋或西服的内侧口袋，但不可放在裤兜里，并切忌不可使存放名片的口袋鼓起来。

③ 要保持名片或名片夹的清洁、平整。

④ 会客前要检查和确认是否有足够的名片。

（2）接收名片

① 必须起身接名片，并双手接拿。

② 接过后要点头致谢，不要立即收起来或随意摆弄，而是认真读一遍，要注意对方的姓名、职务、职称，并轻读不出声，以示敬重。对没有把握念对的姓名，可以请教一下对方，然后将名片放入自己口袋或手提包、名片夹中。

③ 切忌不可在接收的名片上做标记或写字。

④ 不要将对方的名片遗忘在座位上，或存放时不注意落在地上。

（3）递交名片

递名片的次序是由下级或访问方先递名片；如是介绍时，应由先被介绍方递名片。递名片时，应双手递，文字向对方。而且要注视对方，微笑、致意并使用得当的敬辞，如“请多关照”“请多指教”之类的寒暄语，如图 12-5、图 12-6 所示。

图 12-5 递送名片示意图 1

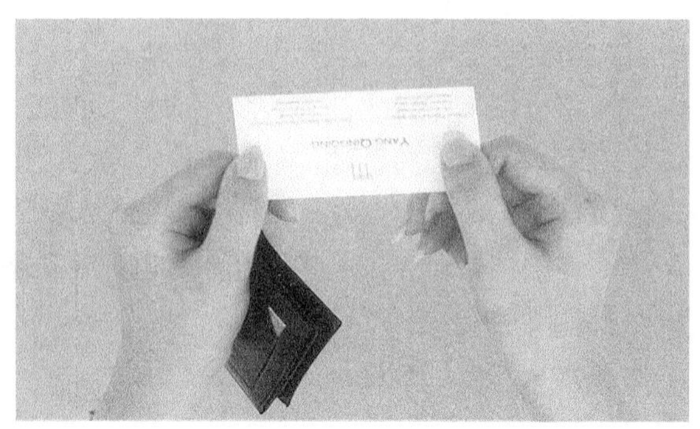

图 12-6 递送名片示意图 2

① 递接名片时应当用双手，名片的正方应对着对方、名字向着客户，拿着名片的下端，以弧状的方式递交于对方的胸前，让客户易于接受。

② 互换名片时，应用右手拿着自己的名片，用左手接对方的名片后，用双手托住，并要看一遍对方职务、姓名等。

③ 如在会议室等场所遇到多数人相互交换名片时，可按对方座次排列名片，如图 12-7 所示。

图 12-7 多人递交名片

4. 接待客户的礼仪

（1）接待客户，应着职业装，保持衣冠整洁，举止文雅大方，精神饱满，不面带倦意（拜访客户也应如此）。

（2）接待客户要礼貌、热情，不卑不亢，接待规格和等级要适度。

（3）不熟悉的客户到达时，应在客户到达前去门口迎接（重要的客户也应如此），并上前主动询问“请问您是否是某某单位的某先生 / 女士？”得到确认后，主动引导其到会谈室。初次会见要主动交换名片，报清自己的姓名和职务。附加服务包括安排车辆就位、帮助客户提拿重物品、在到会谈室的过程中向客户介绍有关情况等。

（4）引导客户时，应站在客户的侧前方二三步处，注意不要挡住客户的视线，随客户轻步前进，遇拐弯或台阶处要回头向客户示意。上电梯时，一只手为客户挡住电梯门，另一只手示意请客户先上；出电梯时，一手为客户挡住电梯门，另一只手示意请客户先出。上楼梯时请客户先上，下楼梯时请客户先下。注意使用“请跟我来”“这边请”“里边请”等话语。

（5）双方会面时，客人一方应面对进入的门口入座，主座居中，其他人按顺序左右入座。

（6）按座位依次介绍同时参加会见的各位同事，同事的位次一般按职务、级别来安排。

（7）与客户洽谈时，不可做抓头、搔痒、剔牙、挖耳、打哈欠等不文明举动。如因生病而擦鼻涕、打喷嚏，应侧过脸并向客户表示歉意。

（8）与客户会谈时，要态度和蔼、言语谦逊，不随便打断客户讲话，要学习做耐心的听众，并认真记录；要善于抓住客户感兴趣的话题，以此做切入点，不要让客户反感。

（9）准备好企业的宣传品及赠送必要的赠品，在客户离开时交给客户。

（10）客户离开时，为客户打开车门，注意不要夹住客人的衣、裙等，待客户上车且等车发动后，予以引导离开，与客户挥手告别，目送客户离开，待客户车开出了大门再返回工作岗位。

（11）再次接触客户要能记住客户的姓名和职务，业务往来时应以职务称呼。

5. 拜访客户的礼仪

（1）拜访准备

① 确定拜访的目的，提前准备拜访预案，明确拜访重点。

② 一般拜访客户可以分为一般性接触、建立关系、了解实质性内容、建立长期合作关系四个方面。

③ 要明确向客户介绍的内容或解答客户关心的问题。

④ 事先确定拜访的方式。拜访的方式包括两种：电话拜访，或者是上门拜访。

⑤ 正式拜访前，至少提前一天和客户预约。

（2）上门拜访

① 严格遵守预约时间，且至少提前五分钟到达预约地点。

② 拜访开始时，首先要营造出良好的洽谈氛围，包括态度友好地自我介绍、介绍拜访目的以及时限等。

③ 要采取灵活多样的方式鼓励客户交流，打消客户的顾虑。

④ 对客户不同的行为要采取不同的反应。当客户不太喜欢交谈时，应避免封闭式问题，利用开放式问题引导客户的思路；尽量和客户建立相互信任的关系，找出共同语言及共同经历。当客户对服务不满，表示不欢迎时，应诚恳地向客户做出解释，勇于承认目前服务的不足以及改进措施，避免与客户产生冲突。当客户因其他人而生气时，应保持不偏不倚的态度。

⑤ 拜访中要注意掌握技巧。提出问题以后，要注意力集中、仔细聆听，尽可能少说，保持适当的眼神接触，通过点头或中性词表达自己的态度（“嗯”“啊”“哦”等），要注意阶段性地与客户确认自己理解是否正确，最后及时总结、归纳，并与客户核实。

⑥ 拜访结束时，及时总结要点，并就下一步工作达成共识，为今后的合作留下余地，最后对客户表示感谢，并申明本次洽谈很有意义。

6. 回答客户要求的礼仪

（1）使用标准的普通话和规范的服务用语。

（2）态度平和自然、精神饱满、彬彬有礼、尊重风俗。有问必答、语气诚恳、解释耐心，对客户不教训、不责备。得理让人，不与客户争辩，不顶撞客户。

（3）严格遵守“首问负责制”的有关规定，为客户提供热情、周到的服务。对客户的咨询、投诉事项不推诿，不搪塞，及时、耐心、准确地给予答疑解难，确保客户有问而来，满意而归。

（4）对于客户的书面来函，要在两个工作日内以书面形式答复客户。

（5）客户经理应了解“授权有限”。对于没有把握回答客户的问题，特别是有关优惠条件的问题，绝对不能当场承诺，但也不能简单地说“不”。超出自己权限以外的事情，都必须及时向上级报告，经由内部商定后才可以回复客户。

（6）当客户提出某项本企业尚未开办或资源不满足的业务需求时，应首先表明非常感谢客户的信任，并表示此业务一旦开通，将立即告之，同时提出目前可解决客户困难的其他方式的建议。

本章案例

案例一　荣事达个体行为规范

荣事达在对员工个体行为进行规范时，制订了极为细致的条款，对员工的仪表、举止、接待日常工作守则等进行了较全面的规定，以挂接电话为例，荣事达就进行了以下7条规定。

（1）通话时，要根据环境，恰当使用“您好”“请稍后”“谢谢”“再见”等文明礼貌用语。与尊者通话时，要等对方放下话筒时，自己再放下。

（2）在通话中，要语气温和，声音适中。声音不要过高或过低；遇到对方情绪激动，出言不逊时，要冷静对待，切勿在电话中争吵。

（3）电话通话要简明扼要，节约时间。

（4）给领导打电话，不要过分拘谨，谈话要言简意赅，不要过多重复。

（5）给下级打电话，要态度谦和，不要盛气凌人。

（6）接电话时，要求在铃声响两声以内即拿起电话筒并立即向对方打招呼。如遇其他事情耽误，拿起话筒后应向对方表示歉意。

（7）所接电话较重要时，必要时要向对方问明单位、姓名、职务及联系电话，以便进一步联系。

案例二　中原油田直属机关工作礼仪规定

中原油田直属机关根据集团公司《员工手册》，从仪表、举止、语言、环境、行为等方面，制订印发了以“五要”为主要内容的《中原油田直属机关工作礼仪有关规定》，以加强机关工作礼仪建设。

一是仪表要庄重。着装稳重大方、整洁得体，与自身形象相协调，与所在场合相和谐；不得穿睡衣、拖鞋，不得穿奇装异服。女士不得穿过于单薄、透明、短小、紧身的衣服，不得穿吊带装；男士短裤、背心不得外穿。仪表大方，女士宜化淡妆，不得当众化妆或补妆，不用浓味香水；发型、发色要朴素大方。男士应每天修面剃须，头发不宜过长。二是举止要端庄。工作中精神饱满、站姿挺拔、坐姿文雅、行姿稳重。公共场合无斜、靠、躺、卧等动作。严禁随手扔杂物、随地吐痰；严禁高谈阔论、大声喧哗；严禁当众挖鼻孔、掏耳朵、搔头皮；严禁当众嚼口香糖、吃零食等。三是语言要文明。机关党委明确了文明用语和工作忌语。提倡说普通话，语速快慢适中、语调平和沉稳、吐字清晰；说话态度诚恳亲切，措辞谦逊文雅。提倡文明用语，禁用工作忌语，不讲脏话、粗话。与人交谈热情、谦虚、有礼，语气不得生硬，语调不得高尖。接打电话时要专注，言简意赅。四是环境要和谐。办公室卫生整洁、物品摆放有序；岗位职责公示牌摆放在醒目位置。同事之间团结互助，注重人际关系和工作环境的和谐。五是行为要规范。对来机关办事的人员，要亲切、和蔼，有耐心，不得急躁、生硬和轻慢。认真落实“首问负责制”，首问责任人对属于职责范围内的事项，要认真接待处理；对不属于自己职责范围内的事项，应指引有关职能科室或个人。上班不串岗，不在室内、楼道喧哗；工作时间不得有玩电脑游戏、网上炒股及聊天等与工作无关的事情。严禁酒后上岗；不得在公共场所吸烟，不得乱扔烟头等。

案例三 “女士优先”应如何体现

在一个秋高气爽的日子里，迎宾员小贺，穿着一身剪裁得体的新制服，第一次独立地走上了迎宾员的岗位。一辆白色高级轿车向饭店驶来，司机熟练而准确地将车停靠在饭店豪华大转门的雨棚下。小贺看到后排坐着两位男士、前排副驾驶座上坐着一位外国女宾。小贺一步上前，以优雅姿态和职业化动作，先为后排客人打开车门，做好护顶，关好车门后，小贺迅速走向前门，准备以同样的礼仪迎接那位女宾下车，但那位女宾满脸不悦，使小贺茫然不知所措。通常后排座为上座，一般凡有身份者皆在此就座，优先为重要客人提供服务是饭店服务程序的常规，这位女宾为什么不悦？小贺错在哪里？

案例分析：在西方国家流行着这样一句俗语：“女士优先”。在社交场合或公共场所，男子应经常为女士着想，照顾、帮助女士。诸如：人们在上车时，总要让女士先行；下车时，则要为女士先打开车门，进出车门时，主动帮助她们开门、关门等。西方人有一种形象的说法：“除女士的小手提包外，男士可帮助女士做任何事情。”迎宾员小贺未能按照国际上通行的做法先打开女宾的车门，致使那位外国女宾不悦。

（资料来源：陈刚平，周晓梅. 旅游社交礼仪. 北京：旅游教育出版社，2000.）

思考题

1. 礼仪所体现的原则有哪些？其中最重要、最基本的原则是什么？
2. 在公关场合握手应注意些什么？
3. 在公关场合，作为主持人或中介人，为别人做介绍时，应注意些什么？
4. 中西方文化差异对礼仪的影响有哪些？
5. 准备方案，表演不同国家、民族在公关交往时的基本礼节。

第十三章　公共关系危机管理

上海华普汽车成功的网络危机管理

2006年，天涯社区曾经有过这样一个热点：上海华普汽车的老总徐刚和一名天涯网友辩论。事件源于这名ID为“四海一家99”的网友，于2006年8月12日就华普汽车车型等问题公开在天涯经济论坛发帖，帖子名称就叫《给上海华普汽车总裁徐刚的一封信》，文中措辞激烈，对华普大肆指责。帖子一经发表，在天涯经济论坛上立即引起不小的反响，点击率一路走高。一周后，华普汽车总裁徐刚以“华普徐刚”的网名郑重出面回应，帖子题为《给“四海一家99”网友的回信》，内容包括车型决定成败、学习绝不是抄袭、多车型战略、诚信共赢是合作的基础等，谦虚认真地回答了网友的质疑和抨击。两个帖子一先一后在天涯“热”了半月之久，经过天涯主版的推荐，更是处于天涯头条的位置，一时间吸引了大量网民的关注。

“四海一家99”的原帖在天涯上创造了4万的点击量，“华普徐刚”的回帖点击量为4.4万，以天涯社区的网民注册量20多万来计算的话，大致有五分之一的网民关注过华普事件，这一数量还不包括两个帖子之外引出的副帖。同时华普老总徐刚的博客点击量也飞升，在百度上搜索“华普天涯”，依然会有48万多条的信息量，这些数据加在一起，足可见两个帖子所创造出来的巨大价值。

上海华普汽车公关成功的原因，首先是具有危机公关意识。企业在危机发生前就具有很强的公关意识，在危机发生时才能迅速完美地解决。其次，案例中，华普汽车当机立断，快速反应，果断行动，以一篇文章清楚明白地给公众明确的答复，从而迅速控制了事态的发展，将危机化为商机，为自己的品牌做了营销传播。再次，华普汽车发生危机后，立即成为公众和媒介的焦点，华普汽车没有心存侥幸，没有企图蒙混过关，而是通过论坛和博客主动快速地与公众沟通，说明事实真相，促使双方互相理解，消除疑虑与不安。最后，充分利用网络社区。华普汽车总裁在事情发生后，在当下流行的博客和社区发表博文和帖子，引来了超高的点击量和浏览量，成功地将企业危机变成了一次成功的事件营销，扩大了华普汽车的知名度。

组织面临着各种各样的危机，危机无处不在。当危机来临的时候，优秀的组织体现出成熟、沉稳且应对周全的特色，也处理得恰到好处。公关危机管理是一种特殊状态下的公关实务，是组织的一项极为重要的管理活动。

第一节　公共关系危机管理概述

一、危机的解析

1. 危机的概念及其类型

危机是经营过程中的一段不稳定的时间和不稳定的状态。企业危机经常表现为由于某些突发事件严重影响企业生产经营活动的正常进行，使企业形象受到严重损害，甚至影响到企业的生存。

然而我们应该看到，突发事件只是起到危机的导火索的作用，它本身并不是危机产生的原因。它包括企业问题潜伏尚未爆发时的情形和发生一些突发事件使危机显现化的情形。美国危机处理专家菲克（Steven Fink）认为危机有五大征兆：一是企业遭遇的问题日益严重；二是受到新闻界和政府的密切监督；三是影响企业的正常营运；四是危害企业及企业主管的良好印象；五是影响到了企业的生存。

若企业出现了上述征兆，就要立即采取措施，控制局势，避免其进一步恶化，并努力化解危机。

2. 危机事件的类型

按可能遭遇到的危机事件的性质来划分，它可分为以下几种类型。

（1）灾变危机

这是由于受到自然灾害和不可抗拒的社会灾乱所造成的企业危机，如受山洪、雷电侵袭或因战争因素使企业的正常营运受到影响而引发的危机。这种危机主要危害到经营的硬件设施，对企业声誉的影响较小。

（2）信誉危机

这是指企业信誉受到严重损害的危机。这种危机是由于企业不能履行合同或产品质量低劣，危害到消费者利益造成的，它不仅会使企业失去众多用户的信任，而且由于舆论产生的不良因素，其会使企业失去更多的市场、更多用户的信任和支持，使企业面临极大的困境。

（3）经营决策危机

这一危机多是企业领导决策失误或管理不当造成的。原因多是由于长期隐藏着经营决策上的失误，经过较长一段潜伏期后爆发的，若不立即做出变革，将会导致经营状况极度恶化。

（4）企业形象危机

这多指企业内部发生丑闻而使企业形象受到严重损害的危机。如企业被控偷税漏税、违反《中华人民共和国反不正当竞争法》或企业领导被查出有贪污受贿、挥霍浪费、泄露企业机密等问题，使企业在公众心目中的形象一落千丈。

（5）政策性危机

政策性危机指国家政策调整使企业受到冲击，严重影响到企业生产经营的危机。在整个国民经济发展过程中，国家对各行各业的建设、管理和经营制定了一系列的方针政策，政策的变动对组织的影响巨大，如出台赋税法令、就业劳动法令、营建法令、环保生态法令等。

政策性危机常常对企业的经济效益产生影响，企业应密切关注政府的决策，争取快速反应，积极应对。

（6）人员危机

组织还会发生人事危机，如出现负责人健康警讯、重要干部健康警讯，或者说关键人物突然去世等，引起内部人心惶惶，外界产生种种猜测。

除此之外，还会发生环境危机（企业有意或无意污染了环境，引起新闻界和政府的追查）等。

一般来说，各种危机是相互关联的，一种危机发生后，会引发另一种相关的危机，因此要采取行动遏制危机，避免其蔓延下去。

3. 危机的基本特征

（1）突发性

危机的起始时间一般都比较短，往往是在企业毫无准备的情况下发生的，因此常使人措手不及，给企业造成一定程度的混乱。

（2）变化性

促使危机发生变化的因素纷繁复杂，让人难以把握规律，无法事先预料，所以危机处理的难度较大。

（3）严重性

在信息化社会的今天，社会组织以自身的有效活动，不间断地为公众提供信息、创造效益及振兴事业，是人们须臾不可离开的，所以一旦危机产生，会给相关公众造成很大危害。一是会使企业产品品牌的含金量和市场号召力急剧下降，给企业的经济效益造成巨大损失，企业的社会形象迅速降低。如南京冠生园一度是个非常红火的企业，它的月饼产销两旺，其品牌的含金量和市场号召力均是巨大的。但自从央视2001年9月3日中午的《新闻三十分》播出了题为《南京冠生园旧月饼 “翻新再利用”》的新闻后，南京冠生园就陷入了严重的危机，甚至面临破产。可以说，危机可导致企业由盛而衰，直至消亡。二是会损害公众的利益，因为危机会给直接当事公众的精神、经济甚至政治带来损害。三是会危害社会，如1986年由于两个邮电企业发生纠纷，致使中断电报通信达八个小时，给社会带来的经济和政治上的恶劣影响不言而喻。所以，一旦产生危机，则是严重事件。

（4）影响性

食品、邮电等不少行业的正常运行与否与大众的生活息息相关，况且长期以来，用户与它们结下了深厚的感情，因此这类组织危机的爆发及事态的发展，强烈地刺激着人们的好奇心，相较于别的行业所产生的危机，更能引人注意，常成为社会舆论关注的热点，组织处理事件的态度及方式方法会影响到用户、新闻界和政府等社会各界人士对组织的现实评价。

（5）余波性

危机爆发后，给组织造成的信誉及经济损失很难在短期内恢复，甚至很长时间后，人们还会旧事重提，揭组织的老疮疤。所以经历过危机的组织一方面要对危机处理的成效进行评估，进一步做好工作；另一方面要精心维护形象，尽量避免再次陷入危机之中。

二、危机管理的定义

危机管理又称风险管理，属于矫正型公共关系或补救型公共关系，是指因公众误会或因组织的失误而给公众造成损失，以致组织的自身形象受损时，为恢复和巩固公众的信任而采取的一切有效的公关实施手段的总称。

三、危机管理的意义

1. 危机无处不在，无时不在

以企业为例，当危机产生之后，可能产生下列恶果：人身的伤害、人力资源无谓的耗损、赔偿的责任、工作效率的降低、权利的丧失和市场的消失、信用的受损、法律责任的承担等，任何一种结果，都可能导致企业经营失调或挫败。以上危机的损害足以让包括企业在内的各种组织警醒，但危机在我们周围潜伏游荡，常出其不意地来临，对组织形象产生巨大的破坏力。著名的埃克森石油公司、雀巢公司等都曾因为危机管理失误而陷入困顿之中。微软公司总裁比尔·盖茨名言："我们离破产永远只有 18 个月。"这正是对危机高度警惕的表现。

企业更应当具备强烈的危机管理的意识，这是因为在市场经济高度发展的今天，企业比任何时候都更加容易遭受到危机，原因如下：一是激烈的市场竞争中充满了风险；二是媒体和网络传播的影响力迅速而巨大；三是政府对市场的干预和监督力度明显加大；四是企业与用户公众、金融界、交通运输部门、新闻界和政府机构等社会各界打交道，与各类公众的关系错综复杂，较之其他行业，导致企业发生公关危机的潜在因素更多。

2. 不可缺少应对危机的准备工作

增强危机意识，做好充分的准备，当危机到来时，能够迅速投入到危机管理的确认、控制和解决中去，这一点尤为重要，这样才可能在问题出现时占有主动权，重塑组织形象。假如不但没有危机预防的意识，且平时并无危机应变计划，或称紧急事件处理计划，即提供应付处理紧急事件所需要的人力、组织和措施的一整套方案，危机突然来临时也没有意识到严重性，反应迟钝，自以为自己的组织是一块笼罩着光环的金牌子，一点风浪袭来，不会有翻船之虞，那么这种投机侥幸心理会招致一连串的失误。

总之，为了树立良好的组织形象，以利于事业的顺利发展，增进社会综合效益，维护组织长远利益及赢得组织当前的经济效益，要对公关危机管理予以高度的重视。

四、危机管理的目的

1. 预防与控制危机

危机的预防与控制是成本最低、最简便的方法。企业应根据经营的性质，识别整个经营过程中可能存在的风险，并从潜在的事件及其潜在的后果中追根溯源，排查出其滋生的土壤，然后收集、整理所有可能的风险并充分征求各方面意见，形成系统全面的风险列表，从而对这些可能导致危机的原因进行限制，并有针对性地练习内功，增强免疫力，以达到避免危机的目的。

2. 建立危机管理体系

主要是建立应对危机的机构，并制订危机管理的制度、流程、策略和计划，从而确保在危机汹涌而来时能够理智冷静，胸有成竹地应对。

3. 解决危机

主要是指通过公关的手段阻止危机的蔓延并消除危机。如建立强有力的危机处理班子；有步骤地实施危机处理策略；制止危机给企业造成的不良影响，尽快恢复企业或品牌形象；重获员工、公众、媒介以及政府对企业的信任。

4. 在危机中发展

危机管理的最高境界就是总结经验教训，让公司在事态平息后更加焕发活力。INTEL 公司前 CEO 安迪·格鲁夫曾这样说："优秀的企业安度危机，平凡的企业在危机中消亡，只有伟大的企业在危机中发展自己。"

5. 实现组织的社会责任

作为社会的一员，组织卓有成效的危机管理，将促进社会的安定与进步。反之如果危机处理不当，将成为社会的负担，并带来不可估量的危害。

第二节　危机管理的原则及方法

一、危机管理的原则

危机处理活动常常面临着强大的舆论压力和严峻的社会环境，公关人员若要化解危机，必须依据危机处理的基本原则精心运筹、悉心策划、艰苦努力。危机处理的原则如下。

1. 事实性原则

公共关系的基本原则是指企业在开展公关活动中必须遵循和所要达到的基本要求，其中以事实为基础占首位。公共关系学认为，先有事实，后有公共关系。也就是说事实是公关的基础。"公关之父"艾维·李主张"说真话""讲实情"，他认为向公众封锁消息或欺骗愚弄公众都不能获得好的声誉，应当把真实情况披露于世，以此来获得公众的信任。即使披露真情对企业不利，也应该去调整自身的行为，而不是去极力遮盖真实情况。若持回避事实、推卸责任的态度，毫无一个成功企业的大家风范、厚德之心，对员工来说，将造成员工人心涣散；对政府来说，是"钻法律的空子"；对媒体来说，是与"公众的代言人"交恶；对消费者来说，是对他们长期以来认同著名品牌的情感的一种嘲弄。四面树敌，自毁形象，在各方面公众的心目中会留下挥之不去的阴影。我们说，企业面临危机，应当本着公关的事实性原则，以壮士断腕的勇气承认错误，知错就改，因为经商与做人有异曲同工之处，两者均以诚信为本，舍本逐末，定将众叛亲离。

2. 及时性原则

期望时间能改变一切，最终让人淡忘企业的过错，这种想法是徒劳的，恰恰相反，正在改变并将随着时间的推移而彻底改变的是公众对于著名品牌原有的认同。诺·R.奥古斯丁说："我自己对危机的最基本的经验，可以用六个字概括：'说真话，立刻说'。"危机处理的目的是尽最大可能地将不良影响降至最低程度，把造成的损失减至最低限度，争取在最短时间内重塑形象。基于此，我们认为真诚道歉，主动包括与揭自己短处的媒体修好，给消费者一个答复，让员工了解情况，鼓舞士气等工作必须要在第一时间去做，因为"船到江心补漏迟"，纠正失误如救火，补救措施越早实施，就越能控制事态的发展，减少对形象的损害。一味拖延逃避只会使不良影响迅速扩大，留在人们心目中的消极印象很难改变。

3. 冷静性原则

危机往往突如其来，此时，以组织领导为主的危机处理人员首先应当保持镇定，这样才能认清形势，从容不迫地应对，绝不可因情绪上的急躁慌乱而导致行动上的轻率鲁莽。应当临危不乱，以最快的速度确定企业处理危机的立场，制订出有效的危机处理政策，成立由主要负责人参加的危机处理专门机构，由专人定期发布书面消息，通过大众传媒、公开的或内部的通信报刊，公开传播讯息，并且在声明中保持冷静、坦率和前后一致，这样才有助于恢复企业的正面形象。

4. 公众性原则

公众性原则即任何时候公众的利益都是第一位的，处理危机时，要把公众利益放在企业利益之上。那种为一己私利所诱，漠视公众，单纯注重自身利益而无视公众的利益，继续坚持欺瞒公众的态度和做法是极其错误的，因为真相一旦公布，企业就很难得到公众的谅解并继续得到他们的支持。当初，埃克森石油公司正是因此由公关危机转化为公关灾难的，任何违背了公众性原则的危机处理态度都将重蹈其覆辙。

5. 全面性原则

危机处理的全面性原则指的是处理危机时，既要考虑到内部公众，又要考虑到外部公众；既要注意现在的影响，又要预见未来的或潜在的影响。诺·R.奥古斯丁指出："要尽一切努力避免使你的企业陷入危机；一旦遇到危机，就要接受它、管理它，并努力将你的视野放长远一些。"危机来临时，领导者主要关心的是将蒙受的巨大的经济损失，而不是多年来艰辛创立的品牌形象和企业形象将永久受到的严重损害，却不知留在公众心目中的良好声誉千金难买。因为从 20 世纪 70 年代起，经济发展就进入了"印象时代"或称"感性时代"，企业的价值决定于公众的认知，缺少"形象力"的企业不可能在激烈的市场竞争中稳操胜券。所以既要着眼于当时企业危机事件本身的处理，又要立足于企业形象的维护和塑造，不能头痛医头，脚痛医脚，要从全面的、整体的高度来进行危机管理，争取赢得多重效果和长期利益。

二、危机的预防

危机的预防是日益被人们重视的新课题，是组织主动出击战胜危机的有效手段。

1. 建立健全危机预警机制

首先要建立危机事件预警系统。所谓危机事件预警系统是指运用电子系统或指标性系统，将有关公共突发事件过去和现在的数据、情报、资料等进行登记、汇总、整理、分析，运用一定的技术手段和方法，对有关突发事件可能滋生的相关环境条件、事件发展趋势和演变规律等做出估计和判断，并发出准确的警示信号，使政府、公共组织企业或民众能提前了解，以便及时采取相应的对策，阻止或化解危机的一系列活动。

对于危机事件的防控而言，预警机制的建立只是整个防控工作的第一步和基础环节。因为预警系统可以降低危机事件的发生率，但不是所有的危机事件都是可以防范的。接下来要做的工作就是要根据预警系统提供的相关指标和指令制订具体的防控预案、必要的工作协调安排和相应的资金物质储备等，一旦突然发生危机事件，才能最大限度地减少其造成的损失。

对危机事件的分析预测包括以下几方面：从组织自身的类型做预测；从组织发生过的事件中做预测；从同行业组织的经验或教训中做预测。

2. 制订应急计划

要树立全员危机意识，建立危机预警机制，完善危机应急计划。

（1）危机管理计划必须是具体的、可操作的，语言明确无误，绝无模棱两可之词。

（2）危机管理计划必须保持系统性、全面性和连续性，应明确所涉及组织及人员的权利和责任，对人员进行有效配置，做到事事有人管，人人有事做，从而使企业全体成员在危机来临时都能够迅速找到自己的位置，发挥主观能动性。如果危机管理计划体系混乱，杂乱无章，相关人员就会反应迟钝、迷茫无助或混乱不堪。

（3）危机管理计划必须保证灵活性、通用性和前瞻性。由于企业所处的环境瞬息万变，加之危机发生时的情形充满未知，因此危机管理计划不能过于僵化和教条，不要把重点放在细节上，不要把精力放在描述特定的危机事件上，从而确保企业在遭遇无法预知的紧急状况时，能够在遵循总体原则的前提下，采取针对性的策略和方法。

（4）危机管理计划的制订应该是全员参与的，应该是决策者、管理者及执行者精诚合作的结晶。没有决策者的重视，或者执行者的积极响应，危机管理计划只会成为漂亮的摆设。危机管理计划的实施者应当对计划了如指掌，并完美地将危机管理计划付诸实施。

（5）危机管理计划的制订应建立在对信息的系统收集和系统传播与共享的基础上。负责制订和实施危机管理计划的人员应充分了解企业内部及外部的信息，并及时充分地沟通，同时应和相关利害关系各方（如政府部门、行业协会以及紧急服务部门等）加强联系。企业如果没有系统地收集制订危机管理计划的信息，就会在制订危机管理计划时顾此失彼，漏洞百出。

（6）对首要公众给予最多的关注，任何方面的疏忽都可能导致灾难性的后果。任何人都必须认识到，针对首要公众的一举一动都事关企业的声誉和未来。

（7）应有标准的报告流程和清晰的业务流程，从而确保信息及时充分地沟通以及危机反应计划能迅速有效地实施。

（8）应有轻重缓急，主次优劣的区分。对危机管理的目标应有优先序列，同时对系列的危机也应先急后缓，先重后轻。

（9）必须有危机管理的预算。危机管理预算和营销预算同等重要。制订危机管理计划必须以自身的人力、物力、财力资源为基础，而不能以危机事件的种类为依据，否则危机管理计划只会成为水中月、镜中花，没有任何现实意义。

（10）为保证计划的有效性，应定期对计划进行检查及更新。最佳的危机管理计划是能够解决问题的计划。制订好危机管理计划后，并不是万事大吉，束之高阁，而是应定期组织外部专家及内部责任人员进行核查和更新。

3. 成立危机管理委员会

组织应设立危机管理委员会，这是顺利处理危机的组织保证。以企业为例，危机管理委员会的人员应包括组织领导、人事经理、工程管理人员、保安人员、公关经理、后勤部门领导等。如果组织有分支机构，每个分支机构、子公司、分厂都应向委员会派出代表，以便发生问题时能迅速在各地协调行动；特别是当分支机构也都生产同样的产品，采用同样的质量标准、同样的购销渠道，具有同一组织形象时更有必要。

危机管理委员会可全面、清晰地对危机发展趋势做出准确预测；确定有关处理策略和步骤；安排调配组织现有的人力、财力、物力，明确责任，落实任务；启动信息沟通网络，与传媒及目标公众保持顺畅联络；对危机处理过程中各项工作做指导和咨询。

危机管理委员会应配置的设备与材料有：足够的通信设备（包括内、外线电话和无线电通信工具）、各类图纸（平面图、建筑施工图、水电线路图、社区方位图等）、员工名册、重要人物的地址、联系电话及应急车辆、人员，各类专用设备等，以保证危机处理能有条不紊地进行。

此外，还可以根据危机内容和可能的发展趋势，确定是否聘请外部专家介入对危机的处理，有些危机只有靠专业的、经验丰富的公关专家，才能帮助组织控制灾难。

4. 印制危机管理手册

组织可将危机预测、危机情况和相应的措施以通俗易懂的语言编印成小册子，可以配一些示意图，然后将这些小册子发给全体员工；还可以通过多种形式，如录像、卡通片、幻灯片等形式向员工全面介绍应对危机的方法，让全体员工对出现危机的可能性及应对办法有足够的了解。

目前，仍有很多组织不注意这方面的工作，员工长时期不了解本组织可能出现的危机，也不了解一旦出现危机应该采取什么样的措施来自救和保护，这是非常危险的。

5. 确定组织发言人

组织应设立一个专门负责危机处理的发言人。发言人一般由在组织中拥有权威，能代表组织对外讲话；形象好，身体语言出众；有很好的沟通能力、表达能力强，反应迅速、善于倾听；有全面的知识结构，并通晓危机管理；能够很好地控制自己的情绪，在外界压力下，能保持冷静，临危不乱，沉着稳健的人担任。新闻发言人在工作时应头脑冷静，思维清晰敏捷；积极解决问题，不卑不亢，诚恳、稳重；言辞审慎，表情严肃，态度坚定认真；绝不说“无可奉告”；不用否定性语言，不攻击和诋毁对手；尽可能多地向媒体和公众提供媒体所需的背景资料，不放弃任何话语权；坏消息一次性和盘托出；不强求审查媒体的新闻稿件，但务必请关键性媒体记者发布客观、公正的事件细节；尊重和听取外部专家的意见，包括公关顾问、法律顾问和保险顾问等专业人士（参见第八章第四节）。

6. 事先与传播媒介建立联系

“冰冻三尺，非一日之寒。”组织要想在危机来临时把握主动，就必须在日常的工作中与媒体建立互信双赢的伙伴关系，通过联络媒介，达到主导舆论的目的，通过媒介的渠道与社会各界多方沟通，加速化解危机。

首先高层应在思想上高度重视。从企业的角度来讲，高层对公司的整体情况很熟悉，能够有针对性地、策略性地和媒体进行有效沟通和交流。从媒体的角度来讲，与企业的高层接触，才能掌握到更真实更可靠的第一手资料。另外，企业高层经常与媒体沟通，会博得媒体的好感。

其次要建立一个高素质的公关部门，并树立起企业的公关文化氛围。公关部门必须具备以下四种能力。

（1）洞察先机的能力。在与记者沟通交流时，要善于洞察先机，使企业能防患于未然，运筹帷幄。实际上，危机的发生在偶然性中有着必然性，很重要的原因就是公关部门触觉不灵，结果导致危机发展到不可控制的局面。

（2）新闻策划的能力。不间断地、针对性地传播企业信息，有利于企业整体形象的树立。

（3）要有应对媒体宣传造成不利影响局面的心理承受能力。媒体除了具有信息传播和宣传教育的作用外，还有舆论监督的作用。媒体，尤其是主流媒体常站在客观公正的立场帮组织找出存在的问题及问题的根源，所以要做好随时随地接受检查监督的心理准备。

（4）建立起能受自己控制的新闻传播渠道的能力。企业可以考虑聘请媒体内有影响力的人士做宣传顾问等。

7. 建立处理危机的关系网络

根据预测的组织可能发生的危机，与处理危机的有关单位联系，建立合作网络，以便危机到来时能很好合作。这些单位有医院、消防队、公安部门、媒介机构、相关的科研单位、同行业兄弟单位、保险公司、银行等。在平时就要通过互相沟通使它们了解组织的基本情况，以及在危机中组织会向他们寻求哪些帮助等。

8. 搞好内部培训

处理危机是公关工作中的一项重要内容，但由于危机并非经常发生，所以大多数工作人员，对处理危机都缺乏经验。可组织短训班专门对公关人员进行培训，内容包括：模拟危机，让受训学员做出迅速的反应，以锻炼他们面对危机、处理问题的能力；向他们提供各种处理危机的案例，让他们从各类事变中吸取经验和教训，帮助他们在心理上做好处理各种危机的准备。危机的发生是很难预测的，因而危机管理应常备不懈，各种方案、计划和培训都不能一劳永逸，应常备常新，万万不可心存侥幸。

三、危机处理的步骤

当危机爆发后，企业可按以下程序或步骤来进行危机处理。

1. 听取意见

公关危机发生时，常表现为有公众投书、来信或通过新闻界向企业提出严厉的批评意见，观点或许会有偏见，措辞可能很尖锐，甚至还会让人觉得尖刻，难以接受，但不管怎样，企业都要本着 “一切为公众”的经营宗旨，认真而耐心地倾听，全面了解各方面的意见，尤其是负面意见。

2. 确认问题与查清事实

企业形象受到损害时，危机处理机构的专职人员或是企业处理危机的主要负责人员应立即出动去向有关部门、地区或公众了解有关事情的来龙去脉、前因后果，并迅速协同有关部门分析事故原因，找出主要负责者，然后在事实材料的基础上，判断危机事件的性质及严重性。

3. 确定企业处理危机的立场及方法

做了以上工作后，企业应当提出处理危机的基本原则，包括企业的态度，将要采取的基本方法和措施。需要注意的是，无论是企业本身失误造成危机，还是由于公众的误解，或是少数人蓄意制造事端而引发危机，都应持诚恳大度的态度，不要仅仅从企业自身利益出发，急于辩白，为企业洗清冤屈等，那样做效果会很不理想。公众利益优先是公关实施的原则，“先利他后利己”是危机管理的真谛，要高屋建瓴地把维护公众的利益放在首位，以补救后的事实及公众的最新反应来证实企业对公众的承诺是兑现的，争取重塑在大众心目中曾经美好的社会形象。

4. 交流意见

与发生纠纷的对方充分交流意见，求同存异，达成谅解，这是危机管理中重要的一环。这种交流，可以在企业与公众之间进行，也可通过新闻媒体进行，甚至还可以利用其他的传播形式，如人际传播、组织公众参观设施及生产过程、向公众散发通信业务宣传资料等，以求改变公众的态度，寻求共同的利益点及相似的观点。若双方存在着尖锐的冲突，可请第三方主持会议，避免在直接面谈的过程中发生冲突。在交流意见时要注意到危机发生后将会触及各类公众的利益，对此应分别处理。

（1）对内部公众

首先，应把危机情况及组织对策告诉全体员工，使员工同心协力共渡难关。其次，如有人员伤亡，应立即通知其家属，并提供条件满足家属探视、吊唁的要求，组织周到的医疗和抚恤工作，由专人负责；如果是设备损失应及时清理。

（2）对危机受害者

首先，对受害者应明确表示歉意，慎重地同他们接触，冷静地倾听受害者的意见和他们提出的赔偿要求。其次，应该同他们坦诚、冷静地交换意见，同时谈话中应避免给人造成推卸责任、为本组织辩护的印象。

（3）对新闻传播媒介

① 应及时向新闻媒体通报危机的真相。

② 在说明危机时应简明扼要、通俗易懂。

③ 事件一旦作为新闻被媒体报道出去，就将留在公众的记忆中，因此，一定要谨慎行事、实事求是，既不掩盖事实真相，也不容许他人随意猜测、添枝加叶、夸大危机。

④ 及时召开新闻发布会，有时还需要连续发布。

（4）对上级领导部门

危机发生后，应及时向组织的直属上级领导汇报情况，不能文过饰非，不允许歪曲真相、混淆视听。

（5）对企业所在社区

组织公关部门应向当地居民登门道歉，根据危机的性质也可以挨门挨户道歉。必要时可以在全国性或地方性报纸上刊出致歉广告，直到给予经济赔偿。

5. 利用传媒

在危机事件处理期间，新闻媒介自始至终对事件的发展十分关注，正确对待新闻媒体，尽力利用传媒，是重建企业形象的必由之路。

（1）端正对待新闻媒体的态度

① 不可无视新闻媒体的存在，因为它是企业与社会公众进行广泛、有效沟通的必经渠道，要充分认识到新闻界的重要性。

② 不能无视新闻媒体工作的独立性，企业无权要求他们按自己的意愿行事，把它看成宣传工具，或是担心报道会不利于企业而拒绝采访。

③ 即使出现了对本企业不利的失实报道，也不要对新闻媒体大加指责，而应主动与他们联系，重新提供正确的信息和事实真相，让他们自己去做处理或更正，这种信赖态度就是对新闻媒体的尊重。

④ 不管是中央级的媒体还是地方性媒体，企业都要一视同仁地配合工作，切不可轻慢和区别对待。

（2）把危机真相尽快告诉新闻媒体

在危机发生后，企业反应的真诚度和快捷度体现在向新闻媒体提供的信息的真实程度、提供信息的时间及信息量这几个方面。如果隐瞒事实，只会引起新闻媒体的猜疑和反感，促使他们千方百计地去挖掘消息，从各种渠道获取材料，甚至凭主观感觉和推测去做判断，这就对企业很不利。企业明智的做法是保持一条开放的信息渠道，利用传媒公开事实真相，坦陈企业的立场和态度，并勇于承认错误和承担责任。

（3）向记者开放

企业在处理危机时可考虑建立一个临时记者接待站，集中向他们提供危机的处理进展情况，包括企业对受害者的赔偿情况、正在采取的抢救措施等，如有可能还可安排记者参观危机现场。

（4）利用传媒传播信息

如果企业是危机的主要责任人，就应以企业的名义，在主要媒体上向消费者公开道歉，做出承诺，表示悔过的决心，以求得大众的谅解和信任；危机局面稍微平静时，可邀请记者，包括消费者在内，参观生产现场，表明保证产品质量等承诺，重新赢得大家的信任，尽量以诚恳良好的实际行动，请媒体追踪报道时进行反报道，即与以前的负面报道相反的正面报道，尽可能地消除负面事件在公众心目中的不良影响，迅速恢复企业的正面形象。企业还可用召开新闻发布会等其他方法来挽回危机给企业带来的负面影响。

（5）与媒体保持良好的关系

假如危机的发生是媒体首先曝光的，企业也不应视媒体为对立方，恰恰相反，应向媒体致谢，因为正是媒体发挥了社会监督的作用，使企业发现了自身的问题，在表达感谢之余，要恳请媒体继续监督企业，而且今后也要与之保持良好的合作关系，因为与媒体的对立就直接造成了与公众的对立。企业在任何情况下，都应积极主动地配合媒体的工作，这样才可能使媒体在企业处于危机时公正地报道危机事件。

6. 跟踪结果

对有关危机事件处理解决后，还应对这次矫正、补救工作的效果进行及时的检验，判断原有的问题是否得到彻底解决、公众对企业的坏印象有无改变、企业的不利局面是否扭转等。这样，既能使企业自己对这次工作的效果做到心中有数，又可为今后如何处理此类事件提供宝贵的参考资料。

7. 重塑形象

危机风暴平息后，公关实施人员的工作是要树立重建组织良好形象的强烈意识，重建组织形象的目标，采取建立良好形象的有效措施，尽快进行形象重塑，恢复企业在社会公众心目中的形象和地位。

四、危机的转化

危机也是可以转化的，例如，威廉斯太太从超级市场买回两罐百事可乐给孩子，孩子喝完以后，无意将筒罐倒扣在桌上，竟然有枚针头倒了出来。她立即向新闻界捅出此事，可口可乐也趁机大肆宣传自己的产品，一时间，百事可乐无人问津。百事可乐公司得到“针头事件”的消息后，立即采取了措施，一方面通过新闻媒体向威廉斯太太道歉，并请她讲述事件经过，感谢她对百事可乐的信任，为百事可乐严把了质量关，并给了威廉斯太太一笔可观的奖金以示安慰。它还向消费者宣布，谁若在百事可乐中再发现类似问题，必有重奖。另一方面，在公司百事可乐的生产线上更加严格地进行质量检验，并请威廉斯太太参观，使她确信百事可乐质量可靠，并最终赢得了这位女士的赞扬。事件的合理解决，缓解了矛盾，打消了消费者的顾虑，刺激了消费者的好奇心，不仅没有使销量下降，反而使购买百事可乐的消费者倍增。

百事可乐获取“针头事件”信息后，立即迅速、果断地推出上述一系列措施，面对突如其来的危机，勇敢地面对现实，极力挽回公司的信誉和市场占有率。从案例可以看出，组织要意识到维护公共关系的重要性，如果遇到危机要善加处理，认识到善尽社会责任是维系良好公共关系的不二法门，同时也要认识到危机亦可能是转机，危机事件往往是企业向社会公众展示其高超的传播能力和强大的生存能力的好机会。有时，危机处理得当，甚至能将坏事变成好事，反败为胜，向好的方面扩大其社会影响力。危机管理的成功不仅可以通过组织的有效行动，使组织转危为安，而且可以经过总结提炼，使组织反败为胜。

本章案例

案例 35次紧急电话

一次，一位名叫基泰丝的美国记者，来到日本东京的奥达克余百货公司。她买了一台“索尼”牌唱机，准备作为见面礼，送给住在东京的婆家。售货员彬彬有礼，特地为她挑了一台包装未启封的机子。

回到住所，基泰丝开机试用时，却发现该机没有装内件，因而根本无法使用。她不由得火冒三丈，准备第二天一早就去奥达克余交涉，并迅速写好了一篇新闻稿，题目是《笑脸背后的真面目》。

第二天一早，基泰丝在动身之前，忽然收到奥达克余打来的道歉电话。50分钟以后，一辆汽车赶到她的住处，从车上跳下奥达克余的副经理和提着大皮箱的职员。两人一进客厅便俯首鞠躬，表示特来请罪。除了送来一台新的合格的唱机外，又加送蛋糕一盒、毛巾一套和著名唱片一张。接着，副经理又打开记事簿，宣读了一份备忘录，上面记载着公司通宵达旦地纠正这一失误的全部经过。

原来，昨天下午4点30分清点商品时，售货员发现错将1个空心货样卖给了顾客。她立即报告公司警卫迅速寻找，但为时已晚。此事非同小可，经理接到报告后，马上召集有关人员商议。当时只有两条线索可循，即顾客的名字和她留下的一张“美国快递公司”的名片。据此，奥达克余公司连夜开始了一连串无异于大海捞针的行动：打了32次紧急电话，向东京各大宾馆查询，没有结果。再打电话问纽约“美国快递公司”总部，深夜接到回电，得知顾客美国父母的电话号码。接着又打电话去美国，得知顾客在东京婆家的电话号码。终于弄清了这位顾客在东京期间的住址和电话，这期间的紧急电话，合计35次！

这一切使基泰丝深受感动，她立即重写了新闻稿，题目叫作《35次紧急电话》。

此事曾被美国公共关系协会推举为世界性公共关系范例。奥达克余在不到20小时的时间内，能够将一起由于自身失误而引发的风波妥善地平息下去，应当说是得益于其强烈的公关危机意识和及时的公关举措。

千里马也有失蹄之时，由于企业在极其复杂的现实环境中运行，因此，很难对运行中可能发生的各种情况做出完全准确的预见。这样，难免会有失误的地方，并自然而然会使组织形象受到不同程度的损害。问题在于，事情一旦发生，应当如何对待？奥达克余的做法是值得企业学习的，他们对于自身的失误，树立了正确的态度：亡羊补牢，向公众表明解决问题的诚意，求得公众的谅解和合作，使失误对组织形象产生的损害减少到最低限度，并由被动变为主动。

失误一旦发生，企业形象便开始遭受损害，因此，要使纠正失误的公共关系工作有成效，就要有强烈的“救火”意识，及时发现，及时纠正，及时改善。其中“及时”二字最为关键。奥达克余为解决问题付出的努力是非常及时的。发现问题后，他们立即行动，力求在顾客成为知晓公众之前解决问题。假如奥达克余被动地等待顾客上门交涉，错失良机，《笑脸背后的真面目》一经见报，奥达克余的日子就难过了。任何企业必须明确这样的公关道理：纠正失误如同“救火”。

思考题

1. 简述公关危机管理的意义。
2. 简述公共关系危机处理的对策及其应用。
3. 如何预防危机事件？

第十四章　营销公关

乐事的微博营销公关

2016 年 3 月 26 日，乐事官方微博转发一条微博，是有关乐坛天后容祖儿去长沙参加《我是歌手》录制，在长沙某超市购买乐事薯片时正好被歌迷发现，并录制秒拍视频的事情。此微博巧妙地将自己的产品与当时热门的《我是歌手》和天后容祖儿联系在了一起。5 月 17 日，它转发微博知名星座博主同道大叔微博帖：如何逗乐十二星座？将其中的“逗乐”与自己的产品“逗乐薯”相关联。

此案例表现出乐事官方微博在运营中具备较好的公关意识，即积极主动地了解用户心理，多方位地获取信息，挖掘事物的潜在价值。通过微博平台做营销公关，充分地利用了有用信息，使得企业的产品或品牌更多地出现在微博用户的视野中，博得了公众和媒体的好感。

第一节　营销公关概述

一、营销公关的定义

在现代市场营销中，尽管开辟和发展市场的方法与途径多种多样，但是能够在市场上引起震撼效应，形成强大吸引力，并保证企业顺利进入市场进而占有市场的方法是公共关系。随着市场经济的发展，商品市场逐渐由卖方市场转向买方市场，作为现代市场营销的重要组成部分，企业公共关系越来越显示出其重要作用。尤其是 20 世纪 90 年代以来，市场营销的概念发生了重要的变化，公共关系的观念全面地引入市场营销体系中，越来越深入地渗透到市场营销的各个领域。市场营销已经不再仅仅满足于向消费者提供产品和服务，而且还包括通过双向沟通，了解消费者的需求，并使社会广大公众了解企业的方针、政策和措施，从而密切企业与公众的关系，在社会上树立企业良好的形象和声誉。市场营销活动的对象已经由消费者扩大到整个社会公众。公共关系在市场营销中的地位越来越重要，随着市场竞争的日趋激烈，公共关系已经成为决定现代市场营销成败的决定性因素之一。因而市场营销和公共关系两者不断融合而形成一个新概念——营销公关，并不断得到重视。20 世纪 80 年代，美国西北大学的托马斯·哈里斯（Thomas L. Harris）教授第一次提出营销公共关系（Marketing Public Relations，MPR）理论，标志着公共关系（Public Relations）进入了一个创新时期。

所谓营销公关，是指企业利用公共关系手段和技巧，建立和促进生产和消费之间的双向交流，在树立良好的企业形象和产品形象的基础上，促进企业产品生产和销售，完成企业的既定发展目标的过程。

二、营销公关发展的原因

从 20 世纪 90 年代以来，国际公共关系实践的发展趋势就是公关越发贴近市场营销，公共关系与市场营销，二者功能密不可分。这种相互促进的关系最直接地体现在运用公共关系促进产品的销售上。美国一家民意调查公司的调查显示：84% 的企业决策层都特别重视公共关系活动，并将其运用于企业的产品或服务销售上。市场营销与公共关系之间在操作上相互渗透，在功能上相互强化，使得人们在营销活动中很难区别哪些是市场营销的职责，哪些是公共关系的功用。具体而言，营销公关得到迅速发展的原因有以下几点。

1. 市场划分越来越细

随着消费者的需求、购买动机、购买行为日益朝着多元化方向发展，企业在瞬息万变的市场中，要更好地把握消费者的变化动态，就需要对市场进行细分并采取相应的营销手段。在过去，传统的营销手段是奏效的，但随着市场划分越来越细，传统的营销手段已日显苍白无力，这时，企业通过公关活动，增强消费者信任感，有助于缩短企业与目标公众的心理距离，使企业与消费者产生朋友间的亲切感，从而让消费者接受企业。

2. 广告的影响力逐渐减弱

广告是市场营销中必不可少的手段，但在广告攻势越来越猛的今天，消费者对广告的态度发生了转变。美国曾经有份调查报告表明：74% 的消费者认为广告促进了不必要的购买，69% 的消费者认为广告使价格上涨，69% 的消费者认为广告怂恿人们使用那些对他们有害的产品。广告除了面临人们对它的信赖程度下降的威胁外，还面临着另一个威胁——法规。为了促使广告朝着健康的方向发展，相应的法规陆续出台，这必将制约广告作为促销手段的效用的发挥，而公关却能从较为超脱的角度来促进销售，且能避免广告的“王婆卖瓜、自卖自夸”，因而在营销中越来越受重视。

3. 营销媒体多元化

随着科学技术的发展，营销宣传媒体正朝着多元化的方向发展。过去，营销费用主要用于传统的媒体宣传上，如电视、广播、报纸和杂志，而很少用于新型媒体渠道。现在恰恰相反，在美国，用于传统的四大媒体的宣传大约仅占总费用的 1/3，剩下 2/3 的费用是用在陈列设施的购置、召集会议、发放鼓励性奖金、商品展览、宣传广告、赠券兑现等新型营销宣传上。在这些新型媒体的运用上，有许多是属于公共关系范畴或者是与公共关系密切相关的。

三、营销公关的作用

“营销公关”已经成为 20 世纪 90 年代以来公共关系与市场营销实践的一大发展趋势，并且发挥着越来越重要的作用。正如国际市场营销权威、美国西北大学教授菲利普·科特勒

(Philip Kotler) 所指出的："传统的销售产品的时代将被无形的社会范围内的公共关系营销所取代。"营销公关的作用，可概括如下。

1. 创造市场

任何产品生产出来后，只有在市场上卖出去，才能实现其社会价值。可见，市场是至关重要的，它决定着每个企业的生死存亡。如何成功地开拓市场，创造需求，是企业发展的前提条件。由于营销公关在企业的营销活动中，始终贯穿着公关思想，因而在创造市场上有独到之处。如美国的 3M 公司在 1963 年制订了一项"服务于教育"的计划，他们在全美挑选了 500 所学校，向每所学校赠送价值 3000 美元的顶式放映机。成功的公关战略，优质的产品设备，赢得了学生、家长、教师、校长、校董事会的赞赏，全美 1/10 的学校接受了"3M 公司产品可应用教学"的建议，并意识到那些设备的教学价值。于是，3M 的订货单滚滚而来。

2. 增加销量

如果仅仅为了公益活动而开展公关，企业就会感到还有大量资源并没有被充分利用。而公益活动和商业活动的有效结合，既可实现公益活动提升品牌形象、提高美誉度的目的，又可实现产品销量提高的目的，尤其是在提高短期目标市场的占有率方面，更有成效。创维集团的活动就达到了企业与客户双赢、企业繁荣与教育发展双赢的局面：创维集团举办了"健康希望行"湖南祁阳爱心助学活动现场捐赠仪式暨新闻发布会，以此拉开了 2003 年度创维集团"希望工程"在全国的序幕。这场爱心助学活动参与人员之多，活动覆盖面之广，影响力之大（祁阳小学在校学生有近 10 万人，涉及家庭近 15 万户），媒体阵容之强大，堪称当时创维集团全国最大的分部——湘赣分部社会公益性活动之最。这场公益活动包括两部分：一部分是由爱心助学捐款、捐物和媒体宣传组成；另一部分由总经理签名售机活动和新品展示、推介活动组成。活动期间，创维电视单天销售就达到 417 台，且从背投、纯平等机型的销售情况看，销售结构较为合理。同时，这场活动有效地拉动了新品机的销售。在营销公关的运作中，创维集团运用媒体传播技巧、促销方式制定、客户政策等营销策略，既提升了企业自身在公众中的品牌形象，又提高了产品的销售量。

3. 突出产品

随着科学技术的发展，提供给消费者选择的商品越来越多，如何让消费者在众多选择中选中自己企业的产品，已成为企业非常关心的问题。诚然，可用的方法很多，如加强广告攻势、让利给购买者等，但这些都是比较被动的做法。由于公共关系坚持诚实原则，在所做的宣传中可信度较高，尤其在公关活动中，经常让公正的第三者为自己说话，更有说服力，营销公关融合了公关宣传思想，所以能让企业产品在同行中脱颖而出。

4. 赢得顾客

资深公关顾问戴维·杨指出：信息交流的真正目标就是增强信任——对产品的信任，对服务的信任，对公司诚实的信任，对公司质量和服务的信任。这就是 20 世纪 90 年代对信息交流的第一个要求。成功者将获得信任，失败者则被认为不值得信任。

消费者很难在缺乏对企业信任的前提下，做出购买企业产品的决定。而营销公关注重增强公众信任感的理念，能促使消费者相信企业、相信企业的产品以及相信企业的服务。如麦当劳公司为了增强人们对它的信任，积极参与社会活动，关心社会公益，通过一次又一次的公关活动，将赢得的消费者信任存储在他们的“信任银行”之中。“信任银行”存积的信任，不仅使麦当劳成为世界快餐业的巨人，而且还帮助麦当劳渡过了发展史上的一次次危机。

5. 营造氛围

企业作为一个经营实体，需要赚取一定的利润，这是理所当然的。但问题在于：在市场竞争激烈的今天，如果企业急功近利，只盯住消费者手中的钱，必然会引起消费者的反感，从而遭到消费者拒绝。现在已有越来越多的企业注意到营销活动中的氛围问题，即尽量减少买卖双方交流中的商业化气息，创造一种充满人情、友情、亲情的祥和氛围，增强消费者购买中的舒适感及购买后的满意感。营销公关中的公共关系指导思想，能够有效地消除企业经营活动中的赢利性与社会性的矛盾，修正企业的趋利行为，减少消费者感觉中的商业化气息。如在日常生活中，我们接触到各种各样的广告，它们的直接目的在于向消费者推销商品和服务，促进购买，商业色彩十分浓厚。如亚洲汽水的广告：食在广州，饮在亚洲，亚洲汽水，品位兼优。但事实表明，用这种广告来促进产品销售的作用已逐渐减弱。如果在广告中糅进公共关系的成分，更多地宣传与公众有关的企业信息，唤起人们对企业的兴趣、注意和信赖，而不是直接劝说人们购买某种特定商品，往往成效更显著。

改革开放后，公共关系作为一门先进的管理理论和方法被引进我国，开始时起步较慢，整个 20 世纪 80 年代都处于一种介绍、普及的初级阶段。进入 90 年代，它已朝着应用性方向发展，所应用的领域大都集中在商业、服务业，这也揭示了营销公关在我国发展的潜力。营销公关能对企业的经营业绩产生积极的正面影响，这是与消费者深层次沟通的结果。这些积极影响又是建立在营销公关对企业品牌内涵及独特性的传播上、对销售瓶颈的突破和高效低成本宣传的基础上的。

随着市场竞争日趋多元化、激烈化，营销公关作为提高企业经营业绩的利器必将被更广泛地使用。

第二节　营销公关的传播模式

营销公关是将公关的基本原理运用于营销活动的全过程，是从一个全新的角度来进行营销策划和实施。下文以世界快餐连锁业巨头麦当劳为例，介绍营销公关的传播模式。

一、宣传型营销公关模式

宣传型营销公关主要是运用印刷媒介、电子媒介等宣传性的手段，将品牌的内涵、价值、文化和个性等信息传递给公众，目的是影响公众舆论，迅速扩大品牌的知名度和美誉度。宣传型营销公关的特点是主导性强，时效性强，传播面广、效果快，特别有利于提高品牌的知名度。其具体形式有新闻公关、公关广告、印刷发行营销公关刊物和各种视听资料或路演等。宣传型营销公关针对特定的受众，可以充分发挥传统媒介以及互联网等不同的大众传播媒介的优势。

例如，任意一家麦当劳餐厅都有巨大的黄色 M 标志广告牌。2015 年年初，一支温暖感人的短片将全美国数座城市的麦当劳餐厅广告牌上的只字片语以照片的形式汇集在一起，配以清亮的童声伴奏，传达自己的品牌文化。一向以正面健康的形象示人的麦当劳，此次使用非传统的广告拍摄角度，通篇没有提到自己的产品，只是以温暖的话语感动顾客的心。从关爱老兵，为矿工祈祷到庆祝当地居民的结婚、生子和生日，麦当劳把自己当成顾客的家人与朋友，“我们的心与你同在”的创意诉求收到了良好的宣传效果。

二、服务型营销公关模式

服务型营销公关主要以实际的服务行为作为特殊的媒介吸引公众，感动人心，获取好评，争取合作，使企业与公众之间的关系更加融洽和谐。其特点是行动胜过语言，容易被公众接受，有利于提升美誉度。

麦当劳认为顾客满意就是自己的服务目标，为了满足顾客的个性化要求，早在 1998 年 3 月，前任 CEO 格林伯格就开始在全美推行一套名为“为您定做”（Made for You）的新系统，向顾客提供更多的选择，以改变麦当劳的“不够人性化”的印象。但是由于改成“按单定做”，这套系统无法同时以快捷的速度接待更多的顾客，在午餐的高峰时段，顾客甚至要等上 15 分钟，这破坏了麦当劳服务快捷的形象。但新任总裁坎塔卢波并没有立刻叫停这种服务，他认为只是方法不当而已。经过一段时间的探索，2003 年 4 月，麦当劳推出了“家庭大使”服务项目，这是一种为家庭聚餐提供的专门的服务，包括为客人预订餐位、由服务员来提供点餐服务等，服务一经推出便受到了广泛的欢迎。

三、社会型营销公关模式

社会型营销公关主要以企业的名义发起或参与社会性的活动，在公益、慈善、环保、文化、体育、教育等社会活动中充当主角或热心参与者，在支持社会事业的同时，扩大企业的影响力。社会型营销公关的特点是社会参与面广，与公众接触面大，社会影响力强，形象投资费用也高，能同时较有效地提高知名度和美誉度。其形式有赞助文化、教育、体育等事业，参与国家重大活动并提供赞助，还包括利用企业的庆典活动和传统节日为公众提供有益的活动机会等。

1974 年，全球第一家“麦当劳叔叔之家”在美国成立，作为全球性的公益项目，为异地就医的病童家庭提供一个距医院仅数分钟路程的“家以外的家（Home Away from Home）”。当孩子在医院接受治疗时，家长可以入住设施齐备的“麦当劳叔叔之家”，为病童提供贴心的照顾，也可以与其他病童家人互勉互助，给予精神支持。迄今为止，“麦当劳叔叔之家”在全球每年服务近 300 万个家庭，中国首个“麦当劳叔叔之家”已经于 2016 年 1 月在长沙正式投入运营。麦当劳没有把自己仅仅定位于一家餐厅，它还把自己定位为一个关心社会公益事业的机构。这样的态度在世界范围内赢得了美誉，更为它培育了一大批忠实顾客。

四、娱乐型营销公关模式

相比一般的营销公关活动，娱乐型营销公关是一种最具亲和力的公关手段。娱乐给人带来轻松、愉快的心情，在让人们获得愉悦的同时，也把娱乐提供者的形象深深刻进了他们的心中。

2015 年 10 月，麦当劳英国在 YouTube 上推出了一个名为 Channel Us 的频道，Channel Us 以每周一个节目的方式存在 15 周，节目内容主要是邀请一些 16 ~ 24 岁的年轻人做一些有趣的事，而且只能在 72 小时内做完。此举对麦当劳来说是一个全新的尝试，通过和 YouTube 的合作，以娱乐的方式来吸引年轻人的注意，与年轻消费者建立情感联系。事实上，以娱乐作势推动销售是一种公关营销，并且是公关营销中最能“俘获”人心的营销手段。娱乐型营销公关对很多企业来说意义深远。它不仅可以引领潮流，吸引众人的目光，还可以打破地域、人种、语言和文化的限制，使企业获得良好的公关效果。

五、危机型营销公关模式

企业作为市场竞争的主体，常常要面对突如其来的危机。在危机四伏的社会关系环境下，面临着强大的公众舆论压力，如果惊慌失措，处理不当，会导致企业形象严重受损。然而如果企业能够有效地借助一些危机营销公关手段，不但可以巧妙地化解危机，还可以借此机会树立自己的品牌形象。“每一朵乌云都有一条金边”，有时候甚至能够变坏事为好事（参见第十三章第二节）。

2012 年的“3·15”晚会上，央视记者报道了北京某麦当劳店的食品安全问题。晚会开播三个小时之后，麦当劳在被曝光的问题品牌中第一个站出来回应，通过自己的微博发布致歉声明。当晚，麦当劳就关闭了问题门店，宣布停业整顿；随后在面对记者提问和食品安全监管部门的约谈时，都承认了自己的错误并向公众道歉。麦当劳在向公众传递其回应速度“最快”这一信息，这给麦当劳的危机公关带来了最大的正面效应。在声明中，麦当劳把事件定位为个别问题，而非全面危机，这也打消了顾客对于其他门店乃至于该品牌的疑虑，把危机带来的负面影响降至最低。而随后该企业的一系列措施都表明麦当劳对危机的重视程度，这使得媒体上的舆论出现了分化，麦当劳并未因“3·15”的曝光而产生重大的危机，甚至借此机会还在一定程度上建立了较好的企业形象。

第三节　营销公关的实施方法

一、营销公关的常用技巧

营销公关对企业的经营业绩具有提升作用，企业应采用如下常用技巧以实现自身的营销公关目标。

1. 利用名人效应创造品牌形象

名人效应是指因名人的出现所达成的引人注意、强化事物、扩大影响的效应，或者是人们模仿名人的心理现象的统称。合理应用名人效应能够产生良好的宣传效果。尤其是在广告传播种类不断增多的情况下，利用名人效应作为品牌传播的方式成为众多企业的主要选择（参见第四章第二节）。“品牌就是象征”这一属性，可以解释为什么消费者喜欢某一品牌。“个性”的把握是比较抽象的，而“象征”的东西就比较形象。事实上，品牌在长期的运营过程中，在消费者的心里已经形成了某种象征性的意义了。在这一点上运用得很成功的例子有：2002 年 1 月 1 日，利郎集团正式与陈道明签约，出任利郎品牌形象代言人。利郎集团始创于 1987 年，在国内首倡“商务休闲”男装概念，现已发展成为集设计、产品开发、生产、营销于一体的中国商务男装领军品牌。而陈道明是中国影坛优秀的表演艺术家之一，其成功的背后，让人们体味出的是不简单的简约风格：对媒体的淡漠，对炒作的无语，对演艺事业的兢兢业业和执着追求。陈道明简约的一言一行中，隐含着一种不平凡的智慧。此外，陈道明在服装穿着方面很时尚，却从来不张扬，这和利郎的品牌文化定位非常吻合——这是利郎选择与陈道明合作的关键所在。广告播出后，伴随着陈道明“西服也休闲，简约而不简单”的广告语，消费者领略到了利郎商务男装独特的品牌魅力，不少人评价说这是利郎和陈道明的完美结合。

2. 制造新闻事件

公共关系在营销传播中常用的一个手段是利用媒介关系，其中比较有特色的一个做法是利用一些偶发事件和突发事件制造新闻，创造轰动效应。因为每个人都有好奇心，都想知道哪一天又发生了什么事件，喜欢看新奇特别的、对自己有益的或是特别有趣的报道，所以新闻是最受大众关注的。所谓制造新闻，是指经过精心策划，有意识地安排某些具有新闻价值的事件在选定的时间内发生，吸引媒体注意，制造出适于传播媒介报道的新闻事件。美国著名传播学家威尔伯·施拉姆将这类事件称为“媒介事件”。要让媒体免费选用你公司的事件作为新闻，就要巧妙策划，赋予一件本来可能不具备新闻价值的事件以新闻性。制造新闻的思路很多。如 Sony 公司巧用失窃案做广告。日本的 Sony 公司是全球著名的企业。它最初生产的唯一商品是半导体收音机。在半导体收音机成功打入美国市场以后，发生了这样一件事：在美国当地一家超市里发生一件失窃案，奇怪的是超市里只丢了几十台半导体收音机。也许没人会想到 Sony 公司会拿这起失窃案做广告，它在当地报纸上大肆宣传：小偷只偷了我们公司的半导体收音机。结果本来一件看似微不足道的小事，却使得 Sony 公司得到了丰厚的回报，这是它用了营销公关技巧的结果。

3. 免费赠送，公关造势

随着买方市场的日益成型，消费者的理性购买能力逐渐增强，生产厂家如果还只是就营销搞营销，无疑是短视的。一项新产品、新服务被消费者接受，必须建立在新的消费观念确立的基础之上。而新的消费观念的确立，仅仅靠广告的三言两语介绍是远远不够的；而且在当今信息爆炸的时代，不少广告通常无人注意或被认为可信度极低，因此免费赠送成为一些企业公关造势的有效手段。运用免费赠送措施可以化解人们对新产品、新服务的认知障碍。20 世纪 80 年代末期，美国孩子玩具宝跨国公司的看家产品——变形金刚已在欧美赚得盆满钵满，开始将目光投向亚太地区。因为亚太地区的玩具文化与欧美截然不同，要将一种有别于定型玩具的新式玩具介绍给亚太地区儿童，单靠广告肯定难以奏效，于是，孩子玩具宝公司经过精心策划，决定采取公关手段进行促销。它把自己精心制作的电视系列动画片《变形金刚》无偿赠送给亚太各家电视台。由于是无偿赠播，电视台都欣然接受。经过这一大范围的广泛播放，成千上万的亚太地区儿童被变形金刚迷住了。就这样，“变形金刚”玩具轻而易举地叩开了亚太地区的市场大门，市场销售量与日俱增，形成了一股强劲的“变形金刚”热销势头。

4. 举办绿色营销公关活动

举办绿色营销公关活动是一种时尚，在对公众负责和有利于环境保护的前提下，谋求企业的经济利益，从而保证企业的社会性和经济性的统一，在公众心目中树立绿色企业形象，这是绿色营销公关的根本性目标。如果一个企业的营销活动能以“绿色”为基调和主调，从战略高度审视自身行为，从有利于经济、人类和环境的可持续发展的角度建立公关策略思路，则该企业将被公众所接纳，被环境所接纳。

近年的北美国际汽车展上，环保汽车成为绝对主打，从预示未来汽车发展方向的概念车，到外形炫酷的跑车，不少都装上了一颗“绿色”心脏。上海国际汽车工业展览会上参展商也都把使用高清洁汽油的新款车型作为推广重点，以贴近大众、节约能源、环保安全赢得市场。福特汽车公司展出了世界上第一辆配备了一个混合电动变速箱的氢动力内燃机引擎的车型——U型概念车；同时戴克集团展出了一系列面向未来能源的车型，包括它开发的最新款燃料电池车；通用展出的是Sequel燃料电池车。燃料电池车利用氢能产生电，而混合动力系统利用一台内燃机和一台电动机驱动车辆的四个轮子。"绿色""可持续发展"成为社会发展的主题，企业组织的绿色公关活动是顺应潮流；潮流和时尚的东西本就容易受到人们的喜爱，绿色公关的企业自然是可以大行其道。

从公共关系角度看，企业形象是企业的第一生命，树立企业的良好形象是企业刻意追求的目标。现代企业形象的形成，不仅仅取决于产品信誉，更重要的是取决于企业信誉。相对于产品信誉而言，企业信誉是较高层次的信誉。它不仅仅是企业经济素质的综合反映，也是企业作为社会"公民"，履行和承担社会责任的标志。事实证明，现代企业要想在现代市场的激烈竞争中拥有消费者，光凭一流的产品和服务是远远不够的，还需要一种崭新的经营理念，一种自觉的社会责任意识并付之以实际的行动，从而才能在社会公众心目中达成一种共识，树立一种良好形象。在面临"环保危机"的情况下，企业若能积极主动"出击"，就能在社会公众中塑造良好的形象，创造出良好的社会氛围和经营环境。

5. 坚持感性路线与理性路线相结合

公关在营销中的真正含义应该是"既沟通又销售"，其中沟通重在感性认知，偏于品牌的树立，而销售则注重市场结果，偏于销量的实现，因此，营销公关工作始终要感性与理性相结合，二者缺一不可，这一点蒙牛在神舟五号的公关实施中表现得恰如其分：首先是关注感性认知。蒙牛注意到，因为是我国第一次载人航天飞船成功发射，所以带给国人的巨大民族荣耀感和自信心空前高涨，这时候说什么都不如喝一声彩来得过瘾、顺应潮流，又能显出声音，所以，蒙牛以感性诉求的手法喊出"举起你的右手，为中国喝彩"，迅速引发共鸣，使品牌在第一时间得到大家的认同，达到了最初树立品牌形象的目的。其次是关注市场结果。假如消费者与企业感情好而不消费，营销公关就不能收到成效，所以蒙牛在此公关影响力迅速遍及全国的同时，在自己的产品广告和卖场促销活动中及时补充"神舟五号""宇航员"等要素，并推出有诱惑力的买赠活动，使得公关形成的品牌势能转化为销售动能，保证了公关对销量促进的深层次目标的实现。

二、成功营销公关的六个"C"

从以上案例我们可以看出，成功的营销公关至少包含几个部分，可称为六个"C"：Content（内容）、Connect（参与）、Cost（成本）、Convergence（资源整合）、Channel（渠道）、Consumer（消费者）。

1. Content（内容）

内容上的创新是成功营销公关的一个重要因素。如香港地区有一家经营强力胶水的商店，坐落在一条鲜为人知的街道上，生意很不景气。店主人经过调查了解，原来是因为商店位置偏僻，来往人员少，店面的社会知名度不够。于是他想了个办法，准备开展一项有影响力的活动来提高商店的知名度，以此来吸引顾客。于是，店主人在商店门口贴了一张很醒目的布告："明天上午9点，在此将用本店出售的强力胶水把1枚价值4500美元的金币贴在墙上，若有哪位先生、小姐用手把它揭下来，这枚金币就奉送给他（她），本店绝不食言。”

这个消息不胫而走，迅速传遍了附近几十公里范围内的地方。第二天，好奇的、碰运气的人们将这家店铺围得水泄不通，媒体也得到消息，几家知名电视台的录像车也开来了。

这时，店主人在众目睽睽之下拿出一瓶强力胶水，先是高声重复着广告中的承诺，接着便在那块从金饰店定做的金币背面涂上了薄薄一层胶水，将它贴到墙上，让大家尝试把金币揭下来。人们一个接着一个地上来试运气，结果金币纹丝不动，这一切都被录像机摄入了镜头并于当天播放，这件事也连续几个星期成为人们谈论的话题。这家商店的强力胶水从第二天开始销量大增。

2. Connect（参与）

参与是成功营销公关的一个重要因素。它包括两方面人员的参与，一是广告主或者是我们现在所说的赞助商的参与。在《中国新歌声》第二季，国产手机品牌 OPPO 斥资 5 亿元冠名，在节目流程中，OPPO 比以往赞助企业的参与度都要高。二是受众的参与。《中国新歌声》很好地采用了让观众参与体验的营销模式，如在节目中加入了很多互动环节，让观众能够直接在线下参与到节目中去；再如利用新媒体进行互动式体验，节目组开通了官方微博、学员微博等，有大量活动的宣传和微博软文的推送，这让观众在节目播放之后还能进行互动和讨论，微博营销也使节目达到了宣传的效果，甚至比节目直播引起的效应更加显著。每一个忠实的观众都是节目营销的潜在客户，官微每天都会进行宣传和互动，使宣传具有连贯性和互动性，这种微博营销策略为其他节目提供了一定的借鉴模式。

3. Cost（成本）

成本是成功营销公关的一个重要因素。一方面指赞助商的成本。当然赞助费的成本是最传统的一项，以前电视最传统的广告就是买广告时段或者买一个冠名。而现在，赞助商的成本也包括参与过程的成本和人员的成本。另一方面指媒体的成本。对于媒体来说，成本也是渐渐提高的，因为协调是需要成本的，这就需要组织巧妙策划。

4. Convergence（资源整合）

资源整合是成功营销公关的一个重要因素。就拿《中国新歌声》来说，它的资源整合包括电视、短信、互联网、报纸等所有方面，不仅如此，在微博、视频和微信等各大社交平台中，《中国新歌声》也得以继续被关注，它还与虾米、网易云音乐等各大音乐播放器进行合作，这就与单纯地做广告营销很不相同。

5. Channel（渠道）

渠道是成功营销公关的一个重要因素。如果已经有一个品牌经营得好，那么它可以承接以前已经做好的渠道来做后续的许多事情，让渠道继续下去。这个渠道包括内容、受众口碑、平台通路、赞助商等。

6. Consumer（消费者）

吸引消费者是成功营销公关的一个重要因素。组织消费群体感兴趣的时尚活动，通过消费者直接参与活动，能够有效提升客户群的品牌忠诚度。另外，营销公关活动的直接参与人数较多，通过消费者的渗透而间接了解该活动及所要传播信息的消费人群相应较多，这在让产品成为关注焦点的同时，也成功吸引了消费者的眼球，使活动成效大大提高。

综上所述，营销公关只有通过以上“6C”的完美组合，才能达到推销企业产品和企业形象的双赢，通过运用各种沟通的策略、传播的手段、协调的方法，使企业营销进入一种艺术境界，达到提高企业业绩的目的。

本章案例

案例一　戴比尔斯与钻石

钻石，几乎好像没有它就不能完成一场通俗意义上的婚礼。其作为一个非常成功的营销公关案例，至今仍被人津津乐道。在它漫长的形成并逐渐稳定的市场地位中，既有其自身不可替代的传奇性，同时也有着可供当今其他行业的企业借鉴的一面。

古时候是没有钻石的。最早的首饰是用贝壳、兽牙、石头等做成的，后来人们才逐渐开始使用各种宝石和贵重金属。所以如果看古代欧洲的人物肖像画，画中人佩戴的首饰中找不到钻石。数百年后，人类才初步掌握了钻石的切割技术。

19世纪末，商人戴比尔斯在南非发现钻石矿后开始开采，并逐渐垄断了钻石原料的绝大部分市场。但是直到第二次世界大战以后，钻石仍然是权贵们的专宠，属于高新尖端产品，有价无市，不足以被大多数人所认识。

戴比尔斯尝试着将钻石消费推向大众市场，可是由于经济不景气和几千年来始终都是五颜六色的宝石和金银唱着首饰的主角，所以并不成功。

这个时期基本属于赔本赚吆喝的市场低迷时期。原有客户已趋于饱和，新的消费大军还有待正确引导。

从20世纪50年代起，欧美的经济开始蓬勃发展，所有的奢侈品厂商都把目光投向了日益壮大起来的中产阶级。为了最大限度地推销自己的钻石，戴比尔斯看中了钻石在所有宝石中硬度最高这一特点，将其定位成坚贞不渝的爱情的象征，并于1953年创造了著名的广告语：“A Diamond is Forever”。中文版本就是：“钻石恒久远，一颗永流传”。

广告语如此经典，它符合了广告文案的艺术性原则，不仅摸准了公众心理，道出了产品的具体特点，而且避免了华而不实的夸张，让人过目不忘。其中最重要的就是使其特点符合消费者的消费心理，由心动到行动。

钻石的销售悄悄升温，但还处于众多珠宝中的一员，不够势力独当一面。市场的培养是一个需要耐心和毅力的过程。就好像从20世纪80年代开始，昵称“鸟窝咖啡”的雀巢在中国做广告，很多年后，“味道好极了”传遍各地，中国人慢慢接受了这一新鲜事物。中国人传统上是喝茶的，所以雀巢需要花上十几年时间耐心培养中国的咖啡市场。这与可口可乐、麦当劳等公司培养中国市场的过程是一样的。

同时，戴比尔斯也联合珠宝公司资助了一些好莱坞电影，让钻石的光芒在电影中闪烁。玛丽莲·梦露在电影中大唱“钻石是女人最好的朋友”，虽然有点太过物质之嫌，不过，也的确给戴比尔斯做了很好的推广。

而007电影《Diamonds are Forever》似乎也是给戴比尔斯做了免费的宣传。到了后来的歌舞片《红磨坊》里，妮可·基得曼又一次把钻石的魅力推至极限，艳惊四座。

不知是有意为之，还是无意搭了顺风车，以银制餐具起家，以钻石和银首饰见长的Tiffany也同时开始进军大众化市场。1961年，奥黛丽·赫本的经典电影《蒂凡尼的早餐》也同样起到了为Tiffany做广告的作用。

现在的Tiffany已经在恋人的心中埋下了品牌的种子，钻戒是否是Tiffany出品也直接影响到婚礼的浪漫程度。不过这个品牌会为每个客户提供优质完备的售后服务，诸如清洗、款式修改等。贴心的售后服务也是营销公关必需的招牌。

就这样，一步一步，戴比尔斯和以Tiffany为代表的珠宝公司同心协力将钻石打造成了浪漫爱情的见证。钻石婚戒的消费习惯也逐渐普及到了世界的大部分地区。钻石终于确立了其不可替代的位置。

案例二　绿色麦当劳

环境污染和恶化问题正引起世界各行各业的关切和重视。全球闻名的快餐王国麦当劳也积极、主动地加入了有益于环境保护的行列。

在美国，从20世纪70年代起，速食业已有饱和之说，但麦当劳（快餐食品）却以其无坚不摧之势风行世界，几乎无处不受欢迎。时过境迁，到了1988年，麦当劳因其每天都制造垃圾——废弃的包装物，又逐渐成为环保人士攻击的对象。

麦当劳采用的是“保丽龙”贝壳式包装。这种包装既轻又保温，且携带方便，是速食业理想的包装。但这种包装难以处理，加之外带食用的比例过高，废弃包装物的清理就成了威胁环境的问题。富有环保意识的人们，尤其是年轻的一代纷纷地向其总公司寄来了抗议信。公司当局意识到这些抗议将威胁到企业未来的生存，而且包装可以说是速食业的灵魂，速食业致力于包装的开发，其重要程度并不亚于菜单的本身。

许多企业在面对环保问题时，应付的办法不外乎是推、拖、拉，但麦当劳没有这样做。它得罪不起消费者，不仅必须有所行动，而且要公开地做。为了平息抗议，它不得不寻求环保人士的协助。1990年8月，麦当劳和“环境防卫基金会”（EDF）签署了一项不寻常的协定。EDF是美国一个很进步的环保研究及宣传机构。

麦当劳之所以寻求EDF的协作，是因为当其拟定环保政策时，发现环保的复杂程度远远超过其认识。起初，麦当劳以为主动回收废弃的贝壳包装，似乎就能平息消费者的不满。1988年，麦当劳在10个店铺做过小试验，证实将贝壳包装回收再制成塑料粒子作为他用，技术上是可行的。但翌年将此设计扩大为1000个店铺时，却出了问题，主要是其外带量是店内量的6～7倍，这么大量的废弃物已非麦当劳所能控制。另外，在店内食用的、废弃的包装物虽然可以回收，但清理工作十分麻烦。特别是美国有些城市已全面禁止使用贝壳包装。

在实在很难满足不同环保目标要求的情况下，麦当劳不得不寻求外援，与EDF携手合作。在与EDF合作之初，麦当劳领导层人士还期待着在美国的8500家店铺全面实施回收来解决包装问题，但EDF确信减少包装才是治本之道。

麦当劳至此决心改弦易辙，宣布取消贝壳包装，代之以夹层纸包装。随后麦当劳自己还进行了一项研究，发现贝壳包装从制造到废弃的全过程，耗费的天然资源比夹层包装纸大。夹层包装纸虽然无法回收再制，但不像贝壳那样蓬松，其储运与丢弃所占的空间只是贝壳的1/10。整个研究得出的结论是：减废比回收更重要。

取消贝壳包装只是麦当劳整个环保努力中的一个小进步，其主要的成就还是在实现环保目标上。为了实现环保计划，双方同意按减废、重复使用、回收再制的顺序进行。在减废这一问题上从三个方面着手：一是减少包装；二是减少使用有损环境的材料；三是使用较易处置，能物化成肥料的材料。

环境问题作为世界所关注的一个焦点，已成为全球所共同面临的一个最重要课题。“绿色”——一种强调社会进步与环境保护协调同步发展的崭新文明形态，已成为时代不可抗拒的潮流。绿色麦当劳就是在“绿色”的潮流中，以自己独有的精明和强烈的公共关系意识，通过环境保护这一深得人心的举措，赢得社会的好感和信誉，从而为麦当劳事业的发展创造了一个良好的社会关系环境。

思考题

1. 营销公关得到迅速发展的主要原因是什么？
2. 试根据你的体会谈谈营销公关的作用。
3. 营销公关的常用技巧是什么？

参 考 文 献

[1] 熊源伟. 公共关系学. 第三版. 合肥：安徽人民出版社，2003.

[2] 李占才. 公共关系学概论. 上海：上海交通大学出版社，2005.

[3] 吴少华. 公共关系理论与实务. 北京：人民邮电出版社，2015.

[4] 李道平. 公共关系学. 第四版. 北京：经济科学出版社，2011.

[5] 居延安. 公共关系学. 第五版. 上海：复旦大学出版社，2013.

[6] 余明阳. 公共关系学. 北京：北京师范大学出版社，2006.

[7] 李萍，路世云. 公共关系. 北京：中国水利水电出版社，2011.

[8] 潘彦维，杨军. 公共关系. 北京：北京师范大学出版社，2011.

[9] 周安华. 公共关系——理论、实务与技巧. 第五版. 北京：中国人民大学出版社，2016.

[10] 朱权. 公共关系基础与实务. 第 3 版. 北京：机械工业出版社，2016.

[11] 乜瑛. 公共关系学. 第 3 版. 杭州：浙江大学出版社，2017.

[12] 秦勇，庞仙君. 现代公共关系学. 北京：北京交通大学出版社，2014.

[13] 李兴国. 公共关系学. 第二版. 北京：中国人民大学出版社，2015.

[14] 牛海鹏. 公共关系. 北京：中国人民大学出版社，2011.

[15] 杨加陆. 公共关系学. 上海：复旦大学出版社，2016.

[16] 吴开松. 公共关系学. 上海：上海财经大学出版社，2015.

[17] 张克非. 公共关系学. 第三版. 北京：高等教育出版社，2014.

[18] 何修猛. 现代公共关系学. 第三版. 上海：复旦大学出版社，2015.

[19] 任正臣. 公共关系学. 第二版. 北京：北京大学出版社，2016.

[20] 张践. 公共关系学. 第三版. 北京：中国人民大学出版社，2017.

[21] 张云. 公关心理学. 第四版. 上海：复旦大学出版社，2014.

[22] 蒋楠. 公关策划学. 第二版. 北京：科学出版社，2017.

[23] 张岩松. 现代公共关系学. 第三版. 北京：经济管理出版社，2014.

[24] 寇玉琴. 战略公关：理论、方法与例证. 上海：上海交通大学出版社，2012.

[25] 李亚子，乔雅洁. 现代公共关系学理论与实务. 西安：西安电子科技大学出版社，2014.

[26] 蔡国栋. 互联网时代的公共关系. 北京：红旗出版社，2016.

[27] 黄忠怀. 公共关系学. 上海：华东理工大学出版社，2011.

[28] 司孟月. 公共关系学. 北京：中国财政经济出版社，2016.

[29] 殷娟娟. 公共关系学教程. 北京：中国人民大学出版社，2017.

[30] 丁光梅. 媒体公共关系研究. 北京：经济管理出版社，2013.

教学资源支持

敬爱的老师：

为了配合课程的教学需要，助力教学活动的开展，人民邮电出版社致力于立体化教学资源的开发建设，老师可以登录人民邮电出版社人邮教育社区（www.ryjiaoyu.com）查询并免费下载与本教材配套的教学资源，也可以与编辑联系（赵月，010-81055261，zhaoyue@ptpress.com.cn）了解资源情况。

配套资料索取示意图

说明：本书配套资料可在 http://www.ryjiaoyu.com/下载，其中配套学习资料可直接下载；**教学用资料**仅供采用本书授课的教师下载，**教师身份**、**用书教师身份**需网站后台审批。

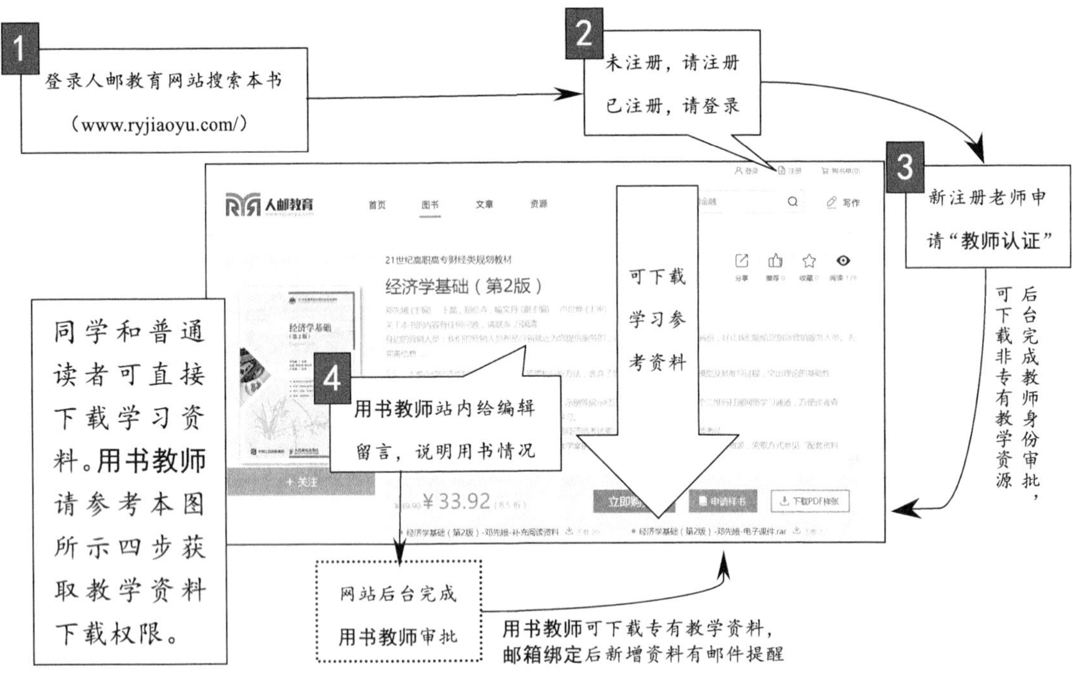

读者意见反馈

亲爱的读者：

感谢您一直以来对人民邮电出版社的支持，您的信赖是我们进步的不竭动力。在使用本书的过程中，如果您有好的意见和建议，或者遇到了什么问题，我们真诚地希望您能抽出一点宝贵的时间，反馈给我们。打造高品质的教材是我们的不懈追求，您的意见是我们最宝贵的财富。

地址：北京市丰台区成寿寺路 11 号邮电出版大厦 307 室

邮编：100164

电子邮件：zhaoyue@ptpress.com.cn

电话：010-81055261

教材名称：公共关系学（第 2 版）

ISBN：978-7-115-47682-1

个人资料

姓名：　　年龄：　　所在院校/专业：

文化程度：　　通信地址：

联系电话：　　电子信箱：

您使用本书是作为：☐指定教材　☐选用教材　☐辅导教材　☐自学教材

您对本书封面设计的满意度：

☐很满意　☐满意　☐一般　☐不满意　改进建议

您对本书印刷质量的满意度：

☐很满意　☐满意　☐一般　☐不满意　改进建议

您对本书的总体满意度：

从语言角度　☐很满意　☐满意　☐一般　☐不满意　改进建议

从知识角度　☐很满意　☐满意　☐一般　☐不满意　改进建议

本书最令您满意的是：

☐逻辑清晰　☐内容充实　☐讲解详尽　☐实例丰富

您希望本书在哪些方面进行改进？（可附页）